土地利用と判例

判例から読み取る調査上の留意点

Hiroshi Kurosawa

黒沢　泰

PROGRES
プログレス

推薦の辞

千葉大学名誉教授・弁護士
丸山　英氣

　本書は，不動産をめぐる公法，私法の判決を分析し，不動産を扱う者が，いろいろな側面で，どのような注意をしたらよいかを，具体的に述べたものである。

　不動産をめぐる紛争は，多くは，法律論によって最終的に解決される。そこでは，最高裁によって定立された判例が重要である。

　しかし，それだけではない。まだ判例にまで定着していない個々の判決を対象として，具体的な妥当性，判例として定着しうるかどうか，の分析が必要である。

　それだけではない。不動産も財物のひとつであるから，判例や判決の経済的合理性が検証されなくてはならない。そこでは，不動産評価の問題がその基礎にある。また，それに課される固定資産税など，税負担の合理性のチェックも必要である。

　本書は，いくつかの不動産に関する判例・判決を対象として，法理的な検証をするとともに，そのもつ経済的合理性を検証している。そして，このような状況において，関係者はどのような調査をし，その際，どのような注意をしたらよいかを具体的に述べている。

　この不動産の取引の各側面で，関係者に課される調査，注意が本書の特色であり，また，著者の狙いともいえる。

著者のこの狙いは，成功しているといえる。従来，あまり指摘されていなかった問題点がいくつか指摘されており，斬新な内容となっている。今後，本書を基点とした議論がすすめられることになろう。

　対象とした不動産およびその取引，現象は全般にわたっており，著者の関心の広さがうかがえる。

　本書を，不動産を対象としている専門家のみならず，関心をもつ人々に推薦したい。

平成 24 年 10 月 10 日

はしがき

　民法，借地借家法をはじめ都市計画法，建築基準法等の規制は不動産の利用に大きな影響を及ぼすとともに，今日では利用権の設定に対価を伴ったり，利用期間にわたり様々な金銭の授受を伴うなど，法的な問題だけでなく経済的な側面が絡むことも少なくない。
　このことを裏返せば，これらの法規制が不動産の利用および管理，取引等を行う上での重要な拠り所となるとともに，不動産に係る諸問題の解決に当たっては経済的側面からの考察が不可欠となっていることを表わしている。
　さらに特徴的なことは，土地建物の所有権の行使や所有者自身による利用を制約する様々な権利が複雑に交錯しているケースがしばしば見受けられる点である。そして，このことが不動産の価値を左右する大きな要因ともなっていることを見逃すことはできない。
　それだけでなく，今日では固定資産税等の分野においても適正な時価との関連で不動産の現況や利用形態を的確に把握する必要性が高まり，これらの判断いかんによっては登録価格の適正さをめぐって納税者から疑義を呈されるケースもしばしば見受けられる。
　不動産の利用をめぐる環境が上記の状況にあることから，不動産に関連する実務に多かれ少なかれ係わりを有している方々にとっては，対象不動産の特徴およびそれに付着している権利の内容がどのようなものであり，どのような形で不動産の利用形態や価値に影響を及ぼすかを見極めることが重要となる。そして，そのためには，対象不動産の物的な状況を調査するだけでなく，これに係る権利の存否など「目に見えない」状況を様々な資料を通じて十分に確認することが求められる。
　以上の問題意識から，本書では土地の固定資産税に関する判例を多く掲載す

る（裁決例を含む）とともに，その利用に係る判例を取り上げて背後に潜む調査上の留意点を考察することとした。これにより，弁護士，不動産鑑定士，公認会計士，税理士，司法書士をはじめ，裁判所，法務局，固定資産税等の徴税部門，金融機関，企業の総務・法務部門に籍を置く方々等のため広範囲にわたって役立てられると思われる。

　本書は不動産の利用形態のうち土地利用を中心とするものであり（所有権に基づくもの，借地権以外の他人の土地の利用を含む），所有権に基づく建物利用および借地借家等についての諸問題（諸判例）および調査上の留意点の考察は続刊の『建物利用と判例』で取り上げることとした。そして，現況の確認や価格形成要因の把握，権利の存否や契約内容の有効性が問題となった事例を掲げ，これらを実務的に根拠付けて他のケースにも応用がきくように執筆を行ったつもりである。

　なお，本書は判例の評釈や解説そのものを目的とするものではない。もし本書がこのような点をターゲットとするのであれば，当該分野の研究者や実務の専門家が多数存在するなかで筆者が登場する場面はなきに等しいであろう。しかし，本書の狙いは，不動産の利用（経済的な側面を含む）に関して紛争となった事例とその解決方法（判例）を分析することを通じ，各事例にどのような問題点が潜み，これを少しでも未然に防ぐために物的事項はもちろん権利形態の面でどのような点に留意して調査を行うべきかを読み取ることにある。その意味で，判例の分析と整理は調査上の留意事項を導き出すための素材という位置付けにあり，あくまでも後段の【判例から読み取る調査上の留意点】に本書の特徴を見出すように努めたものである。

　従来，このような趣旨で執筆された専門書はきわめて少ないと思われる。その意味で，本書が不動産の調査実務や評価実務に少しでも活用できるものであれば，その狙いはほぼ達成できるものと考えている。

　　　2012 年 10 月 10 日

　　　　　　　　　　　　　　　　　　　　　　　　　　　　　　黒　沢　　泰

● 目　　次 ●

第 1 章　土地利用にかかる制約と判例

1. 建築基準法上の接道義務を満たさない宅地 ………… 2

建物を購入してから長期間居住した後，敷地が接道義務を満たしていないため建替えができないことが判明し，売主および仲介業者に説明義務違反があったとして買主に対する不法行為責任が認められた事例（千葉地裁平成23年2月17日判決・判例時報2121号110頁，判例タイムズ1347号220頁）

2. 無道路地の意義 ……………………………………… 22

公路に直接接していない無道路地であっても，実際に利用している公路への通路が同一の所有者に帰属する場合は，課税台帳登録価格の決定に当たり通路開設補正を適用しないとする取扱いが適法とされた事例──固定資産税における適正な時価（最高裁平成19年1月19日判決・判例時報1962号57頁）

3. がけに隣接した土地 ………………………………… 38

がけに隣接した宅地の評価──固定資産税における適正な時価（神戸地裁平成5年1月25日判決・判例タイムズ822号199頁）

4．私道と土地利用——道路位置指定と工作物の撤去請求 … 52

 道路位置指定を受けた私道部分に設置された工作物に対する通行の自由の侵害を理由とする撤去請求が認められた事例（東京地裁昭和 60 年 5 月 9 日判決・判例時報 1201 号 100 頁）

5．都市計画街路予定地と減価補正 …………………………… 72

 都市計画街路の予定地に定められ，かつ，建築基準法第 42 条第 1 項第 5 号に基づく道路位置の指定を受けている土地について，都市計画街路の予定地として 30％の減価補正しか行わなかったことに違法性はないとされた事例——固定資産税における適正な時価（東京地裁平成 10 年 12 月 10 日判決・判例タイムズ 1010 号 254 頁）

6．市街化区域内における雑種地で建築困難な土地 …… 90

 市街化区域内における雑種地で建築困難な土地の評価——固定資産税における適正な時価（広島高裁平成 16 年 2 月 13 日判決・㈶資産評価システム研究センター資料閲覧室『固定資産税判例解説資料』）

7．市街化調整区域内における雑種地の評価 ………… 107

 市街化調整区域内における雑種地の価額を宅地比準方式により評価したのは相当であるとされた事例——相続税における評価（国税不服審判所平成 12 年 12 月 21 日裁決・裁決事例集 60 号 522 頁）

8．現に住宅の敷地として利用されている市街化調整区域内の土地 ………………………………………………… 127

 現に住宅の敷地として利用されている市街化調整区域内の土地の評価——固定資産税における適正な時価（横浜地裁平成 22 年 3 月 17 日判決・判例自治 337 号 15 頁）

9．指導要綱等の調査 ………………………………………… 145

 (1)建替え目的の土地建物の売買契約において，売主側の不動産仲介業者

が宅地の細分化防止に関する区の指導要綱の内容を説明しなかったこと等につき，売主の買主に対する説明義務違反が肯定された事例，(2)上記説明義務違反を理由とする売買契約の解除による手付金の返還，違約金の損害賠償請求が認められた事例（東京地裁平成9年1月28日判決・判例時報1619号93頁）

第2章　税務判例・裁決例からみた評価の適法性

1. 画地の認定方法をめぐって（その1） …………… 166

接している所有者が異なる各土地を一画地として認定した事例──固定資産税における適正な時価（大阪地裁平成22年2月17日判決・判例自治336号33頁）

2. 画地の認定方法をめぐって（その2） …………… 183

合筆後の土地の利用状況に変動が生じたとして価格の見直しが行われた事例──固定資産税における適正な時価（最高裁平成14年7月9日判決・㈶資産評価システム研究センター資料閲覧室『固定資産税判例解説資料』）

3. 画地の認定方法をめぐって（その3） …………… 199

敷地が工事用地として一つの囲いで囲まれており，そこで用途の異なる複数の建物の建築工事が進められている状況下で，敷地全体を一画地と認定して固定資産税を課したことが否定された事例──固定資産税における適正な時価（東京地裁平成22年11月12日判決・『平成23年分地方税判例年鑑』108頁，ぎょうせい）

4．市街化調整区域内にある土地への近傍地比準方式（宅地比準）の適否 …… 220

市街化調整区域内にある土地について，地目を雑種地とし，近傍地比準方式により，宅地に比準すべき土地としてされた固定資産評価審査委員会の固定資産評価額についての審査申出棄却決定が取り消された事例――固定資産税における適正な時価（神戸地裁平成9年2月24日判決・判例時報1639号40頁）

5．別荘用地における画地や地目の認定 …… 238

別荘用地における画地や地目の認定方法をめぐって――固定資産税における適正な時価（東京高裁平成21年12月7日判決・判例自治330号10頁）

6．公法上の境界と画地計算法の適用 …… 256

公法上の境界を正確に把握できない場合に，土地の現況を前提として画地計算法を適用することが許容された事例――固定資産税における適正な時価（大阪地裁平成20年5月30日判決・判例自治316号10頁）

7．工業地と規模の関係 …… 275

工業用地の固定資産課税台帳登録価格が適正な時価を超えているとした審査申出を棄却した決定に違法がないとされた事例――固定資産税における適正な時価（福岡地裁平成20年8月26日判決・判例自治317号39頁）

8．アスベストスラッジが埋設されている土地の固定資産課税台帳登録価格の適法性 …… 294

多量のアスベストスラッジが埋設されていて除去費用も多額に上る土地の固定資産課税台帳登録価格に当該除去費用が考慮されていないことにつき違法性がないとされた事例――固定資産税における適正な時価（佐賀地裁平成19年7月27日判決・判例自治308号65頁）

9. 実効容積率の減少と固定資産課税台帳登録価格の適法性 ················· 311

当該土地が二方路線に接するために，斜線規制により一方路線に接する場合よりも実効容積率が減少するとしても，固定資産税の評価上考慮する必要はないとされた事例──固定資産税における適正な時価（東京地裁昭和62年6月29日判決・判例タイムズ660号111頁）

10. 財産評価基本通達によらない土地の評価（その1） ················· 332

相続税の納税に際し財産評価基本通達によらない土地の評価が認められた事例（名古屋地裁平成16年8月30日判決・判例タイムズ1196号60頁）

11. 財産評価基本通達によらない土地の評価（その2） ················· 348

相続税法第7条における「時価」と「著しく低い価額」（国税不服審判所平成13年4月27日裁決・裁決事例集61号533頁）

第3章　借地権以外の他人の土地利用と判例

1. 通行地役権に替えて使用貸借に基づく通行権の成立が認められた事例 ················· 366

(1)公道に通ずる通路の通行について，黙示の設定契約に基づく通行地役権の成立を認めず，黙示の使用貸借契約に基づく通行権の成立を認めた事例，(2)公道に通ずる通路に関する通行目的の使用貸借について，通路の貸主（所有者）からの返還請求が許されないとされた事例（東京地裁昭和61年7月29日判決・判例タイムズ658号120頁）

2．賃貸借に替えて使用貸借に基づく契約関係を前提とした土地の評価が適正とされた事例 ……………… 374

被相続人と審査請求人との間における土地の貸借関係は賃貸借とはいえず，使用貸借と認めるのが相当であるから，本件土地は自用地として評価すべきであるとされた事例（国税不服審判所平成8年3月29日裁決・裁決事例集51号601頁）

3．囲繞地通行権の成立をめぐって …………………………… 384

幅員2mの簡易舗装の通路について囲繞地通行権が認められたが，自動車による通行は認められなかった事例（大阪地裁岸和田支部平成9年11月20日判決・判例タイムズ985号189頁）

4．公道に通じる土地の通行承諾をめぐって ………… 397

公道に通じる土地の通行承諾の有無につき，媒介の宅建業者に説明義務違反があるとして，買主に対する損害賠償責任（使用者責任）が認められた事例（奈良地裁葛城支部平成11年8月31日判決・判例時報1719号117頁）

5．埋設管等の他人の土地利用 …………………………… 414

隣人と共有共用の排水管および浄化槽が地中に埋設されていた土地建物の売買において，瑕疵担保責任を限定する特約を排除して売主の瑕疵担保責任が認められた事例（東京地裁平成16年10月28日判決・判例時報1897号22頁）

6．2項道路の指定処分の不存在 …………………………… 425

2項道路の指定処分が存在しないことの確認請求が棄却された事例（大阪地裁平成22年9月16日判決・判例自治346号80頁）

7．建物敷地に含まれる通路の扱いをめぐって ……… 442

(1)一筆の土地に通路部分が含まれているものの，その地目を他の部分と

区別せず一体の宅地として評価したことが違法ではないとされた事例,(2)公図上では直接公道に接しないが,隣接地の通路を経て公道に出入りしている土地につき,無道路地としての補正をしなかったことが違法ではないとされた事例——固定資産税における適正な時価（大阪地裁平成23年4月15日判決・判例自治353号46頁）

索　引 ……………………………………………………… *464*

第1章

土地利用にかかる制約と判例

1. 建築基準法上の接道義務を満たさない宅地

> 建物を購入してから長期間居住した後，敷地が接道義務を満たしていないため建替えができないことが判明し，売主および仲介業者に説明義務違反があったとして買主に対する不法行為責任が認められた事例（千葉地裁平成23年2月17日判決・判例時報2121号110頁，判例タイムズ1347号220頁）

建築物の敷地は道路（建築基準法上の道路。原則として幅員4m以上のもの）に2m以上接しなければならず（同法第43条第1項），この要件（いわゆる接道義務）を満たすことができない場合，新築はもちろん，建替えを行うこともできない。

そして，このような接道義務は一棟の建物の敷地ごとに，これを充足することが要求される。すなわち，**資料1**のようにいくつかに区画された路地状敷地が存在する場合，各々の区画ごとに一棟の建物を建築しようとすれば，各々の区画が道路に2m以上接しなければならない（＝間口2m以上の確保）ということになる。現在開発分譲されている多くの物件は，上記の観点から開発計画が作成され，これに沿って土地の造成や建物の建築が行われているものである。

しかし，なかには**資料2**のように，2区画合わせて間口が4mに満たない土地であるにもかかわらず，2区画にまたがって一棟の建物を建築すべく確認申請を行い，その確認を受けた後に，それぞれの区画に建物が建築されてしまっているケースも見受けられる（1区画ごとの間口は2m未満であり，接道義務を満

1. 建築基準法上の接道義務を満たさない宅地

資料1　路地状敷地（A，B，C，Dの区画）

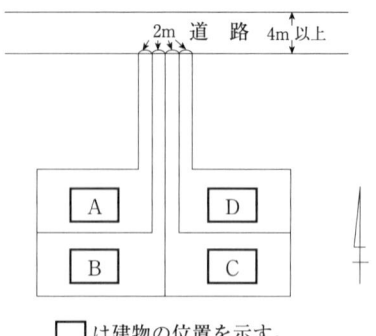

（図：2m、道路4m以上、A・B・C・Dの建物配置。□は建物の位置を示す。）

資料2

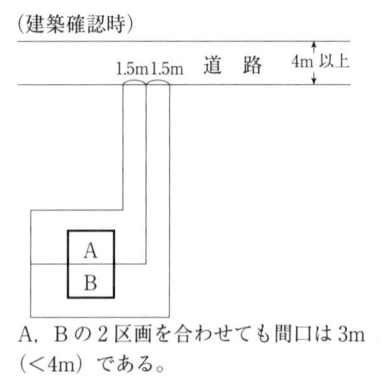

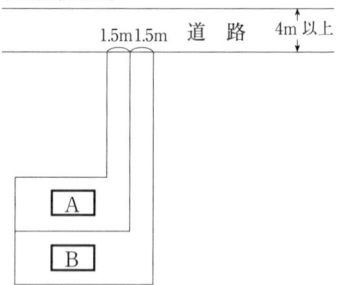

（建築確認時）
1.5m 1.5m　道路　4m以上
A，Bの2区画を合わせても間口は3m（＜4m）である。
□は建物の位置を示す。

（建築確認後）
1.5m 1.5m　道路　4m以上
各々の区画の間口は1.5mであるため，接道義務を満たさない。
□は建物の位置を示す。

たさないため建築基準法違反となる）。

　このような場合，現状のままでは各々の区画とも将来の建替えは不可能であり，当該物件の購入者が上記事実を知った上で購入を行ったものであるか否かが問題となる。ただ，紛争となるほとんどのケースでは，買主は売主または仲介業者からこの点について何らの説明を受けることなく売買契約を締結し，後日このような事実が判明してはじめて知る，というのが現実の姿であろう。

　以下に掲げる判決も，このような事例を取り扱ったものである。

●事案の概要●

1. 事案の要旨

Y_2（売主の仲介業者）の仲介によりY_1（売主）から土地建物を購入したX（買主）が，購入から15年以上居住した後，これを売却しようとしたところ，敷地が建築基準法上の接道義務を満たしていないため建替えができないことが判明した。このため，Xは，Yら（＝売主およびその仲介業者）に対し，前記事実の説明義務違反を理由として不法行為に基づく損害賠償を求めていた。

2. 事実関係の概要

(1) X（＝買主。原告）は，平成5年10月29日，Y_1（＝売主。被告。宅建業者でもある）から本件土地および本件路地（持分2分の1）（以下，これらを併せて「本件各土地」という）を本件建物と共に2,550万円で買い受けた（以下，本件各土地と本件建物を併せて「本件不動産」という）。

なお，本件売買契約書には，取引主任者として，売主Y_1（被告）の代表取締役，売主側の仲介業者であるY_2（被告）の代表取締役，買主側の仲介業者であるY_3（訴外）の代表取締役の記名押印がされていた。

(2) ① 本件土地には，本件建物（昭和50年10月1日新築）が存在し，本件土地の南西側隣接地（以下，「本件隣地」という）には建物（昭和51年12月25日新築。以下，「本件隣家」といい，本件隣地と併せて「本件隣地等」という）が存在している（位置関係を示す図面等は公刊物に掲載されていないため省略）。

② 本件路地は，X（原告）と本件隣地の所有者（Z）が共有しており（持分各2分の1），本件土地および本件隣地は，本件路地（幅員約2.7m）を介して道路（幅員約6mの市道）に接している。

以上のとおり，本件土地は建築基準法上の道路に接しておらず，本件路地を

介して接しているのみである。また，本件路地はXの単独所有ではなく，本件隣地所有者Zとの共有であるため，本件土地および本件隣地に2棟の建物を建築するためには，1) 本件路地の幅員を4m確保するか，2) 本件土地の東側隣地の一部に使用権の設定を受けることが不可欠であった。

ちなみに，2棟分の建物の存在を前提とすれば，本件路地（共有）の幅員が4m以上確保されていなければ，各々の敷地が建築基準法上の接道義務（＝建築物の敷地は道路に2m以上接しなければならない）を満たすことはできない。しかし，本件路地の現状の幅員は約2.7mであり，実際には2棟の建物が建築されていて，建築基準法の規定に抵触している状態にあった。

(3) Xは，Yらから，本件土地は接道義務が満たされていないとか，本件建物の建替えには本件隣地所有者の同意が必要であるとか，当該同意がなければ建替えはできない旨の説明を受けたことはなかった。

●当事者の主張●

本件判決での争点は，(a)説明義務違反の有無，(b)原告の損害の2点であったが，これらに関する当事者の主張は以下のとおりである。

1. 争点(a)について

(1) 原告の主張

① 建築基準法上，建物の敷地は同法上の道路に2m以上接しなければならないところ（同法第43条），本件土地はこの接道義務を満たしておらず，同土地上では建替えが不可能である。

② 被告Y_1は不動産業を営む者であり，本件売買契約に付随する義務として，また，被告Y_2は売主側の仲介業者として，買主である原告に対し，前記①の事実を説明すべき義務があった。Y_1およびY_2は，前記①の事実を熟知していたにもかかわらず，上記説明義務を怠り，上記事実を説明しなかった（以下，「本件不法行為」という）。

(2) 被告らの主張

① 本件土地について建築確認を取得するには、本件隣地所有者（Z）の同意を得るか、または本件使用権の設定を受ける必要がある（以下、このような建築確認取得のための負担を「本件負担」という）が、建替えが不可能ということはない。

② 被告 Y_2 は、建築確認を取得するには Z の同意が必要である旨認識しており、この点を Y_3 の担当者甲に報告済みであって、原告は、この点について甲から説明を受けているはずである。

2. 争点(b)について

(1) 原告の主張

原告は、本件不法行為によって、本件不動産が接道要件が具備され、建替えについて格別の制限のないものである旨誤信して借入れを行った上、本件不動産を買い受けた。本件不法行為と相当因果関係のある損害等は、以下のとおりである。

① 損　害

(ア) 本件売買代金相当額　　合計 2,550 万円

(イ) 本件借入れに係る利息金相当額　　合計 727 万 5,669 円

② 前記①(イ)の各利息金相当額に係る確定遅延損害金（同各利息金に対する平成 22 年 12 月 27 日までの遅延損害金）　　合計 397 万 4,823 円

③ 損益相殺（前記①(ア)から控除されるべき、本件不動産の本件売買契約時における適正価額（以下、「本件適正価額」という））　　752 万円

④ 弁護士費用を除く損害額　　2,923 万 492 円

⑤ 弁護士費用（前記④の 1 割相当額）　　292 万円

⑥ 損害額（前記④＋⑤）　　3,215 万 492 円

(2) 被告らの主張

① (ア) 仮に、本件不法行為が認められるとしても、原告には、現実の損害が発生していない。すなわち、1) 原告は本件不動産に 16 年以上、特段の

問題なく居住していること，2）原告が本件使用権設定提案（本件土地の北東側隣接地に使用権の設定を受けた上で，これを原告に対し無償で提供する）を受け入れれば，本件建物の建替えが可能となること，また，3）原告が本件買受け提案を受け入れれば，本件不動産の売却も可能となることから，原告には現実の損害の発生がないというべきである。

　(イ)　仮に，損害の発生が認められるとしても，前記(ア)の1）ないし3）の事情に鑑み，損害の公平な分担の観点から，相当因果関係にある損害額は，本件売買代金相当額の10％である255万円にとどまるというべきである。

② (ア)　また，仮に，本件不法行為が認められるとしても，相当因果関係にある損害は，本件売買代金相当額と本件適正価格（本件負担という瑕疵を前提とするもの）との差額にとどまる。そして，本件借入れに係る利息金相当額については，被告らが上記差額に対し，不法行為時から年5分の割合による遅延損害金の支払義務を負うことに鑑み，損害の公平な分担の観点から，被告らが上記遅延損害金に加えて，さらに上記利息金相当額の賠償責任を負うとするのは相当ではない。

　(イ)　本件適正価格については，1）本件不動産の取得原価が約1,846万6,300円であること，2）不動産業者は3割程度の利益確保を前提として仕入れるのが通常であること，3）国土利用計画法による届出に関して，本件不動産の売買代金2,619万8,730円にて不勧告通知を受けたことなどから，2,340万円を下回ることはないというべきであり，不動産鑑定評価書による意見は失当である。したがって，原告の損害額は210万円を超えることはない。

●裁判所の判断●

1. 認定事実

認定事実のうち争点の判断に特に関連すると思われる部分，すなわち，(1)本件不動産および本件隣地等の状況，(2)接道状況および建替えの可否・制限に関する説明内容，(3)本件訴訟に至る経緯等を掲げれば以下のとおりである。

(1) 本件不動産および本件隣地等の状況

① 本件土地および本件隣地は，昭和50年頃宅地分譲され，本件土地には本件建物が建築され（同年），また，本件隣地には本件隣家が建築されて（昭和51年），両建物が存在している。本件路地は，上記各土地の所有者（現在は原告とZ）が共有している（持分2分の1ずつ）。

② 本件土地は道路に接面していないが，本件路地を介して道路に接しているところ，本件路地は原告と本件隣地所有者との共有であるから，本件土地および本件隣地上に2棟分の建築を確保するには，(ア)本件路地の幅員を4m確保すること，または(イ)本件使用権を設定することなどの手当が必要となる。すなわち，本件土地および本件隣地上には1棟の建物しか建築できないが，実際には2棟の建物が建築されており，建築基準法に抵触している状態にある。

ところで，本件路地の北側隣接地（以下，「本件路地北側隣地」という）の利用実態からは，本件路地の同隣地側への拡幅（上記(ア)）は非現実的であり，また，本件使用権の設定（上記(イ)）についても現実的な解決策であるとは考え難い。したがって，本件土地に関して円滑に建築確認を取得し，建替えを行うことは困難であると認められる（なお，同法第43条第1項ただし書の許可を取得することが現実的に可能であることを認めるに足りる証拠はない）。

③　本件建物については，昭和50年6月，建築確認が取得されたところ，同建築確認は，本件路地部分に幅員4mの道路が設置され，本件土地が北側境界で当該道路に接することを前提とするものであった。しかし，実際には上記道路は設置されず，本件路地（幅員約2.7m）が存在するのみである。

(2) 接道状況および建替えの可否・制限に関する説明内容

①　本件約定書および本件売買契約書には，本件土地の接道状況および建替えの可否・制限等について何ら記載されていなかった。

②　本件重要事項説明書には，本件土地が「敷地部分」，本件路地が「道路部分」と表示され，「敷地等と道路との関係」欄において「敷地の北側が幅約6mの公道に約3m接している」旨記載されていた。また，建築基準法等に係る「新築等の制限」として，道路斜線制限等が記載されていたが，接道要件に係る「新築時の制限」については全く記載がなく，建替えのためには本件路地の共有者（本件隣地所有者）の同意が必要であるなどの記載もなかった。

　　なお，本件重要事項説明書は，被告Y_2が作成したものであるが，被告Y_1においても同書面の内容を確認していた。

③　原告らは，原告が本件約定書および本件売買契約書を取り交わした際，Y_1およびY_3の担当者甲から，売買対象土地には共有部分がある旨の説明を受けていた。しかし，Y_1，Y_2またはY_3（代表取締役もしくは担当者甲も含めて）のいずれからも，本件土地は接道要件が満たされていないとか，本件建物の建替えには本件隣地所有者の同意が必要であるとか，当該同意がなければ建替えはできない旨の説明を受けたことはない。また，原告らとしては，本件建物が老朽化した場合には建替えが可能であると考えており，建替えが不可能であれば本件不動産を購入することはなかった。

(3) 本件訴訟に至る経緯等

①　本件建物に関して，除却等の是正措置（建築基準法第9条）が命じられたことはなく，原告らは，引渡し以来，17年間にわたり本件不動産にお

いて居住を継続しており，本件建物の老朽化が著しく進むなど今後の居住継続を困難ならしめる事情は認められない。
② 本件隣地等は，平成 12 年 8 月 18 日，Z が A（本件隣地等の当時の所有者）から代金 1,200 万円で買い受けた。

　Z は，本件訴訟で陳述書を提出し，1）上記買受けの際，仲介業者から，「安く，地べたの値段だけで買える」物件として本件隣地等を紹介された，2）当該業者から，本件土地および本件隣地には 1 棟の建物しか建てられないが，2 棟建ってしまっている，建替えの際，当該業者に頼めば「うまくやってあげる」との説明を受け，建替えができると思っていた，3）建替えができず，売却も難しいと知っていたとすれば，当然購入しなかった旨陳述している。
③ 原告らは，平成 20 年 12 月頃，本件不動産の売却の検討を始め，不動産業者に対して資料を提示して売却の相談をした。その結果，平成 21 年 1 月中旬ないし下旬，当該業者から，1）本件土地は接道義務を満たしていないから，建築確認が下りず，建替えができない，2）したがって，売買もできないから，当該業者で買い受けることはできない，3）本件隣接地も同様である旨の説明を受けた。
④ 本件近隣土地の地価は，平成 5 年から平成 22 年までに約 40％の価格水準に低下しており，同近隣における標準画地（接道関係等に問題がなく，間口狭小等の減価要因のないもの）の単価は，平成 5 年 10 月 29 日時点では 15 万 6,000 円，平成 22 年 8 月 1 日時点では 6 万 8,500 円であった。
⑤ 被告 Y_1 および被告 Y_2 は，本件使用権設定提案をしたものの，現状，本件使用権設定予定部分にはブロック塀が設置されており，また，被告らが本件東側隣地所有者に対し本件使用権の設定を打診したということも全くないのであって，上記提案が現実的な解決策であると認めるのは困難である。

2. 争点(a)（説明義務違反の有無）について

(1) 被告らの説明義務

① 宅地の売買においては、建築基準法上の接道関係は、建替えの可否ならびに転売の可否および転売条件等に大きく影響するものである。そして、被告 Y_1 および被告 Y_2 は、いずれも不動産の売買および仲介を業とする会社であり、宅建業者であるから、まず、被告 Y_1 については、本件売買契約上の付随義務として、本件土地の接道状況について原告に対し説明する義務があったというべきである。

② また、被告 Y_1 および被告 Y_2 は宅建業者であり、売主および仲介業者として本件売買契約に関与したものであるから、宅地建物取引業法（平成5年10月当時に施行されていたもの。以下、同様）第35条第1項により、それぞれ取引主任者をして、原告（買主）に対し接道状況について説明すべき義務を負っていたものである（同項第2号、第47条第1号）。

なお、買主に対する重要事項説明義務は、買主側の仲介業者にとどまらず、当該取引に関与した宅建業者全てが負う（同法第35条第1項、同法第31条、最高裁昭和36年5月26日第二小法廷判決・民集15巻5号1440頁参照）。

(2) 説明義務違反の有無

① 認定事実(1)②のとおり、本件土地は接道要件を満たしておらず、建替えが困難な土地である。なお、本件隣地所有者（Z）が建替えを断念し、本件路地のうち一部（本件土地の接道を確保するために必要な部分）について原告の単独使用を認めることに同意すれば、本件建物の建替えが可能となるとも考えられるが、Zの陳述内容からして、Zから上記同意を得ることは容易ではないと考えられる。

② ところが、まず、本件売買契約書には、この点について何ら記載がなく、むしろ、本件重要事項説明書には、本件土地の「北側が幅約6mの公道に約3m接している」旨記載され、「新築時の制限」としては道路斜線規制等が記載されているのみで、接道要件との関係での建築の制限につい

ては全く記載されていなかった。

そして，原告は，本件路地が共有であることについては説明を受けたものの，本件土地が接道要件を満たしておらず，建替えが困難であることについては説明を受けたことがなかった。

③　前記①および②によれば，被告Y_1および被告Y_2には，原告に対する説明義務違反（本件不法行為）があったことが明らかであって，被告らは，本件不法行為と相当因果関係にある原告の損害について賠償責任（不真正連帯債務）を負うというべきである（会社法第350条）。

3.　争点(b)（原告の損害）について

(1)　本件売買代金相当額と本件適正価格との差額（1,050万円）

①　前記のとおり，接道関係は，建替えおよび転売の可否，転売条件等に大きく影響するものであるから，土地付き建物を買い受ける者において，当該土地が接道要件を具備しておらず，建替えが困難であることを認識すれば，売買契約の締結をしないこと，または同契約を締結するとしても，その条件を慎重に検討することは容易に予測できる。

本件では，本件土地が接道要件を満たしておらず，建替えが困難であることについて，原告が説明を受け，これを認識していたとすれば，本件売買契約を締結することはなかったものである。

そうすると，原告は，被告らの本件不法行為によって，本件土地の接道状況には問題はなく，建替えが可能である旨誤信させられ，本件売買契約を締結し，本件借入れを行った上，本件売買代金および本件借入れに係る利息金の支払いをするに至ったものと認められるから，これらの金員の出捐は，本件不法行為と相当因果関係にある損害であるというべきである。

ただし，原告は，本件売買代金支払いの対価として，本件不動産を取得したのであるから，原告の損害は，上記代金相当額から本件適正価格を控除した差額となると考えられる（損益相殺）。

②　これについて，平成22年8月10日付け不動産鑑定評価書および同年

11月9日付け意見書（以下，両意見書を併せて「本件意見」という）によれば，不動産鑑定士は本件適正価格を752万円と評価したことが認められる。

そこで検討するに，本件意見では，減価要因のうち「建築基準法上問題のある接道状況」（以下，「接道状況」という）に係る減価率が30％とされ，その根拠として，1) 接道要件を充足するためには，本件路地の幅員を4mに拡幅することが「不可欠」であり，2) 本件路地北側隣接地の一部（別紙敷地図（参照資料のなかに添付されていないため省略）のA, B, C, D, E, F, Aの各点を順次直線で結んだ範囲の土地。面積は（8.898m + 3.851m）× 1.3m = 約16.57㎡であり，以下，「買収対象土地」という）の買収が「必要」であることが指摘されている。

しかしながら，本件土地の接道要件具備のために，買収対象土地全体の買収が必要であるとは考えられない。のみならず，接道要件は本件使用権の設定によっても具備されるものと考えられることから，そもそも上記1) および2) の前提からして疑問がある。また，本件意見では，上記2) に係る買収費用をすべて本件土地の「負担」とすることが前提とされているが，上記買収は本件隣地の接道要件をも充足させるものであって，本件土地のみの負担とすることの当否についても疑問がある。そして，本件意見では，減価要因として「接道状況」に加えて，「間口狭小」があげられ，その減価率が20％とされているが，その根拠および当否についても必ずしも明らかではない。

③　さらに，本件適正価格は原告に生じた損害の認定のための要素であることから，本件適正価格の評価に当たっては，当該評価時点後において，本件不動産が原告に対し，どのような価値ないし利益をもたらしたのかについても考慮すべきであると考えられる。

この点，本件意見では，本件建物の価格（本件売買契約時点）が93万円と評価されているが，1) 本件届出では本件建物の予定対価が485万2,800円とされていたこと，2) 原告らは本件建物に17年間にわたり居住を継続

しており，今後の居住継続を困難ならしめる事情も認められないことなどを考慮すれば，400万円程度の価値を有していたものと認めるのが相当である。

以上によれば，本件意見による評価額をそのまま本件適正価格として採用することは困難である。

④ ところで，本件土地の近隣における標準画地（平成5年時点）の単価は15万6,000円であったから，本件土地に建付減価（0.1）以外の減価要因がなかったとすれば，本件土地の価格は1,588万4,856円（15万6,000円×0.9×113.14㎡）となる。また，本件路地（原告持ち分）の価格は，共有私道の減価率（0.5〜0.8）を適用すると，36万4,884円ないし91万2,210円（単価3万1,200円ないし7万8,000円）となるから，本件各土地の価格は1,624万9,740円ないし1,679万7,066円となる。そして，前記のとおり本件建物は400万円程度と評価されるから，本件不動産の価格は2,024万9,740円ないし2,079万7,066円となる。

上記に加えて，被告Y_1による本件不動産の取得対価が1,800万円であったことをも考慮すると，仮に接道要件が具備されていたとしても，本件不動産の価格は2,050万円程度であったものと認められる。

⑤ そして，以下の理由から，本件適正価格としては，2,050万円から25％ないし30％を減じた1,500万円程度であったものと認めるのが相当である。

(ア) 本件隣地等（本件隣地の地積は本件土地とほぼ同様であり，本件建物と本件隣家は構造に違いがあるが，床面積は同一であり，築年数もほぼ同様である）の取引価格（平成12年8月時点）は1,200万円であったところ，同価格は接道状況に問題があることが考慮された上で決定されたものと認められること。

(イ) 本件建物について除却等の是正措置が命じられたことはなく，原告らは17年間にわたり本件不動産に居住を継続しており，この間，本件土地近隣の家賃相場は少なくとも月額5万円であったと認められるから，

平成6年1月から平成22年12月までの間，原告らは既に1,020万円（5万円×12か月×17年）の居住利益を得ていること。

(ウ)　本件土地近隣の地価は，平成5年から平成22年までの間に約40％の価格水準に低下しており，平成22年時点での単価は6万8,500円であって，仮に接道状況に問題がないとしても，本件土地の価格は775万円程度となっており，本件借入れの残元金が平成22年12月20日時点で861万9,007円であること。

(エ)　上記のとおり，原告らは居住を継続しており，今後の居住継続を困難ならしめる事情は認められないこと，今後も本件建物について建築確認を要しない程度の修繕（建築基準法第6条，第2条第14号参照）を行うことは可能であることなどを考慮すると，上記問題がなかったとしても，原告としては今後も本件不動産に居住を続けるという選択をする可能性も十分に考えられること。

以上によれば，本件売買代金相当額と本件適正価格との差額（原告の損害）は，1,050万円であると認められる。

(2)　本件借入れに係る各利息金相当額および弁護士費用

本件判決においては，上記(1)の他，原告の借入れに対する利息金相当額の損害認定の有無についても争点となった。これに関しては，原告が本件不動産を取得し，その所有を継続していることから，利息金のうち本件適正価格の支払いのために必要であった借入金額を超える部分（1,050万円）に対応する利息金相当額が，原告の損害となると認められた（347万702円。過程は略す）。

また，弁護士費用に関しても一定の金額が認められているが，詳細は略す。

《判例から読み取る調査上の留意点》

宅地が公道（あるいは，位置指定道路のような公道に準じた私道）に全く接していない場合，当該土地から公道に通じる通路が確保されているか否かは，当該土地上における建物の建築可能性を大きく左右する。

16　第1章　土地利用にかかる制約と判例

　また，宅地が公道に接していても，**資料2**に掲げたとおり，間口が2mに満たない場合にも同様の問題が生ずる（このような土地は純粋な意味での無道路地に比べれば，接道義務を満たすための最小範囲を隣接地の買収あるいは賃借等の方法により確保できる可能性が残されているが，現状のままでは建物の建築ができない点では何らの相違はない）。

　本件判決で取り上げている事例は後者のケース，すなわち，間口が2m未満で接道義務を満たさない場合である。そして，不動産の調査という視点からみた場合の重要な論点は，本件土地と道路の間に存在する本件路地は本件隣接地所有者との共有（持ち分は各々2分の1）であることから，将来の建替えを可能とするためには本件路地の幅員を2軒分合わせて4m確保することが必要となるという点である。その手段としては，4m幅の不足部分を買収等の方法を講ずることが考えられる。また，このような方法で4m幅の通路が確保できれば，本件路地部分の間口は2軒分で各々2mとなり，接道義務を満たすことが可能となる（執筆に当たり参照した資料には図面が添付されていないため，イメージ図を**資料3**のとおり作成した）。

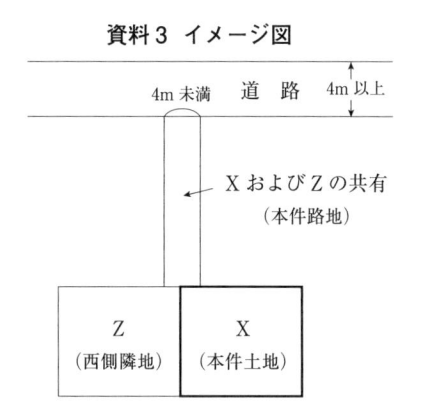

資料3　イメージ図

```
            4m未満　道　路　4m以上
                │
                │←　XおよびZの共有
                │    （本件路地）
        ┌───────┬───────┐
        │       │       │
        │   Z   │   X   │
        │(西側隣地)│(本件土地)│
        └───────┴───────┘
```

　このような手段を講ずることができれば，将来の建替え時に本件路地のうち2m幅を本件土地と一体の敷地として使用する前提で建築確認を受けることが可能となると思われる。あるいは，本件土地所有者（X）が単独で，東側隣地所有者から使用権の設定を受けることによっても同様の効果が期待できよう

（建築確認の申請に際しては，本件路地部分を買収によって拡幅しなければならない等の制約はない）。

　本件判決で問題となったのは，売買契約時に売主および仲介業者から買主に対し，これらの説明が一切行われていなかったという点である。そして，本件判決にも判示されているとおり，上記の2つの解決策は本件路地の北側隣接地の利用実態を踏まえれば現実的なものとは考えられず，本件土地に関して円滑に建築確認を取得し，建替えを行うことは困難であると認められることである。

　さらに，将来の建替え時に隣接者の同意があれば本件建物の建替えが可能となるとはいっても，その同意とは，本件隣地所有者が建替えを断念し，本件路地のうち一部（本件土地の接道義務を確保するために必要な部分）について本件土地所有者の単独使用を認めることを指しており，何らの理由や事情もなく，わざわざ自己の資産価値を減じるような約定に同意することは考え難い。

　本件判決においては，売主および仲介業者に対し，建替え時の制約に関する説明義務違反を理由として不法行為責任を認めているが，不動産の調査に際しては，間口が2m未満で既に建物が建築されている場合，将来における建替えの実現性につき，以上述べてきた視点も含めて十分検証することが必要である。

　なお，本件判決では，本件土地の接道要件具備のために買収対象土地全体の買収が必要であるとは考えられないこと，接道要件は本件使用権の設定によっても具備されることを述べ，本件路地の幅員を4mに拡幅することを前提として必要部分の買収費用相当額を減価する鑑定評価の手法に疑問が呈されている。

　しかし，路地の幅員を拡幅し，当該部分を所有権の対象とすることは宅地の将来にわたる安定的利用を確保することにつながり，宅地の価値も相応に向上することが認められる。これに対し，隣接地の一部を使用権の設定により確保するという方法は，将来にわたる継続的利用という点では権利の不安定さからやや弱い面があり，宅地の価値もその分だけ減価するものと考えられる。

このため，鑑定評価においてはむしろ，間口が2mの路地状敷地の価額から拡幅対象部分の買取費用相当額を控除して，接道義務を満たさない土地の価額を算定しているのが通常である（この点で，本件判決に登場する不動産鑑定評価の手法は，通常のものと特段異なるものではない）。ただ，本件通路部分は共有地であるため，当該部分を4m幅に拡幅するということは，本件隣地の接道要件をも充足させるものであって，本件土地のみの負担とすることの当否については疑問があると判示している点は正にそのとおりである。

なお，建築物の一体の敷地と建築確認との関係であるが，本件判決とは別に東京地裁平成6年7月25日判決のなかに次の判示がされており参考になる（関連部分を抜粋）。

> ○東京地裁平成6年7月25日判決（判例時報1533号64頁）
>   建築基準法6条1項に規定する建築確認処分は，申請にかかる建築物の計画が当該建築物の敷地，構造及び建築設備に関する法律並びにこれに基づく命令及び条例の規定（建築関係規定）に適合していることを公権的に確認する行為であり，申請書を受理した建築主事は，申請にかかる建築物の計画が建築関係規定に適合しているか否かを審査すべきものであり（同法6条3項），建築主事は，建築予定地たる申請敷地に対して当該建築主が真実所有権や賃借権等の実体上の使用権を有しているか否かを審査すべき権限はなく，また，その義務もなく，ただ，申請敷地が存するか否か，公道が存するか否か，申請敷地が接道義務を充たしているか否か等の外形的事項について審査すれば足りるのであって，そして，建築確認処分がなされたからといって，当該建築主にその敷地申請に対する実体上の使用権が発生するわけでもなければ，それが付与されるわけでもないのである。

さらに，本件判決では不動産鑑定士の意見書のなかに，本件土地にかかる減価要因として「接道状況」に加えて「間口狭小」があげられ，減価率が20％とされているが，その根拠および当否について必ずしも明らかでないと指摘している。

当該意見書の内容は本書の執筆に当たり参照した資料には掲載されていない

が、「土地価格比準表」(注1)には無道路地の評価に関し次の考え方が示されている。

(注1) 地価調査研究会編『土地価格比準表』住宅新報社。住宅地の個別的要因比準表による。

○「土地価格比準表」による無道路地評価の考え方

無道路地の評価に当たっては、現実の利用に最も適した道路等に至る距離等の状況を考慮し、取付道路の取得の可否およびその費用を勘案して適正に定めた率をもって補正する。

また、『国土利用計画法　一問一答　価格評価編』(注2)には、次のとおり具体的な手法が記載されている。

(注2) 地価調査研究会編『国土利用計画法　一問一答　価格評価編』大成出版社、1999年。

○無道路地評価の具体的手法

無道路地の評価は、無道路地が道路に接していないことにより宅地としての一般的な使用が現実的には不可能であるが、道路開設により使用可能なものであることに鑑み、宅地として利用するために最も適した道路に至る取付道路（袋地の路地状部分に相当するもの）を想定して、「袋地の評価方法」により袋地としての評価額を求め、さらに当該袋地の評価額から取付道路用地の取得原価等の通路開設に要する費用の額を控除してその評価額を求める。

これを算式で表わせば次のとおりである。

・袋地とした場合の想定価額：P_A（総額）

・通路開設に要する費用の額：P_B（総額）

・無道路地の評価額（P）＝ $P_A - P_B = P_A \left[1 - \dfrac{P_B}{P_A} \right]$

この場合、通路開設に要する費用のうち、その大部分を占めると考えられる取付道路用地の取得原価は、不動産鑑定評価基準にいう限定価格（経済合理性

に反する不動産（土地）の分割を前提とするいわゆる残地補償込みの価格）となる傾向が強いこと，また，袋地としての想定価額に比し通路開設に要する費用の額がこれを上回るときや，同額または近似値となるときには，上記のような評価方法が採れないことに留意が必要である。

ここで，袋地の価額については，**資料4**のごとく路地状部分の価額と有効宅地部分の価額を別々に査定し，これらを合計して求めるという方法がとられる。この方法を採用した場合，通路部分の価値には，幅員が狭く建築物が建築できないことに伴う減価が反映されていることから，間口狭小補正を重ねて施す必要はないものとされている。本件判決で，上記のとおり，本件土地にかかる減価要因として，「接道状況」に加えて「間口狭小」があげられ，減価率が20％とされているが，その根拠および当否について必ずしも明らかでないと指摘されているのも，このような点に端を発しているのではなかろうか。

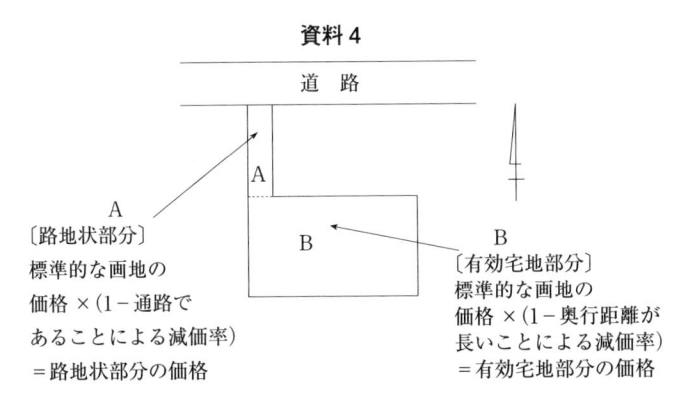

資料4

道　路

A
〔路地状部分〕
標準的な画地の
価格 ×（1 − 通路で
あることによる減価率）
= 路地状部分の価格

B
〔有効宅地部分〕
標準的な画地の
価格 ×（1 − 奥行距離が
長いことによる減価率）
= 有効宅地部分の価格

なお，上記の計算式に登場する標準的な画地の価格とは，有効宅地部分が前面道路に直接面していることを想定した場合の価格を意味している。このような状況にある土地の価格に比べ，通路部分および当該有効宅地部分の減価率が何％位であるかを求めるものである。

さらに，路地状敷地の場合，地方公共団体の条例等により通路部分の延長距離に対応して，必要な間口距離が異なる場合があることに留意しなければならない。たとえば，東京都建築安全条例では次の規定を置いている。

1. 建築基準法上の接道義務を満たさない宅地

○東京都建築安全条例
(路地状敷地の形態)
第3条　建築物の敷地が路地状部分のみによって道路(都市計画区域以外の建築物の敷地にあっては,道とする。以下同じ。)に接する場合には,その敷地の路地状部分の幅員は,路地状部分の長さに応じて,次の表に掲げる幅員以上としなければならない。ただし,建築物の配置,用途及び構造,建築物の周囲の空地の状況その他土地及び周囲の状況により知事が安全上支障がないと認める場合は,この限りでない。

敷地の路地状部分の長さ	幅員
20m以下のもの	2m
20mを超えるもの	3m

2　耐火建築物及び準耐火建築物以外の建築物で延べ面積(同一敷地内に2以上の建築物がある場合は,それらの延べ面積の合計とする。)が200㎡を超えるものの敷地に対する前項の規定の適用については,同項の表中「2m」とあるのは「3m」と,「3m」とあるのは「4m」とする。

(昭36条例45・昭62条例74・平5条例8・平11条例41・一部改正)

このように,建築基準法の規定に対し制限が強化されている場合には,これを遵守した形で間口距離を想定し,取付道路の開設費用を計算しなければ,結果的に無道路地の評価額に影響を及ぼすこととなる。

2. 無道路地の意義

公路に直接接していない無道路地であっても，実際に利用している公路への通路が同一の所有者に帰属する場合は，課税台帳登録価格の決定に当たり通路開設補正を適用しないとする取扱いが適法とされた事例——固定資産税における適正な時価（最高裁平成 19 年 1 月 19 日判決・判例時報 1962 号 57 頁）

数多い土地のなかには道路（以下，道路と呼ぶ場合には建築基準法上の道路のことを指す）に全く接していないものもある。たとえば，**資料 1** のようなケースがこれに該当する。これがいわゆる無道路地であり，民法上の概念では「袋地」と呼ばれる（これに対し，鑑定評価で「袋地」と呼ぶ場合には**資料 2** の土地（太枠全体）をイメージしており，民法上の概念とは異なるため留意が必要である）。本項で対象とする土地は**資料 1** のイメージを念頭に置いている。

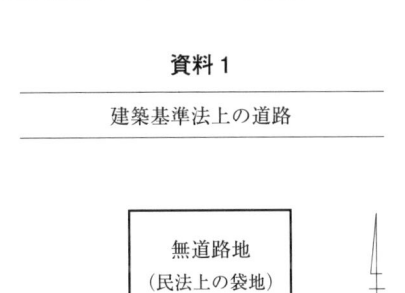

資料 1

建築基準法上の道路

無道路地
（民法上の袋地）

2. 無道路地の意義

資料2

[図：間口、建築基準法上の道路、路地状部分、路地状部分の長さ、鑑定評価上の袋地を示す図]

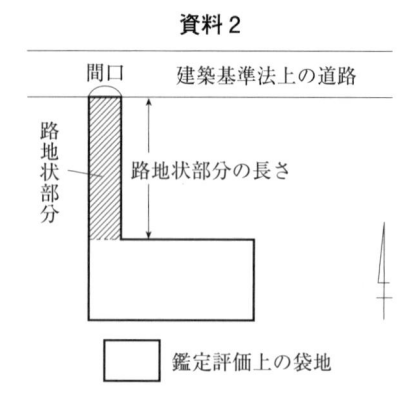

このような無道路地は出入りが不便なだけでなく、単独では建築物の建築を行うことができないことから（建築基準法第43条参照）、前面道路に接する土地と比べて利用価値は著しく減少する。

○建築基準法

（敷地等と道路との関係）

第43条 建築物の敷地は、道路（次に掲げるものを除く。第44条第1項を除き、以下同じ。）に2m以上接しなければならない。ただし、その敷地の周囲に広い空地を有する建築物その他の国土交通省令で定める基準に適合する建築物で、特定行政庁が交通上、安全上、防火上及び衛生上支障がないと認めて建築審査会の同意を得て許可したものについては、この限りでない。（以下、略）

以上のとおり、建築基準法では接道義務を定めており、建築物の敷地が道路に2m以上接していなければ建築物を建築することができない。ちなみに、**資料1**のような土地（無道路地）はもちろん、**資料2**のような土地（＝鑑定評価上の袋地）で間口が2m未満の土地も接道義務を満たしておらず、このままでは建築物の建築ができないということになる。

それだけでなく、地方公共団体は、建築物の用途、規模の特殊性により、避難または通行の安全の目的を十分に果たし難い場合には、敷地が接する道路の

幅員等につき条例で必要な制限を付加することができるとされている（条文の掲載は省略したが，同法第43条第2項の規定がこれに該当する）。たとえば，前項に掲げた東京都建築安全条例では，敷地の路地状部分の長さ（**資料2参照**）が20mを超える場合には，路地状部分の幅員（間口）を3m以上としなければならないとしている（同条例第3条第1項）。

　無道路地につき建物の建築を可能ならしめるためには，公路に至るまでの通路（幅員2m以上）を確保することが不可欠となる。このため，鑑定評価において無道路地の評価を行う際には，その前提として通路部分の買取り費用を宅地の価額から控除したり，固定資産評価基準においては宅地の価額に通路開設補正率を乗じて評価減を行う等の考え方が適用されている。

　ただ，なかには無道路地であっても，実際には何らかの方法で他人の土地を通行するなど道路に至るまでの出入口を設けており，そこを介して当該土地の利用を行っているケースも見受けられる（囲繞地通行権の設定等）。

　無道路地の利用形態も一様ではないが，公図上はここにいう無道路地に該当するものの（**資料1のイメージ**），公路に至るまでの隣接土地所有者が当該土地と同一人であり，隣接地の自由な通行が可能な場合にまで通路開設を前提とした補正率（減価率）を適用することの可否が問われたケースもある（そこでは，課税側は，このような場合には通路開設補正率を適用しないとする取扱要領を定めていたことから，改めてその適法性が争点となったものである）。

　本項では，これに該当する判決として最高裁平成19年1月19日判決（一審：東京地裁平成14年1月22日判決，二審：東京高裁平成16年5月27日判決）を掲げる。

　なお，本件判決のなかには無道路地の評価方法として，その利用上最も合理的であると認められる路線の路線価に奥行価格補正率，通路開設補正率および無道路地補正率を乗じて1㎡当たりの評点数を求める旨の記載がなされているが，固定資産評価基準（以下，「評価基準」という）との関連でこれらの仕組みやその意義を先に解説しておいた方が理解も進むと思われる。このため，以下の手順を念頭に置きつつ，判決内容を読み進めていただければ幸いである。

○固定資産評価基準における無道路地の評価方法

固定資産評価基準（以下，「評価基準」という）では，無道路地の評価方法につき次の規定を置いている（評価基準別表第3「画地計算法」）。

1. 無道路地1㎡当たりの評点数の算定

    資料3の図を基にした場合，1㎡当たりの評点数は以下のとおり算定される。

    無道路地1㎡当たりの評点数
    ＝（路線価）×（奥行価格補正率）(注1)×（通路開設補正率）(注2)×（無道路地補正率）(注3)

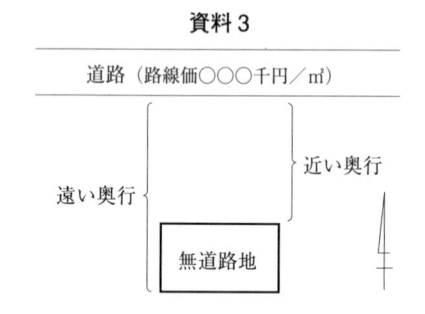

資料3

```
     道路（路線価○○○千円／㎡）
   ┌──────────────────┐
   │          ╭── 近い奥行
   遠い奥行 ┤         
   │        ┌─────┐
   │        │無道路地│
   │        └─────┘
```

(注1) 現況は無道路地であるが，隣接地と一体利用することにより無道路地の状態が解消されたことを想定し，奥行価格補正を行う。この場合の奥行距離は「遠い奥行」距離を適用する。

(注2) 無道路地の状態を解消するための通路を開設した場合の費用や期間等を考慮した補正率を適用する。この場合の補正率は「近い奥行」距離に対応するものをいい，具体的には建築基準法の接道義務および都道府県の建築安全条例に基づく最低限の専用通路を開設することによる費用および期間に対応する減価率を意味する。

(注3) 専用通路を開設することの実現性（不確実性），道路に接面していないことにより建築等の使用収益ができないことに伴う減価，専用通路を開設したとしても当該部分には建築物の建築ができないことに伴う減価，有効宅地部分についても奥地にあることにより環境面で劣ること等による減価を反映した補正率である（0.6～1.0の範囲で算定する）。

2. 評点数

    評点数＝（1㎡当たりの評点数）×（地積）

以上が評価基準における無道路地の評価の基本的な考え方であり、本件判決においても、対象地の状況をこの考え方に沿って対比させながら通路開設補正率の適用の可否が判定されている。

●事案の概要●

1. 事案の要旨

本件土地の固定資産税の納税義務者であるX（被上告人）が、○○市長により決定され土地課税台帳に登録された本件土地の平成12年度の価格について、Y（上告人）に対して審査の申出をしたところ、Yから平成12年8月31日付けで本件土地の価格を1億5,305万7,116円とする決定（以下、「本件決定」という）を受けた。このため、本件決定のうち価格6,309万646円を超える部分の取消しを求めていた。

なお、ここで上告人が決定した本件土地の価格1億5,305万7,116円とは、（後掲のとおり）市街化区域農地とその状況が類似する宅地の価額を基準として求めた価額から、当該市街化区域農地を宅地に転用する場合の通常の造成費を控除して求めたものである（ただし、その算定式は本件判決文には記載されていない。被上告人の算定した上記価格の算定式についても同様である）。

2. 事実関係

(1) ① 市町村長は、自治大臣（現総務大臣）が告示する評価基準によって固定資産の価格を決定しなければならないところ（地方税法（平成11年法律第160号による改正前のもの。以下、「法」という）第403条第1項、第388条第1項）、○○市においては、評価基準（昭和38年自治省告示第158号、平成12年自治省告示第217号による改正前のもの）およびこれに基づいて定められた○○市固定資産（土地）評価事務取扱要領（8三市資発第117号、平成14年12月18日付け14三市資発第60号による改正前のもの。以下、「取

扱要領」という）によって土地の評価を行っていた。
② 評価基準には次の事項が定められている。
　(イ)　市街化区域農地の評価については，沿接する道路の状況，公共施設等の接近の状況，その他宅地としての利用上の便等からみて，当該市街化区域農地とその状況が類似する宅地の価額を基準として求めた価額（以下，「基本価額」という）から当該市街化区域農地を宅地に転用する場合において通常必要と認められる造成費に相当する額を控除した価額によってその価額を求める方法によること。
　(ロ)　各筆の宅地の評点数は，路線価を基礎とし，画地計算法（各筆の宅地の立地条件に基づき，個々の宅地の形状に応じた補正を適用して評価額を求める方法）を適用して付設すること。
　(ハ)　この場合において，市町村長は，宅地の状況に応じ必要があるときは，画地計算法の附表等について所要の補正をしてこれを適用すること。
　(ニ)　一画地は，原則として土地課税台帳等に登録された一筆の宅地によるが，一筆の宅地または隣接する二筆以上の宅地についてその形状，利用状況等からみて，これを一体を成している部分に区分し，またはこれらを合わせる必要がある場合においては，その一体を成していると認められる部分の宅地ごとに一画地とすること。
　(ホ)　不整形地，無道路地，間口が狭小な宅地等については，その形状に応じ評点数を求めること。
　(ヘ)　無道路地については，原則として，当該無道路地を利用する場合において，その利用上最も合理的であると認められる路線の路線価に奥行価格補正率表によって求めた補正率（以下，「奥行価格補正率」という），通路開設補正率表によって求めた補正率（以下，「通路開設補正率」という）およびその無道路地の近傍の宅地との均衡を考慮して定める無道路地補正率を乗じて1㎡当たりの評点数を求め，これに当該無道路地の地積を乗じてその評点数を求めること。
③ 取扱要領には，市街化区域農地を評価する際の基本価額については，画

地計算法は適用せず，これに代えて，〇〇市内を12か所に区分して定めた状況類似地域ごとに，各地域内の宅地の平均路線価格に所定の割合(0.75)を乗じて得た価額とすること，その際，各地域内の宅地の平均路線価格は，市街地宅地評価法により評定された各路線価格の平均価格とすることなどが定められている。また，画地計算法を適用した宅地の評価に当たり，無道路地については，奥行価格補正，通路開設補正および無道路地補正を適用するが，実際に利用している街路への通路が同一の所有者に帰属する場合は，通路開設補正は適用しないことなどが定められている。

(2) 本件土地および公路に至るまでの隣接土地（以下，「別件土地」という）は共有者をすべて同じくする土地であり，被上告人はその共有者の一人である。本件土地は，別件土地を隔てて幅員約7mの街路（以下，「南側街路」という）に接続する市街化区域農地（畑）である。

本件土地と別件土地は，地番，地目を異にしており，現況も一体として利用されていない。そして，本件土地への出入りは，別件土地を利用して行われている(注1)。

(注1) 執筆に当たり参照した資料（判例時報1962号）には図面が添付されていないが，本件判決文の内容から位置関係を推測すれば，**資料4**のとおりである。なお，各土地の形状，別件土地の面積，街路への通行路の位置も本件判決文の記載内容からは読み取れないため，この図面はあくまでもイメージを示すものである。

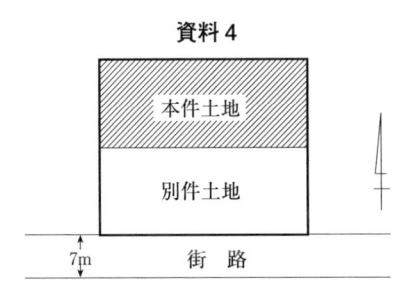

資料4

（本件土地／別件土地／7m／街路 の位置関係を示す図）

南側街路の路線価は24万6,000点であり，両土地の形状等を前提とすると，本件土地に奥行価格補正，通路開設補正および無道路地補正が適用されるとし

た場合の評価基準および取扱要領に基づく補正率は，それぞれ0.81，0.6および0.6である。

（3） ○○市長は，評価基準および取扱要領所定の前記市街化区域農地の評価方法に基づき，平成12年1月1日を賦課期日とする平成12年度の本件土地の価格を1億9,199万6,879円と決定し，これを土地課税台帳に登録した。

（4） 被上告人は，上記の価格を不服として上告人に対し，法第432条第1項の規定に基づき審査の申出をしたところ，上告人は，上記(1)③の取扱要領所定の割合0.75を無道路地補正率に相当する0.6と修正して適用することとし，平成12年8月31日付けで，本件土地の価格を1億5,305万7,116円と減額するほかは，被上告人の審査の申出を棄却する旨の本件決定をした。

●当事者の主張●

本件は，公路には直接接しない（＝袋地である）が，同一の所有者（共有者）に帰属する土地を通路として利用することにより公路に接続する無道路地につき，○○市が取扱要領に基づき固定資産評価基準所定の通路開設補正を適用しないで評価を行ったことの適否が争われたものである（すなわち，本件取扱いが評価基準に反し，法第403条第1項に違反するか否かが問題とされた）。

これに対し，原告は，無道路地から公路に接続する別件土地が無道路地の所有者と同一人であっても通路開設補正を適用すべきであると主張し，被告は，取扱要領がこのような土地について通路開設補正を適用しない理由は，たとえ公図上は公路に接していなくても，隣接する別件土地の所有者が無道路地の所有者と同一人であるため，新たに公路に接続させる通路を確保するための費用や期間を要しない点にあることを主張していた。

●裁判所の判断●

1. 一審および二審の判断

　一審は，本件取扱いは評価基準に反するものではないとした。

　これに対し，二審では次のとおり判示して，本件取扱いは評価基準に反するものであるとした（すなわち，本件決定のうち，本件土地の価格 8,765 万 6,461 円（計算根拠は後掲）を超える部分を取り消すべきであるとしている）。

　(1)　市街化区域農地に係る評価基準の評価手法は，一般的な合理性を有すると認められるが，○○市のような大都市近郊の市街化区域内においては，特段の事情のない限り，同一の位置にある農地の基本価額が宅地の価額を上回ることは想定し難いというべきであるから，本件土地の評価額が本件土地を宅地と同様に画地計算法に従って評価した価額を上回る場合，その限度で違法となるというべきである。

　(2)　本件土地に画地計算法を適用する場合，通路開設補正については次の事項を考慮すれば，事実上，同一所有者の土地を利用して街路への通路としている場合につき，通路開設補正率の適用自体を否定することは，評価基準の想定する所要の補正の範囲を超えるというべきであり，このような評価は，その限度で評価基準に従った評価とはいえないと解すべきである。

　①　本件土地の利用に当たって通路の開設が必要となることは，これに接して同一の所有者の土地があるか否かにかかわらないというべきであり，道路の取得，開設費用が架空の費用であるとはいえないこと。

　②　評価基準が想定する補正率に関する所要の補正は，当該宅地の客観的状況を考慮した補正であると解すべきであり，無道路地である当該宅地に通じる別画地に含まれる通路の権利関係を確定した上で補正率等に補正を加える取扱いをすることを想定しているとは解し難いこと。

　したがって，本件土地の評価に当たっては，通路開設補正（補正率 0.6）を適

用すべきである。

(3) 以上によれば，本件土地の1㎡当たりの評点数は，南側街路の路線価 (24万6,000点) に奥行価格補正率0.81，通路開設補正率0.6および無道路地補正率0.6を乗じた7万1,733点（小数点以下切捨て）となり，これに本件土地の地積の平米数 (1,286.67) を乗じた9,229万6,699点（小数点以下切捨て）が本件土地の評点数となる。

本件土地の平成12年度における価格は，これに基本価額の算出基準日である平成11年1月1日から同年7月1日までの地価下落に伴う時価下落修正率0.979を乗じた9,035万8,468円（1点数当たり1円。小数点以下切捨て）から本件土地を宅地に造成するための土地造成費相当額270万2,007円を控除した8,765万6,461円である。したがって，本件決定は上記価格を超える限度において違法である。

2. 上告審（本件判決）の判断

本件判決では次のとおり判示し，本件取扱いが評価基準に反するとはいえないとした。

評価基準は，無道路地に対し画地計算法を適用するに当たり，路線価に奥行価格補正率，通路開設補正率および無道路地補正率を乗じて1㎡当たりの評点数を求め，これに当該無道路地の地積を乗じてその評点数を求めることとしているが，ここにいう通路開設補正率は，当該無道路地が公路に接続しない状態を解消するための通路を確保するのに必要な費用および期間に着目した補正率であると解される。

そうすると，現に自己所有地を通路として使用し，これによって公路に接続している土地は，たとえ公図上は公路に接していなくとも，新たにこれを公路に接続させる通路を確保するための費用および期間を要しないのであるから，通路開設補正を適用しない取扱いをすることも許されるものと解するのが相当である。したがって，取扱要領が上記のような土地について通路開設補正を適用しないものと定めていることには合理性があり，この定めが評価基準に反し

違法であるということはできず，本件土地の評価に当たっては，取扱要領に従い，通路開設補正を適用しないで評価すべきものである。

これを前提として平成12年度における本件土地の価格を算定すると，本件土地の1㎡当たりの評点数は，南側街路の路線価（24万6,000点）に奥行価格補正率0.81および無道路地補正率0.6を乗じた11万9,556点となり，これに本件土地の地積の平米数（1,286.67）を乗じた1億5,382万9,118点（小数点以下切捨て）が本件土地の評点数となる。

本件土地の平成12年度における価格は，これに前記の時価下落修正率0.979を乗じた1億5,059万8,706円（1点数当たり1円。小数点以下切捨て）から前記の土地造成費相当額270万2,007円を控除した1億4,789万6,699円である。

以上によれば，本件土地の評価に当たり取扱要領の定めに合理性がないとして通路開設補正を適用すべきものとした原審の判断には，判決に影響を及ぼすことが明らかな法令の違反がある。

《判例から読み取る調査上の留意点》

一口に無道路地といっても，その状況には次のとおり様々なものがあり，無道路地の土地としての経済価値は，当該無道路地が建築基準法上の道路に有効に接する可能性およびその程度により大きく異なってくる(注2)。

(注2) 以下，①から⑤までの内容を含めて，(財)資産評価システム研究センター報告書「土地評価に関する調査研究―建築規制のある土地の評価に関する調査研究―」（平成11年3月）による。

① 出入口が不明瞭で完全に道に接面していない土地（イメージは**資料1**参照）

　この形態の無道路地を利用するためには，建築基準法上の道路に接道できるよう新たに当該無道路地から同道路まで通路を確保する必要がある。その際，周囲の土地は，当該所有者が建物の敷地に供する等何らかの方法により利用を行っているため，その一部に新たに通路を開設することは，

当該所有者に不測の損害を与えることとなる。そのため，通路の設置場所，幅，取得費用等について紛争を生じる場合が多く，開設期間および費用等を多大に要することが多い。なお，公図上はここでいう無道路地であっても，隣接地が同一所有者である場合には，当該土地の自由な利用が可能であり，いわゆる無道路地とはいえない。

② 他人の土地を事実上通行しているが，通行権または当該土地を利用する法的権利がなく，かつ，通路を開設していない場合

　通路は開設していないものの，事実上継続的に他人の所有地を通行の用に供している場合は，裁判所において当該通行場所を囲繞地通行権における最も損害の少ないものとして認められやすい。また，外形的な形態はないものの，現に通路として既に利用しているわけであるから，当該所有者にとっても物理的な利用阻害は少なく，かつ，心理的な嫌悪感も少ないと考えられ，接道義務を満たす通路の広さの問題を除けば，通路を開設する可能性は高いといえる。

　ただし，現実的に通路として利用している部分の幅員が接道義務を満たさない場合には，その事実上の通路を拡張する必要があり，判例上建築基準法の接道義務を満たせるだけの幅員を確保することが囲繞地通行権の内容として確定的になっていないだけに，当該拡張部分について上記①の場合と同様の問題が生じる。

　また，この無道路地を現状のまま利用する場合，事実上他人の土地を通行しているとはいっても，通行の利益は当該囲繞地所有者の好意に基づいて恩恵的に与えられているだけで，通行権という形での権利がなく不安定であり，無道路地の利用価値は相当に低い。

③ 他人所有の通路状の敷地を事実上通行に利用しているが，通行地役権，賃借権等の法律上の権利を有しない場合

　通路自体に無道路地の所有者が通行地役権，賃借権等の権利を何ら有しておらず，かつ，当該通路を独占的に利用していない場合には，建築基準法の接道義務を満たせないため当該土地に建物の建築を行うことができ

ず，土地の効用の面からやはり無道路地ということになる。
④ 準公道的または共用的に利用され通行権を有する通路に接面するが，当該通路が建築基準法上の道路でない場合（イメージは**資料5**参照）

　この場合は，当該通路が既に道路としての利用形態にあり，かつ，通行権を有しているため当該無道路地を現状のまま利用することは将来的にも確保されているといえる。ただ，利用している通路が建築基準法上の道路でないため，当該無道路地に建築物を建築することはできず，利用方法が限定されるため土地としての価値は低いといえる。

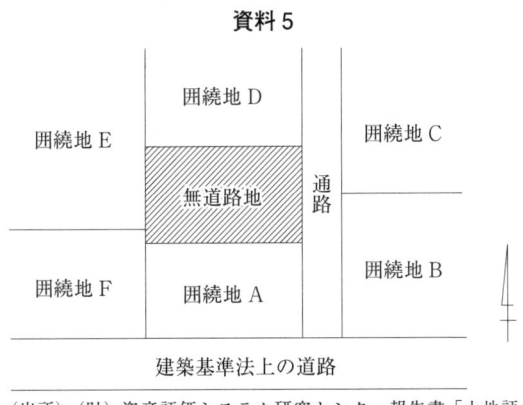

資料5

```
         囲繞地D
囲繞地E  ┌─────┐  囲繞地C
         │無道路地│通
         │▨▨▨▨│路
囲繞地F  │▨▨▨▨│  囲繞地B
         │囲繞地A│
         └─────┘
      建築基準法上の道路
```

（出所）（財）資産評価システム研究センター報告書「土地評価に関する調査研究―建築規制のある土地の評価に関する調査研究―」（平成11年3月）による。

⑤ 建築基準法上の道路に接面するが，間口が狭いため建築物の建築ができない場合

　この場合は，接道義務を満たすための間口を確保する必要があり，一定の幅で隣接地を取得し接道部分を拡張しなければならない。

以上のとおり，無道路地の状況も一様でないことが改めて理解できたと思われるが，本件判決の対象とされている土地はこれらのいずれの形態にも属せず，公図上は無道路地に該当するものの，公路に至るまでの隣接土地所有者が当該土地と同一人である場合である（そのため，隣接地の自由な通行が可能となる）。

2. 無道路地の意義

　このことを念頭に置いた上で，現行評価基準における無道路地の評価方法とその拠り所を確認し，本件判決の意義や評価実務上の留意点に及んでみたい。

　改めて，現行評価基準における無道路地の評価方法は，本項の前段部分および本件判決文に記載のとおり，公路に面した状態における土地の価格に奥行価格補正率，通路開設補正率，無道路地補正率の3つを乗じて求めることとされている。このような評価方法は，既出（注2）の(財)資産評価システム研究センター報告書（平成11年3月）のなかに次の拠り所を見出すことができる。

　ここでは，平成11年当時，無道路地の評価方法を従来の方式から新しい方式（＝現行の方式）に提案する際に，

　　無道路地の補正率＝奥行価格補正率1×奥行価格補正率2×無道路地補正率
という算式が検討され採用に至ったが，それぞれの意義は次のとおりとらえられていた。

　すなわち，現況は無道路地であるが，隣接地との一体利用により無道路地の状態が解消された場合を想定し，当該利用地における「奥行価格補正率1」を考慮し，さらに，無道路地の状態を解消するために通路を開設するための諸費用等を勘案した「奥行価格補正率2」を考慮し，最後に建物等使用収益が困難である等の減価を反映した「無道路地補正率」を考慮して補正率を求めるというものである。なお，ここに登場する「奥行価格補正率2」とは，現行評価基準の「通路開設補正率」に該当する。

　この方法は，無道路地から公路（正面道路）に至るまでの取付道路を開設することを想定し，取付道路開設後の袋地としての価格から取付道路開設に要する費用を控除して求めるという考え方が基礎となっている。なお，上記の道路開設に要する費用は，隣接地の一部を買収するために必要な費用および取付道路の工事費用等が基礎となっており，これに買収に必要な期間や実現の確実性の程度等を加味して求めることとなる（その意味で，この方式は「取付道路開設方式」と呼ばれることもある）。

　以上述べた考え方のイメージを**資料6**に示すが，鑑定評価ではこの方法が無道路地の評価手法の中心をなすといってもよいであろう。

資料6

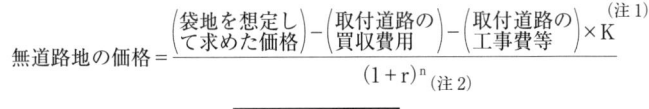

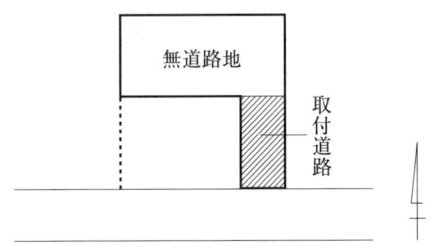

$$\text{無道路地の価格} = \frac{\begin{pmatrix}\text{袋地を想定し}\\\text{て求めた価格}\end{pmatrix} - \begin{pmatrix}\text{取付道路の}\\\text{買収費用}\end{pmatrix} - \begin{pmatrix}\text{取付道路の}\\\text{工事費等}\end{pmatrix} \times K}{(1+r)^n}^{(注1)}_{(注2)}$$

```
┌─────────────────┐
│                 │
│     無道路地     │
│           ┌─────┤
│           │/////│取
│           │/////│付
│           │/////│道
│           │/////│路
└───────────┴─────┘
```

(注1) 通路開設についての可能性，実現のための折衝上の経費等を考慮した補正率
(注2) n＝通路開設等の実現までの期間
　　　 r＝上記に対応する期間の通常の土地の期待利回り

(出所)（資料5）に同じ。

　固定資産税の評価に際しては，その作業が一括大量評価という制約を避けて通るわけにはいかず，鑑定評価と同等の算定作業を個々に実施することはできないため，上記の算定式に替えて，その考え方を奥行価格補正率，通路開設補正率および無道路地補正率に反映させ，無道路地の評価を行うこととしている。

　上記の考え方を踏まえた場合，本件判決にも示されているとおり，通路開設補正率は，当該無道路地が公路に接続しない状態を解消するための通路を確保するのに必要な費用および期間に着目した補正率であると解される。このため，現に自己所有地を通路として使用し，これによって公路に接続している土地は，たとえ公図上は公路に接していなくとも，新たにこれを公路に接続させる通路を確保するための費用および期間を要しないのであるから，通路開設補正を適用しない取扱いをすることも許されるものといえる。

　このような発想は，（民法上の）袋地に対し，いかなる場合に囲繞地通行権が発生するかというテーマに関する判例の考え方にもかい間見ることができ

る。

　このようなテーマに関して筆者が調査した判例のなかに，たとえば次のようなものがある。

> **○最高裁昭和 44 年 11 月 13 日判決**（判例時報 582 号）〜民法第 213 条第 2 項により，いわゆる袋地が生ずる場合の要件
> 　（判決要旨）　一筆の土地が分筆されて道路に面しない土地（＝囲繞地）が生じたとしても，各土地が同一人の所有に属する間は袋地を生ずるわけではなく，分筆された一部が他の所有者に帰属するなどして囲繞地の所有者と異なることによってはじめて袋地となるといえる。このため，袋地といえるためには，別の筆の土地に囲繞されていればそれで要件を満たすわけではなく，他人が所有する土地に囲繞されて公路に直接面していないことが必要となる。

　上記のようなケースでは，鑑定評価においても現状での各筆の所有形態を前提として価値を把握するため，奥地に存する土地であっても，これを単独のものとして経済価値を求めるわけではない。その意味で，本項で取り上げてきた最高裁平成 19 年 1 月 19 日判決の考え方と共通するものがある。

3. がけに隣接した土地

> がけに隣接した宅地の評価——固定資産税における適正な時価（神戸地裁平成5年1月25日判決・判例タイムズ822号199頁）

　評価の対象となる土地は平坦な宅地だけでなく，傾斜地そのもの，あるいは傾斜地を含む宅地をはじめ，地勢の状況だけでも様々な形態のものがある。なかには，（がけ自体でなく）がけに隣接した土地がその評価対象となることもある。このような特殊な案件については，固定資産税の評価に関して下された判決に出会うケースはきわめて少ないと思われる。

　がけに隣接した土地の評価を行う際，最も問題となる事項は，当該土地が宅地造成等規制法による規制区域に指定されていたり，都道府県等のがけ条例または建築基準条例（名称は自治体によって異なる）の適用を受ける場合，これらによってもたらされる建築上の制約をどの程度価格に反映させることができるかという点であろう。

　その程度は，がけの状況やがけと当該土地との位置関係によっても異なると思われるが，固定資産税の評価のように大量かつ簡便的な方法によって対応せざるを得ない場合，建築上の制約を受けることによる補正率をどのように設定するかが適正な時価との関係で問題となる。

　本項では，これに関連し，がけに隣接した宅地の固定資産税課税標準価格の決定につき，固定資産評価基準（以下，「評価基準」という）およびこれに基づいて評価基準の補正等を定めた市の土地取扱要領に従ってなされた評価が適正であるとされた事例（神戸地裁平成5年1月25日判決）を取り扱う。

●事案の概要●

1. 趣　旨

　本件は，原告らが○○市長の定めた本件土地に対する平成3年度固定資産課税台帳登録価格が高すぎるから不服であるとして被告に対し審査を申し立てたところ，被告が当該申立てを棄却する旨の決定をしたので，原告がその決定の取消しを求めた事案である。

2. 事実関係

　原告は本件土地（4筆あるが明細は省略）の所有者（一部共有）であるが，○○市長は4筆の土地の評価額（合計）を4,700万5,120円と決定し，固定資産課税台帳に登録した。

　原告らは，平成3年5月10日，被告に対し，本件土地に対する平成3年度固定資産課税台帳登録価格について，本件土地が隣接のがけに接していて崩壊の発生した危険地帯のため住宅建築が禁止されていて通常の宅地の用途に供することはできないから，がけ地としての補正割合を適用して減額するよう主張して，審査申立て（以下，「本件申立て」という）をした。

　被告は，平成3年9月26日，本件申立てを棄却する旨の決定をした。

3. 争　点

　本件の争点は，○○市長が定めた本件土地の価格が適正なものかどうかである。

●当事者の主張●

1. 原告の主張

本件土地は災害危険防止地域に指定されており，宅地としての通常の用途に供することができない。また，不動産鑑定においても，付近の土地に比べ100分の24の時価評価がなされているにもかかわらず，○○市の固定資産税評価額は高すぎる。

さらに，原告は棄却決定の取消事由として次の3点をあげている。

① 市の土地取扱要領に定める本件各土地に対する宅地造成等規制法に関する補正率 0.90 は高すぎること。

② 本件各土地の時価は南側の隣接地の時価と比べて7割6分の差があるのに，同じ路線価で評価されるのは課税の公平に反すること。

③ 本件各土地は建物を建築することができないために特別土地保有税が免除されていることを考慮すると，○○市長のした評価は高すぎること。

2. 被告の主張

これに対する被告の主張は次のとおりである。

本件土地は宅地造成等規制法第3条第1項による規制区域に指定され，また，○○県建築基準条例が定めている「がけ地に建築物を建築する場合には，がけの態様等又は建築物の用途，構造等により安全上支障がない場合を除いて，がけから建築物までの間にがけの高さの1.5倍以上の水平距離がなければならない」との要件を具備していない土地である。

このように，本件土地は建築が制限されているものの，全面的に禁止されているわけではなく，がけまたは建物に安全措置を講じれば建築が可能であり，本件土地を宅地として評価することが，他の土地との評価上の均衡を失するものではない。

●裁判所の判断●

1. 固定資産の価格の評価方法について

(1) 固定資産税の課税標準となる固定資産の価格は、適正な時価をいうものとされている（地方税法第341条第5号）から、宅地の登録価格についての不服の審査は、宅地の登録価格が適正な時価を超えていないかどうかについてされるべきものである。

また、市町村長が固定資産の価格を決定するには固定資産評価基準に従ってしなければならない（同法第403条第1項）と定められており、特定の宅地の評価が適正な時価を超えていないかどうかは、当該宅地の評価が評価基準に従って適正に行われたかどうかによって審査、判断されるべきものと解される。

(2) 土地の価格を構成する要素が複雑多岐であるため、全国一律の評価基準で「適正な時価」を求めることができない場合も多いので、評価基準は、その別表第4の宅地の比準表や画地計算法の付表等を、各市町村の実情に適合するように補正することができるとしている。○○市は、これを受けて適正な評価が期待できるように、許容されている範囲において同市が実施する際の評価基準の補正等を定めた○○市土地取扱要領（以下、「要領」という）を作成している。

したがって、○○市における宅地の価格の評価が適正な時価を超えていないかどうかは、評価基準だけでなく、要領に従って適正に評価されたかどうかについても審査されることになる。

2. 本件土地の価格について

(1) 本件土地評点数について検討すると、本件土地およびその周辺地域の状況等に関して、次の各事実が認められる。

① 本件土地のうち2筆は、いずれも奥行が間口の2倍程度もある縦長の土

地である。また，残りの2筆は，いずれも前出の2筆の土地の周辺を囲むように接している細長い土地で，それ自体単独では何ら使い道がないような土地である。

　本件土地4筆はそれぞれ高低差もなく相互に隣接していて，これを一体としてみると，西側道路と約25mの間口で面し，約24mの奥行がある比較的整った台形状の形状をしている。本件土地は，昭和58年7月に原告が購入して以来，何らの手も加えられず，放置されたままになっている。

② 本件土地は，過去に山崩れが生じたことがあるがけと，幅員約4m（両側の草木を含む）の道路を挟んで近接している。○○県においては，○○県建築基準条例（以下，「建築条例」という）によって，がけ地に建築物を建築する場合には，がけの態様または建築物の用途，構造等により安全上支障がない場合を除いて，がけから建築物までの間にがけの高さの1.5倍以上の水平距離がなければならないとされているが，本件土地から近接するがけまでの間にこれに必要な距離はなく，がけに対して擁壁を設置するなどの安全措置は採られておらず，宅地造成等規制法第3条第1項による規制区域に指定されていた。

③ ○○市長は，平成3年度の本件土地の路線価を9万1,600点と定め，これに対して，宅地造成等規制法に関する補正率0.90，奥行価格逓減率(注1) 0.99をそれぞれ乗じて，前記本件土地の価格を決定した。

　(注1)　現在，奥行価格補正率に名称変更されている。

④ 原告らは，宅地造成等規制法に関する補正率の0.90というのは高すぎると主張するが，この補正率は，本件においてことさら高い率を適用したのではなく，○○市における土地の価格の評価に際して宅地造成等規制法の制限がある土地について一律に適用される基準であり，その内容についても，本件土地については建築が制限されているものの，全面的に建築が禁止されるわけではなく，がけまたは予定建物について，どのくらいの費用がかかるかはともかくとして，安全措置を講じさえすれば建物の建築は可能なのであるから，この補正率が高すぎるということはできない。

以上のとおり，原告が主張する本件土地の特殊事情は，すべて上記評点の算定において考慮されているということができる。したがって，○○市長の定めた本件土地の登録価格は，評価基準および要領に従って適正に行われたものということができ，適正な時価を超えていないということができる。

(2)　隣地と同一の路線価を用いることについて

① 　原告は，本件土地の時価は南側の隣接宅地の時価と比べて7割6分の差があるのに同じ路線価で評価されているから課税の公平に反すると主張する。

② 　評価基準によると，市街地宅地評価法における標準宅地は，宅地の利用状況を基準として区分した各地区を，街路の状況，公共施設等の接近の状況，家屋の疎密度その他の宅地の利用上の便等からみて相当に相違する地域（以下，「状況類似地域」という）ごとに区分し，当該地域の主要な街路に沿接する宅地のうち，奥行，間口，形状等の状況が当該地域において標準的なものと認められるものを選択するものとされている。

　状況類似地域の認定に当たっては，同一の用途地区について市町村の評価事務量と評価の適正化の確保との関係を考慮して，市町村長が任意に判断すべきものと解される。そして，標準宅地の選定について，一般的には，宅地の価格事情からみて相互の価格差が2割程度の地域ごとに選定することを目途とすることが適当であるとされているのであるから，一般的には，原告が主張するように相互の地域の価格差が2割以上離れていれば別個の標準宅地が選定されることが望ましいということはできる。

③ 　しかし，前述のとおり，状況類似地域の選定は，市町村の評価事務量と評価の適正化の確保との関係を考慮して，市町村長が任意に判断すべきものであるから，別個の地域を選定することが困難または不適切であり，また，その選定のために市町村の事務量が不相当に増加するような場合には，地域相互の価格差が2割を超えるような場合であっても，一つの標準宅地を選定すれば足りると解するのが相当である。

　このように解しても，評価基準や要領に定められた画地計算法の付表や

各種の補正を適切に運用するならば，課税の均衡を期することは十分に可能であり何ら問題はない。

④ 本件土地は，がけ地からの距離の関係で建物の建築が制約されているから，その隣地が制約を受けていないとすれば，ある程度の価格差があることが窺われる。しかし，その価格差が2割を超えていることを適確に認めるに足りる証拠はないし，仮に本件土地およびその隣地の価格差が2割を超えていたとしても，両地は，その街路の状況，公共施設等の接近の状況，家屋の疎密度等においてほとんど同一の状況にあるということができ，また，本件土地と同様に建築を制限されている土地があるのは比較的狭い地域でかつ宅地も少ないのである。それにもかかわらず，がけから一定の距離を離れているか否かで本件土地と隣地との間に線引きをして別個の状況類似地域を設定するというのは決して適切な措置ということはできず，また，市町村の事務量を徒に増加させるだけであるから，本件土地とその隣地のために別個の標準宅地を選定する必要はないということができる。

したがって，○○市長が，両地について一つの標準宅地しか選定しなかったことについて，違法な点はない。

(3) 特別土地保有税の扱いとの均衡について

本件各土地について特別土地保有税が免除されたのは，各土地に対する原告の保有面積が特別土地保有税の課税基準面積500㎡（当時）に達していなかったためである（固定資産の評価そのものの問題ではないため，以下，省略する）。

(4) 隣地の価格との均衡について

① 原告は，不動産鑑定士の鑑定評価は適正な時価に当たるところ，不動産鑑定士○○○○は本件土地の更地価格の単価について隣地のそれの100分の24と判定しているから，○○市長のした評価は適正な時価を超えていると主張する。

② ところで，市町村長が固定資産の価格を評価する際に従わなければならないとされている（地方税法第403条第1項）評価基準によれば，市町村長

は，評価の均衡を確保するため当該市町村の各地域の標準宅地の中から一つを基準宅地として選定すべきものとされ，標準宅地の適正な時価を評定する場合においては，この基準宅地との評価の均衡および標準宅地相互間の評価の均衡を総合的に考慮すべきものとされている。それゆえ，法は，このように統一的な一律の評価基準によって評価を行い，かつ，所要の調整を行うことによって各市町村全体の評価の均衡を確保することとし，評価に関与する者の個人差に基づく評価の不均衡も，法および評価基準（要領も含む）の適正な運用によって解消することとしているものと解される。

　したがって，特定の画地の評価が公平の原則に反するものであるかどうかは，当該宅地の評価が評価基準に従って適正に行われているかどうか，当該宅地の評価に当たり比準した標準宅地と基準宅地との間で評価に不均衡がないかどうかを審査し，その限度で判断されれば足りるものというべきである。

③　本件においては，前述のとおり，○○市長は，本件土地の価格の評価に際して，評価基準およびそれに基づく要領に従って適正に行ったのであり，また，本件標準宅地の価格についても，土地の状況ばかりでなく，近隣地域の売買実例等と比較，検討したうえで決定したのであるから，この価格の評価が公平の原則に反することはない。

④　不動産鑑定士○○○○は本件土地の価格を1億3,550万円と鑑定しており，また，原告が本件土地を取得した価額が約1億5,000万円，原告が株式会社○○○○と売買予約した際の代金額が2億円であることを考慮すれば，○○市長が定めた4,700万5,120円という本件土地の合計価額が適正な時価を超えているということは到底できない。

(5)　結　論

以上のとおり，○○市長が定めた本件土地の価格は適正な時価を超えておらず，その減額を求める原告らの本件申立てはいずれも理由がないから，これを棄却した被告の決定に違法な点はない。よって，原告らの本訴請求はいずれも

理由がないからこれを棄却する。

《判例から読み取る調査上の留意点》

　筆者も，本件土地のように，がけに隣接した土地の評価をかつて行ったことがある（ただし，報告書の発行に際しては「鑑定評価書」ではなく，購入先が擁壁補強費を負担することを前提とした場合の取引意見価格であり，「価格意見書」の形式を採用した）。

　評価の対象となった土地は平坦地であり，これを評価した時点では平屋建建物（ただし，居住用建物ではない）が建っていたが，そこには高さが5mを超える擁壁が隣接して設置されており，この擁壁自体，著しく強度が不足している状況にあった（ただし，これによる被害は過去生じたことはない。また，評価の対象地は○○県がけ条例の適用を受けており，本件土地と同様の建築規制を受けていた）。

　そのため，評価の実施に当たっては擁壁補強費（補修費）の見積りを入手し，これに相当する金額を更地価格から控除して取引意見価格を決定した経緯がある（対象地上に存する建物は現に利用されており，擁壁を補強しなければがけ条例に抵触する可能性があったためである。その際の擁壁補強費は相当の金額に達し，更地価格に対する割合も大きかった）。

　本件判決では，宅地造成等規制法の指定を受けた土地に対する市の土地取扱要領が定める補正率0.90は，○○市における土地の価格の評価に際して同法の制限がある土地について一律に適用される基準であり，本件各土地については建築が制限されているものの，全面的に建築が禁止されているわけではなく，安全措置を講じさえすれば建築が可能であるから，当該補正率は高すぎることはない旨が判示されている。

　ここで適用されている○○市の補正率0.90は，○○市内に存するがけに隣接した土地の状況を踏まえた標準的なものであると推察はされるが，その根拠については当該判決でも何ら触れていない（「がけ又は予定建物にどのくらいの

費用がかかるかはともかくとして，安全措置を講じさえすれば建物の建築は可能なのであるから，この補正率が高すぎるということはできない」と記載されているだけである）。

固定資産税の評価の特徴（短期間で大量にわたる土地建物の評価額を算定する）を踏まえれば，がけに隣接した土地に関し，がけの補強費（補修費）を個々の状況に合わせてその都度見積り，これを補正率（減価率）に反映させるという作業は，評価を行う側にとっても負担を要するものと考えられる（見積りに要する時間やコスト等も考慮しなければならない）。

しかし，その反面，本判決が下された当時から18年ほど経過した現在，適正な時価をめぐる関心が従来になく高まっていることを鑑みれば，本件判決が認めた0.90という補正率も，その根拠を再び検証しておく必要があるのではなかろうか。

○○市長は，固定資産評価基準およびこれに基づいて制定された市の土地取扱要領に従って本件各土地の評価をしたものであるから，その評価の手続において違法な点はないとしているが，納税者に対し手続面での違法性のみで適正な時価が求められているとして対処し得る時期は既に過ぎ去っている。

本件判決の場合，総額的にみれば，原告は本件各土地を課税年度の8年前に代金約1億5,000万円で購入し，課税年度の2年前に代金約2億円で他に売買予約しているのであるから，○○市長が本件各土地の価格を合計4,700万円余と評価しても高すぎるということはできないとしている。確かに，総額的にみてこのような結果が生じている以上，○○市長の付した評価額が適正な時価を示していないという主張は認められる余地はないであろう。

ただし，本件土地に類似した土地が他の市町村にもあり，固定資産税評価額の総額と他の手法（たとえば鑑定評価）によった場合の総額との間に乖離（固定資産税評価額の総額＞他の手法によった場合の総額）が生ずる可能性があることも検討の視野に入れておかなければならない。

このように，がけに隣接した土地の補正率のいかんは，固定資産評価全体のあり方に係わる問題として捉えておく必要があろう。

なお，がけ地に隣接する土地の評価の考え方を検討する上で参考になると思われる資料があるため，以下，これを掲げておく。一つは，がけ附近の建築物の建築規制を含む「○○県建築基準条例」の一部（**資料1**参照。ただし，本件土地が属する県とは別の県のものである），他の一つは，がけ地の擁壁工事費の目安を推し測る上で参考になる「宅地造成費の金額表」（**資料2**参照。国税局の路線価図に付されているもの）である。

資料1は，建築規制の概要をつかむ上で参考になる。

資料2は，相続税財産評価の際に適用されるものであり，直接的には市街地農地の評価に関するものである。これは，市街地農地の価額を，農地が宅地であるとした場合の1㎡当たりの価額から宅地に転用する場合の造成費（整地費，土盛り，土止め等の費用）を控除するものであり，その単価を各国税局長が定めたものである（整地費，土盛り，土止め等の費用がおおむね類似していると認められる地域ごとに定められる）。この「宅地造成費の金額表」は新しく擁壁を築造する場合の工事費の目安である点に留意が必要であるが，補正率の上限を検討する意味で根拠付けの資料として役立つと思われる（がけ地の傾斜度が弱いところでは，単に基礎を補強するのみで，通常の建築が可能である。このようなところでは，建物の建築に関する限りでは，基礎補強のための増加支出のみを考慮すればよいであろう(注2)）。

(注2) 土地評価理論研究会『特殊な画地と鑑定評価』141頁（鵜野和夫執筆部分），清文社，1998年4月。

土地の状況が個々に異なることから，補正率も画一的なものを適用することは実情にそぐわないケースが生ずるかも知れない。しかし，先程も述べたように適正な時価をめぐる関心が従来になく高まっている現在，標準的な物差しを適用する際の根拠付けを的確に行い，これを超える範囲については所要の補正を施す等の方法を検討することが求められるのではなかろうか。

資料1　○○県建築基準条例

(がけ附近の建築物)

第8条　建築物の敷地が，高さ2mを超えるがけに接し，又は近接する場合は，がけの上にあってはがけの下端から，がけの下にあってはがけの上端から，建築物との間にそのがけの高さの2倍以上の水平距離を保たなければならない。ただし，堅固な地盤又は特殊な構造方法によるもので安全上支障がないものとして知事が定める場合に該当するときは，この限りでない。

2　高さ2mを超えるがけの上にある建築物の敷地には，地盤の保全及びがけ面への流水防止のため，適当な排水施設をしなければならない。

〈○○県告示第899号〉

　　○○県建築基準条例（昭和39年○○県条例第49号）第8条第1項ただし書の規定に基づき，堅固な地盤又は特殊な構造方法によるもので安全上支障がない場合を次のように定める。

1　堅固な地盤によるがけで安全上支障がない場合は，次の各号のいずれかに該当するものとする。

　(1)　がけが硬岩盤である場合
　(2)　切土をした土地の部分に生ずることとなるがけ又はがけの部分（次のいずれかに該当するものに限る。）に面する場合
　　ア～イ　（略）
　(3)　（略）

2　特殊な構造方法によるもので安全上支障がない場合は，次の各号のいずれかに該当するものとする。

　(1)　がけ面が，次のいずれかに該当する擁壁その他の施設により保護されている場合
　　ア　建築基準法施行令（昭和25年政令第338号）第142条に適合する擁壁
　　イ　鉄筋コンクリート造又は間知石練積み造その他これらに類する構造の擁壁で，その高さが5m以下であって，有害な沈下，はらみ出し，ひび割れ等がなく安全であることを一級建築士又はこれ

と同等の者が認めたもの
　　ウ　当該擁壁に加わる荷重及び外力に対してそれが支持する地盤が安全であることを一級建築士又はこれと同等の者が認めたもの
　　エ　地すべり防止施設
　　オ　急傾斜地崩壊防止施設
　(2)〜(4)　(略)

資料2　宅地造成費の金額表（平成24年分・東京都）

1　市街地農地等の評価に係る宅地造成費

「市街地農地」，「市街地周辺農地」，「市街地山林」(注)及び「市街地原野」を評価する場合における宅地造成費の金額は，平坦地と傾斜地の区分によりそれぞれ次表に掲げる金額のとおりです。

　(注)　ゴルフ場用地と同様に評価することが相当と認められる遊園地等用地（市街化区域及びそれに近接する地域にある遊園地等に限ります。）を含みます。

表1　平坦地の宅地造成費

工事費目		造成区分	金額
整地費	整地費	整地を必要とする面積1㎡当り	400円
	伐採・伐根費	伐採・伐根を必要とする面積1㎡当り	500円
	地盤改良費	地盤改良を必要とする面積1㎡当り	1,300円
土盛費		他から土砂を搬入して土盛りを必要とする場合の土盛り体積1㎡当り	3,800円
土止費		土止めを必要とする場合の擁壁の面積1㎡当り	38,500円

(留意事項)
(1)　「整地費」とは，①凹凸がある土地の地面を地ならしするための工事費又は②土盛工事を要する土地について，土盛工事をした後の地面を地ならしするための工事費をいいます。
(2)　「伐採・伐根費」とは，樹木が生育している土地について，樹木を伐採し，根等を除去するための工事費をいいます。したがって，整地工事によって樹

木を除去できる場合には，造成費に本工事費を含めません。
(3) 「地盤改良費」とは，湿田など軟弱な表土で覆われた土地の宅地造成に当たり，地盤を安定させるための工事費をいいます。
(4) 「土盛費」とは，道路よりも低い位置にある土地について，宅地として利用できる高さ（原則として道路面）まで搬入した土砂で埋め立て，地上げする場合の工事費をいいます。
(5) 「土止費」とは，道路よりも低い位置にある土地について，宅地として利用できる高さ（原則として道路面）まで地上げする場合に，土盛りした土砂の流出や崩壊を防止するために構築する擁壁工事費をいいます。

(出所) 国税庁ホームページによる（路線価図の付表）。

4. 私道と土地利用
——道路位置指定と工作物の撤去請求——

> 道路位置指定を受けた私道部分に設置された工作物に対する通行の自由の侵害を理由とする撤去請求が認められた事例（東京地裁昭和60年5月9日判決・判例時報1201号100頁）

一概に「道路」といっても，国道，県道，市町村道のような公道から，私人名義で所有されている私道（複数による共有形態も多い）に至るまで，その形態は様々である。また，私道の場合，建築基準法上の道路として扱われている場合であっても，それがいわゆる位置指定道路（同法第42条第1項第5号に基づく）であったり，いわゆる2項道路（同法第42条第2項に基づく。みなし道路とも呼ばれる）に該当することもある。

建築基準法上の道路の種類に関する詳細はここでは取り上げないが，最初に位置指定道路の性格を述べた上で本件判決の内容に入っていきたい。

建築基準法第42条第1項では道路の定義を以下のとおり行っており，これに該当するものの一つとして位置指定道路が掲げられている。

○建築基準法
（道路の定義）
第42条　この章の規定において「道路」とは，次の各号の一に該当する幅員4m（特定行政庁がその地方の気候若しくは風土の特殊性又は土地の状況により必要と認めて都道府県都市計画審議会の議を経て指定する区域内においては，6m。次項及び第3項において同じ。）以上のもの（地下におけるものを除く。）をいう。

一〜四　（略）
五　土地を建築物の敷地として利用するため，道路法，都市計画法，土地区画整理法，都市再開発法，新都市基盤整備法，大都市地域における住宅及び住宅地の供給の促進に関する特別措置法又は密集市街地整備法によらないで築造する政令で定める基準に適合する道で，これを築造しようとする者が特定行政庁からその位置の指定を受けたもの

　このように，位置指定道路とは，道路法に基づいて国道，都道府県道，市町村道等として指定された道（＝公道），都市計画法による開発行為により設置された道，土地区画整理法により整備された道等以外のもので，比較的小規模な宅地開発により私人が道路部分を拠出し，その位置をもって特定行政庁により建築基準法上の道路としての指定を受けたものという意味合いで理解すればよいであろう。そして，指定を受けるためには政令で定める基準を満たす必要があることはもちろんである。

　私道がこのように道路位置の指定を受けた場合，その性格は公共的な色彩を帯びたものとなり，公道に準じた扱いを受けることとなる。その結果，以下に示す最高裁判決の考え方が適用され，私道の所有者といえども利用上の制約を伴うことは改めて述べるまでもない。

○**最高裁平成9年12月18日判決**（民集51巻10号4241頁）
　建築基準法42条1項5号の規定による位置の指定を受け現実に開設されている道路を通行することについて，日常生活上不可欠の利益を受ける者は，右道路の通行をその敷地の所有者によって妨害され，又は妨害されるおそれがあるときは，敷地所有者が右通行を受忍することによって通行者の通行利益を上回る著しい損害を被るなどの特段の事情のない限り，敷地所有者に対して右妨害行為の排除及び将来の妨害行為の禁止を求める権利（人格的権利）を有する。

　以下に取り上げる判決は上記最高裁判決以前の下級審の事例であるが，その基礎にある考え方は共通しており(注)，そこでは位置指定道路内に設置された工作物（ブロック塀）に対する通行の自由の侵害を理由とする撤去請求が認め

54　第1章　土地利用にかかる制約と判例

られている。

(注)　位置指定道路について取り扱った判例ではないが，最高裁昭和39年1月16日判決は反射的利益による通行の自由権（人格権）に基づく妨害排除請求を認めた初めての判決であると評されている。当該判決以降の下級審においてこの考え方が多く引用されており，本件判決もこの流れに沿ったものといえよう。

●事案の概要●

　本件は，被告であるY_1の所有地上に建物を所有する親族（Y_2およびY_3の共有）が本件私道（＝隣接土地所有者間で申請して指定を受けた幅員4mの位置指定

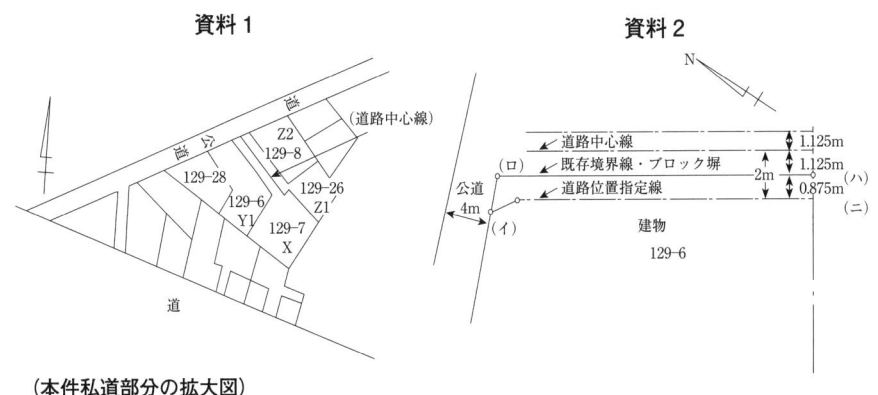

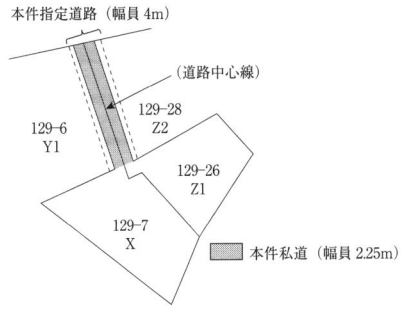

資料1

資料2

(本件私道部分の拡大図)

(出所)　判例時報1201号104頁（ただし，拡大図は筆者が作成）。

道路）内のY₁所有地と原告のX所有地との境界線上にブロック塀を築造したため，Xが本件私道を通行する妨げになっているとして，Yらに対し本件ブロック塀の撤去を求めていた事案である（位置関係は**資料1**および**資料2**を参照）。その根拠として，Xは，本件道路内に工作物を設置しない旨の約定の存在または通行の自由の侵害を主張していた。

なお，事実関係の詳細については当事者間で争いのない部分と，裁判所の認定が原告の主張と異なる部分とがあるため，【当事者の主張】および【裁判所の判断】の項目の中で比較しながら述べていきたい。

●当事者の主張●

1. 原告（X）の主張

(1) 原告（X）は，○○区○○2丁目129番の7所在宅地181.68㎡（以下，「原告土地」という）および同地上の建物を所有し，同所に居住している。

被告（Y₁）は，原告土地に隣接する129番6の土地（以下，「被告土地」という）を所有し，被告Y₂，同Y₃は同土地上に建物をそれぞれ持分2分の1で共有し，被告ら3名は同所に居住している。

上記各土地は，もと同所129番の土地から分筆されたもので，また，同じく同番の土地から分筆された同番26の土地をZ₁が，同番8の土地をZ₂が所有し，いずれも同土地上に建物を所有している。

上記4筆の土地の位置関係および形状は**資料1**のとおりである。

原告土地の路地状部分およびZ₁の土地の路地状部分それぞれ幅員1.125m，長さ16.30mの土地をもって私道（以下，「本件私道」という）が設置されていて，その私道の北西端が公道に接している。

本件私道（幅員2.25m）およびその西南側に接する被告土地の北東部分ならびに北西側に接するZ₂所有土地西南部分それぞれ幅員0.875mの各土地をもって，幅員4m，長さ16.3mの道路（以下，「本件指定道路」という）とする旨の道

路位置指定処分（以下，「本件道路位置指定」という）が，昭和30年4月7日付でなされ同月25日告示された（**資料2**も併せて参照）。

　(2)　昭和30年3月22日当時，被告土地はY_4が，原告土地はAが，129番8の土地はZ_2が，129番26の土地はZ_1が，それぞれ所有していた。

　Y_4は，昭和30年3月22日，本件道路位置指定の申請をなしたが，当該申請に際し道路敷予定地の所有者であるA，Z_1，Z_2の承諾を得るとともに，本件道路位置指定処分がなされることを条件に，Aらおよびその承継人に対し，本件道路位置指定に基づく道路（本件指定道路）の中心線から北東方向および西南方向へ各2m後退した地点を道路と各隣接地との境界とすること，本件指定道路内には一切の工作物を設置しないことを約した。

　(3)　原告土地の所有権はその後，AからB，Bの相続人，原告へ順次承継された。

　(4)　Y_4はその後死亡し，これに伴い被告ら3名はY_4の相続人として，同人が上記約定によりAらに対して負担した債務を承継した。

　(5)　被告らは，昭和57年3月20日頃，本件指定道路内である原告土地と被告土地の境界線上に，**資料2**記載のとおりのブロック塀（以下，「本件ブロック塀」という）を築造し，原告の本件指定道路内の通行の自由を妨害している。

　よって，原告は被告に対し，上記(2)の約定に基づきもしくは本件指定道路の通行の自由の侵害を理由に，本件ブロック塀の撤去を求める。

2.　被告（Y_1ら）の主張

　これに対し，被告（Y_1ら）は以下のとおり抗弁した。

　(1)　申請者の無能力

　本件道路位置指定処分の申請者は，Y_4ではなくY_5である。Y_5は，昭和30年3月22日の本件道路位置指定申請（以下，「本件申請」という）の当時，行為能力を有しなかった。したがって，本件道路位置指定処分は無効である。

　(2)　承諾の不存在

　本件指定道路予定地の一部である被告土地は本件申請当時被告Y_1の所有で

あった。また，当時被告土地上にあった建物も被告 Y_1 の所有であった。

本件申請は，指定道路予定地および同道路予定地上の建物の所有者であった被告 Y_1, Z_1, Z_2 の適法な承諾を欠いたままなされている。

(3) 申請書の不備

本件申請に係る承諾書には，道路予定地の所有者であった A, Z_1, Z_2 が土地使用権者と表示されており，土地所有者ではない Y_5 が土地所有権者と表示されている。

(4) 道路位置指定を行う特定行政庁は，道路位置処分が関係権利者の私権に重大な制限を加える制度であるところから，承諾権者の適格性，承諾の有無の確認について相当の注意を払い，可能な限度の実質的審査を行うべきである。したがって，本件道路位置指定処分を行った特定行政庁である東京都知事は，道路位置指定を行うに際し，承諾権者の適格性を審査するために道路予定地の土地登記簿謄本およびその地上建物の建物登記簿謄本を提出させるか，他の方法で当該土地建物の所有関係を調査し，かつ，承諾の有無を確認するために承諾権者の印鑑証明書の添付を求めるべきであった。そして，これを行っていれば容易に上記(2)，(3)の瑕疵を発見することができた。

ところが，東京都知事は関係土地建物の所有関係の調査や承諾の確認をなさずに本件道路位置指定処分を行った。

このように本件道路位置指定処分は，特定行政庁が職務上当然に要求される程度の調査をすれば関係者の承諾を欠いた申請であることおよび申請書に不備があることが容易に明らかとなるのにこれを看過した一見明白に誤認と認められる行政処分であり，明白な瑕疵のある行政処分として無効である。

●裁判所の判断●

1. 認定事実

(1) 次の事実については当事者間に争いがない。

① 原告が原告土地および同地上の建物をそれぞれ所有し，同所に居住していること，被告 Y_1 が原告土地に隣接する被告土地を所有し，被告 Y_2 および同 Y_3 が被告土地上に建物をそれぞれ持分 2 分の 1 で共有し，被告ら 3 名が同所に居住していること。

② 原告土地および被告土地は，○○区○○ 2 丁目 129 番の土地から分筆されたもので，また，同じく同番の土地から分筆された同番 26 の土地を Z_1 が，同番 8 の土地を Z_2 がそれぞれ所有し，当該土地上に建物を所有していること。

③ 上記 4 筆の土地の位置関係および形状が**資料 1** のとおりであること。

④ **資料 1** の網かけ部分にそれぞれ幅員 1.125m（計 2.25m），長さ 16.30m の土地をもって本件私道が設置され，この私道の北西端が公道に接していること。

⑤ 本件私道（幅員 2.25m）およびその西南側に接する被告土地の北東部分ならびに北東側に接する Z_2 所有土地の西南部分それぞれ幅員 0.875m の各土地をもって，幅員 4m，長さ 16.3m の道路とする旨の本件道路位置指定処分が昭和 30 年 4 月 7 日付でなされ，同月 25 日告示がされたこと。

(2) 被告土地が昭和 30 年 3 月 22 日当時 Y_4 の所有であったこと，本件申請の申請者が Y_4 であったこと，Y_4 が本件申請に際し道路敷予定地の所有者である A，Z_1，Z_2 から道路位置指定の承諾を得たこと，Y_4 が A らおよびその承継人に対し本件道路位置指定処分がなされることを条件に，本件指定道路の中心線から 2m 後退した地点を道路と各隣接地との境界とし，本件指定道路上に工作物を設置しない旨を約したことの各事実は，これを認めるに足りる証拠がない。

なお，被告土地が昭和 30 年 3 月 22 日当時 Y_4 の所有であったか否かの点については，被告土地は登記簿上，昭和 26 年 5 月 1 日売買を原因として同月 11 日受付で Y_4 名義に所有権移転登記が経由され，次いで昭和 55 年 6 月 7 日相続を登記原因として同年 10 月 13 日受付で被告 Y_1 に対する所有権移転登記が経由されている事実を認めることができる。

他方，被告土地は，Y_1が昭和25年1月26日，Cから所有権移転時期昭和25年4月末日の約で買い受け，代金を支払った事実を認めることができ，この事実によれば，被告土地はY_1が昭和25年4月，Cから売買により取得し，便宜上母Y_4名義の登記手続をなしたため同人死亡の際相続を原因として上記の登記をなしたものと認められ，結局Y_4所有であったとは認め難く，この認定を左右するに足りる的確な証拠はない。

　(3)　原告土地の所有権が，本件道路位置指定後，AからB，同人の相続人，原告Xへ順次承継されたことについては当事者間に争いがない。

　(4)　被告ら3名が，昭和57年3月20日頃，本件指定道路内である原告土地と被告土地の境界線上に本件ブロック塀を築造した事実については当事者間に争いがない。

　(5)　本件道路位置指定処分がなされ，それが告示された事実は当事者間に争いがないから，被告らが建築基準法上の制約，たとえば指定を受けた道路内に建築物を建築してはならない制約（同法第44条）を受けていることはいうまでもない。また，被告らが本件ブロック塀を設置したことおよび本件指定道路の幅員が4mであること，本件ブロック塀は本件指定道路の中心線から西南方向へ1.125m寄った場所付近に築造されていること，本件道路および付近土地の位置関係，形状が**資料1**のとおりであることは当事者間に争いがない。これらの事実によれば，本件ブロック塀は本件指定道路の通行の妨げになっていることが認められ，これを覆すに足りる証拠はない。

2. 通行の自由の侵害を理由とするブロック塀の撤去請求との関係

　原告が通行の自由の侵害を理由に，その排除請求，すなわち本件ブロック塀の撤去請求をなし得るか否かについて検討する。

　まず，建築基準法第42条第1項第5号に定める道路は，当該道路に接する土地にある建物利用者の防災活動や災害避難に備えるため，およびその建物の効率的な利用，便益に資するため有効かつ安全な交通路の確保を図るために，道路法その他の公法によらず築造される私道である。そのため，私道ではあ

けれども，原則としてその道路内に建築物を建築してはならない等の制約を受け，道路指定を受けた道路については，原告をも含む一般人がその通行の自由を有し，道路敷土地の所有者といえども原則として当該通行の自由を妨害してはならない義務を負うものである。

しかしながら，当該道路は私権の対象でもあるから，当該私道についての所有権者等の権利者がその道路の管理，保全のために道路の側壁等の工作物を設置する等の権限を有することも当然である。

以上の諸点を考え合わせれば，指定道路上に構築された建築基準法違反等の工作物については，その工作物の形態，構造，それによる通行妨害の態様，工作物の除去を求める者の立場，他の通行手段の有無等の諸般の事情を勘案した結果，その侵害態様が重大かつ継続のものである場合には，通行の自由の妨害に対する排除請求権によって当該工作物の除去を求めることができるとするのが相当である。

そこで本件を見るに，上記当事者間に争いがない事実および上記認定の各事実によれば，次のことが認められる。

① 本件指定道路の敷地は，原告土地，被告土地，Z_1 の土地，Z_2 の土地，4筆の土地の各一部から構成されており，原告も自己の土地を提供してそれ相当の出捐をなしていること。

② 本件位置指定道路は，幅員 4m，長さ 16.34m の袋地状道路であり，本道路を利用するのは当該 4 筆土地上の建物居住者および同所を訪れる者だけであること。

③ 原告は，原告土地が本件指定道路のみによって公道に接しているため防災活動災害避難のためには本件指定道路を利用せざるを得ないこと。

④ 本件ブロック塀は本件道路の中心線から約 1.125m 西南の位置に本件道路の長さ一杯に構築されていること。

⑤ 本件ブロック塀は，その性質上取り壊さない限りは半永久的に同所に存在し移動することも容易ではない工作物であり，これが本件指定道路内にあるため，本件指定道路は，事実上，幅員 4m の内の約 3.125m しか利用

できない状況にあること。
⑥　緊急の場合に消防自動車等の緊急用車両が出入りし難いため，その結果，原告の財産権，生命，身体の安全が危機に晒される可能性があるとともに，近隣への延焼による大火という公共の危険もまた生ずる恐れも考えられること。

そして，上記事実によれば，本件ブロック塀による原告の利益に対する侵害は重大かつ継続のものということができる。

以上によれば，原告の，当事者間の契約および相続による当該契約上の債務の存在を理由とする本件ブロック塀の撤去請求は理由がないけれども，通行の自由の侵害を理由とする撤去請求は理由がある。

3. 被告の主張（抗弁）に対する裁判所の判断

(1) 抗弁1（申請者の無能力）について

裁判所の認定した事実を基に，申請者が当時行為能力を欠いていたとの被告の抗弁を否定している（詳細は略す）。

(2) 抗弁2（承諾の不存在）について

被告土地および同土地上の建物の当時の所有者が被告 Y_1 であったことからして，本件道路位置指定申請の際，その道路敷予定地の所有者の一人である被告 Y_1 の承諾を欠いていることが認められるが，Z_1 と Z_2 についてはその承諾の不存在を認めることはできず，当該認定を覆すに足りる的確な証拠はない。

(3) 抗弁3（申請者の不備）について

本件申請に係る承諾書には，道路予定地の所有者であった A, Z_1, Z_2 が土地使用権者と表示されており，土地所有者ではない Y_5 が土地所有権者と表示されていることについては，当事者間に争いがない。

(4) 抗弁4（本件道路位置指定の効力）について

本件道路位置指定の効力について判断するに，本件道路位置指定は行政処分であり，行政行為は公定力を有するから，仮に取消事由が存しても取り消されない限りは一応有効と解されるが，当該行政処分が明白かつ重大な瑕疵を有す

る場合には当該取消しを待たなくても行政処分の無効を主張することも可能であると解される。

そこで、本件道路位置指定にその処分を無効とするほどに重大かつ明白な瑕疵が存するか否かの点につき検討するに、道路位置指定処分は関係権利者の私権に重大な制限を加える制度であることから、道路位置指定処分を行う特定行政庁が承諾権の適格性、承諾の有無の確認について相当の注意を払うべきことは言うまでもない。しかし、本件の場合、被告土地が本件申請当時、Y_4名義となっていたこと、その地上建物が未登記建物であったこと、申請名義人であるY_5はY_4の息子で同居家族であったことの各事実が認められ、これらの事実に照らせば、被告Y_1の承諾を欠いたことをもって本件行政処分に明白な瑕疵があるとは言い難い。また、申請書の不備の点については、申請書には土地所有者ではないY_5が所有者と表示されている等の不備があるけれども、これをもって本件行政処分に重大かつ明白な瑕疵があるとは認め難い。

以上によれば、本件道路位置指定が重大かつ明白な瑕疵が存するため無効であるとの被告の抗弁は採用できない。

《判例から読み取る調査上の留意点》

1. 通行の自由権をめぐる経緯

本件判決においては、被告であるYらが本件道路内に工作物を設置しない旨を約定したとの原告（X）の主張を受け容れなかったが、建築基準法第42条第1項第5号の規定に基づく道路位置指定を受けた本件道路につき、Xに通行の自由を認めた点に特徴がある。その上で、一般論として、指定道路上に構築された建築基準法違反等の工作物については、その工作物の形態、構造、それによる通行妨害の態様、工作物の除去を求める者の立場、他の通行手段の有無等の諸般の事情を勘案した結果、その侵害の態様が重大かつ継続のものである場合には、通行の自由の妨害に対する排除請求権によって当該工作物の除

去を求めることができる旨を判示している。

　加えて，本件の場合，Xもその所有地の一部を本件道路として提供していること，防災活動等のために本件道路を利用せざるを得ないこと等の理由により，Y₁とXの所有地間に設置されたブロック塀によるXの通行の自由に対する侵害は重大かつ継続のものといえるとして，通行の自由に基づく本件ブロック塀の撤去請求を認めている。

　従来の判例の考え方は，ともすれば道路位置指定処分による一般公衆の通行の利益は，当該処分によって受ける反射的利益にすぎず，私法上の権利ではないと解する傾向にあった。しかし，現在では，このような反射的利益であったとしても，これを私法上の自由権（人格権）と解することが一般的となっている。そして，本件判決もこのような観点から，当該自由権が侵害され，その程度が重大で継続的なものであるときは，この権利に基づいて妨害排除請求をすることができるとしている。

　位置指定道路に関しては，最高裁平成9年12月18日判決が，人格的権利を基礎として通行にかかる妨害行為の排除および将来の妨害行為の禁止を認めていることは本項の前文にも述べたとおりであるが，その布石となる考え方は最高裁昭和39年1月16日判決にも表れている。

　当該判決で係争の基になった道路は村道であるが，過去数十年の間に一般住民の通行に供されるとともに，甲らの住宅と耕地との間の通路として利用されてきた。その後，乙がこの道路上に納屋を建築するなどして独占的に使用し始めたことから，甲らとの間に紛争が生じたものである。

　一審および二審は従来の判例通説の立場から，甲ら個人の有する通行上の反射的利益によるだけでは妨害排除を請求することはできないと判示し，甲らの請求を一切認めなかった。すなわち，甲らには本件道路に対し排他的請求権を有する法律上の根拠は見当たらないため，第三者の行為によって，その利益の享受が妨害されたからといって，直ちにその第三者に対して妨害排除を請求する権利は存しないとの判断が背景にあったためである。

　しかし，上記最高裁昭和39年1月16日判決は以下の見地から甲らの請求を

認め，以来，このような考え方が判例通説の一般的傾向となった。

> 地方公共団体の開設している村道に対しては村民各自は他の村民がその道路に対して有する利益ないし自由を侵害しない程度において，自己の生活上必須の行動を自由に行い得べきところの使用の自由権（民法710条参照）を有するものと解するを相当とする。勿論，この通行の自由権は公法関係から由来するものであるけれども，各自が日常生活上諸般の権利を行使するについて欠くことのできない要具であるから，これに対しては民法上の保護を与うべきは当然の筋合である。故に一村民がこの権利を妨害されたときは民法上不法行為の問題の生ずるのは当然であり，この妨害が継続するときは，これが排除を求める権利を有することは，また言を俟たないところである。

2. 私道調査上の留意点──位置指定道路との関連を中心として

位置指定道路が公道に準じた扱いを受け，通行の自由権の対象となり得ることを理解するには，その指定基準や申請手続きの概要を把握することが必要である。そこで，以下，位置指定道路の調査に際し，本件判決に係わりのある個所を中心に留意点を述べていきたい。

(1) 道路位置指定の指定基準

道路位置の指定を受けるためには，建築基準法第42条の規定に基づく道路に接続していることが必要であるが，建築基準法施行令第144条の4では「道に関する基準」を設け，位置指定道路として認められるための要件を掲げている。

> ○建築基準法施行令
> （道に関する基準）
> 第144条の4　法第42条第1項第5号の規定により政令で定める基準は，次の各号に掲げるものとする。
> 一　両端が他の道路に接続したものであること。ただし，次のイからホまで

の一に該当する場合においては，袋地状道路（その一端のみが他の道路に接続したものをいう。以下この条において同じ。）とすることができる。

　　イ　延長（既存の幅員 6m 未満の袋地状道路に接続する道にあっては，当該袋地状道路が他の道路に接続するまでの部分の延長を含む。ハにおいて同じ。）が 35m 以下の場合

　　ロ　終端が公園，広場その他これらに類するもので自動車の転回に支障がないものに接続している場合

　　ハ　延長が 35m を超える場合で，終端及び区間 35m 以内ごとに国土交通大臣の定める基準に適合する自動車の転回広場が設けられている場合

　　ニ　幅員が 6m 以上の場合

　　ホ　イからニまでに準ずる場合で，特定行政庁が周囲の状況により避難及び通行の安全上支障がないと認めた場合

　二　道が同一平面で交差し，若しくは接続し，又は屈曲する箇所（交差，接続又は屈曲により生ずる内角が 120 度以上の場合を除く。）は，角地の隅角をはさむ辺の長さ 2m の二等辺三角形の部分を道に含むすみ切りを設けたものであること。ただし，特定行政庁が周囲の状況によりやむを得ないと認め，又はその必要がないと認めた場合においては，この限りでない。

　三　砂利敷その他ぬかるみとならない構造であること。

　四　縦断勾配が 12% 以下であり，かつ，階段状でないものであること。ただし，特定行政庁が周囲の状況により避難及び通行の安全上支障がないと認めた場合においては，この限りでない。

　五　道及びこれに類する敷地内の排水に必要な側溝，街渠その他の施設を設けたものであること。

2　地方公共団体は，その地方の気候若しくは風土の特殊性又は土地の状況により必要と認める場合においては，条例で，区域を限り，前項各号に掲げる基準と異なる基準を定めることができる。

3　（略）

　上記規定を受けて，特定行政庁ごとに道路位置指定に関する手引き等を作成し，一般の閲覧に供したり，ホームページに掲載していることが多い。このた

資料3

```
        既 存 道 路
    ┌─────┬──┬─────┐
    │ 宅地1 │位│ 宅地7 │
    ├─────┤置├─────┤ 長
    │  〃 2 │指│  〃 8 │ さ
    ├─────┤定├─────┤ の
    │  〃 3 │道│  〃 9 │ 制
    ├─────┤路├─────┤ 限
    │  〃 4 │  │  〃10 │ な
    ├─────┤  ├─────┤ し
    │  〃 5 │  │  〃11 │
    ├─────┤4m├─────┤
    │  〃 6 │以上│  〃12 │
    └─────┴──┴─────┘
        既 存 道 路
```

資料4

```
        ←─── 35m 以下 ───→
    ┌──┬─────────────┬─┐行
    │既 │               │ │止
    │存 │  位置指定道路   │4m│ま
    │道 │               │以上│り
    │路 │               │ │
    └──┴─────────────┴─┘
```

め，具体的に道路位置指定に関する調査が必要となった場合には，これらを閲覧（またはホームページに掲載されている内容を確認）するとともに，特定行政庁に出向いて直接確かめることが必要である（細部の条件が規定されていることも多いからである）。

参考までに，建築基準法施行令第144条の4に掲げられている内容のイメージを例示したものが**資料3**から**資料5**である（これ以外にもいくつかのケースがある）。なお，**資料3**は原則的な形態であり，**資料4**および**資料5**は例外的な形態である。

(2) 道路位置指定の申請手続き

道路位置の指定は，建築基準法第42条第2項に基づいて指定されている道路（いわゆる2項道路）とは異なり，あくまでも利害関係者の申請に基づいてなされる点に特徴がある。すなわち，これからその私道を築造しようとする者

4. 私道と土地利用―道路位置指定と工作物の撤去請求―

資料5

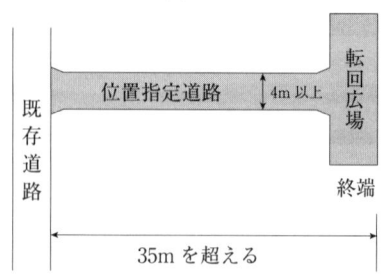

```
既存道路 ── 位置指定道路（4m以上）── 転回広場
                                    終端
        ←―――― 35mを超える ――――→
```

の申請に基づき，特定行政庁が位置を指定するものであり（建築基準法施行規則第9条），申請がされない限り特定行政庁の方から指定することはない。

○建築基準法施行規則
（道路の位置の指定の申請）
第9条 法第42条第1項第5号に規定する道路の位置の指定を受けようとする者は，申請書正副2通に，それぞれ次の表に掲げる図面及び指定を受けようとする道路の敷地となる土地（以下「土地」という。）の所有者及びその土地又はその土地にある建築物若しくは工作物に関して権利を有する者の承諾書を添えて特定行政庁に提出するものとする。

図面の種類	明示すべき事項
附近見取図	方位，道路及び目標となる地物
地籍図	縮尺，方位，指定を受けようとする道路の位置，延長及び幅員，土地の境界，地番，地目，土地の所有者及びその土地又はその土地にある建築物若しくは工作物に関して権利を有する者の氏名，土地内にある建築物，工作物，道路及び水路の位置並びに土地の高低その他地形上特記すべき事項

道路位置指定の申請を行うに当たっては，「道路位置指定申請書」を作成する必要がある。その際，「道路位置指定申請書」の様式には全国的に統一されたものはなく，特定行政庁ごとに若干記載項目の異なったものが作成されてい

る（**資料6**はその一例である）。また，当該申請書には「附近見取図及び地籍図」と「道路位置指定承諾書」（**資料7**はその一例である）を添付することとされているのは上記のとおりである。

(3) 道路位置指定の図面等の調査

調査対象が私道の場合，それが道路位置の指定を受けたものであるか否かは，その道の存する市区町村役場（建築関係担当部署）で確認する必要がある。また，当該私道が道路位置の指定を受けていない場合でも，建築基準法第42条第2項に該当する道（いわゆる2項道路）に指定されている場合もある。

さらに，数としては少ないと思われるが，当該私道が開発行為によって築造された道で，まだ公道移管が済んでおらず私人名義のままとなっているケースもある。いずれにしても，当該私道が建築基準法上の道路としての扱いを受けている場合には，上記いずれかに該当するはずであり，これを確認するためには市区町村役場に出向き十分な調査が必要である。

本件判決で取り上げている位置指定道路も，上記(1)の基準を満たすとともに，(2)の諸手続きを踏まえた上で指定されたものである。

最後に，位置指定道路として扱われている道を調査する際に必要となる「道路位置指定図面の閲覧・写し交付申請書」の一例を**資料8**に掲げておく。

4. 私道と土地利用―道路位置指定と工作物の撤去請求― 69

資料6 道路の位置の指定申請書

第7号様式
正　本（第10条第1項）

道路の位置の指定申請書

年　月　日

（申請先）
　　市長

申請者　住　所
　　　　氏　名　　　　　　　　　　　　　　印
　　　　（法人の場合は、名称・代表者の氏名）

建築基準法第42条第1項第5号の規定による道路の位置の指定を受けたいので関係図書を添えて申請します。

1	築造主住所氏名		電話（　　）
2	代理者資格住所氏名	（　　）級建築士（　　）登録第　　号	
	建築士事務所名	（　　）建築士事務所（　　）登録第　　号 電話（　　）	
3 指定を受けようとする土地	ア　地名地番		
	イ　用途地域	第一種低層住専（　）、第二種低層住専（　）、第一種中高層住専、第二種中高層住専、第一種住居、第二種住居、準住居、近隣商業、商業、準工、工業、工専、指定なし	その他の エ 区域、地域、地区
	ウ　防火地域	防火、準防火、指定なし	
4	指定を受けようとする道路の敷地となる土地の地名、地番及び地目		
5	指定を受けようとする道路の幅員及び延長		
6	指定を受けようとする道路の境界標示方法		
7	避難通路の敷地となる土地の地名、地番及び地目		
8	避難通路の幅員及び延長		
9	道路築造着工日	年　月　日	
10	道路築造完了日	年　月　日	
※備考			
※受付欄		※指定公告欄	指定公告 年月日 第　　号 年月日 第　　号

（注意）
1　3欄の「ア」には、指定を受けようとする土地が2筆以上あるときは、代表地番を記入してください。
2　3欄の「イ」及び「ウ」は、該当するものを○で囲んでください。
3　7欄及び8欄は、横浜市建築基準条例第56条の3第2項第2号に規定する通路を設ける場合に記入してください。
4　※印のある欄は、記入しないでください。

（A4）

第1章 土地利用にかかる制約と判例

資料7 道路の位置の指定承諾書

第9号様式（第10条第1項）

道路の位置の指定承諾書

年　月　日

＿＿＿＿＿＿＿の申請に係る道路の位置の指定申請書及び添付図面に記載されているとおり道路の位置の指定については、異議ありません。

1 道路となる敷地に関係のある権利の対象となる物件	2 1欄の土地、建築物又は工作物の所在地	3 権利の種別	4 権利者の住所氏名	印
5　備考				

（注意）
1　下線部には、道路の位置の指定を申請する者の氏名（法人の場合は、名称及び代表者氏名）を記入してください。
2　1欄には、土地、住宅、工場、広告塔等と記入してください。
3　3欄には、1欄のものについての権利の種別（所有権、賃借権等）を記入してください。
4　5欄には、権利者について特記事項があればそれを記入してください。
5　権利の種別ごとに記入してください。

（A4）

資料8　道路位置指定図面の閲覧・写し交付申請書

様式第18号（第27条関係）

　　　　　　　　　　　　　　　　　　　　　　　　　年　　月　　日

　市長　殿

　　　　　　　　　　申請者　住所

　　　　　　　　　　　　　　氏名　　　　　　　　　㊞

　　　　　　　　　　　　　　電話　　（　　）

道路位置指定図面の閲覧・写し交付申請書

道路位置指定に関する図面の閲覧・写しの交付を申請します。

道路の地名地番	市
道路の指定・変更・廃止の年月日及び番号	年　　月　　日　第　　　　号
閲覧・写しの交付の申請理由	
写しの交付の有無及び写しの件数	□有　　　　　　　　　　　　　件 □無
備考	

5. 都市計画街路予定地と減価補正

> 都市計画街路の予定地に定められ，かつ，建築基準法第42条第1項第5号に基づく道路位置の指定を受けている土地について，都市計画街路の予定地として30%の減価補正しか行わなかったことに違法性はないとされた事例——固定資産税における適正な時価（東京地裁平成10年12月10日判決・判例タイムズ1010号254頁）

　固定資産評価基準に基づいて「市街地宅地評価法」または「その他の宅地評価法」により各筆の評点数を付設していく場合，市町村長は，宅地の状況に応じ，必要がある場合には画地計算法の附表等について（「市街地宅地評価法」の場合），または宅地の比準表について（「その他の宅地評価法」の場合），所要の補正を行ってこれを適用するものとされている。

　そして，このような補正を行う意義は，固定資産評価基準に定められている画地計算法の附表等（または宅地の比準表）を用いるだけでは個々の土地の特性を反映し切れない特別の事情が認められる場合には，これらの事情を織り込んで（＝減価の場合だけでなく増価の場合も含む）土地価格を求める点にある。

　ところで，所要の補正の対象となる要因は多く存在する。たとえば，接面街路との間に高低差のある土地，水路を介して道路に接する土地，接面街路に歩道橋が設置されている土地，地下阻害物（あるいは地上阻害物）が存在する土地，高圧線下地をはじめ物理的な観点から当該宅地の利用に支障を与えるケース等が考えられる。

また，都市計画街路の予定地に定められた土地，セットバックが必要な土地，私道，接道条件を満たしていない土地等をはじめ，土地利用規制との関係で一定の制限を受ける（ケースによっては当該土地上に建築ができない）場合もある。

本項で取り上げる内容は，土地利用規制との関係で利用制限を受ける場合の対象地の適正な時価をめぐって争われた事例であり，具体的には，上記要因のうち「都市計画街路の予定地に定められた土地」と「私道」（位置指定道路）の両方の性格を併せ持つ土地の評価が問題とされたものである。

●事案の概要●

1．事案の要旨

本件土地を所有するX（原告）は，固定資産課税台帳に登録された本件土地の平成9年度の価格につき，当該価格は，本件土地が都市計画街路の予定地に定められ，本件土地上に建物を建築することができないことにつき十分な減価補正を行わずに評価，決定されたものであるとして，Y（被告。東京都固定資産評価審査委員会）に対して審査の申出をしたところ，棄却の決定（以下，「本件決定」という）を受けたため，取消しを求めていたものである。

2．関係法令等の定め

（1） 固定資産税の課税標準たる価格の決定

（固定資産税の課税標準と適正な時価との関連が述べられているが，これに関しては本書の随所で述べていくため本項では割愛する。）

（2） 固定資産評価基準における土地の評価方法

固定資産評価基準（以下，「評価基準」という。昭和38年自治省告示第158号。ただし，平成10年自治省告示第87号による改正前のもの。以下，同じ）における土地の評価方法は概略次のとおりである。

① 通　則
　1）土地の評価の基本
　　　土地の評価は，土地の地目（田，畑，宅地，鉱泉地，池沼，山林，牧場，原野，雑種地）の別に，評価基準の定める方法によって行う。この場合において，土地の地目は土地の現況によるものとする（第1章第1節一）。
　2）地積の認定（省略）
② 宅　地
　1）「市街地宅地評価法」による宅地の評点数の付設
　　　評価基準には，前段に宅地の評価方法および市街化の形態別にみた評点数の付設方法が述べられているが，本件土地は主として市街地的形態を形成する地域に属するため，以下，これに関連する部分を掲げる。
　　　「市街地宅地評価法」による宅地の評点数の付設は，以下のとおり行う。
　　ア　地区区分と標準宅地の選定
　　　　市町村の宅地を商業地区，住宅地区，工業地区，観光地区等に区分し，当該各地区について，その状況が相当に相違する地域ごとに，その主要な街路に沿接する宅地のうちから，奥行，間口，形状等の状況が当該地域において標準的なものと認められるものを標準宅地として選定するものとする（第1章第3節二（一）1（1），2（1），（2））。
　　イ　路線価の付設（省略）
　　ウ　各筆の宅地の評点数の付設
　　　　各筆の宅地の評点数は，路線価を基礎とし，「画地計算法」，すなわち一画地の宅地ごとに当該土地の奥行，正面路線のほかに側方あるいは裏面路線があるか否か，不整形地，無道路地，間口が狭小な宅地であるか否かなど，当該宅地の立地条件に基づき所定の補正を加える方式を適用して求めた評点数によって付設するものとする。

  この場合において，市町村長は，宅地の状況に応じ，必要があるときは「画地計算法」の附表等について所要の補正をして，これを適用するものとする（第1章第3節二（一）1（3），4，別表第3）。
2) 評点一点当たりの価額の決定（省略）
(3) 都市計画施設の予定地に定められた宅地の評価上の取扱い

　都市計画施設の予定地に定められた宅地等の評価上の取扱いについては，昭和50年10月15日付け自治固第98号自治省税務局固定資産税課長通達(注1)（以下，「課長通達」という）が発せられている。

(注1)　「都市計画施設の予定地に定められた宅地等の評価上の取扱いについて」（昭和50年10月15日，自治省税務局固定資産税課長通知）と題する通知が発せられているが，本件判決では通達と記載されているため，これに従った。以下も同様とする。

　課長通達によれば，道路，公園等の都市計画施設の予定地に対する建築規制に基因してその価格が低下している宅地について，その価格事情を路線価の付設等によって価額に反映させることが困難な場合には，その価格事情に特に著しい影響が認められるときに限り，当該宅地の総地積に対する都市計画施設の予定地に定められた部分の地積の割合を考慮して定めた3割を限度とする補正率を適用して，その価額を求めることとしても差し支えないものとされている。

(4) 東京都における土地の評価の取扱い等
① 東京都（以下，「都」という）は，その特別区の存する区域において，都民税として固定資産税を課するものとされており，この場合においては，都を市とみなして法第3章第2節の規定を準用するものとされている（地方税法第734条第1項，第5条第2項第2号。以下，「法」と呼ぶ場合には地方税法を指す）。
② 都においては，評価基準に基づき東京都固定資産（土地）評価事務取扱要領（昭和38年5月22日付け三八主課固発第174号主税局長決裁。ただし，平成9年3月31日付け八主資評第333号により改正された後のもの。以下，「取扱要領」という）を定め，評価基準および取扱要領（以下，両者を併せて

「評価基準等」という）に基づき土地の評価を行っている。

　取扱要領によれば，都市計画街路および都市高速道路の予定地として都市計画法第53条により建築が制限されている宅地については，取扱要領付表13に基づき，用途地区および総地積に対する当該予定地の地積の割合に応じた画地補正率を適用して画地計算を行うこととしている。

3. 前提となる事実

　本件土地は，渋谷区○○○二丁目に所在し，西側で幅員21mの歩道付き舗装道路（○○通り）に接面し，北側で幅員5.5mの舗装区道に接面している南北に細長い平坦な台形の土地であり，その東側の隣地には○○○○○と称する7階建の建物（以下，「隣接建物」という）が建てられている。

　本件土地については，昭和21年3月26日付けで都市計画街路の都市計画決定がされており，また，本件土地は，昭和38年5月2日付けで建築基準法第42条第1項第5号に基づく道路位置の指定を受けている。ただし，平成9年1月1日現在の現況は，その大部分が駐車場として利用されていたほか，本件土地の北側部分には隣接建物に通ずる支柱で支えられた屋根付の工作物が設置されており，道路としての利用はされていなかった。

　なお，本件土地は都市計画街路の予定地とされているが，現段階において事業決定の予定は立てられていない。

　都知事は，本件土地に対する平成9年度の固定資産税の課税標準となるべき価格を2億5,019万7,050円とする旨決定し，東京都○○都税事務所長（以下，「○○都税事務所長」という）は，これを固定資産課税台帳に登録したが，その後，都知事は平成9年5月8日付けで当該価格を1億9,292万3,020円と修正する旨決定した。これを受けて，○○都税事務所長は，同日付けで当該修正価格（以下，「本件登録価格」という）を固定資産課税台帳に登録し，X（原告）に対しその旨通知した。

　Xは，平成9年4月16日，Y（被告）に対し，本件土地の平成9年度の当初の登録価格2億5,019万7,050円は，本件土地が都市計画街路の予定地になっ

ており，建物を建築することができないことにつき十分な減価補正が行われずに評価，決定されたものであるとして，法第432条の規定に基づき審査の申出をしたところ，上記のとおり○○県税事務所長からXに対し登録価格修正の通知があった。しかし，Xは，当該修正後の本件登録価格について，なお不服があったので，同年5月19日，Yに対し，改めて審査の申出をした。

これに対し，Yは，平成9年6月30日，Xの審査の申出を棄却する旨の本件決定をした。

●当事者の主張●

本件の争点は，本件登録価格の適否であり，具体的には，都市計画街路の予定地に定められ，かつ，建築基準法第42条第1項第5号に基づく道路位置の指定を受けている本件土地について，取扱要領に基づき都市計画街路の予定地として30％の減価補正しか行わないことが，本件土地の評価として適正なものといえるか否かである。

これを判断する前提として，本件土地の属する地域の用途区分および標準宅地の選定，本件土地に占める都市計画街路予定地の面積割合等につき掲げれば以下のとおりである。なお，都市計画街路の予定地として30％の減価補正を行う前の本件土地の評点算出過程および減価補正後の評価額の算出過程については，本件の争点と直接係わる部分でないため記載は省略する。

1. 被告の主張

(1) 都市計画施設の予定地に定められた宅地等の評価上の取扱いについては，上記記載のとおり，課長通達により，当該宅地の総地積に対する都市計画施設の予定地に定められた部分の地積の割合を考慮して定めた3割を限度とする補正率を適用して，その価額を求めるものとされているところ，課長通達は次に述べるとおり合理性を有するものである。

① 都市計画法による都市計画街路の予定地に係る建築制限に伴う土地の評

価については，当該土地の特性（たとえば，道路斜線制限とか北側斜線制限をどの程度受けるか等），あるいはそれらの地域における土地利用の特性（たとえば，周辺建物が指定容積率の範囲を完全に利用している状況にあるか等）を個々に調査した上で，実質的に受けている規制による影響の度合いによって評価することが望ましい。しかし，一定期間内に大量の土地評価を行わなければならない固定資産税の評価事務において，このような調査を行うことは技術的に困難である。このため，都市計画街路の予定地に係る建築制限に伴う土地評価の補正率は一律に定めざるを得ない。

② この場合において減価率をどの程度にするかは難しい問題であるが，結局，評価基準における他の理由による補正率や，他の法律における取扱いを参考にすべきこととなる。ちなみに，評価基準における無道路地や不整形地の場合の補正率についてみると，いずれも上限を3割とする補正率を採用していることから，課長通達は，都市計画街路の予定地に係る建築制限に伴う土地の評価についても，これにならって補正率の上限を3割としているのであって，課長通達には合理性があるというべきである。

なお，相続税法上の取扱いにおいては，相続財産である土地が都市計画街路の予定地であるため，建築制限を受けている場合には，都市計画街路の予定地に該当する部分についてのみ3割の減価をすることとされている。これに対し，課長通達における3割を上限とする補正率の適用は，都市計画街路予定地に該当する部分だけでなく，当該土地全体について適用するものであるから，相続税法上の取扱いよりも一層納税者に有利な取扱いとなっている。

(2) 取扱要領は，課長通達に基づいて，当該宅地の総地積に占める都市計画施設の予定地の割合を考慮して上限を30％とする補正率を定めているものであり，これに従って都市計画街路補正率0.70を適用して行った本件土地の評価に違法とされるべき点はない。

なお，都知事が取扱要領の作成の参考とするため，○○○○○に都市計画街路の予定地の補正率について調査を依頼したところ，住宅・工業系，普通商業

系の地域における都市計画街路の予定地であることによる格差率は最大30％であるとの調査結果が得られている。したがって，取扱要領において補正率の上限を30％としたことには十分な根拠がある。

(3) 原告は，本件土地が都市計画街路の予定地になっているだけでなく，道路位置指定を受けているので，30％の減価補正をするだけでは不十分である旨主張する。

しかしながら，本件土地は，道路位置指定を受けているものの，現況は駐車場として利用されており，道路として利用されていないことは明らかである。評価基準は，土地の評価は現況によって行う旨を規定しており，たとえ道路位置指定がされた土地であっても，本件土地のように現況が駐車場であり，不特定多数の通行が予定されていない土地については，評価基準において特別の取扱いを行うことは求められていない。

2. 原告の主張

(1) 本件土地については，都市計画街路の都市計画決定がされているほか，建築基準法第42条第1項第5号に基づく道路位置の指定がされている。都市計画施設の区域の建築については，都市計画法第54条により一定の条件の基に建築が許可される場合があるが，道路位置指定を受けた土地については，道路位置指定の解除がされない限り建物を建築することはできない。

もとより，一般的には，道路に接する利害関係人全員の同意があれば道路位置指定の解除をすることができるが，本件土地の道路位置指定を解除すると本件土地の隣接地に建てられている隣接建物が容積率の関係で違法建築となる。かかる場合には，建築基準法第45条により特定行政庁はその道路の廃止を禁止または制限することができるのであって，結局は，本件土地は隣接建物が存立している限り道路として利用するしかないものである。

したがって，本件土地について，単純に都市計画街路の都市計画決定がされた土地として30％の減価補正をするだけでは不十分であることは明らかである。

(2) 法第341条第5号によれば，固定資産の価格とは適正な時価をいうも

のであるところ，建物が建てられない本件土地について，都知事が決定した1㎡当たり130万1,200円という本件登録価格は通常の取引価格を著しく超えるものであり，本件登録価格が法に違反することは明らかである。

●裁判所の判断●

1. 固定資産税における固定資産の評価について

（固定資産税における適正な時価の算定に当たっては，全国各市町村に大量に存在する固定資産の評価を評価基準に従って一定の期間内に行い，各市町村相互間の評価の均衡を確保するという法の趣旨が掲げられているが，詳細は割愛する。）

2. 本件土地が都市計画街路の予定地に定められていることによる減価補正について

（1）都市計画法は，都市計画施設，すなわち，都市計画において定められた同法第11条第1項各号の施設の整備が円滑に行われるようにするため，都市計画施設の区域内において建築物の建築をしようとする者は，一定の例外を除き，都道府県知事の許可を受けなければならない旨定めている。そして，同法は，都道府県知事は，当該建築許可の申請があった場合，当該建築が都市計画施設に関する都市計画に適合し，または当該建築物が，階数が2以下で地階を有せず，主要構造部が木造，鉄骨造，コンクリートブロック造その他これらに類する構造であり，容易に移転し，もしくは除却することができるものであると認められるときは，その許可をしなければならない旨規定している（同法第54条）。

（2）このような都市計画施設の予定地に対する建築規制に基因して，宅地の価格が低下する場合があることは，経験則上明らかであるが，評価基準は，都市計画施設の予定地に対する建築規制に基因する減価補正について明示的な規定は設けていない。

しかしながら，評価基準は，「市街地宅地評価法」に関して，市町村は，宅地の状況に応じ必要があるときは，「画地計算法」の附表等について，所要の補正をしてこれを適用するものとする旨定めている。また，「その他の宅地評価法」に関して，市町村は，宅地の状況に応じ必要があるときは，「宅地の比準表」について，所要の補正をしてこれを適用するものとする旨定めている。

市町村長が，各規定の定める「所要の補正」（以下，単に「所要の補正」という）として，都市計画施設の予定地に対する建築規制に基因する減価補正を行うことは，評価基準の是認するところであると解される。そして，前記の課長通達は，都市計画施設の予定地に対する「所要の補正」について，統一的な運用の指針を示したものと解することができる。

(3) 都市計画施設の予定地に対する建築規制が宅地の価格に与える影響の程度は，当該宅地の総地積に対する都市計画施設の予定地の地積の割合，当該宅地の用途，容積率など個別の宅地の状況によって異なり得るものである。しかし，評価の適正と均衡を確保しつつ，大量の固定資産を一定の期間内に評価しなければならない固定資産税における評価事務の性質上，「所要の補正」として行う都市計画施設の予定地に係る減価補正についても，定型的な基準に基づいて画一的に行わざるを得ないものである。

この点につき，都においては，前記のとおり，取扱要領により，都市計画街路および都市高速鉄道の予定地として都市計画法第53条により建築が制限されている宅地については，用途地区および総地積に対する当該予定地の地積の割合に応じて減価補正を行うこととしている。そして，高度商業地区，繁華街，ビル街については補正率の上限を40％とし，その余の用途地区については補正率の上限を30％としている。

その際，以下のことが認められる。

① 都知事は，取扱要領の作成の参考とするため，○○鑑定機関に対し東京都特別区における都市計画街路および都市高速鉄道の予定地を含む画地の補正率の調査を依頼したこと。

② これを受けて○○鑑定機関は，不動産鑑定士らが収益方式および比較方

式を併用して当該補正率を判定し，高度商業地区，繁華街，ビル街についての補正率の上限を40％，普通商業地区，中高層併用住宅地区，低層併用住宅地区についての補正率の上限を30％とする調査結果（以下，「本件調査結果」という）を報告したこと。

③ 都においては，本件調査結果を踏まえ，都市計画街路および都市高速鉄道の予定地に係る補正率を決定したこと。

このように，本件調査結果は，その調査方法や基礎資料の選択など調査の過程に格別不合理な点は認められず，都市計画街路および都市高速鉄道の予定地に係る補正率の調査として信頼するに足りるものである。また，本件調査結果を踏まえて決定された取扱要領の都市計画街路および都市高速鉄道の予定地に係る補正率は，都知事が「所要の補正」を行う場合の基準として十分な合理性を有するものと認められる。

(4) そこで，取扱要領に基づき，本件土地が都市計画街路の予定地になっていることによる減価補正についてみるに，本件土地は，その正面路線が普通商業地区に属する土地で，総地積に対する都市計画街路の予定地の地積割合が60％以上のものであるから，本件土地については，取扱要領付表13に基づき，画地計算において，都市計画街路補正率0.70を適用して30％の減価補正を行うべきこととなる。

3. 本件土地が道路位置の指定を受けていることによる減価補正の要否について

(1) 原告は，本件土地は，都市計画街路の予定地となっているだけではなく，建築基準法第42条第1項第5号に基づく道路位置の指定を受けており，本件土地上に建物を建築することができないのであるから，本件土地について都市計画街路の予定地として30％の減価補正を行うだけでは不十分である旨主張する。

(2) しかしながら，原告の主張は採用することができない。その理由は次のとおりである。

① 前記のとおり，評価基準における土地の評価は，土地の地目別に評価基準の定める評価の方法により行うものであり，この場合において，地目の認定は当該土地の現況によって行うものである。したがって，たとえ建築基準法第42条第1項第5号に基づく道路位置の指定を受けている土地であっても，道路としての利用がされずに，宅地，すなわち建物の敷地およびその維持もしくは効用を果たすために必要な土地として利用されているものについては，評価基準上宅地としての評価を受けるものである。この場合，評価基準上，道路位置の指定を受けていることを理由として特別な減価補正を行うことは予定されていないものである。

もとより，建築基準法第42条第1項第5号に基づく道路位置の指定を受けている土地を評価する場合，建築基準法上その土地上に建物を建築することができない点（同法第44条参照）を考慮して一定の減価補正を行うとの考え方も土地の評価方法としてはあり得る。しかし，評価基準が，土地の地目の認定を現況に従って行うこととし，建築基準法第42条第1項第5号に基づく道路位置の指定を受けていることのみをもっては特別な減価補正を行わないこととしていることは，それなりに合理性を有するものであり，前記のような評価方法を定めた評価基準それ自体が違法なものということはできない。

② このような見地から本件土地についてみるに，前記のとおり，本件土地は隣接建物の敷地に接続している土地であり，建築基準法第42条第1項第5号に基づく道路位置の指定を受けているものの，平成9年1月1日現在の現況は，その大部分が駐車場として利用されていた。

また，その一部には隣接建物に通ずる支柱で支えられた屋根付きの工作物が設置され，道路としての利用はされていなかったのであって，本件土地は，その現況から判断すれば，「建物の維持もしくは効用を果たすために必要な土地」として利用されていたものと認めるのが相当である。

したがって，本件土地は，評価基準上宅地として評価すべきものであり，この場合において，建築基準法第42条第1項第5号に基づく道路位

置の指定を受けていることを理由として特別な減価補正を行うことは要しないものである。

4. 本件決定の適否について

本件においては、裁判所が認定した前記の考え方に基づき、本件土地の平成9年度課税標準額となるべき価格が1億9,571万8,470円と算出されたが、○○都税事務所が再度登録した修正後の本件登録価格（1億9,292万3,020円）は前記課税標準額となるべき価格を下回っていることから、原告の審査申出を棄却した本件決定は適法である。

《判例から読み取る調査上の留意点》

本件判決の争点が、都市計画街路の予定地に定められ、かつ、建築基準法第42条第1項第5号に基づく道路位置の指定を受けている土地の減価補正の適否に係るものであることから、以下、この2つに分けて調査上の留意点を掲げておきたい。

1. 都市計画街路の予定地と調査上の留意点

本件判決の対象地とは直接関係ないが、たとえば、ある土地が市道に面しており、その幅員を拡幅することが都市計画で決定された結果、当該土地の一部が道路拡幅予定地に編入されたというケースはしばしば見受けられる。その状況を、**資料**の図を例に考えてみれば、宅地のうち斜線を引いた部分がこれに該当するということになる。

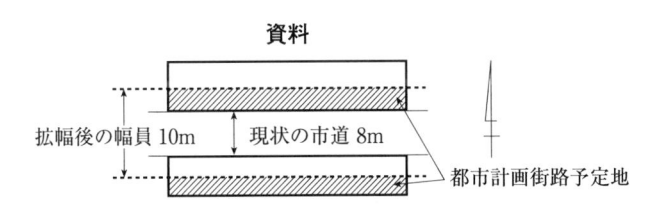

資料

拡幅後の幅員 10m　現状の市道 8m　都市計画街路予定地

道路，公園，下水道のような施設を都市施設と呼び，これらに関し都市計画決定がなされたものを都市計画施設と呼んでいるが，このような都市計画施設の予定地内で建築物の建築を行おうとする場合には，都市計画法に基づく規制を受けることとなる。

ちなみに，都市計画法第53条第1項では次の規定を設けている。

○**都市計画法**
（建築の許可）
第53条　都市計画施設の区域又は市街地開発事業の施行区域内において建築物の建築をしようとする者は，国土交通省令で定めるところにより，都道府県知事の許可を受けなければならない。ただし，次に掲げる行為については，この限りでない。
　一～五　（略）

その際，許可を受けることのできる建築物についても，以下のとおり同法第54条に規定されている。

○**都市計画法**
（許可の基準）
第54条　都道府県知事は，前条第1項の規定による許可の申請があった場合において，当該申請が次の各号のいずれかに該当するときは，その許可をしなければならない。
　一　（略）
　二　（略）
　三　当該建築物が次に掲げる要件に該当し，かつ，容易に移転し，又は除却することができるものであると認められること。
　　イ　階数が2以下で，かつ，地階を有しないこと。
　　ロ　主要構造部（建築基準法第2条第5号に定める主要構造部をいう。）が木造，鉄骨造，コンクリートブロック造その他これらに類する構造であること。

以上のように，都市計画施設の予定地に編入されることにより建築規制を受け，その結果，土地価格にマイナスの影響を生ずると認められる場合には，固定資産税の評価においても所要の補正が必要になると考えられる。

もちろん，当該道路に沿接する宅地一体が道路拡幅予定地となることにより，これらに対する建築規制の影響が路線価に反映されている場合は別であるが，その作業が困難な場合には，対象地の価格事情に特に著しい影響が認められるときに限り，評価に対して個別の宅地ごとに補正を行うことが認められている。

その際の具体的な手順は以下のとおりである。

① 当該宅地が都市計画施設に予定されていないとした場合の評点数を求める。

② 当該宅地の総地積に占める都市計画施設の予定地部分の地積割合を求める。次に，この地積割合に応じた補正率を定める。そして，上記①による評点数にこの補正率を乗ずることにより，当該宅地が都市計画施設に予定されていることにより控除すべき評点数を求める。

③ 最後に，次の算式により補正後の評点数を求め，これを基に評価額を求める。

　　上記①で求めた評点数 － 控除すべき評点数 ＝ 補正後の評点数

以上が固定資産税の評価における所要の補正の考え方である。

本件判決で取り上げられた「東京都固定資産（土地）評価事務取扱要領」の場合，当該宅地の総地積に占める都市計画施設の予定地部分の地積割合（60％以上）に応じた補正率が30％と規定されていたため，本件評価においてもこれが適用されたわけである。

固定資産税の評価においては，本件判決にも記載されているとおり，大量にわたる固定資産を一定の期間内に評価しなければならないという評価事務の性質上，都市計画施設の予定地に係る減価補正についても，定型的な基準に基づいて画一的に行わざるを得ないという事情がある(注2)。

（注2）　もっとも，最高裁平成15年6月26日判決により，土地価格のうち賦課期日にお

5. 都市計画街路予定地と減価補正

ける客観的な交換価値を超える部分は違法である旨の判断が示されて以来, 固定資産税の評価は大量一括評価であるという理由だけで評価額の説明責任を回避することが認められにくくなっていることに留意する必要がある。たとえ大量一括評価であったとしても, その結果が適正な時価を超えていると判断されれば違法とみなされることとなる。

しかし, 鑑定評価の場合, 個々の土地が受ける建築規制の程度を反映させながら (＝近隣地域に存する建物の最有効階数に比べて当該土地上に建築可能な建物の階数が少ない場合は, その分を減価させて) 経済価値を判定しなければならず, この点が固定資産税における画一的な補正率の適用方法とは異なっている。

たとえば, 近隣地域に存する土地が都市計画施設の予定地に指定されておらず, 当該土地上には5階建程度の建物が建っていて, 容積率との関係上, これが最有効階数であるとする。これに対し, 対象地が都市計画施設の予定地に指定されていることにより, 建築可能な建物の階数も2階建 (しかも地階を有しない) までに制限される場合, 対象地は最有効使用を実現できないわけであるから, これに相応する減価率を査定して減価補正を行うこととなる (減価率の査定に当たっては, 公共用地の取得の際に用いられる土地利用制限率の算定方法が準用されているが, 本項ではその詳細は割愛する)。

鑑定評価においては, このように都市計画施設の予定地に指定されていることが最有効使用にどのような影響を及ぼすかを検討し, その程度に応じた減価率を定めることとなる。このため, なかには, 近隣地域における建物の最有効階数が2階建 (しかも木造) であるため, 都市計画施設の予定地に指定されても建物の最有効階数にほとんど影響を及ぼさないというケースもある (用途地域が第1種低層住居専用地域または第2種低層住居専用地域に属する場合等がこれに該当する)。このような場合, 鑑定評価においては特段の減価率を査定しないのが通常であり, ここに固定資産税の評価との相違がみられる (用途地域が商業地域の場合には住居系の用途地域に比べて容積率が高いため, 都市計画施設の予定地に指定されることによる建築制限の影響が大きくなる結果, 最有効階数が制約され減価率の査定が必要となるケースが多い)。

本件判決の対象地の属する地域（固定資産評価上の用途地区区分）は，西側半分が普通商業地区，北側半分が中高層普通住宅地区に区分される。このため，（具体的な図面や容積率等の資料は開示されていないが）建物の最有効階数に何らかの支障が生じているものと推察される。

以上のとおり，鑑定評価の考え方も踏まえて検討した結果，本件評価における30％の減価補正の考え方やその程度は妥当なものと判断される。

2. 道路位置の指定を受けている土地と調査上の留意点

所有者が私人であっても道路位置の指定を受けている土地（＝いわゆる私道で，かつ，建築基準法上の道路としての扱いを受けており，公道に準じた形態をなすもの）は，土地の利用目的がきわめて限定されることから，価値が減少するのが一般的である。

ところで，一口に私道といっても，その性格は一様ではない。すなわち，建築基準法上の取扱いや通行形態からして上記のように公道とほぼ変わりのない私道もあれば，外見上が道路というだけで建築基準法上の道路とはみなされず，きわめて限定された者のみが通行しているという私道もある。土地の評価において，これらは次のとおり扱われている。

ある私道が建築基準法上の道路として扱われており，現に不特定多数の者の通行の用に供されている場合には，その用途を変更することがきわめて困難となる。そして，これを建物の敷地の用に供することはほとんど不可能であることから，私道であるといっても通常の宅地に比べて大幅な減価を伴うことになる（準公道的私道の扱い）。

また，次の場合も，公道的な私道ほどではないが，ある程度の減価を行わなければ不合理と考えられる（共用私道とも呼ぶべきものである）。それは，その所有者が事実上他の目的で使用することが難しいからである。

① 建築基準法上の道路に該当していても，不特定多数の者の通行の用には供されておらず，複数の限られた者が利用している場合
② 建築基準法上の道路に該当していなくても，現に不特定多数の者が通行

5. 都市計画街路予定地と減価補正　89

している私道

　私道の形態には、これらの他にもいくつかのケースが考えられるが、本件判決で取り上げている私道（道路位置の指定を受けている私道）は上記に掲げた分類のいずれにも該当せず、きわめて特殊なケースであると思われる。それは、私道といえども、道路位置の指定を受けた場合には不特定多数の者（ケースによっては特定の者）の通行の用に供され（自動車の通行も含む）、現況も道路以外の用途に供されていることがほとんどないためである。加えて、本件土地のように大部分が駐車場に利用されたり、一部に屋根付きの工作物が設置されているような事態は通常では考え難いことも指摘し得る。

　固定資産税の評価が土地の地目の認定を現況に従って行うこと、（本件土地が建築基準法第42条第1項第5号に基づく道路位置の指定を受けていることを考慮しても）平成9年1月1日現在で上記のとおり道路としての利用がされていなかったこと等から、本件判決が都市計画街路予定地以外の減価を認めなかったことには合理的な理由があると考えられる。

　このような状況を鑑みれば、評価に先立つ現地調査の重要性を改めて痛感させられる。

　いくら机上で、当該土地が道路位置の指定を受けているといっても、その利用実態は現況を的確に調査しなければ把握することはできない。机上のみで、当該道路が公道並みの扱いを受けている道であるからゼロ評価という判断を下してしまえば、本件のようなケースに遭遇した場合、他の納税者との評価の均衡を欠く結果を生ずる。このような事態を防止し、固定資産税における適正な時価を把握するためにも本件判決は大いに参考にされるべきであろう。

6. 市街化区域内における雑種地で建築困難な土地

> 市街化区域内における雑種地で建築困難な土地の評価——固定資産税における適正な時価（広島高裁平成16年2月13日判決・(財)資産評価システム研究センター資料閲覧室『固定資産税判例解説資料』）

　本項では，市街化区域内にはあるものの市街地的形態をなしておらず（すなわち，路線価が付されておらず），現況地目が畑や山林である土地の適正な時価をめぐって争われた結果下された判決を取り上げる。

　なお，この事件をめぐる判決の経緯は次のとおりである。

　〇広島地裁平成15年2月27日判決⇨納税者の請求を棄却。

　〇広島高裁平成16年2月13日判決⇨控訴審。土地の価格が一定の評価額を超える部分の審査申出を棄却した部分を取り消す。

　〇最高裁平成18年10月6日決定⇨審査委員会の申立てを上告審として受理せず。

　本項では広島高裁平成16年2月13日判決を取り上げるが，事案の概要など一審と共通する記載項目については適宜これを引用しながら記述を進めていく。

　なお，本件土地の現況は一部畑，大部分が山林化した状況であるが，所有者から農地転用の届出がなされていたため，固定資産評価審査委員会は，このような土地は外見上農地としての形態をとどめていても宅地に比準した評価をするという固定資産評価基準の趣旨を踏まえて評価を行ったと主張していた。た

だ，本件土地に接する道は里道（幅1m）であり，本件土地に建物を建てるためには，県道から100mにわたって里道を幅4mに拡げる工事が必要であるが，これは現実的でないなど宅地として利用するためには著しい支障がある。このような建築制限の厳しい土地に対して適用された宅地比準の評価結果に対して，それがどこまで適正な時価を反映しているかが争われたものである。

●事案の概要●

1. 事案の要旨

　本件は，控訴人（一審原告）が，その所有する土地について，平成12年度土地課税台帳に登録された価格（本件価格。○○市長が2,431万9,503円と決定したもの）は「適正な時価」を超えるものであると主張して，被控訴人（一審被告。○○市固定資産評価審査委員会）に対して審査請求を申し出たところ，同申出には理由がないとしてこれを棄却する旨の決定を受けたため，これを不服としてその取消しを求めた事案である。

2. 事実関係

（1）　控訴人

控訴人は本件土地の所有者である。

（2）　本件土地および本件価格

① 　本件土地は市街化区域内にあるが，その現況は，平坦部分に果樹の木が植え付けられているものの，大部分が山林化しており，東側部分はがけ地になっている。本件土地に接する道は里道(注1)であり，○○○○号線として市道認定されている。

　　　（注1）　筆者による。里道ということばが用いられる場合，それは建築基準法上の道路としての扱いを受けない道を指している。すなわち，建築基準法上の道路として扱われるためには，原則として幅員が4m以上確保されていることが

必要であるが，本件のように幅員1mではその要件を全く満たさない。いくら市道認定されているとはいえ，これを4m幅に拡幅しなければ建物の建築を行うことはできない。

本件土地中，西側の前記里道（市道）に面した部分と東側のがけ下部分との高低差は約20mである。

② 控訴人は，○○市農業委員会に対し，平成11年5月12日，本件土地を雑種地（土木，園芸資材等の仮置場）に転用する計画のもとに，農地法第5条第1項に基づく農地転用届出書を提出した。

③ 平成11年度当初における本件土地の状況認定および評価（控訴審で直接の争点となっていないため省略）

④ ○○市長は，次のとおり本件土地に対する平成12年度の固定資産の価格を2,431万9,503円（以下，「本件価格」という）と決定した。

ア 土地状況の認定
  (ア) 登記地目　畑
  (イ) 登記地積　1,989㎡
  (ウ) 現況地目　介在畑 (注2)
  (エ) 現況地積　1,989㎡
  (オ) 奥行距離　36.50m
  (カ) 間口距離　55.00m
  (キ) がけ地割合　40％以上50％未満

 (注2) 介在畑の固定資産評価上の意義については後掲。

イ 路線価の決定
  (ア) 普通住宅に状況類似した地区内の標準宅地の評価額　4万6,000円/㎡
   なお，本件の標準宅地は，○○市○○三丁目966番27であり，同地には民家が建っている。
  (イ) 上記の標準宅地の隣接する主要な街路（以下，「主要街路」という）の路線価　3万2,200円/㎡

（計算式）　4万6,000円/㎡×0.7（7割評価の経過措置）＝3万2,200円/㎡
(ｳ)　本件土地に沿接する路線価　2万7,100円/㎡
　　　（計算式）　3万2,200円/㎡×0.8417（主要街路に対する合計比準割合）＝2万7,100円/㎡
　　　（主要街路に対する合計比準割合の計算式）
　　　a　道路幅員　同等の範囲のため　比準割合　1.0000
　　　b　街路区分　主要街路が計画街路，本件土地に沿接する街路（以下，「本件街路」という）が無計画街路のため　－2.37　比準割合　0.9763
　　　c　舗装の有無　主要街路舗装あり，本件街路舗装なしのため　－6.08　比準割合　0.9392
　　　d　系統性　同等のため　比準割合　1.0000
　　　e　車両通行　同等のため　比準割合　1.0000
　　　f　主要駅までの距離　同等の範囲のため　比準割合　1.0000
　　　g　バス停までの距離　主要街路150m未満，本件街路150m以上300m未満のため　－0.99　比準割合　0.9901
　　　h　商店街までの距離　同等の範囲のため　比準割合　1.0000
　　　i　大規模店舗までの距離　同等の範囲のため　比準割合　1.0000
　　　j　病院までの距離　主要街路1,000m未満，本件街路1,000m以上2,000m未満のため　－0.99　比準割合　0.9901
　　　k　役所までの距離　同等の範囲のため　比準割合　1.0000
　　　l　都市計画用途　同等のため　比準割合　1.0000
　　　m　狭小幅員補正　同等のため　比準割合　1.0000
　　　n　建築基準による補正　同等のため　比準割合　1.0000
　　　o　総合補正　その他の要因により　比準割合　0.9364
　　　p　上記aないしoにより，主要街路に対する合計比準割合

0.8417

ウ　評価計算

　(ア)　奥行価格補正率　0.94

　(イ)　間口狭小補正率　1.00

　(ウ)　がけ地補正率　0.80

　(エ)　造成費相当補正　0.60

　(オ)　総評点数　1万2,227

　　　（計算式）　2万7,100円/㎡（路線価）× 0.94（奥行価格補正率）× 1.00（間口狭小補正率）× 0.80（がけ地補正率）× 0.60（造成費相当補正）= 1万2,227（総評点数）

　(カ)　本件土地の評価額

　　　（計算式）　1万2,227（総評点数）× 1,989（現況地積）= 2,431万9,503円

⑤　○○市長は，本件価格を固定資産台帳に登録し，これを平成12年4月24日まで縦覧に付した。

⑥　控訴人は本件価格に不服があったため，被控訴人に対し審査の申出をしたところ，被控訴人は，平成12年10月3日，同審査の申出を棄却する旨の決定をした。

原審は，本件土地の価格の評価に違法はなく，したがって，本件決定にも違法はないとして，控訴人の請求を棄却したため，控訴人から本件控訴が提起された。

●当事者の主張●

1.　控訴人の主張

(1)　本件土地の地目について

本件土地の地目を介在畑とした認定は，次のとおり違法である。

① 固定資産評価基準によれば，土地の評価は，土地の地目の別に定める評価方法によって行い，この場合において，土地の地目は，土地の現況によるものとされている。現況に照らせば，本件土地の地目は一部畑，一部原野ないし山林とすべきである。

② 固定資産評価基準は，宅地等への転用許可を受けた田畑，および田畑であっても宅地等への転用が確実と認められるものについては，転用後の当該土地とその状況が類似する土地の価額を基準とすべき旨を規定している。評価基準がこのように規定するのは，このような土地（介在農地）は，実質的にみて宅地等としての潜在価値を有し，田畑と同様に評価することが不合理であって，宅地等との間に不均衡を生ずることになるためである。この趣旨からすれば，介在農地との認定を，農地転用届出書による所有者の主観のみにかからしめるのは相当でなく，公平な徴税という観点から，客観的経済的にされるべきである。そして，本件土地は，現実に宅地等として使用することが不可能であり，宅地等としての潜在的価値が全くないのであるから，介在畑と認定すべきではない。

③ 本件土地は，一部畑，一部山林であり，両者は現実的に担税力が異なるからこそ，転用許可以前は両者を分けて評価されていたのである。転用許可後においても，転用可能性のある限度で介在畑と評価替えがされるべきであり，全体としてこれを行うのは誤りである。

(2) 本件土地の価格について

本件土地の地目が介在畑であるとの認定が違法ではないとしても，本件価格は次のとおり違法である。

① 本件土地は，雑種地への転用を予定して転用許可を得た土地であるが，396㎡の準平地（畑）部分，1,593㎡の山林部分からなっており，本件土地を宅地として造成するには，莫大な費用を要し，造成費控除としては97％程度が相当であって，○○市が採用した40％造成費控除の範囲内で造成することは不可能である。また，本件土地には里道しかなく（幅員1mの未舗装の道路），法規上建物を建てることができないのであり，この

ような宅地効用の土地については、そもそも前提を異にするのであるから、本件標準宅地から比準して価格を決定する方法では適正な時価を算定することはできない。

本件土地は、雑種地への転用が予定された介在畑であることを前提としても、極めて個別性の高い土地であり、単純に宅地に準じて評価したのでは適正な時価を算定することはできない。すなわち、本件土地については、最高裁平成15年7月18日第二小法廷判決（平成11年（行ヒ）第182号事件）にいう、評価基準が定める評価の方法によっては「適正な時価」を算定できない「特別な事情」がある場合にあたるのであって、その価格は鑑定評価書(注3)記載の835万円と認められるべきである。

(注3) 控訴審において控訴人から提出された不動産鑑定士による鑑定評価書を指す。

② 前記のとおり、本件土地は雑種地への転用を予定されているものであるが、雑種地については、遊園地、ゴルフ場、鉄塔敷地、高圧線下の土地など、そもそもその価格の評価が多岐にわたる土地を含むものであり、雑種地であるということから、直ちに宅地に準じた評価を行うのは適当でない。当該土地を全体として、現況および利用目的に重点を置いて土地全体を評価することこそ評価基準に則った評価というべきである。そうすると、本件土地は、雑種地ではあるが、現況は原野と山林であり、前記のとおり山林部分の面積が圧倒的に広く、全体としては山林として評価されるべきである。

2. 被控訴人の主張

(1) 本件土地の地目について

当該土地の所有者が農地転用の意思を示しながら、なおその上に現況を調査して客観的に転用の可否を判断するような評価方法を地方税法および固定資産評価基準は認めていない。

所有者の農地転用の意思が示された場合、当該土地については、農地として利用されている土地と区別して、転用後の土地の地目に従って評価されるが、

実質的にみても，それが公平な徴税という趣旨に適うものである。そして，控訴人の農地転用届出書によれば，本件土地を一体として資材置場（雑種地）へ転用することが予定されていたのであるから，本件土地は全体として一体的に評価すべきであり，区分して評価することはできない。

(2) 本件土地の価格について

① 控訴人は，本件土地を資材等の仮置場として使用する目的で購入し，雑種地への転用申請をしたものであるところ，同目的に使用する限り，大規模な造成工事は必要でなく，平坦地部分に対する簡易な切土，盛土等の整地工事で十分利用することは可能であり，大規模な造成工事を行うことを前提とした評価方法によることは適切ではない。また，利用可能な土地の範囲も，控訴人が平坦地であると主張する396㎡に限定されるものではない。本件土地のがけ地割合を40ないし50％とした○○市長の認定からすると，少なくとも本件土地の半分は資材置場として利用可能であると判断できる。

② 本件鑑定評価書記載の本件土地の価格は，本件土地を個別的に評価して算定されたものであり，固定資産評価基準という法定の画一的基準を用いた比準方式とは目的も手段も異なる。固定資産の評価においては，個々の具体的な事情を逐一反映させることは不可能であり，個別的評価の結論をもって固定資産評価額の妥当性を論じることは適切でない。

●裁判所の判断●

1. **本件土地の地目認定について**

当裁判所も，○○市長が本件土地を介在畑と認定したことに違法がなく，したがって，本件決定中，この点に関する判断にも違法はないものと判断する。その理由は次のとおりである（原審の記載を引用）。

地方税法第388条第1項によれば，固定資産の登録価格は，固定資産評価基

準（以下,「評価基準」という）に従って決められることになっているところ,評価基準第1章第2節「一　田及び畑の評価」は,「農地法4条1項及び5条1項の規定により,宅地等（評価基準においては,「宅地等」とは,「田及び畑以外のもの」をいう。本判決においても同様である。）への転用に係る許可を受けた田及び畑並びにその他の田及び畑で宅地等に転用することが確実と認められるもの」については,「沿接する道路の状況,公共施設等の接近の状況その他宅地等としての利用上の便等からみて,転用後における当該田及び畑とその状況が類似する土地の価額を基準として求めた価額から当該田及び畑を宅地等に転用する場合において通常必要と認められる造成費に相当する額を控除した価額によってその価額を求める方法」によるものとする旨定めている。

そして,上記の「農地法4条1項及び5条1項の規定により,宅地等への転用に係る許可を受けた田及び畑並びにその他の田及び畑で宅地等に転用することが確実と認められるもの」を「宅地等介在農地」といい,通常,宅地等介在農地のうち,田を「介在田」,畑を「介在畑」という。

したがって,○○市長が本件土地の現況地目を介在畑と認定したということは,本件土地が上記の「宅地等への転用に係る許可を受けた……畑並びにその他の……畑で宅地等に転用することが確実と認められるもの」に該当すると認定したということと同義である。

しかるに,本件土地は市街化区域内にあり,控訴人は,本件土地を取得するに当たり,本件土地を雑種地に転用する旨の農地法第5条第1項に基づく農地転用届出書を提出しているのであるから,本件土地が,上記の「その他の……畑で宅地等に転用することが確実と認められるもの」,すなわち介在畑に該当することは明らかである。

なお,控訴人は,介在農地の認定を所有者の主観のみにかからしめるのは相当ではないと主張する。

しかしながら,農地法第4条第1項および第5条第1項の規定により,宅地等への転用に係る許可を受けた田および畑ならびにその他の田および畑で宅地等に転用することが確実と認められるものが宅地等介在農地とされているので

あり，本件土地が農地転用の許可を受けた以上，これを介在農地と認定することに違法はないし，通常，農地転用の届出をする者は，当該土地の転用後の潜在的価値を前提として，同届出をするものと考えられるから，その主観にかからしめても特段不相当であるとはいえない。

また，控訴人は，本件土地の現況に照らし，介在農地の認定も，現況畑の部分に限定されるべきであると主張する。しかしながら，控訴人は，本件土地について特に区分することなく，一体として農地転用の届出をしたことからすれば，本件土地を一体として転用する予定であると解されるから，これを区分する理由はなく，控訴人の主張は採用できない。

2. 本件土地の価格について

(1) 固定資産税は，固定資産の資産価値に着目して，その所有者に課される財産税であり，固定資産の「適正な時価」（地方税法第341条第5号）で固定資産課税台帳に登録されたものがその課税標準とされているものである（同法第349条第1項参照）。そして，前記の「適正な時価」とは，当該固定資産の客観的な交換価値（以下，「客観的時価」という）をいうと解される。

もっとも，法（地方税法第388条第1項，第403条第1項）は，大量の固定資産について反復的，継続的に実施される評価を可及的に適正に行い，統一的な基準による評価を行うことによって，各市町村全体の評価の均衡を確保するとともに，評価に関与する者の個人差に基づく評価の不均衡を解消するため，固定資産の評価方法は評価基準によるものとしている。そうすると，評価基準に従った計算過程の一部に，当該固定資産の特殊事情が十分に反映されない事象が生じることもあると考えられるが，そのような事象が生じた場合であっても，評価基準に従った計算結果が客観的時価を超えないように，いわゆる7割評価の経過措置等の制度が設けられているものと認められる。

したがって，当該固定資産の評価が評価基準に従って行われている場合には，その価格に一応の妥当性があるものと推認することはできるが，評価基準が定める評価の方法によっては当該固定資産を適切に評価することができない

という特別の事情が存することにより，評価基準に従って評価された登録価格が客観的時価を上回ることが認められる場合には，当該登録価格は「適正な時価」を超えるものといわざるを得ず，その限度で違法となるというべきである（最高裁判所平成10年（行ヒ）第41号・平成15年6月26日第一小法廷判決および最高裁判所平成11年（行ヒ）第182号・平成15年7月18日第二小法廷判決参照）。

(2) 前記1において判示したとおり，評価基準によれば，本件土地は，宅地等介在農地として，「沿接する道路の状況，公共施設等の接近の状況その他宅地等としての利用上の便等からみて，転用後における当該田及び畑とその状況が類似する土地の価額を基準として求めた価額から当該田及び畑を宅地等に転用する場合において通常必要と認められる造成費に相当する額を控除した価額によってその価額を求める方法」により評価されることとなる。

そして，控訴人は，本件土地を雑種地に転用する旨の転用届を提出していたのであるから，本件における「宅地等」とは雑種地のことであると解される。その評価については，評価基準第1章第10節に規定があり，同規定によれば，雑種地（ゴルフ場等の用に供する土地および鉄軌道用地を除く）の評価は，雑種地の売買実例価額から評定する適正な時価によってその価額を求める方法によるものとされる。ただし，市町村内に売買実例価額がない場合においては，土地の位置，利用状況等を考慮し，付近の土地の価額に比準して評価せざるを得ないのが実情であること，市街化区域内の雑種地は，宅地に比準して評価されるのが一般的であることが認められる。そうすると，本件土地の評価を近隣の宅地に比準した点は，一般的な合理性を肯定することができ，それ自体評価基準に違反するということはできないというべきである。

(3) しかしながら，本件土地については，評価基準が定める評価の方法によっては適切に評価することができないという特別の事情のあることが認められ，その結果，本件価格は客観的時価を上回ったものというべきである。

その理由は次のとおりである（主な指摘事項を掲げる）。

① 法規上，現状では本件土地に建物を建てることができないこと。

本件土地に接している里道は，建築基準法に定義された道路に該当しな

い（同法第42条第1項第5号参照）ので，幅4mの接面道路を約100mにわたって築造しなければならない。さらに，本件土地は，宅地造成工事規制区域に指定されているので，宅地造成等規制法および同法施行令に適合するように，東側のがけ地を補修しなければならない。

② 上記の接面道路の築造およびがけ地の補修を行うためには，本件価格を大幅に上回る費用がかかる。ただし，上記の補修を行っても，宅地として利用できる面積は約30％にすぎない。このようなことから，本件土地を単独で造成等して宅地化することは採算がとれず，無理がある。また，周辺の農地と一体として開発する方法も考えられるが，経済状況に照らしても，開発事業は現実的ではない。

結局，現時点において，本件土地は現状の畑，山林のままとしておくのが，最有効使用とみざるを得ない。

③ 不動産鑑定士○○○○は，本件鑑定評価書において，前記のような本件土地の状況（道路開設およびがけ地補修の必要から本件土地を単独で宅地化するには莫大な費用がかかること等）および近隣地域の状況を前提とし，本件土地を，市街化区域内の現況地目が畑・山林で，鑑定評価上は熟成度の低い宅地見込地地域内の宅地見込地とし（雑種地の概念はあいまいであり，市街地の駐車場利用のように宅地に近いものもあるが，本件土地は，雑種地への転用を予定して転用の届出がされ，土木園芸資材等の仮置場として使用されているとしても，宅地効用のない土地であるところから，熟成度の低い宅地見込地とする），平成12年度（同年1月1日時点）の本件土地の価格を835万円と評価している。

④ 以上の事実によれば，本件土地は，雑種地とする予定で農地転用届出がされたものの，宅地効用がなく，倉庫を築造することすらできず，宅地化するにしても，道路開設およびがけ地補修等に莫大な費用を要し，本件土地単独では採算がとれず，現状の経済状況などをも勘案すれば，周辺土地を含んでの宅地化も著しく困難である。そして，本件土地は極めて個別性の高い土地であるといわざるを得ず，そもそも現況が宅地である本件標準

宅地から比準する方法によること，造成費控除を40％とすることでは，本件土地の「適正な時価」を算定することはできない。すなわち，評価基準が定める方法によっては，「適正な時価」を算定することができない特別の事情が存する場合であるというべきである。

そして，本件鑑定評価書の評価方法には合理性が認められ，また，本件土地は極めて個別性が高いことからして，他に適切な評価方法を見出すことも困難であるというべきであるから，本件鑑定評価書の835万円を平成12年度の本件土地の「適正な時価」と認めるのが相当である（また，客観的時価を評価するについて，当該土地の個別性の程度によって適切な評価方法が見出せない場合において，個別的評価によることを排斥することはできないとして，被控訴人の主張は採用しなかった）。

以上により，本件土地の価額のうち835万円を超える部分については「適正な時価」として認められなかった。

《判例から読み取る調査上の留意点》

本件土地の時価に関して最大の争点となったのは，本件土地が市街化区域内にあり，農地転用の届出がなされた土地であるとはいっても，実際問題，建物の建築を可能とするためには道路整備等に多額の費用を要するところにある。すなわち，このような工事を実施してまで本件土地に建物の建築を行うことがどれだけ現実的なものであるかという視点からとらえた場合，標準宅地（建物あり）の価格から比準して本件土地の評価額を求めた結果がどこまで説得力を有するかという問題に帰着する。

本件土地のような状況をイメージした場合，鑑定評価という視点では宅地見込地の評価（しかも熟成度の低い宅地見込地）という概念が当てはまると思われる（本判決に登場する不動産鑑定士の鑑定評価書においても宅地見込地というとらえ方がなされている）。

本事案も同様であるが，現実の鑑定評価の案件のなかには，その対象を宅

地,農地,林地というように明確な形でとらえることが難しいものがある。

不動産鑑定評価基準(以下,「基準」という)では,用途面からみた地域の種別の代表的なものとして宅地地域,農地地域,林地地域を掲げ,さらにこれに対応する土地の種別として宅地,農地,林地を掲げている。しかし,実際には上記のどれにも該当しないものがあり,基準ではこれらを以下のようにとらえている。

地域の種別	土地の種別
宅地地域,農地地域,林地地域等の相互間において,ある種別の地域から他の種別の地域へと転換しつつある地域(いわゆる見込地地域)	○見込地 (宅地地域,農地地域,林地地域等の相互間において,ある種別の地域から他の種別の地域へと転換しつつある地域のうちにある土地) 　例:宅地見込地(農地→宅地) 　　　農地見込地(林地→農地)
宅地地域,農地地域等のうちにあって,細分されたある種別の地域から,その地域の他の細分された地域へと移行しつつある地域(いわゆる移行地地域)	○移行地 (宅地地域,農地地域等のうちにあって,細分されたある種別の地域から他の種別の地域へと移行しつつある地域のうちにある土地) 　例:住宅移行地(工業地→住宅地) 　　　商業移行地(住宅地→商業地)

これらのうち,本事案に深い関わりを有するのは見込地(しかも宅地見込地)である。

基準では,ある種別の地域から他の種別の地域へと転換し,または移行しつつある地域については,転換し,または移行すると見込まれる転換後または移行後の種別の地域の地域要因をより重視すべきであるが,転換または移行の程度の低い場合においては,転換前または移行前の種別の地域の地域要因をより

重視すべきであるとしている（総論第3章第2節）。

　まず，基準における全般的な地域要因のとらえ方であるが，宅地地域の細分された形態である住宅地域，商業地域，工業地域に関しては，価格形成要因として多くの項目が例示されている（詳細は同基準を参照）。しかし，宅地見込地地域を含め見込地地域に関しては何らの例示もなく，熟成度のいかんによって転換前または転換後の用途的地域の地域要因をより重視すべきであると規定されているにすぎない。その理由としては以下のものが考えられる。

① 用途的地域の分類は，当該地域が住宅地として利用されているのか，商業地（あるいは工業地）として利用されているのかといった価格時点における実際の土地利用形態に着目して行われること。

② このため，たとえば宅地見込地というような見込みの状態では，地域の実際の土地利用に影響を与える要因を明確に把握することができないこと。

　以上のことから，見込地地域という単独での地域要因は基準に規定されておらず，抽象的ではあるが熟成度のいかんに応じて転換前または転換後の用途的地域の地域要因を重視して鑑定評価を行うという考え方のみが示されていると推察される。

　このように，宅地見込地地域の価格形成要因は転換前の状態と転換後の状態という2つの側面を有しており，しかも地域自体が変動の過程にあるなかで価格形成要因をとらえなければならない点に難しさが潜んでいるといえよう。

　また，土地の種別に関しては，基準では，見込地および移行地については，転換し，または移行すると見込まれる転換後または移行後の種別の地域内の土地の個別的要因をより重視すべきであるが，転換または移行の程度の低い場合においては，転換前または移行前の種別の地域内の土地の個別的要因をより重視すべきであるとしている。

　地域要因と同様に，基準は見込地や移行地についての個別的要因を具体的に掲げていない。その理由は，見込地や移行地というような用途自体が存在しないことに端を発している。

そこで，見込地（以下，見込地を対象として述べるが）の個別的要因を検討する際には，住宅地，商業地，工業地等について掲げられている要因（個別的要因）につき，転換後の状況に照らしながら当てはめていくということになろう。その際の考え方としては，熟成度の高い見込地の場合には転換後の種別の個別的要因を重視し，熟成度の低い見込地の場合には転換前の種別の個別的要因を重視して鑑定評価を行うこととなる (注4)。

> (注4) 価格的な側面から検討した場合，農地や林地の実際の取引価格が農地等としての標準的な純収益を資本還元した価格を超えると判断される場合，これらの農地等は宅地見込地という見方もできよう。すなわち，宅地見込地の価格という場合，農業や林業の収益性を織り込んだ価格という側面が残されているとともに，宅地への転用可能性の強弱に応じて，これに見合う効用分が加算されて価格が形成されているといえるのではなかろうか。これは熟成度が高いか低いかということと直接関連する（宅地見込地の価格＝素地価格＋開発期待による価値上昇分）。

このような考え方に立って鑑定評価を行う以上，宅地見込地の地目は農地をはじめ山林，原野，雑種地等いくつものものがあるが，特に農地については農地法の規定による制約を受けることから，転用許可の可能性（見通し）については十分な留意を払うことが必要である。それとともに，転用後の宅地（建物の敷地）としての利用可能性を現実的な視点から慎重に検討することが求められる。

基準によれば，宅地見込地の鑑定評価額は，比準価格および当該宅地見込地について，価格時点において，転換後・造成後の更地を想定し，その価格から通常の造成費相当額および発注者が直接負担すべき通常の付帯費用を控除し，その額を当該宅地見込地の熟成度に応じて適切に修正して得た価格を関連づけて決定するものとされている（各論第1節Ⅳ）。その前提となる基本的な考え方として，通常の造成費相当額および通常の付帯費用というとらえ方が採用されている点に留意しなければならない（すなわち，本事案のように通常の金額をはるかに超えるケースについてまで，その対象とはとらえていないものと推測される）。

また，その際には，特に都市の外延的発展を促進する要因の近隣地域に及ぼ

す影響度および次に掲げる事項を総合的に勘案すべきであるとしている。

① 当該宅地見込地の宅地化を助長し，または阻害している行政上の措置または規制
② 付近における公共施設および公益的施設の整備の動向
③ 付近における住宅，店舗，工場等の建設の動向
④ 造成の難易およびその必要の程度
⑤ 造成後における宅地としての有効利用度

このような考え方および手法は，熟成度が高い宅地見込地の鑑定評価を前提としていることは，以上に述べた趣旨からも明らかであろう。

すなわち，一口に宅地見込地といっても，熟成度が高い（＝宅地化の進行度の高い）宅地見込地と熟成度が低い（＝宅地化の進行度の低い）宅地見込地とでは価格水準は異なり，熟成度が高い場合には宅地化の影響を価格に反映させ，熟成度が低い場合には比準価格を標準とし，転換前の土地の種別（農地，林地等）に基づく価格に宅地となる期待性を加味して得た価格を比較考量して求めるということになる。

なお，実際には，宅地見込地としての比準価格を求めることは資料の収集上の制約等を考慮すれば容易なことではないが，本事案のような個別性の強いケースでは，標準宅地の価格からの比準という視点からだけでは現実性のある時価を求めることは難しい。そこで，基準の上記考え方を引用し，転換前の土地の種別（農地，林地等）に基づく価格に宅地となる期待性を加味して得た価格も視野に置きながら評価額を再検討するという見方が求められてこよう。

7. 市街化調整区域内における雑種地の評価

> 市街化調整区域内における雑種地の価額を宅地比準方式により評価したのは相当であるとされた事例——相続税における評価
> （国税不服審判所平成12年12月21日裁決・裁決事例集60号522頁）

　前項では，市街化区域内に存する雑種地ではあるが建物の建築に大きな支障を生ずるケースにつき，固定資産税における適正な時価との関連を扱った判決（広島高裁平成16年2月13日判決）を取り上げた。そこでは，市街化区域内の雑種地の評価に当たり一般的に適用される宅地比準方式が当てはまらない特別の事情がある土地（接道条件やがけ地を含む等で建築困難な土地）が対象とされていた。

　しかし，このようなケースとは反対に，市街化調整区域内の土地であっても例外的に建物が建築されている場合もある（いわゆる既存宅地の扱いを受けていた土地であり，その場所に都市計画法の施行 (注1) 前から既存建物が存在していたことを理由に特例措置が講じられてきたケースである。なお，既存宅地の制度は平成12年の都市計画法改正により，平成13年5月18日付で廃止となり，その後の5年間の経過措置も既に終了している）。

　（注1）　都市計画法の施行日は昭和44年6月14日である。

　上記のような土地は，市街化調整区域内にあっても宅地としての効用を十分に発揮できる土地といえよう。また，現況が雑種地であり，駐車場や資材置場等として利用されている土地であっても，従来の扱いでいえば既存宅地の特例

措置の適用を享受できる条件を備えた土地であれば，市街化調整区域内にあるとはいっても建築許可を得られる可能性も生ずる。このような状況にある雑種地は，宅地比準方式により付近の宅地と比準して評価することに合理性を見出すことができる（その際，都市計画法に基づく利用制限を考慮した減価を織り込むこととなる。たとえ建築が許可される可能性を含んでいるとはいっても，これに係るリスクや許可を得るための時間や費用等が減価要因として作用するからである）。

本項では，上記の視点から，市街化調整区域内における雑種地の価額を宅地比準方式により評価したのは相当であるとされた事例を掲げる。

一概に雑種地の評価といっても，前項では，それが市街化区域内にありながらも宅地比準方式が当てはまらない特殊なケースを取り上げた。本項では，市街化調整区域内にありながらも宅地比準方式が合理的なケースを扱う。その意味で，両者を相互に比較しながら実務に役立たせることが必要と思われる。

なお，本項で掲げる事例は固定資産税の評価に係る判決ではなく，相続税の評価に関して争われた結果下された裁決例である。ただ，当該裁決例における雑種地の評価の考え方は固定資産税の評価に直結するものである。

また，本項で取り上げる裁決例は，前項で述べた内容と対照的であることを浮き彫りにする意味でも有意義なものと思われる。

●事案の概要●

本件は，市街化調整区域内にある**資料**記載の土地につき，宅地比準方式による評価および比準の際の減価率（＝市街化調整区域内にあり利用制限を伴うことによる減価率）の妥当性が争われたものである。それは，納税者側で作成した相続税の申告書記載の納税額が原処分庁（税務署）による算定額を下回り，更正処分および過少申告加算税の賦課決定処分がなされたことに端を発する（納税者はこれに続く異議決定後の処分に不服があるとして，国税不服審判所に審査請求をしていたものである）。

両者の算定した税額に差異が生じた主な要因は，次の点によるものと推察さ

7. 市街化調整区域内における雑種地の評価

資料　本件各土地の明細

番号	所在地	登記地目	地積（㎡）	現況地目	区　　分
①	L市M区N町1番1	山　林	16,562.40	山　林	本件a土地
			1,515.50	雑種地	本件b土地
			1,569.10	雑種地	本件c土地
②	同　43番1	山　林	243.00	雑種地	本件d土地
③	同　76番1	山　林	2,283.70	山　林	本件e土地
			165.30	雑種地	本件f土地
④	同　359番2 360番1の一部	山　林	3,189.56	雑種地	本件g土地
⑤	同　360番7の一部	山　林	757.79	雑種地	本件h土地
⑥	同　408番1	山　林	14,609.72	山　林	本件i土地
			1,626.20	雑種地	本件j土地
			615.08	雑種地	本件k土地

れる。

① 納税者は，本件雑種地と状況が類似するのは山林であり，山林と比準すべきであるとしていること，また，本件雑種地は市街化調整区域内にあり，宅地化できない地域にあること，仮に宅地比準方式によるにしても，50％の減価率は不合理であること等を理由としてあげている。

② これに対し，原処分庁は，本件雑種地の状況は宅地に最も類似しているため，宅地比準方式により評価すべきであるとしていること，また，建物の建築が制限されていることによる減価率50％は，区分地上権に準ずる地役権の設定されている土地の最高減価率によることをあげている。

以上の点を念頭に置いた上で，裁決の要旨を掲げていきたい。なお，要旨として掲げる部分は，裁決事例集に掲載されている原文のうち，上記①，②の論点に直接関連する個所を筆者の判断で抜粋していることを予めお断りしておきたい。

●請求人（納税者）の主張●

　本件雑種地の価額を財産評価基本通達82の定めに基づき評価するとしても，次に述べるとおり，本件雑種地と状況が類似する付近の土地は山林であるにもかかわらず，宅地の価額を基として評価した本件更正処分は誤りであるから，本件更正処分等の全部を取り消す旨の裁決を求める。

① 　建物の建築ができるか否かは，その土地の状況を決める上で重要な因子であり，いくら開発・造成しても法的規制により建物の建築ができない，すなわち宅地化できない土地の状況を宅地の状況に類似しているということはできない。

② 　原処分庁（税務署）は，本件雑種地の外見が宅地の外見に類似していると主張するが，道路に面し，高低差がなく，ほぼ平坦な田，畑，山林，原野はいくらでもあるし，砂利敷きは宅地にとってむしろ不要なものである。

　雑種地とは，宅地，田，畑，山林，原野などいずれの地目にも該当しないものをいうのであるから，そのままの状態で他の地目の土地に似ているということはあり得ない。何らかの手を加えることにより，最も容易になり得る地目の土地が類似している土地であると解するのが相当である。

　これによれば，本件雑種地はもともと山林であり，植樹することで再び容易に山林になり得，また，その方が周囲の状況にも適合するのであって，本件雑種地に状況が類似する付近の土地（以下，評価対象地と状況が類似する付近の土地を「比準地」という）は山林ということになる。

　したがって，本件雑種地は，山林を比準地として，財産評価基本通達の定めにより評価した比準地の1㎡当たりの価額を基として，比準地と本件雑種地との条件の差を考慮して評定した価額に地積を乗じて計算した金額により評価すること（以下，この山林を比準地として評価する方式を「山林比準方式」という）が最も合理的といえる。

③　市街化区域内の農地や山林は、宅地化することが可能であるから、宅地を比準地として評価すること（以下、「宅地比準方式」という）は相当といえ、市街化区域内の雑種地についても、宅地化することが可能であることを考えれば、同様のことがいえる。

　しかし、市街化調整区域内の農地や山林は、造成をしても宅地化できないのであって、そうであるからこそ、財産評価基本通達は宅地比準方式を採用していないのであり、このことは、市街化調整区域内の雑種地についても同様である。このことを考えれば、市街化調整区域内の雑種地を宅地比準方式で評価すべきでないことは明らかである。

④　ところで、原処分庁の50％相当額を控除するという考え方は、財産評価基本通達25の(5)、同27-5、同86の(4)および同87-3の定めに準じたものと思われるが、これらの通達は、宅地および宅地比準方式を採用することができる市街化区域内の農地や山林についての評価方式であるから、市街化調整区域内に所在する本件雑種地の評価に適用することはできない。また、原処分庁の考え方によれば、宅地化できない市街化調整区域内の農地や山林もすべて宅地比準方式で50％を控除して評価することが可能ということになるが、市街化調整区域内の土地は宅地となり得ないのであるから、これに宅地比準方式を採用して評価することは誤りである。

　なお、50％相当額を控除するという考え方は、当該土地に50％相当額の経済的価値を有する権利が設定されていることを前提とするものであるが、原処分庁が主張するように、借地権を設定させている場合と同様の利用制限を受けているとして50％または借地権割合のいずれか高い割合を控除するというのであれば、使用貸借により建物が建築されている土地についても同様に控除すべきことになり不合理である。

●原処分庁（税務署）の主張●

本件更正処分等は、次に述べるとおり適法であるから、審査請求をいずれも

棄却する旨の裁決を求める。
① 財産評価基本通達7は，土地の価額は，宅地，田，畑，山林等の地目の別に評価することを原則とし，一体として利用されている一団の土地が2以上の地目からなる場合は，その一団の土地は，そのうちの主たる地目からなるものとして，その一団の土地ごとに評価する旨定め，また，地目の判定は，不動産登記事務取扱手続準則（昭和52年9月3日付民三第4473号法務省民事局長通達。以下，「本件準則」という）第117条および第118条に準じて，課税時期の現況によって行う旨定めている。

　さらに，本件準則第117条は，地目を定める場合には，土地の現況および利用目的に重点を置き，部分的に僅少の差異の存するときでも，土地全体としての状況を観察して定めるものとして21種類の地目を定め，田，畑，宅地，山林，原野，雑種地の地目の区分の基準を次のように定めている。

(イ) 宅地　建物の敷地およびその維持もしくは効用を果たすために必要な土地
(ロ) 田　農耕地で用水を利用して耕作する土地
(ハ) 畑　農耕地で用水を利用しないで耕作する土地
(ニ) 山林　耕作の方法によらないで竹木の生育する土地
(ホ) 原野　耕作の方法によらないで，雑草，かん木類の生育する土地
(ヘ) 雑種地　上記(イ)から(ホ)等のいずれにも該当しない土地

② ところで，原処分庁の調査によれば，次の(イ)および(ロ)の事実が認められる。

(イ) 本件雑種地は，いずれもその面する道路との高低差がほとんどなく，本件d土地を除く本件雑種地は，駐車場や資材置場，物置と思われる構築物の敷地として利用されており，本件相続開始日においても同様に利用されていた。

(ロ) 本件d土地は，南東および南西にある建物の敷地にそれぞれ接しており，擁壁工事が施されていることから，宅地と同様の外観を呈してい

る。
③　上記②の本件雑種地の状況を本件準則に定める基準に照らし合わせると，本件雑種地は，上記①の(イ)の宅地に最も類似しているのであり，したがって，本件雑種地は，宅地比準方式により評価するのが相当である。

　なお，請求人らは，本件雑種地が市街化調整区域内にあり建物の建築が法的に制限されていること，植樹によって容易に山林に復することをもって，本件雑種地は山林に類似する旨主張するが，地目の類似性の判定に当たっては，本件準則に定めるように土地の現状と利用目的を重視すべきである。

④　もっとも，現況が雑種地の土地の評価について，財産評価基本通達82は，比準地とその雑種地の位置，形状等の条件の差を考慮して評定する旨定めているところ，本件雑種地は，市街化調整区域内にあり建物の建築が制限されているから，本件雑種地の評価に当たっては，このことを考慮する必要がある。

　建物の建築が制限されている場合の土地の評価について，財産評価基本通達25の(5)は，区分地上権に準ずる地役権の目的となっている承役地である宅地の価額は，その承役地の自用地としての価額から同27-5に定める区分地上権に準ずる価額を控除した金額により評価する旨定め，これを受けて同27-5は，区分地上権に準ずる地役権価額を評価する場合の地役権の割合を，その承役地に係る制限の内容が家屋の建築が全くできないものであるときは，100分の50またはその区分地上権に準ずる地役権が借地権であるとした場合にその承役地に係る借地権割合のいずれか高い方の割合と定めている。

　本件雑種地は，建物の建築が制限されており，その制約は，財産評価基本通達27-5に定める承役地に係る制限の内容が家屋の建築が全くできないものであるときと同様の制約と認められるから，本件雑種地の評価に当たっては，同25の(5)の定めに準じて50％相当額を控除して評価するのが相当と認められる。

なお，請求人らは，原処分庁が50％相当額の控除をしているのは，本件雑種地に100分の50に相当する経済的価値を有する権利を認定しているからである旨主張するが，上記のとおり，単に本件雑種地が建築の制限を受けるという比準地との条件の差を考慮した結果であるから，請求人らの主張は失当である。

●審判所の判断●

　現況が雑種地の土地の価額を財産評価基本通達82の定めに基づき評価することについては，請求人らおよび原処分庁の双方に争いがないところ，本件雑種地の評価に際し採用した比準地に関して争いがあるので，以下，審理する。
　(1)　原処分関係資料および当審判所の調査によれば，次の事実が認められる（①から③は略）。
　④　なお，L市M区役所固定資産税課土地係の職員の答述によれば，市街化調整区域内であっても，建物の建築許可申請がされた場所が，昭和45年以前に既存建物の存在している地域であり，道路の状況および上下水道の設置の状況等により宅地化できる場所であると確認され，許可が下りれば，建物の建築は可能とされていること，そのため市街化調整区域内の駐車場や資材置場等の雑種地は，宅地並み雑種地として，宅地評価額に雑種地の状況に応じ40％から15％を控除した補正をして評価する取扱いとなっていることが認められる。
　(2)　前記の基礎事実および上記①（略）の認定事実に基づき判断すると，次のとおりである（①は略）。
　②　ところで，財産評価基本通達7は，土地の価額は，宅地，田，畑，山林，原野，牧場，池沼，鉱泉地，雑種地の地目の別に評価する旨，ただし，一体として利用されている一団の土地が2以上の地目からなる場合には，その一団の土地は，そのうちの主たる地目からなるものとして，その一団の土地ごとに評価する旨，また，地目は，課税時期の現況によって，

本件準則に準じて判定する旨を定めている。

　また，財産評価基本通達82は，雑種地の価額は，原則として，比準地について，同通達の定めにより評価した1m²当たりの価額を基として，比準地とその雑種地との位置，形状等の条件の差を考慮して評定した価額に，その雑種地の地積を乗じて計算した金額によって評価する旨，ただし，状況の類似する地域ごとに，国税局長が固定資産税評価額に乗じる倍率を定めている地域にある雑種地の価額は，その雑種地の固定資産税評価額にその倍率を乗じて計算した金額によって評価する旨定めている。

　財産評価基本通達が，雑種地の原則的な評価方法に比準方式を採用しているのは，状況の類似する雑種地が一定の地域を形成していることはほとんどないのが実情であり，しかも，雑種地の状況が駐車場，資材置場，グラウンド等のように宅地に類似するものもあれば，荒れ地，土砂を採取した跡地等のように原野に類似するものもあることから，その価額の評価に当たっては，状況の類似した同種の土地が一定の地域を形成している場合を前提とした倍率方式によるよりも，評価する雑種地の付近にあって，状況が類似する土地の価額から比準して評価する方が合理的であるからと考えられる。したがって，雑種地の原則的な評価方法に比準方式を採用していることは相当である。

③　そこで本件についてみると，国税局長は，本件雑種地の所在する地域について，固定資産税評価額に乗じる倍率を定めていないから，本件雑種地の価額は，本件雑種地の本件相続開始日の現況に基づき，上記②の原則的な方法により評価することとなる。

④　本件雑種地は，いずれも公道に面し，かつ，立竹木等のない平坦に整地された土地であり，立竹木等の繁茂した山林とは明らかに状況を異にしており，本件c土地，本件f土地，本件g土地，本件h土地，本件j土地および本件k土地は，現に駐車場，資材置場もしくは物置と思われる構築物の敷地として使用されている。そして，上記②および③のとおり，本件雑種地は市街化区域の境界の近くに位置し，本件雑種地の周辺においては

公道に面した土地などで建物が建築され，一団の宅地開発が行われている場所もあり，また，L市M区役所の固定資産税課土地係の職員の答述によれば，市街化調整区域内であっても条件によっては建物の建築は可能で，全く建築が禁止されているとまでは言えないと認められる。

そうすると，本件雑種地は，一般的には建物の建築が制限されているとはいえ，建築が全くできないものではなく，その状況は宅地の状況に最も類似しているといえるから，本件雑種地の価額は，本件雑種地と状況が類似する付近の宅地を比準地とした，宅地比準方式により評価するのが相当である。

⑤ 請求人らの主張について

(イ) 請求人らは，道路との高低差がない等の外見から，直ちに本件雑種地は宅地に類似しているということはできないとして，本件雑種地は，建物の建築ができず，植樹することにより容易に山林になり得ることなどから，山林比準方式でこれを評価すべきである旨主張する。

しかしながら，本件雑種地は，山林と明らかにその状況を異にしていることは上記④のとおりである。そして，地目の判断は，課税時期の現況によって行うのであるから，植樹をすれば山林に復するからといって，山林に類似しているということはできない。

したがって，原処分庁が本件雑種地の課税時期の現況に基づき宅地を比準地に採用したことは相当であり，請求人らの主張は採用できない。

(ロ) 請求人らは，財産評価基本通達が市街化調整区域内の農地や山林の評価に宅地比準方式を採用していないことからすれば，市街化調整区域内の雑種地の評価についても宅地比準方式を採用すべきでないことは明らかである旨主張する。

しかしながら，財産評価基本通達は，上記②のとおり，雑種地の現況が多種多様であるという特殊性から，雑種地の価額の評価方法に比準方式を採用しているのであるから，仮に，評価対象地の雑種地の状況が山林の状況に類似している場合には，山林を比準地として評価し，宅地の

状況に類似している場合には、宅地を比準地として評価することになる。

請求人らは、結局、市街化調整区域内の雑種地は建物が建築できないとして、宅地比準方式は採用できない旨主張するものと解されるが、上記④のとおり、市街化調整区域内であっても一切の建物の建築が禁止されているとまではいえず、現に、本件b土地には、本件相続開始後に建物が建築されていることに照らすと、市街化区域内の雑種地と市街化調整区域内の雑種地とを区別して取り扱うべき理由はないというべきであり、請求人らの主張は採用できない。

(ハ) 請求人らは、宅地比準方式を採れない本件雑種地の評価について、原処分庁が財産評価基本通達25の(5)等の定めに準じて50％相当額の控除をしているのは誤りであり、仮に本件雑種地が利用制限を受けていることを考慮するのであれば、使用貸借により建物が建築されている土地も同様に評価すべきことになり不合理である旨主張する。

しかしながら、上記(ロ)のとおり、本件雑種地の評価について宅地比準方式を採れないとする理由はなく、また、50％相当額を控除したのは、本件雑種地は、その状況が宅地に類似しているとはいえ、実際には都市計画法に基づく利用制限があることを考慮したためであり相当である。また、使用貸借は、当事者間の好意、特別の信頼関係等を基盤とするもので、土地家屋等の不動産を目的とするものであっても賃借権のような厚い法的な保護は与えられず、それだけ所有権に対する制約も弱いことから、使用貸借により建物が建築されていることを特に考慮しないのであり、そもそも、都市計画法に基づく利用制限があることと前提を異にするものである。したがって、本件の場合に利用制限があることを考慮しても何ら不合理とはいえない。

《裁決例から読み取る調査上の留意点》

　本裁決例は，審判所の判断内容からも読み取れるとおり，市街化調整区域内にありながらも，建物の建築が可能な土地としての評価を視野に置いている（原文の中に，いわゆる既存宅地という言葉は直接登場しないが，L区役所の固定資産税課土地係の職員の答述を引用しており，その内容から既存宅地の考え方を根拠に建物の建築の可能性を導いていることが推察される）。

　したがって，この考え方は，建築制限が非常に厳しい通常の市街化調整区域内の土地の評価には適用できないというべきである。

　ところで，鑑定評価の立場からみても，市街化調整区域内における鑑定評価は難しい案件の一つである。それは，たとえ対象不動産の類型が更地であるにせよ，市街化区域内の宅地に比べ価格水準の把握が容易でないからである（これには市街化調整区域における土地の取引が少なく，取引事例からの検証が容易でないことも影響している）。

　ただ，なかには市街化調整区域でありながら大規模な住宅団地が造成されていて，それが一つの街並みを形成しているところもある（改正前の都市計画法第34条第10号イの規定に基づき開発された区域であり，開発区域の面積が20ha以上のものを対象としている。現在，この規定は廃止されている）。このような地域では，住宅地としての価格水準は市街化区域とあまり差のないレベルに形成されており，取引もある程度行われていることから，鑑定評価に際して特段支障となるものはないと思われる。しかし，市街化調整区域という全体イメージからすれば，このようなケースはむしろ例外である。

　市街化調整区域では市街化を抑制するという目的から開発が厳しく規制されているため，取引が行われる動機は限定されている。また，対象地の鑑定評価に当たり市街化調整区域で取引事例が複数収集できたとしても，それぞれの現況が農地・山林等である場合，雑種地の場合，宅地（あるいはこれに近い状態のもの）の場合では価格水準は大幅に異なっている。

さらに，市街化調整区域において現に建物の敷地に供されている土地であっても，(イ)土地上の建物が開発許可を得て建築されたものであるのか，(ロ)開発許可は得ていないが，既存宅地の確認（改正前の都市計画法によって認められていた制度であるが現在廃止されていることは既に述べたとおりである）を受けて建築されたものであるのか，(ハ)上記のどちらにもよらず違法に建築されたものであるのか，により価格水準に大きな影響を与えることとなる。

　それだけでなく，現況が更地でしかも宅地並みの状況にある土地であっても，従来建物が存していた土地（ただし，違法建築は除く）と全く存していなかった土地とでは，将来における開発許可取得の可能性に著しい相違が生ずることも考えられる（後者の場合，市街化調整区域内で許可が不要な用途の場合を除き，開発許可が得られる可能性は極めて低く，資材置場程度に限定されているのが実情である）。

　このように，一口に市街化調整区域における規制が厳しいといってもその程度は画一的でなく，しかも開発許可取得の可能性は個々の土地ごとに異なるため，その影響を価格に反映させることは容易でない。

　現実に鑑定評価の依頼を受けた場合には，対象地の規制の程度を念頭に置きつつ，収集した取引事例の間に大きな価格差がある場合には，可能な限りその背後に潜む開発の難易度を対象地の場合と対比させて価格水準を検討することが求められている。

　以下，鑑定評価における留意点を掲げるが，このことは同時に相続税の評価および固定資産税評価等における留意点を意味しているものと考えてよいであろう。

1. 市街化調整区域と地域の種別との関連

　不動産鑑定評価基準では市街化調整区域の鑑定評価という規定を設けているわけではなく，また，地域の種別（用途面からの分類に類似している）を区分する際に市街化調整区域という単位で仕分けをしているわけでもない。しかし，鑑定実務の上では，市街化調整区域内にある土地はそれがどのような種別のも

のであれ、まとめてとらえられている傾向にある。

　実際に、市街化調整区域内にあっても、その中に存在する地域の鑑定評価上の種別が宅地地域に該当する場合もあれば、農地地域や林地地域に該当する場合もある。それだけでなく、農地地域や林地地域から宅地地域へと転換しつつある地域（すなわち宅地見込地地域）も存在し、市街化調整区域の中には多様な地域の概念が包含されているといえよう。

2. 市街化調整区域における鑑定評価の難しさ

　市街化調整区域においては都市計画法で市街化が抑制されていることから、市街化区域内の土地に比べて開発規制が非常に厳しいものとなっている。その関係もあり、市街化調整区域では取引そのものが少ないことも大きな特徴である。

　加えて、市街化調整区域内の土地の鑑定評価を難しくさせている要因の一つには、対象地ごとに異なる利用制限の強弱の程度をいかに的確に、かつ客観的に価格に反映させられるかという問題がある。このため、たとえ隣接する土地同士であっても、開発許可取得の難易により価格水準が大幅に異なるケースも決して珍しいことではない（ある土地に建築物の建築が許可されたとしても、その隣接地には許可されないというケースも考えられる）。

　その反面、市街化調整区域の中には、事実上市街化区域と異ならない土地利用が行われているところも見受けられ、市街化区域への編入が近い将来確実に予定されているなど、都市計画の変更の可能性を秘めているケースもある。

　このような土地の価格水準は限りなく市街化区域並みに近づいていることが多く、市街化調整区域という見方で価格形成要因をとらえるのが不適切な場合もある（それゆえに、市街化調整区域内の土地の鑑定評価はとらえどころがなく、明解な評価額を求めにくい点に難しさがある）。

　以上のことを念頭に置き、市街化調整区域内における土地の利用形態を整理すれば以下のとおりである。

《市街化調整区域内における土地の利用形態》

① 既に旧住宅地造成事業の認可を受けて分譲地が出来上がっているケース（これに該当する場合には，市街化調整区域であっても住宅建設には何ら支障はない）
② 都市計画法が施行された時点よりも前から既に住宅が建っているケース（過去に開発許可を受けていない限り，建替え時等に新たに許可を受ける必要がある）
③ 現況が雑種地で，資材置場のような形態でしか利用されてこなかったケース（この場合，新たに開発許可を受ける必要がある）
④ 農地等以外には利用できない純粋な市街化調整区域（新たに開発許可を受ける必要があることはもちろんであるが，それ以前の問題として農地等以外の用途には利用し難いケースが多々ある）

市街化調整区域の場合，開発行為の規制をどのように把握し，その格差をどの程度価格に反映させることができるかが大きなポイントとなるが，実際には定量化のための客観的な指標が存在しないところに実務上の大きな問題点が潜んでいる。

3. 市街化調整区域と地域分析

不動産鑑定評価基準では以下のとおり地域分析の規定を設け，対象不動産の価格に直接アプローチする前に，対象不動産の属する地域の特性を十分に把握すべきことを強調している。

○不動産鑑定評価基準（総論第6章）
第1節　地域分析
Ⅰ　地域分析の意義
　地域分析とは，その対象不動産がどのような地域に存するか，その地域はどのような特性を有するか，また，対象不動産に係る市場はどのような特性を有するか，及びそれらの特性はその地域内の不動産の利用形態と価格形成について全般的にどのような影響力を持っているかを分析し，判定

することをいう。
Ⅱ　地域分析の適用
　1.　地域及びその特性
　　地域分析に当たって特に重要な地域は，用途的観点から区分される地域（以下「用途的地域」という。），すなわち近隣地域及びその類似地域と，近隣地域及びこれと相関関係にある類似地域を含むより広域的な地域，すなわち同一需給圏である。
　　また，近隣地域の特性は，通常，その地域に属する不動産の一般的な標準的使用に具体的に現れるが，この標準的使用は，利用形態からみた地域相互間の相対的位置関係及び価格形成を明らかにする手掛りとなるとともに，その地域に属する不動産のそれぞれについての最有効使用を判定する有力な標準となるものである。
　　なお，不動産の属する地域は固定的なものではなく，地域の特性を形成する地域要因も常に変動するものであることから，地域分析に当たっては，対象不動産に係る市場の特性の把握の結果を踏まえて地域要因及び標準的使用の現状と将来の動向とをあわせて分析し，標準的使用を判定しなければならない。

　上記の規定は，主に市街化区域を意識してのことであると推察される。すなわち，市街化区域においては類似する利用用途の建物が面的な広がりをもっており，用途の同質性という観点から一つの地域を形成しているのが通常であるからである。その背景には，市街化区域では建築基準法等の枠内で原則として自由に建築物の建築を行うことができるという特性がある。このことが，市街化区域内において同一の規制を受ける土地では同質の利用形態を生じさせる一因ともなっている。
　このため，市街化区域内の土地の鑑定評価に当たっては，用途の類似する土地の範囲をとらえて近隣地域を設定し，地域分析を行った上で，地域の特性を把握することが不可欠となる（市街化区域では，このようなアプローチが多くの場合に可能となることから，近隣地域における標準的な画地の価格（標準価格）を

基に対象地の価格を求める方法が多く採用されている)。

これに対して,市街化調整区域内の土地の場合,個々の土地に個別の開発許可等を通して建築物が建築されるため,利用用途の同質化が図られないことがあり,そのため地域的な地価水準の把握が難しい(注2)のが実情である。

(注2) (財)資産評価システム研究センター「市街化調整区域の土地の評価に関する調査研究」(平成11年3月,土地の評価に関する調査研究),111頁。

これらのことを簡潔に表現すれば,市街化調整区域内の土地は個々に規制が異なるため,地域性を持たないのが通常であるということになる。

以上述べてきた理由により,市街化調整区域では近隣地域を設定して標準的な画地の価格(標準価格)を把握することが難しいケースに多く遭遇する。ただし,宅地造成事業の認可を受けて宅地に転換された土地で用途が同質化している場合には,近隣地域の設定および標準価格の把握が可能となる(この他にも,市街化調整区域内で開発許可を受けて造成された大規模住宅団地のケースに関しても同様のことが当てはまるといえよう)。これに対し,対象地周辺での用途が同質化していない場合には,近隣地域の設定や標準価格の把握は難しいといえよう。

4. 最有効使用との関連

不動産鑑定評価基準では,不動産の価格に関する諸原則のうち重要なものとして,最有効使用の原則を掲げている。

○不動産鑑定評価基準(総論第4章)
　Ⅳ　最有効使用の原則
　　不動産の価格は,その不動産の効用が最高度に発揮される可能性に最も富む使用(以下「最有効使用」という。)を前提として把握される価格を標準として形成される。この場合の最有効使用は,現実の社会経済情勢の下で客観的にみて,良識と通常の使用能力を持つ人による合理的かつ合法的な最高最善の使用方法に基づくものである。
　　なお,ある不動産についての現実の使用方法は,必ずしも最有効使用に

> 基づいているものではなく，不合理な又は個人的な事情による使用方法のために，当該不動産が十分な効用を発揮していない場合があることに留意すべきである。

　最有効使用の判定に当たっては，近隣地域における標準的使用との整合性が一つの拠り所となるが，市街化調整区域においては法的に市街化が抑制され，例外的に開発が認められているにすぎない。このため，市街化調整区域内の土地の鑑定評価に当たっては，最有効使用の概念を標準的使用との関連からとらえることが困難である場合が多い。

　鑑定評価に際して想定する使用方法が，仮に社会的・経済的要因という観点からみて客観的に妥当と思われるものであるとしても，それが許可されるか否かは行政主体の判断によるところが大きい。このため，市街化区域内の土地の場合，最有効使用の実現に当たっては不確定要素が強いといえる（社会的・経済的要因以上に行政的要因の及ぼす影響が著しく大きいということになる）。

　すなわち，市街化調整区域内の土地の場合，近隣地域における標準的使用が対象地の最有効使用に影響を及ぼすというよりも，都市計画法第34条において限定列挙されたいくつかの使用方法のなかから，行政的判断を伴って許可・不許可が決定されるという土地利用の方法が中心とならざるを得ない。

　このため，社会的・経済的要因という観点からみて客観的に妥当と思われる使用方法であっても，必ずしもそれが都市計画法における開発許可の要件を満たすものとはなり得ない点に留意する必要がある（たとえば，高速道路のインターチェンジに近い場所に位置する市街化調整区域内の土地で，物流倉庫用地として需要が見込まれ効用を発揮できる土地であっても，開発許可が得られなければ最有効使用の実現を図ることはできない）。

　このため，市街化調整区域内の土地の鑑定評価に当たっては，（価格時点において既に建物が建築されているケースは別として）最有効使用の概念を適用するというよりも，法的な整合性という概念を適用する方が実態的であると考えられる。

ただし，農地地域や林地地域の場合など，社会的・経済的観点からみて現状のままの土地利用を行うことが合理的と判断される地域内に対象地が存在し，かつ市街化調整区域内における本来の利用目的に供されている場合には，近隣地域の設定や標準的使用という概念の適用が可能となる。

5. 価格形成要因との関連

　市街化調整区域内の土地のなかには，開発許可を受けていないにもかかわらず，将来の開発の予測を見越して取引されるものがある。このため，市街化調整区域内の土地といえども，農地や山林としての価格形成要因と都市的土地利用の要素を含んだ価格形成要因とから構成され，複雑な価格形成がなされているケースがある。

　対象地がこのような影響を受ける地域（＝宅地見込地地域）内にある場合には，農地や林地としての価格形成要因を分析するだけでは適正な市場価値にアプローチすることは難しい。その際には，近隣地域の標準的使用という概念を適用し難いことから，対象地と類似する価格形成過程を経たと認められる土地の取引事例を収集し，これと直接的な要因比較（比準）を行うことが適切である。

　また，都市計画法による開発許可のあったもの，あるいは許可を得ることが確実なものについては利用目的の特定が可能であるため，当該利用目的に応じた価格形成要因の分析が必要となる。しかし，開発見込みのないものについては，雑種地の場合は資材置場，農地・林地の場合は従来どおりの利用方法を前提に価格形成要因の把握をすることが一般的である。

6. 鑑定評価方式との関連

　不動産の価格を求める手法として，不動産鑑定評価基準には原価法，取引事例比較法，収益還元法の三手法が規定されているが，市街化調整区域内の土地の場合，その性格上，取引事例比較法が中心となる（市街化調整区域では開発が厳しく制限されているため，土地造成と深く関連する原価法は資料収集上の制約か

ら適用が困難であり，収益還元法も農地や林地等の場合を除き，賃貸用不動産（建物）の純収益からアプローチできるケースは少ない）。

取引事例比較法の適用に際しては，主に以下の点から事例地の有する特徴を検討し，比準作業に反映させることが必要となろう。

① 土地利用上の規制の程度（法的規制の他に市町村等の条例や開発指導要綱の検討が必要）
② 用途および環境条件
③ 取引当事者の属性（特に購入者の利用目的等）
④ 市街化区域との位置関係や距離（市街化区域に近接（あるいは隣接）している場所か，相当離れている場所か）
⑤ 周辺地域の状況（周辺の土地利用状況）
⑥ 主要交通機関（最寄駅）や公共公益施設までの距離
⑦ その他（道路の幅員等）

8. 現に住宅の敷地として利用されている市街化調整区域内の土地

> 現に住宅の敷地として利用されている市街化調整区域内の土地の評価——固定資産税における適正な時価（横浜地裁平成22年3月17日判決・判例自治337号15頁）

　前項でも市街化調整区域内における土地の評価を取り上げたが，そこでは現況が雑種地で建物の建築が制限されている土地を対象としていた（市街化調整区域の場合，むしろこのように利用規制の厳しい土地が通常であるが，前項で取り上げたケースは，現況が雑種地でありながら，これと状況が類似する付近の宅地から比準する方式により価額を求めることが相当とされた事例である）。

　これに対し，本項で対象とする判決は，現に住宅の敷地として利用されている市街化調整区域内の土地の評価に係るものである。ここでは，上記状況にある土地につき，その地目を宅地と認定した上で，市街地宅地評価法（画地計算法）を適用したことが争点となっている。そして，その際，同土地の利用上の制限の態様および程度が「建築基準法の規定から除外された道に沿接する画地」に類似するという理由で，これと同率の補正率により補正した価格を適正なものと認定したところに本判決の特徴がある。

●事案の概要●

　甲らの先代は，○○市長が昭和45年に指定した市街化調整区域内に所在す

る土地（以下，「本件土地」という）を購入し，本件土地上に診療所兼用住宅（以下，「本件建物」という）を新築した。なお，本件建物は平成18年に都市計画法が改正される前に，同法第29条第1項第3号に規定されていた「医療施設」に該当したため，本件土地の開発行為および本件建物の建築に際して，同項および第43条第1項の許可は不要であった。

　本件土地の平成18年度土地課税台帳登録価格は7,222万4,159円であったが，○○市長は第2年度に当たる平成19年度の登録価格を5,291万5,681円と決定した（平成19年度に評価替えを行った理由については後掲）。当該価格は，本件土地の地目を宅地と認定した上で，市街地宅地評価法における画地計算法の適用に際して，本件土地が標準宅地と比較して建物の建替えや用途変更等をする場合に一定の制約を受けるため減価が生ずることを前提に算定されたものである（算定に当たり，○○市固定資産評価事務取扱要領（以下，「評価要領」という）に定める「建築基準法の規定から除外された道に沿接する画地の補正率」と同等の率（0.80）による均衡補正（以下，「本件均衡補正」という）を行っている）。

　先代から本件土地および本件建物を相続した甲らは，本件土地の平成19年度の登録価格を不服として，○○市固定資産評価審査委員会に審査申出を行ったが棄却されたため，その取消しを求める訴えを提起していた。

●当事者の主張●

1. 原告の主張

（1）　地目の認定について

　本件土地は，宅地ではなく雑種地に該当する。その根拠は次のとおりである。

① 本件土地は都市計画法第29条第1項第3号の規定により開発行為の許可対象から除外されているにすぎず，土地の現況および利用目的に重点を置き，土地全体としての状況を観察すれば，市街化調整区域内にあり，本

来建物の建たない土地，すなわち建物の敷地とはなり得ない土地である。
② 市街化調整区域内の用途限定に対する減価については，固定資産評価基準（以下，「評価基準」という）には補正率等が示されておらず，評価要領にも補正項目がないから，本件土地はもともと宅地としての評価は予定されていない土地である。

(2) 本件均衡補正について

「建築基準法の規定から除外された道に沿接する画地」は，建物自体は建てられる土地であるのに対し，本件土地は建物を建てること自体が認められない土地であり，上記規定を準用する状況の類似性は存在しない。また，評価要領においては，市街化調整区域内の建物を建てられない「畑」，「山林」，および「雑種地」について70％の減価が明記されており，本件均衡補正における20％とは大きく乖離している。

2. 被告の主張

(1) 地目の認定について

① 市街化調整区域内の土地について，開発行為および建物の建築等が原則として制限されているとしても，当該土地が評価基準に定める宅地に該当するか否かは，このような公法上の規制の有無によって直ちに左右されるものではなく，あくまでも当該土地の現況および利用目的に照らし，土地全体の状況を観察して，それが評価基準に定める宅地，すなわち「建物の敷地及びその維持若しくは効用を果たすために必要な土地」となっていると認められるか否かによって判断されるべきである。本件土地がこれに該当することは明らかであり，その地目は宅地というべきである。

② 市街化調整区域内の土地であっても，一定の開発行為および建築物の建築等については知事等の許可を要することなく行うことができる。また，許可を要する場合でも，一定の基準を満たせば許可を得て開発行為および建築物の建築等を行うことは可能である。

また，本件土地については（当時の都市計画法第29条第1項第3号の規定

に基づき）許可を要せず本件建物の建築およびそのための開発行為を行うことが可能であったものであり，現に平成19年1月1日時点においても本件建物が本件土地上に存在していたから，本件土地が本来建物の敷地とはなり得ない土地であるとはいえない。

(2) 本件均衡補正について

「建築基準法の規定から除外された道に沿接する画地」には，建築物を建築することができないという土地利用上の重大な制限がある。しかし，現に建築物が存在する場合には引き続きこれを使用することは可能であるし，何らかの条件を満たすことで，当該画地に建築物を建築することが可能である。このような土地利用上の制限の態様および程度は，市街化調整区域内の宅地である本件土地のそれと一定の類似性が認められる。このため，本件土地について均衡補正を適用する場合の補正率として，上記画地の補正率と同率の0.80を用いることには合理的な根拠がある。

●裁判所の判断●

1. 本件土地の平成19年度登録価格が決定された根拠規定

(1) 第2年度における基準年度の登録価格の据置きとその例外

地方税法第349条第2項本文は，基準年度の土地または家屋に対して課する第2年度の固定資産税の課税標準は，当該土地または家屋に係る基準年度の固定資産税の課税標準の基礎となった価格で土地課税台帳等または家屋課税台帳等に登録されたものとする旨を定めている。

しかし，同項ただし書は，その例外として，基準年度の土地または家屋について第2年度の固定資産税の賦課期日において，「地目の変換，家屋の改築又は損壊その他これらに類する特別の事情」（第1号）があるため，基準年度の固定資産税の課税標準の基礎となった価格によることが不適当であると市町村長が認める場合などにおいては，当該土地または家屋に対して課する第2年度

の固定資産税の課税標準は，「当該土地又は家屋に類似する土地又は家屋の基準年度の価格に比準する価格」で土地課税台帳等または家屋課税台帳等に登録されたものとする旨規定している。

　市町村長は，第2年度においては，基準年度の登録価格をそのまま据え置いて価格を決定するのが原則であるが，「地目の変換，家屋の改築又は損壊その他これらに類する特別の事情」があるため，基準年度の登録価格によることが不適当であると市町村長が認める場合など，同項ただし書の適用を受けることとなる場合には，例外として評価替えを行い，「当該土地又は家屋に類似する土地又は家屋の基準年度の価格に比準する価格」によって価格を決定しなければならないものと解される。

　(2)　本件における同項ただし書の適用の有無等

　平成19年度は第2年度であるところ，本件土地については，平成18年3月24日，昭和44年度に実施された地籍調査の結果が本件土地の表示登記に反映され，本件土地の地積が991㎡から984㎡に更正されている。

　このような地籍調査の結果として行われる地積の更正は，実質的な区画の量的変化にほかならないし，これを次の基準年度まで訂正しないまま据え置くことは評価の均衡上適当でないと考えられることから，「地目の変換，家屋の改築又は損壊その他これらに類する特別の事情」に該当するものとして，次の賦課期日に新地積による評価替えを行うべきであると解される。

　○○市長は，本件土地の平成19年度の価格を決定するに際し，上記地積の更正は同項第1号に規定する「地目の変換，家屋の改築又は損壊その他これらに類する特別の事情」に該当し，基準年度である平成18年度の登録価格に据え置くことは不適当であると認めて，同項ただし書に該当するものとして評価替えを行い，地方税法第410条第1項の規定に基づいて平成19年度登録価格を決定したものと認められる。

2. 本件土地の地目

　(1)　評価基準が土地の地目別に評価方法を定めていること等

前記のとおり，本件土地の平成19年度の価格については，地方税法第349条第2項ただし書の規定に基づき，「当該土地に類似する土地の基準年度の価格に比準する価格」によって決定しなければならない。

そして，ここにいう「当該土地に類似する土地の基準年度の価格に比準する価格」とは，第2年度の賦課期日時点の現況における土地が仮に基準年度の賦課期日に所在したものとした場合において，当該土地に類似する土地の基準年度の価格に比準する価格をいい，当該土地とその類似する土地との価格形成要素の異同を是正して求められるものと解される。

評価基準は，土地の評価は，土地の地目（田，畑，宅地，鉱泉地，池沼，山林，牧場，原野および雑種地）の別にそれぞれ定める評価の方法によって行うものとしている。

そこで，本件土地について，評価基準によって「当該土地に類似する土地の基準年度の価格に比準する価格」を求めるに当たり，平成19年度の賦課期日における現況に照らし，本件土地が評価基準上のいかなる地目に該当するかが問題となる。

(2) 評価基準上の宅地および雑種地の意義等

評価基準は，土地について，田，畑，宅地，鉱泉地，池沼，山林，牧場，原野および雑種地の9種類の地目を掲げているところ，本件土地の地目について，被告は宅地に該当すると主張し，原告らは雑種地に該当すると主張している。

評価基準に基づいて定められた評価要領は，評価基準が掲げる9種類の地目のうち，宅地，田，畑，山林，池沼，原野および雑種地の7つについてそれぞれ評価の方法を定めた上，各地目の意義は，不動産登記事務取扱手続準則の定めるところによるものとし，「宅地」については「建物の敷地及びその維持若しくは効用を果たすために必要な土地」をいい，雑種地については宅地，田，畑，山林，池沼および原野の「いずれにも該当しない土地」をいう旨規定している。

(3) 本件土地についての検討

8. 現に住宅の敷地として利用されている市街化調整区域内の土地

① 平成19年1月1日時点において、㈎本件土地は一筆の土地であり、東側間口約30m、奥行約42.5mの台形状の土地であること、㈏本件土地上には本件建物が存在し、その建築面積は87.22㎡ないし92.15㎡であること、㈐本件土地は、本件建物の接地面から見て、西側隣接地より約3m、南側隣接地より約2.8mそれぞれ高く、その境界付近の本件土地上には階段付きの擁壁が設置され、その擁壁と当該各隣接地との間には幅約1.2ないし2.5mの平坦部分があり、灌木、青竹等が植栽されていること（以下、当該擁壁部分と当該平坦部分を併せて「本件がけ地部分」という）、㈑本件土地のうち本件がけ地部分以外の部分は、ほぼ平坦であるところ、本件建物以外には観賞用の庭園として樹木等が植栽されて池や橋が設けられているほか、温室や物置、物干し竿等が設置されていることが認められる。

そうすると、まず、同日の時点において、本件土地のうち上記㈏のとおり本件建物が存在している部分の現況および利用目的が「建物の敷地」そのものであることは明らかである。

さらに、本件がけ地部分についても、同日の時点において、上記㈐のとおり、本件土地は、本件建物の接地面から見て、その西側および南側の各隣接地よりも高くなっていることから、擁壁が設置され、さらにその外側に植栽のある平坦部分が設けられていて、擁壁上の階段を通じてその管理ができるようになっているのである。このような現況および利用目的に照らすと、本件がけ地部分は、本件建物の接地面とは形状が異なる土地であるとしても、本件土地全体としての状況を観察するならば、やはり本件建物の接地面を保全するための擁壁および本件建物の風致に要する樹木の生育地等として「建物の維持若しくは効用を果たすために必要な土地」に該当するから、その地目は宅地であり、雑種地には当たらない。

② 評価基準に定める「宅地」とは、「建物の維持若しくは効用を果たすために必要な土地」をいうものと解される。また、評価基準は、土地の地目の認定に当たっては、当該土地の現況および利用目的に重点を置き、土地全体としての状況を観察して認定するものと定めている。そうである以

上，市街化調整区域内の土地について，開発行為および建物の建築等が原則として制限されているとしても，当該土地が評価基準に定める宅地に該当するか否かは，このような公法上の規制の有無によって直ちに左右されるものではなく，あくまでも当該土地の現況および利用目的に照らし，土地全体の状況を観察して，それが「建物の維持若しくは効用を果たすために必要な土地」となっていると認められるか否かによって判断されるべきである。

③ たとえ市街化調整区域内の土地であっても，都市計画法第29条第1項各号に掲げる開発行為については，都道府県知事（指定都市等の区域内にあっては，当該指定都市等の長。以下，同じ）の許可を要することなく行うことができるのであるし，同項各号に該当しない開発行為についても，限定的であるとはいえ，同法第33条および第34条に定める開発行為の基準を満たす場合には，その許可を得て開発行為を行うことが可能である。

④ 評価要領においても，上記のとおり評価基準の定める所要の補正として各種の補正率を定めているところ，それらを適用して算出した画地の単位当たり評点が付近の宅地の単位当たり評点と比較して不均衡であると認められる場合には，その状況に応じて20％の範囲内で均衡補正を行う旨が定められている。このため，市街化調整区域内の宅地についても，その状況に応じて均衡補正の適用を行うことは可能であると考えられる。

そして，評価基準および評価要領が，市街化調整区域内の宅地についての補正率を明示的に定めていないのは，都市計画法による規制が当該宅地の価格にどの程度の影響を及ぼすのかは，個別具体的な事情によって異なり得るので，あらかじめ一定の補正率を定めることが困難または不相当であるからであると解される。したがって，用途限定のある市街化調整区域内の土地については宅地としての評価が予定されていない旨の原告らの主張は採用できない。

3. 本件土地の平成 19 年度登録価格の適否

(1) 本件土地について評価替えを行う場合の評価方法等

評価要領は，○○市における宅地の状況については，主として市街地的形態を形成していることから，市街化調整区域内に存する農業用施設の用に供する宅地および生産緑地地区内の宅地を除き，すべて市街地宅地評価法により行うものとすると定めているところ，本件土地が農業用施設の用に供する宅地および生産緑地地区内の宅地でないことは明らかである。また，少なくとも本件土地を含む○○市○区○○○町一帯等は，主として市街地的形態を形成しているものと認められる。

よって，市長は，市街地宅地評価法に従い，標準宅地の基準年度における適正な時価（客観的な交換価値）を求めた上で，これに評価基準所定の路線価方式を用いて比準することにより本件土地の価格を決定しなければならない。

(2) 本件土地の属する状況類似地域における標準宅地の平成 18 年度の賦課期日における適正な時価

① 用途地区の区分等

本件土地を含む○○市○区○○○町一帯等は，都市計画法の市街化調整区域に存し，住宅と農地が混在しており，その用途地区は「普通住宅地区」に区分されること，この地区のうち，後記③の標準宅地を中心に東約 600m，西約 450m，南約 180m，北約 450m の地域は，街路の状況，公共施設等の接近の状況，家屋の疎密度その他の宅地の利用上の便等からみて，状況類似地域に該当することが認められる（以下，当該地域を「本件状況類似地域」という）。

② 主要な街路の選定

本件状況類似地域に所在する街路である○○○第 259 号線（幅員約 4.5m）は，その街路の状況が標準的であり，本件状況類似地域における主要な街路であることが認められる。

③ 標準宅地の選定

本件主要街路に沿接する所在および地番○○市○区○○○町364番71外，地積201㎡の宅地は，奥行，間口，形状等の状況が本件状況類似地域において標準的であると認められるから，本件状況類似地域における標準宅地に該当する（以下，当該宅地を「本件標準宅地」という）。

平成18年度の賦課期日である平成18年1月1日時点においては，(ア)市街化区域に隣接し，または近接し，かつ，自然的・社会的条件から市街化区域と一体的な日常生活圏を構成していると認められる地域であって，おおむね50以上の建築物が連たんしている地域内に存する土地であること，(イ)市街化調整区域に関する都市計画が決定され，または当該都市計画を変更してその区域が拡張された際既に宅地であった土地であって，その旨の都道府県知事の確認を受けたものであることの各要件に該当する土地（以下，「既存宅地」という）において行う建築物の建築，改築または用途変更については，市街化調整区域内の開発許可を受けた区域以外の区域内においても，都道府県知事の許可を要しないものとされていた（平成12年法律第73号による改正前の都市計画法第43条第1項第6号）。

そして，本件土地は，市街化調整区域内の宅地ではあるものの，既存宅地には当たらないが，本件標準宅地は市街化調整区域内の既存宅地であることが認められる。

しかし，この点の差異は，後記の本件均衡補正の適否の問題として考慮すれば足りるというべきであるから，当該差異のみをもって本件標準宅地が地方税法第349条第2項ただし書に規定する「当該土地に類似する土地」に該当しないということはできない。

④ 本件標準宅地の平成18年度の賦課期日における適正な時価

市長は，本件標準宅地の適正な時価を1㎡当たり8万4,000円と評定しているものと認められる（以下，詳細は略す）。

(3) 本件標準宅地の平成18年度の価格に比準する価格

① 主要な街路に対する路線価の付設

前記で求めた本件標準宅地の時価によれば，本件主要街路に付設すべき

路線価は，1㎡当たり8万4,000点となる。
② 本件土地が接面する街路の路線価
　市長は，本件土地が接面する街路の路線価を1㎡当たり7万8,000点と付設しているものと認められる（その根拠は，本件標準宅地との比較において，街路の状況，公共施設等の接近の状況，家屋の疎密度その他の利用上の便等の要因を考慮して6％の減価を行い，1,000点未満を切り捨てているが，詳細は略す）。
③ 本件土地に対する画地計算法の適用
　本件土地はその全体が宅地として一体的に利用されているため，これを一画地として認定し，奥行価格補正率0.92，がけ地補正率0.95，均衡補正率0.80を適用している。
《均衡補正率適用の考え方》
1) 評価要領においては，所要の補正として各種の補正事項および補正率を定めているところ，それらを適用して算出した画地の単位当たり評点が付近の宅地の単位当たり評点と比較して不均衡であると認められる場合には，その理由を明確にした上で，その状況に応じて20％の範囲内で均衡補正を行う旨が定められている。宅地の増減価の要因は，個別具体的な宅地の状況に応じて様々なものがあり得るから，個々の補正規定においてあらかじめ一律に補正率等を定めることが困難または不相当である場合も考えられる。このような場合に上記のような均衡補正を行うことを含めて各種の補正事項を定めた評価要領の規定は，評価基準の定める「所要の補正」を具体化するものとして一般的な合理性があるということができる。
2) 平成18年1月1日当時において，本件標準宅地は，市街化調整区域内の既存宅地であるため，開発行為については原則として規制されるが，一定の要件の下で許可される場合があり，建築物の建築については許可を要しないものであった。
　これに対し，本件土地は，市街化調整区域内の宅地ではあるものの，

既存宅地には当たらず，開発行為および建築物の建築等が原則として規制されることになるため，本件標準宅地と比べて一定の減価が生ずるものと認められる。

3) 評価要領においては，「建築基準法の規定から除外された道に沿接する画地の補正率」を0.80と定めている。この規定の趣旨は，建築物の敷地は，原則として同法上の道路に2m以上接しなければならないから（同法第43条第1項本文），同法第42条第1項各号，同条第2項に定める道路または同法第43条第1項ただし書が適用される道（建築基準法施行規則第10条の2）のいずれにも該当しない道に沿接する画地においては，建築物を建築することができないという土地利用上の重大な制限があるが，現に建築物が存在する場合には引き続きこれを使用することは可能である。また，当該画地の接する道が同法上の道路に認定されるか，隣接地等の使用許諾を得ることによって既存の同法上の道路への接道義務を果たすなど，何らかの条件を満たすことで，当該画地に建築物を建築することが可能であるという点を考慮して，補正率を0.80とするという点にあるものと解される（原告の主張する減価率70％は，市街化調整区域内に所在する介在農地や介在山林等の場合について当てはまるものである）。

以上の内容を踏まえ，本件土地の1㎡当たりの評点数が5万4,537点と算定されている（本件接面街路の平成18年度における路線価7万8,000点に，奥行価格補正率0.92，がけ地補正率0.95，均衡補正率0.80を乗じ，小数点以下を切り捨てた結果である）。

④ 本件土地の価額

本件土地の1㎡当たりの評点数5万4,537点に地積984㎡を乗じて5,366万4,408円と算定されている。

⑤ 経過措置による時点修正

時点修正率を0.994とし，上記④の価額を時点修正した結果，5,334万2,421円（小数点以下切り捨て）と算定されている（詳細は略す）。

(4) 地方税法附則第17条の2第1項の規定による時点修正

平成19年度の本件土地の価格は，上記④の価格に時点修正率0.992を乗じて5,291万5,681円（小数点以下切り捨て）と算定されている（詳細は略す）。

(5) 原告が提出した鑑定評価書について

原告は，本件土地の平成19年度登録価格が適正な時価よりも明らかに高い旨を主張し，本件土地の平成18年12月13日の価格時点における鑑定評価額を4,730万円とする鑑定評価書を提出している。しかし，当該鑑定評価書によれば，ここで採用されている5件の取引事例はすべて雑種地の事例であり，しかも規準した地価公示地の現況も山林（雑木林）である。

しかし，本件土地は市街化調整区域内にあり，開発行為および建築物の建築等が原則として規制されているものの，現に本件土地上には建物が存在しており，引き続きこれを使用することは可能である。このため，上記鑑定評価書において雑種地の取引事例から得られた標準価格を基に本件土地の比準価格が決定されているのは合理的な根拠を欠くものといわざるを得ない。

そうすると，上記鑑定評価書の記載の鑑定評価額（4,730万円）が本件土地の客観的な交換価値を示すものとは認め難い。

《判例から読み取る調査上の留意点》

1. 地目の認定について

地目の認定については，前項で取り上げた裁決でも争点の一つとなっているが，本項で取り上げている判決においても考え方は同じである。すなわち，地目の認定は不動産登記事務取扱手続準則（第68条）に準じ，課税時期における現況によって行うという点である（前項で取り上げた裁決は同手続準則改正前になされたものであり，地目の認定に関する条文が第117条および第118条となっているが，現時点では全面改正され該当条文は第68条に変更されている）。そして，地目を定める際には，土地の現況および利用目的に重点を置き，部分的にわず

かな差異の存するときでも，土地全体としての状況を観察して定めるものとされている。

この点，本判決においても同様の考え方が採用されており，本件土地の一部にがけ部分が含まれているにしても，全体が「建物の敷地及びその維持若しくは効用を果たすために必要な土地」に該当すると判定されている点に留意しなければならない。

2. 均衡補正の考え方

不動産鑑定評価基準には均衡補正（率）という用語は登場しないが，強いてその概念を関連付けるとすれば，標準的な画地と対象地との個別的要因の格差（率）がこれに該当すると考えてよいのではなかろうか。

市街化調整区域の場合，開発行為の規制をどのように把握し，その格差をどの程度価格に反映させることができるかが大きなポイントとなるが，実際には定量化のための客観的な指標が存在しないところに実務上の問題点が潜んでいることは前述したとおりである。

ただ，本件土地の場合，これに加えてさらに判断が必要となる要素は，（本件建物の新築当時）開発行為および建築に関する都市計画法上の許可が不要であった点をどのように評価に織り込むかである。すなわち，本件土地が市街化調整区域内にあるため，通常であれば建物の建築が困難であるところ，都市計画法第29条の規定により用途的な観点から特別に許可不要とされる建物が建築されているという事実を前提に考えなければならないからである。

なお，市街化調整区域の場合，個々の土地に個別の開発許可等を通して建築物が建築されるが，同じ土地であっても，きわめて限定された用途の範囲内でその規制が緩和されるケースがあり得る（もっとも，都市計画法の改正により，現時点では医療施設の建築というだけでは許可不要とされていない点に留意する必要がある）。

本件判決が取り上げているようなケース（都市計画法改正前の制度として存在していた「既存宅地」(注1)には該当しないが，現実に建物が建築されている土地

8. 現に住宅の敷地として利用されている市街化調整区域内の土地　　141

に該当する場合，土地の価格水準は，既存宅地の適用を受けていた土地と比較すれば，将来における開発許可取得の可能性や用途面での制約という観点から減価が生ずると考えることが合理的であろう（この点で，本件判決の背景となっている考え方と鑑定評価の考え方には共通するものがある）。

　（注1）　都市計画法（昭和43年6月15日法律第100号）の施行（昭和44年6月14日）により，市街化区域と市街化調整区域との区分（いわゆる「線引き」）に関する都市計画の制度が設けられた。その結果，市街化調整区域は市街化を抑制すべき区域とされたが（同法第7条第3項），線引きの日前から存する建物の敷地は，市街化調整区域内であっても既存宅地である旨の確認を都道府県知事から受けている場合には，将来とも自己用に限り許可を要することなく建築行為ができる旨の規定が例外的に設けられていた。

　　しかし，このような既存宅地の確認制度は「都市計画法及び建築基準法の一部を改正する法律」（平成13年5月18日施行）により廃止された。また，経過措置として，改正法施行日の前日までに上記のとおり既存宅地の確認を受けた土地については，5年間従来どおりの扱いがなされたが，その期間は既に終了している。

　　したがって，現時点では，従来既存宅地としての扱いを受けていた土地であっても，建物の建築に際しては都市計画法第29条の原則どおり許可を得なければならないものとされている（その反面，市街化調整区域のうち市街化区域に隣接し宅地化が進行している地域を条例で定め（いわゆる条例区域），周辺環境と調和する住宅等の建築のための開発行為が許容されることとなった点にも留意が必要である）。

　一口に市街化調整区域における規制が厳しいといっても，その程度は画一的でなく，しかも開発許可取得の可能性は個々の土地ごとに異なるため，その影響を価格に反映させることは容易でない。現実にこのような土地の評価をしようとする場合，対象地の規制の程度を念頭に置きつつ，可能な限りその背後に潜む開発の難易度を対比させて価格水準を検討することが必要であり，本件判決で争点となっていた均衡補正率（20%）もその一例であろう。

3. 原告が提出した鑑定評価書の信頼性について

　原告は，本件土地の価格の妥当性を裏付けるため私的な鑑定評価書を提出しているが，そこでは，本件土地が宅地であり建物の利用が可能な土地（現実に建物の敷地として利用されている土地）であるにもかかわらず，雑種地の取引事

例のみによって得られた標準価格を基に比準を行っている。この点で，本件土地の価格水準が合理性を欠くものとなっている点は本件判決も指摘するとおりである。また，公示価格を規準とした価格を求める際にも，現況が山林（雑木林）である公示地点を選定している点で信頼性を欠くものとみなければならない。

4. その他参考事項

以上述べた点が本件判決と直接関連する事項であるが，参考までに市街化調整区域内における土地の評価を行うに当たり，次の点を念頭に置くことにより標準宅地の価格との格差付けの検討に役立つであろう。

(1) 利用用途の判定に関して

市街化調整区域内の土地の評価に際しては対象地の利用用途の判定を十分に行う必要がある。

すなわち，対象地をたとえば今後とも農地や林地として利用していくのであれば，都市計画法における市街化調整区域の趣旨と合致するため特段の問題は生じないが，開発および建築を対象とする場合には，都市計画法の厳しい制約を踏まえた規制を明らかにしなければならない。

その際，開発や転用許可の可能性の見極めは都市計画法の規定だけでは具体的に為し得ず，その判断や決定に当たっては地方自治体の対応によるところが大きいことを念頭に置く必要がある (注2)。

(注2) 市街化調整区域内の土地の評価に際しては，開発許可基準との関連を常に念頭に置く必要があるが，それだけでは明確な回答を導き出せない事情があることは従来からしばしば指摘されてきた。発刊時期は少々遡るが，不動産鑑定の専門誌における次の発言（対談記事）はこのことを如実に示している（原文のまま）。

「開発許可基準はあったとしても，それで認めてくれるかどうかということになると，これはまた，その時の地方自治体の長の姿勢などによって，それが認められたり認められなかったりすることがあり，この辺は規制の内容としては，こういうものがあるといえたとしても，具体的に，対象となった土地について，それをどう読み取るかということになりますと，これはむずかしくなります。」（「市街化調整区域における鑑定評価」『不動産鑑定』1972年12月号6頁。大野和夫不動産鑑定士発言）

8. 現に住宅の敷地として利用されている市街化調整区域内の土地

(2) いわゆる条例区域における評価上の留意点

都市計画法第34条第11号では、市街化調整区域内において都道府県（政令指定都市等を含む）の条例で指定する土地の区域（いわゆる条例区域）内で行う開発行為で、予定建築物等の用途が、開発区域およびその周辺の地域における環境の保全上支障があると認められる用途として都道府県の条例で定めるものに該当しない場合には開発許可の対象となる旨を定めている。

その趣旨は、市街化調整区域のなかから市街化区域に準ずる区域をあらかじめ条例で指定することにより、開発許可を得やすくするという性格のものであるといわれている。

市街化調整区域内で条例区域に指定された場所では、市街化区域に近いイメージでの土地利用が行われていると推察されることから、評価上もその取扱いには十分留意しなければならない。ちなみに、条例区域が定められている場合、おおよそ以下のパターンが多いが(注3)、都道府県により条例の内容は様々である。

(注3) 稲葉勝巳「市街化調整区域内の宅地の評価について」『税』2007年2月号241頁。

① 市街化区域との境界からおおむね1kmの範囲であること。
② 50m以下の敷地間距離で、概ね50以上の建築物が連たんし、一定以上の密度で宅地が集積していること。
③ 地域内に主要な道路（幅員6m以上）が適当に配置されており、かつ、地域外の相当規模の道路に接続していること。
④ 上水道の給水区域で、適切な排水施設が配置されていること。
⑤ 農用地区等を含まないこと。

条例区域に指定されている地域内の土地を評価する場合、指定による土地価格への影響がどの程度認められるのかを判断しなければならない。これを定量的に判定すること自体決して容易ではないが、条例区域への指定により市街化調整区域内の宅地の価格水準が大幅に変動しているのか（＝市街化区域並みとなっているのか）、あるいは変動幅は僅かであるか等の見極めをすることは不可

欠であろう。

　これに関しては，たとえば，市街化区域内に空地等が多く見受けられるため，市街化調整区域内のある場所が仮に条例区域に指定された場合でも需要がきわめて少なければ，価格に与える影響は僅かなものといえよう。

9. 指導要綱等の調査

> (1) 建替え目的の土地建物の売買契約において，売主側の不動産仲介業者が宅地の細分化防止に関する区の指導要綱の内容を説明しなかったこと等につき，売主の買主に対する説明義務違反が肯定された事例
> (2) 上記説明義務違反を理由とする売買契約の解除による手付金の返還，違約金の損害賠償請求が認められた事例
> （東京地裁平成9年1月28日判決・判例時報1619号93頁）

　建築物の敷地の範囲をどのようにとらえ，敷地面積をどのように決定するかは，原則としてこれを建築しようとする者の自由な意思に委ねられている。そして，このようにして計画された敷地面積を基に，建ぺい率や容積率の数値を具体的に適用して建築可能な建物面積（1階部分の建築面積および延床面積）が算定されることとなる。

　しかし，なかには都市計画で建築物の敷地面積の最低限度が定められていて，これ以上の敷地面積が確保できない場合には建築行為そのものをなし得ない（＝建築確認を受けられない）ケースも生じ得る。

　ちなみに，都市計画法第8条第3項には建築物の敷地面積の最低限度に関する以下の規定が置かれている。

○都市計画法
(地域地区)
第8条 都市計画区域については，都市計画に，次に掲げる地域，地区又は街区を定めることができる。
  一 第一種低層住居専用地域，第二種低層住居専用地域，第一種中高層住居専用地域，第二種中高層住居専用地域，第一種住居地域，第二種住居地域，準住居地域，近隣商業地域，商業地域，準工業地域，工業地域又は工業専用地域（以下「用途地域」と総称する。）
  二～十六 （略）
2 （略）
3 地域地区については，都市計画に，第一号及び第二号に掲げる事項を定めるものとするとともに，第三号に掲げる事項を定めるよう努めるものとする。
  一 地域地区の種類（特別用途地区にあっては，その指定により実現を図るべき特別の目的を明らかにした特別用途地区の種類），位置及び区域
  二 次に掲げる地域地区については，それぞれ次に定める事項
    イ 用途地域 建築基準法第52条第1項第1号から第4号までに規定する建築物の容積率（延べ面積の敷地面積に対する割合をいう。以下同じ。）並びに同法第53条の2第1項及び第2項に規定する建築物の敷地面積の最低限度（建築物の敷地面積の最低限度にあっては，当該地域における市街地の環境を確保するため必要な場合に限る。）
    ロ～リ （略）
  三 （略）
4 （略）

　このようにして都市計画で建築物の敷地面積の最低限度が定められた場合，それが建築基準法の規定（第53条の2）にもそのまま連動するため，建築物を建築しようとする者は法的にもその遵守義務を負うこととなる。

○建築基準法
（建築物の敷地面積）
第53条の2　建築物の敷地面積は，用地地域に関する都市計画において建築物の敷地面積の最低限度が定められたときは，当該最低限度以上でなければならない。ただし，次の各号のいずれかに該当する建築物の敷地については，この限りでない。
一　前条第5項第1号に掲げる建築物
二　公衆便所，巡査派出所その他これらに類する建築物で公益上必要なもの
三　その敷地の周囲に広い公園，広場，道路その他の空地を有する建築物であって，特定行政庁が市街地の環境を害するおそれがないと認めて許可したもの
2　前項の都市計画において建築物の敷地面積の最低限度を定める場合においては，その最低限度は200㎡を超えてはならない。
3　第1項の都市計画において建築物の敷地面積の最低限度が定められ，又は変更された際，現に建築物の敷地として使用されている土地で同項の規定に適合しないもの又は現に存する所有権その他の権利に基づいて建築物の敷地として同項の規定に適合しないこととなる土地について，その全部を一の敷地として使用する場合においては，同項の規定は，適用しない。ただし，次の各号のいずれかに該当する土地については，この限りでない。
一～二　（略）
4　（略）

　建築物の敷地面積の最低限度に関する規定が都市計画法や建築基準法におり込まれたのは平成16年の改正に伴ってのことである。それ以前にも自治体によっては敷地面積の最低限度に関する指導要綱等を作成して建築確認審査時にこれを適用していたケースもあったが，それは法令や条例のような法的強制力に基づくものではなく，行政指導に基づくものであった（ただし，これに従わない場合は事実上建築確認を受けることができず，結果的に拘束力を有するものとなっている）。

以下，本項で取り上げる判決は，敷地面積の最低限度に関する規制が都市計画法や建築基準法におり込まれる以前から東京都〇〇区の指導要綱（「宅地の細分化防止に関する指導要綱」）に基づき適用されていた時期に下されたものである。その後，平成16年6月に当該要綱は廃止され，替わりに区の都市計画に敷地面積の最低限度に関する従前と同一の規制がおり込まれている。その意味では，当該規制が行政指導的位置付けから法的義務に高められたと考えることができる。このような経緯があるため，本件判決を読む際には上記の点に留意していただきたいが，都市計画法や建築基準法等の法令上の制限や条例による規制とともに指導要綱等の調査の重要性に関しては，本件判決で取り上げているケースの他に多くの点を指摘し得る。

現在，広く指導要綱と呼ばれるもののなかには，民間事業者による宅地開発等に伴い，自治体が良好なまちづくりを図るための行政指導的な意味合いから，事業者の計画内容に関し事前協議を求めるという色彩が強くなっている。そして，宅地開発等指導要綱（具体的な呼称は自治体によって異なる）のなかに，たとえば，開発に伴って新設する道路の最低幅員を定めたり，開発面積の一定割合を公園や緑地として自治体に提供したり，造成する宅地の一区画ごとの最低敷地面積を定める等の規定を置いているケースが多い。

以上述べた理由により，不動産の利用に係る調査を行う際には法的な義務付けとともに自治体が作成する指導要綱の存在を忘れることはできない。その意味で，本件判決が示している内容は最低敷地面積だけでなく，指導要綱一般の調査に関しても共通するところがある。

●事案の概要●

原告（X）は，被告（Y₁）から本件土地および本件建物を買い受ける旨の売買契約を締結し，手付金を支払った（本項において，「本件土地」とは**資料1**のAの区画（31番7）を指し，「本件建物」とは連棟の建物のうち当該区画上に存在する建物部分を指す）。

9. 指導要綱等の調査　　149

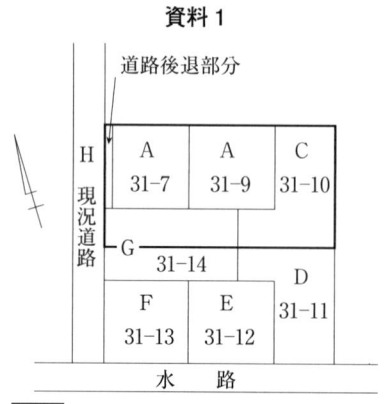

資料１

```
           道路後退部分
         ↓
    ┌──┬──┬──┐
  H │ A │ A │ C │
  現│31-7│31-9│31-10│
  況├──┴──┼──┤
  道│G         │   │
  路│  31-14  │ D │
    │          │31-11│
    ├──┬──┼──┤
    │ F │ E │   │
    │31-13│31-12│   │
    └──┴──┴──┘
         水　路
```

　□ 一棟の敷地（ただし，道路後退部分は面積から除く）

（出所）　判例時報1619号掲載の図面に一部加筆・修正して作成した。

資料２

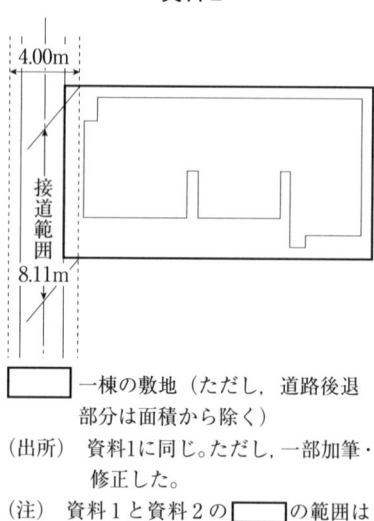

```
    ┊ 4.00m ┊
    ┊←──→┊┌──────────┐
    ┊      ┊│                  │
   接┊      ┊│      ┌─┐┌─┐│
   道┊      ┊│      │ ││ ││
   範┊      ┊│      │ └┘ ││
   囲┊      ┊│      └────┘│
    ┊ 8.11m ┊└──────────┘
    ┊←──→┊
```

　□ 一棟の敷地（ただし，道路後退部分は面積から除く）

（出所）　資料１に同じ。ただし，一部加筆・修正した。

（注）　資料１と資料２の□の範囲は同一である。

なお，**資料１**において，A，B，Cの各区画およびGの区画の半分を合わせた区画上には棟割式の連棟の建物（3軒分）が建築されているが，本件建物はそのうちの1軒である（**資料２**では，最も道路寄りの建物がこれに該当する）。

また，Xは，Y_1が仲介を依頼したY_2（仲介業者）に対し仲介手数料を支払った。Xは，本件建物を近い将来建て替える意向を有していたことから，その旨をY_2の担当者に伝え，かつ本件建物の建替えができるか否かを確認したところ，同社の担当者は建替えについては問題がない旨を説明し，売主であるY_1もこの説明に同意した。

本件建物は，棟割式の連棟の建物として建築されている建物の一区画であり，この連棟が一個の建物として建築確認を得ているため，本件建物を一個の建物として建て替える際にはその敷地を分割することが必要となる。

しかし，本件判決の対象となった不動産の所在する東京都〇〇区では，当時，宅地の細分化防止に関する指導要綱（以下，「本件指導要綱」という）を定めており，そこでは建築確認を申請する前提として区長に対し事前協議をしなければならないこととされていた（本件指導要綱によれば，最低敷地面積は60㎡と定められていたため，敷地面積がこれ以上確保できない場合には事前協議が整わず，建築確認を得ることができなかった。なお，本件指導要綱は現在廃止されており，最低敷地面積に関する同一の内容が〇〇区の都市計画におり込まれていることは既に述べたとおりである）。

加えて，本件土地の接する道路は建築基準法第42条第2項に基づく道路（いわゆる2項道路）であり，建替え等の際に道路の中心線から2mの線まで敷地後退が必要であった。その結果，本件土地から道路後退部分を除いた面積はおよそ34.4㎡であり，本件建物を取り壊して独立した一個の建物として建て替えることは本件指導要綱に基づく限りきわめて困難であった。そこで，Xは，このような指導要綱の説明をしなかった点において売主および仲介業者に説明義務違反があったこと等から債務不履行により売買契約を解除し，Y_1に対しては手付金の返還および損害賠償の請求を，Y_2に対しては支払済みの仲介手数料相当額の支払いを求めていた。

以上が本件訴訟に至った経緯であるが，事実関係を若干補足すれば以下のとおりである。
　本件建物は，もともと本件建物の敷地である本件土地（**資料1**のA部分）と，これに隣接する○○区（中略）31番9の土地（同資料のB部分）とB部分の隣の31番10（同資料のC部分）の土地，およびこれらA，B，Cの土地に隣接する同所31番14（同資料のG部分）の土地の半分を合わせた土地から，建築基準法上の道路後退部分を除外した範囲を一つの敷地とし，本件建物および家屋番号31番9，同31番10の3個の独立した建物からなるいわゆる棟割り式の連棟の一個の建物（以下，「本件連棟建物」という）の一区画である。当該連棟は一個の建物として建築確認申請がなされ，昭和57年4月23日第70025号として建築確認済みであり，専有面積は124.63㎡，建築面積は73.88㎡，1階床面積は72.26㎡，2階床面積は69.47㎡であった。また，当時，本件指導要綱によれば，本件土地の属する用途地域（建ぺい率60％の区域）では宅地分割計画による敷地の面積が60㎡以上ある場合には事前協議の対象とはならなかった。なお，本件土地から道路後退部分を除いた面積はおよそ34.4㎡である。

●当事者の主張●

1. 被告Y_1らの本件指導要綱に関する説明義務違反の有無

(1)　原告の主張
① 　原告（X）は本件売買に関し，被告（Y_1）から委任を受けた被告（Y_2）の担当者に対し，本件建物の建替えができるか否かを確認したところ，同担当者は建替えについては問題がない旨説明し，被告（Y_1）もこの説明に同意した。
② 　ところが，本件建物は事案の概要欄に記載のとおり，棟割式の連棟の一個の建物として建築されている建物の一区画である。このため，独立した一個の建物として建て替えようとすると，前記建物敷地を分割することに

なるので，本件指導要綱により，建築確認を申請する前提として○○区長に対して建築敷地の分割のための事前協議を求めなければならないことになっている。

③ 本件土地から道路部分を除いた面積は，およそ34.4㎡しかないので，本件指導要綱により敷地の分割の事前協議が必要となり，したがって，本件建物を取り壊して本件土地上に新たな建物を建築することは本件指導要綱に従う限り著しく困難となる。

④ ところが，Y$_1$およびY$_2$の重要事項説明書によれば，本件土地が34番7の道路部分（**資料1**のH部分）に接しているため建替えができるとされており，Y$_1$らは上記③の事実を十分承知していたにもかかわらず，本件指導要綱の説明等を一切秘匿し，本件売買契約の重要な事項について何らの説明もせず契約締結に至らしめたものである。もし，XがY$_1$らから本件指導要綱の説明を事前に受けていれば，Xは売買契約を締結しなかったのであるから，本件売買につきY$_1$らに債務不履行があるといわざるを得ない。

⑤ よって，XはY$_1$に対し，本件売買契約の解除に基づく原状回復として手付金の返還および債務不履行による損害賠償の支払いを求め，Y$_2$に対しては仲介契約の債務不履行に基づく損害賠償の支払いをそれぞれ求める。

(2) 被告Y$_1$の主張

Y$_1$には本件指導要綱についての説明義務違反はない。本件敷地は38.35㎡の一個の独立した敷地であり，そもそも細分化する必要はないから○○区長に対して敷地分割のための事前協議を求める必要はなく，説明義務もない。また，事前協議の必要なく建築確認がおりることは関係庁から確認を得ている。さらに，平成7年9月5日付けで本件建物の建替えについて建築確認もおりている。

2. 被告 Y_1 らのその他の説明義務違反の有無

(1) 原告の主張

① 本件連棟建物は，初めから一棟の建物として建てられているのであるから，本件建物を取り壊し，建て替える場合は，隣接する家屋の壁を毀さなければならず，隣接建物所有者の同意がなければこれをなし得ないのは明らかである。

　本件建物は本来全体が一棟の建物であり，区分所有の対象となる建物であるが，登記実務上，各区画が個別の建物として登記できる取扱いになっていたものである。したがって，本来であれば一区分のみ取り壊して建て替えることは他の所有者の同意なくして行えるものではないのに，Y_1 および Y_2 は，他の所有者の同意なく隣家の接続部分の壁を毀して，本件土地のみで自由に建て替えができる旨，X に対し虚偽の説明をした。

② また，Y_1 らは建替え後の建物が契約時の建物より面積が減少するにもかかわらず，この点を全く説明していない。すなわち，○○区（中略）31 番 7 の土地の面積は 38.35㎡ であるが，本件建物敷地の接する前面の道路は建築基準法第 42 条第 2 項による道路であるため，その中心線より 2m 後退したところを道路との境界線と見なすため，残りの面積はおよそ 34.4㎡ 程度しかない。そして，これに建ぺい率 60％ を乗ずると 20.64㎡ となるので，現在の建物のおよそ 14％ 小さい建物面積を有する建物しか建てられなくなるのに，この点についての説明が一切なされていない。

(2) 被告 Y_1 らの主張

① 本件建物は，登記上からも明らかなように隣家とは別個独立した柱および屋根を有しており，独立した一個の建物であり，区分所有の対象となる建物ではないから，法的意味で他の所有者の同意が必要とされてはいない。

② Y_2 は重要事項説明の際に建ぺい率に関する説明を行っており，かつ，本件建物単独での建替えの場合には建物の規模が現状より若干小さくなる

ことの説明を行っている。

以上が本件判決での主な争点に関する原告および被告の主張である。本件判決においては、これ以外にも被告らの義務違反や信義則違反についての判示も行われているが、本項では省略する。

●裁判所の判断●

1. 裁判所の認定した事実

(1) 原告（X）は、一戸建を購入することとし、平成7年6月24日、被告（Y_2）の担当者である甲の案内を受けて本件建物を見聞したところ、外見上一個の建物に見えたが、裏の方で一部隣家と壁で接続していたため、XがY_2の担当者乙に対し、近い将来建て替えるかもしれないが、その場合には大丈夫かと尋ねた。これを受け甲は即座に、隣家との間には別々の柱が入っているので建替えの時には切り離して一戸建の建物が建つ旨答えた。また、乙も同社の事務所内で同様の回答をした。

そこで、Xは同月29日、手付金を持参してY_2を訪れ、同社の担当者である丙から重要事項の説明を受けたが、その際、丙もXだけで自由に建替えができる旨答えた。

Xは、同年7月21日、Y_1に対し売買代金を支払うことになっていたが、本件建物の前面私道の中心線から2mのセットバックが必要であるにもかかわらず中心線が見当たらないので、同日、○○区の道路課に事情を説明したところ、当該私道には中心線がないとの回答を得た。そこで、XはY_1らに対し、残金の支払いを拒絶し、弁護士に相談するとともに翌日東京都へ相談に行った。

Xは東京都○○局○○課に行き、私道の問題を尋ねたところ、そもそも本件土地において建物の建替えができるかどうかが重要な問題であるから○○区へ行って詳しく調べるよう言われた。このため、再度、○○区の指導課へ行っ

て図面等を見せて建物を建て替えることができるかどうか尋ねたところ，同課の担当者は，○○区の本件指導要綱のパンフレットを渡し，本件土地は敷地の面積が 60 ㎡以上ないので本件指導要綱に違反し，事前協議が整わないことが明らかであるので建築確認を得ることができない旨回答した．

その後，原告代理人が○○区の建築指導課担当者に問い合わせたところ，本件建物を建て替える場合には本件指導要綱の基準に該当する旨の回答を得た．

一方，本件建物を含む棟割式の本件連棟建物は，昭和 57 年 4 月 23 日付けの建築確認申請においては，**資料 2** のとおり一つの敷地に一つの建物として申請をしている．

ところで，建築基準法第 43 条により建築物の敷地は道路に 2m 以上接していなければならないため，これを三つの独立した建物として建築確認申請をするためには**資料 3** のような案が想定できるものの，この案では建築物の設計に多くの困難が生ずる．また，敷地を**資料 2** のように分割する場合には○○区の本件指導要綱に該当するため，本件建物を含む敷地は約 124 ㎡程度の建物敷地

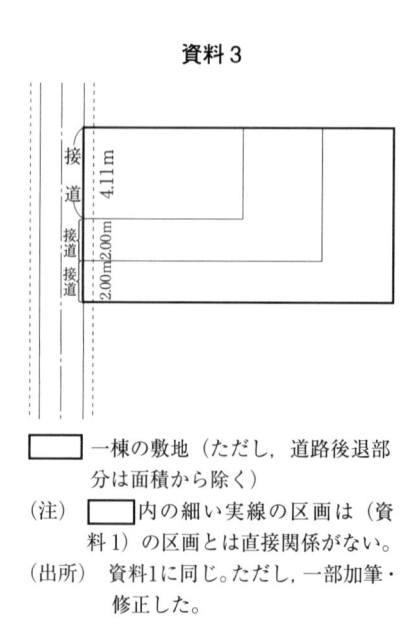

資料 3

	一棟の敷地（ただし，道路後退部分は面積から除く）
（注）	◻ 内の細い実線の区画は（資料 1）の区画とは直接関係がない．
（出所）	資料 1 に同じ．ただし，一部加筆・修正した．

しかなくなるので，3区画にすると本件指導要綱の基準を満たさなくなる。したがって，本件建物を含む一つの敷地に3区画の建物を建築するためには，現行建物のような連棟式の1棟の建物として建築する以外にないことになる。なお，本件においては，当該3区画の建物が登記手続上別個の建物として取り扱われているため，それぞれの建物ごとに別個の登記がなされているが，一部連棟式の建物であることに変わりはなく，建て替える際には接続部分を切り離す必要がある。このような方式の建物を建てた理由は○○区の本件指導要綱の基準を回避することにあった。

なお，本件指導要綱は事実上のものであるが指導課から行政指導が行われること，また，これに従わない場合には銀行の融資を受けられない恐れや建築確認に際し事実上困難が伴うことが認められる。

(2) これに対し，Y₁らは本件については○○区の指導要綱には該当せず，容易に建替えができる旨主張しているが，前記認定に照らして採用しない。

また，Y₁らは本件建物について建築確認を得た旨主張する。しかしながら，当該建築確認申請は訴外丁が○○区の建築課に本件行政指導を受けることなく，自らの所有地であるとしていわば強引に建築確認を得たものと認められるから，結果的に建築確認を受けたとしても前記(1)の認定を妨げない。

(3) さらに，本件建物は一部連棟式で隣家と一部接続しているため，建替えの際には，隣家との接続部分を切断した上，隣家の浴室の内壁がむき出しとなるため，新たに外壁を作る必要があることが認められる。これらのことを考慮すると，本件建物が建替えを予定されていたとしても，接続部分の切断については隣家の所有者の同意が必要であることはいうまでもないことである。しかしながら，Y₁およびY₂の担当者は建替えに際し，このような同意が必要であることをXに説明した形跡はない。

これに対し，Y₁らは当該同意を得ることは不要であり，また，事実上容易にその同意が得られる旨主張するが，前記認定に照らせば同意が不要であるとまではいえない。

2. 被告Y₁の説明義務違反を理由とする契約解除について

　前記1⑴に認定のとおり，Xは本件建物を近い将来建て替える目的を有していたのであるから，本件指導要綱の存在はXが本件売買契約を締結するについて重大なかかわりをもつことがらであったというべきである。これに対し，Y₁およびその委任を受けたY₂としては，本件指導要綱の存在を熟知しており，本件売買契約締結に際し，Xにその存在を説明することは極めて容易であったと認められる。ところが，Y₁およびY₂はXに対し本件指導要綱の存在を全く説明せず，なおかつ，本件建物の建替えに際し，隣家の同意が容易に得られるから建替えは自由にできる旨説明していたものであるから，この点において説明義務違反があったことは明らかである。

　なお，Y₁は不動産売買については素人であるから説明義務はない旨主張するが，Y₂に対し本件売買の成約に向けて委任している以上，Y₂はY₁の履行補助者であるため，Y₂の不履行の責めはY₁も負うこととなる。

　当該説明義務は，売買契約における信義則から導かれる契約上の付随義務の一種と考えられるところ，Y₁は当該契約上の義務を履行しなかったものであるから，XはY₁に対し，当該不履行を理由として契約の解除をすることができる。Xが，平成7年8月10日，Y₁に対し本件売買契約を解除する旨の意思表示をしたことは当事者間に争いがない。

3. 手付金の返還および損害賠償，支払済みの仲介手数料相当額の損害賠償について

　以上によれば，XのY₁に対する本件売買契約解除に基づく原状回復として手付金の返還および説明義務違反による損害賠償の支払請求，ならびにY₂に対する仲介契約違反による支払済みの仲介手数料相当額の損害賠償請求は理由がある。

《判例から読み取る調査上の留意点》

　本件の場合，売主は一般個人であり，重要事項の説明は売主側の仲介業者において行ったものであるが，本件判決は売主側にも違約金の支払いを命じた厳しいものとなっている。

　ところで，本件判決で取り上げられている宅地の細分化防止に関する○○区の指導要綱は既に廃止され，これに替えて建築物の敷地面積の最低限度の規制がそのまま都市計画におり込まれていることは前文でも述べたとおりである（都市計画法第8条第3項第2号イに基づく）。具体的には，宅地の狭小化を防止することにより良好な住環境の保持と安全で快適なまちづくりを促進することを目的として，都市計画のなかで住居系の用途地域内に敷地面積の最低限度が以下のとおり定められている（敷地分割の場合）。

〈平成16年6月24日告示・施行〉

用途地域および建ぺい率		敷地面積の最低限度
第一種低層住居専用地域	（建ぺい率40％）	85㎡
第一種低層住居専用地域	（建ぺい率50％）	70㎡
第一種低層住居専用地域 第一種中高層住居専用地域 第二種中高層住居専用地域 第一種住居地域	建ぺい率60％	60㎡

　これによれば，本件土地の属する用途地域（建ぺい率60％の区域）では敷地面積の最低限度は60㎡と定められており，本件判決時の状況（本件指導要綱に基づく）と変わるところはない。ただ，当時，敷地面積の最低限度の調査を○○区の指導要綱に基づき行っていたのに対し，現在ではこれを都市計画法に基づく都市計画制限の一環として行うという点に相違がみられるだけである（敷地分割のイメージは**資料4**を参照。また，分割後の面積が敷地面積の最低限度を満

資料4

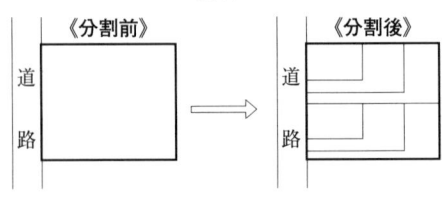

《分割前》　→　《分割後》
(道路に面した敷地を分割する図）

資料5

(1) 本事例のように最低敷地面積が60㎡と定められている場合

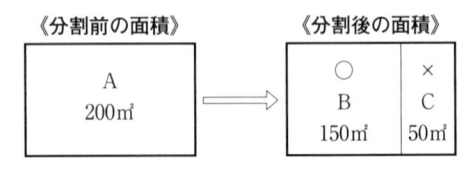

《分割前の面積》　→　《分割後の面積》
A 200㎡　　　○ B 150㎡ ／ × C 50㎡

○：分割後のBの宅地は単独で建築物の敷地として利用することができる。
×：分割後のCの宅地は単独では建築物の敷地として利用することができない。

(2) 最低敷地面積が180㎡と定められている場合

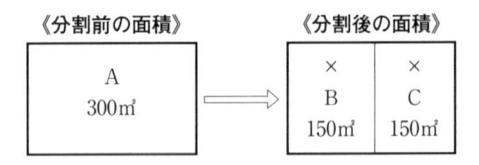

《分割前の面積》　→　《分割後の面積》
A 300㎡　　　× B 150㎡ ／ × C 150㎡

×：分割後のB, Cの宅地とも単独では建築物の敷地として利用することができない。

資料6

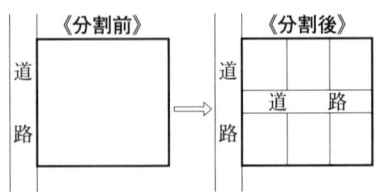

《分割前》　→　《分割後》
(道路に面した敷地を分割し、新たに道路を設ける図）

たさず，建築物の建築ができない場合のイメージは**資料5**を参照）。

これに対し，一団の土地内に道路を新設するなど，それが土地の区画形質の変更に該当し開発行為 (注1) の規制を受ける場合には，別途，宅地開発指導要綱等による規制を受けることが多い（そのイメージは**資料6**を参照）。

(注1) 開発行為とは，主として建築物の建築または特定工作物の建設の用に供する目的で行う土地の区画形質の変更をいう（都市計画法第4条第12項）。

ところで，建築物の敷地面積（あるいは一区画の土地面積）の最低限度を定める根拠となっている規定は都市計画法，建築基準法のような法令や条例のような法的なものだけに限られない。それは，自治体の作成した宅地開発等指導要綱 (注2) のなかにも類似する規定が見受けられるからである。

(注2) 宅地開発等指導要綱：事業者が宅地開発や造成，マンションの建築をしようとする場合に，市町村が独自に定めた規則等（これを一般に「宅地開発等指導要綱」と呼んでいる）に基づいて，宅地開発等の計画内容や隣地の日照等との関係でマンションの計画変更を指導したり，あるいは宅地開発等に伴い必要となる道路や公園などの公共公益施設の整備を求めたり，それらの整備に必要な負担金を求める場合がある。これは，行政指導の一環として行われているもので，指導要綱の有無やその内容は各市町村ごとに違っている。宅地開発等をしようとする場合は，指導要綱の有無やその内容の確認が必要である（『不動産用語辞典』149頁，住宅新報社）。

法的義務として存在する諸規定の他にこのような宅地開発等指導要綱が定められている理由は，無秩序な宅地開発等を防止するため宅地開発等の事業について一定の基準を定め，事業者に対し公共公益施設（道路公園等）の整備を要請することにより良好な市街地の形成を図るためである。

そして，このような指導要綱は都市計画法により定められた開発行為に該当する行為（土地の区画形質の変更）だけでなく，これに該当しない行為（建築行為自体）に対しても適用が義務付けられていることが多い。

たとえば，指導要綱のなかで「宅地開発」という用語を「建築物の建築又は土地の分譲を目的として行う土地の区画形質の変更及び土地の分譲を目的として行う土地の境界の変更をいう。」と定義し，都市計画法上の開発行為の定義に該当しない土地の分譲行為に関しても規制の網を掛けているケースがこれに

該当する。また，指導要綱の適用対象を一定の計画戸数以上の集合住宅の建築や地上 10m 以上の中高層建築物の建築（自己居住用を除く）等に範囲を広げているケースも頻繁に見受けられる。

宅地開発等指導要綱の適用を受ける場合，次のような公共的施設の整備が求められることが多い。また，学校等の公益的施設の整備に関しては事業主に負担金を求められるケースもある。

① 道路（取付道路の幅員その他）
② 交通安全施設
③ 上水道
④ 下水道（汚水施設，雨水施設の整備に関する事項）
⑤ 消防施設
⑥ 緑地，公園，広場または緑化（一定規模以上の宅地開発等の場合）

そこで，このような指導要綱の有効性についてであるが，指導要綱は理論上法規範としての効力があるわけではなく行政執行上の目安ではあるが，基準に該当すれば現実には買主の購入目的が達成できないことを踏まえておく必要があるとも指摘されている(注3)。

(注3) (財)不動産流通近代化センター『宅地建物取引主任者講習テキスト』

以上の内容を踏まえた場合，本件判決の意義は大きいといえよう。

なお，このような要綱の内容は自治体の担当窓口に出向いて建築規制等を調査することにより把握することができる（今日ではインターネットに掲載している自治体も多いが，要綱の有無やその内容を十分に確認するためには窓口調査が必要である）。そして，このような調査は，特に不動産の仲介，管理，鑑定評価等に携わる者にとっては基本的で欠かすことのできないものである(注4)。

(注4) 「物件にかかわる法令上の制限の調査は，法律，条例等の調査のみならず，指導要綱の存否，その内容についても十分調査する必要がある。」（前掲（注3）テキスト）

本件判決で取り上げている最低敷地面積の規制については，宅地建物取引主任者が作成し買主に交付する重要事項説明書のなかに必ず記載すべき項目であり，かつ，その旨を説明しなければならない。その理由は，宅地建物取引業法

第35条第1項第2号に重要事項説明項目として定められている「都市計画法，建築基準法その他の法令に基づく制限で契約内容の別に応じて政令（施行令第3条）で定めるものに関する事項の概要」のなかに「建築物の敷地面積の最低限度の制限」（建築基準法第53条の2第1項）が掲げられているためである（前文で述べたとおり，当該条文の上では「都市計画において定められたときは」とされている）。

このような制限を考慮に入れて本件判決の内容を検討した場合，本件建物を含む全体敷地（約124㎡）を3区画に分割しようとすれば，本件指導要綱の定める基準（最低敷地面積60㎡）を満たすことができず，3区画にそれぞれ独立した建物を建築することはできないことが理解できよう。このため，これを回避しようとすれば，本件判決も指摘するとおり，3区画上に建築する建物と建物の間に接続部分を設けて連棟式の一棟の建物とするなどの方法をとる以外にないということになる。

なお，ここで連棟式の建物ということばの意味であるが，本件判決のなかにはこれを直接定義している個所は見当たらないが，一般的には**資料2**のように一戸建てが何棟も横につながっている集合住宅を指すと理解されている（しばしば，別名で「タウンハウス」とも呼ばれている）。

ただ，本件連棟式建物にみられるように，登記実務上は各区画が別個の建物として扱われている。その根拠については本件判決にも何ら記載はされていないが，基本的には一棟の建物に関する次の考え方が参考になると思われる(注5)。

建物は，「屋根及び周壁又はこれに類するものによって外気が分断され，そこに生活空間が形成されているもの」であるから，「外気分断性」をもった「一つの生活空間」が一棟性判断の基準となるのは間違いない。一棟かまたは数棟かの判断で登記官を悩ます顕著なものとして，「外見的にはそれぞれ独立しているとみられる複数の建物が物理的に接続している場合」を挙げることができる。物理的に別棟と思われる建物のそれぞれがいかに密着又は接近して存在していても，結局，それぞれが別個に，独立して外気分断性を有し，生活空間を形成しているのであれば，それはあくまでも別棟の建物といわざるを得な

い。

(注5) 有馬厚彦『実務表示登記総論』199頁，(社)民事法情報センター，昭和62年12月。

このような連棟式の建物の場合，本件判決も指摘するとおり，建替えの際に各区画が最低敷地面積を満たさなくなったり，区画数が多い場合には道路に2m以上接することのできない区画が生ずる。その意味で，連棟式建物に関しては一戸建ての建物としての建替えが困難であるなどの問題点が指摘されている。

したがって，本件判決のようなケースでは，宅地建物取引主任者が行う重要事項説明のなかで，対象建物が連棟式建物であることや，単独での再建築が可能か不可能かにつき明示しておくことがトラブル防止のために不可欠である。そして，そのためには十分な物件調査が求められてくる。

第2章

税務判例・裁判例からみた評価の適法性

1. 画地の認定方法をめぐって（その1）

> 接している所有者が異なる各土地を一画地として認定した事例
> ——固定資産税における適正な時価（大阪地裁平成22年2月17日判決・判例自治336号33頁）

　固定資産税の評価における適正な時価とは，正常な条件の下に成立する当該土地建物の取引価格，すなわち客観的な交換価値と解されていることは改めて述べるまでもない。

　ただ，このような考え方を実際の評価の場面に当てはめようとした場合（たとえば宅地の価格を算定しようとした場合）でも，その前提となる画地のとらえ方により価格の水準に大きな相違が生ずることがある。すなわち，固定資産評価基準の定める市街地宅地評価法を適用する場合，路線価を基礎として，一画地の宅地ごとに画地計算法により評点数を付設して算定するものとされているが，その際の一画地は，原則として土地課税台帳に登録された一筆の宅地によるものとされている。

　しかし，一筆の宅地または二筆以上の宅地について，その形状，利用状況からみて，これを一体をなしていると認められる部分に区分し，またはこれらを合わせる必要がある場合においては，その一体をなしている部分の宅地ごとに一画地と認定して評価しなければ実態的でないケースが生ずる。このようなケースについては画一的な処理が難しく，画地の範囲のとらえ方に関しても個別的な判断を伴い，その結果が評価額を左右することも多い。それだけに評価庁と納税者間で紛争を生ずる原因ともなりかねないといえる（加えて，固定資産

評価基準では、所有者の異なる土地が一体利用されているケースにつき、所有者別に各土地を単独で評価しなければならない旨の規定はない)。

本項で取り上げる判決は、このような視点から留意が必要と思われるものであり、隣接している所有者が異なる各土地を一画地と認定して固定資産税評価額を決定したことが適法とされたケースである。

●事案の概要●

○○市内に土地を所有するAが、固定資産課税台帳に登録された同土地の平成19年度の価格(以下、「本件価格」という)を不服として、○○市固定資産評価審査委員会(以下、「審査委員会」という)に対して審査申出をしたところ、審査委員会から審査の申出を棄却する決定(以下、「本件審査決定」という)がされた。このため、Aは、本件価格決定および審査手続が違法であるとして、本件審査決定の取消しを求める訴訟を提起していた。

Aは、もともと○○市内に土地を所有していたが、これを分筆した上(以下、「本件土地1および土地2」といい、併せて「本件各土地」という)、このうち本件土地2をAの長男が所有する本件土地3と交換した。Aは、第2年度である平成19年度の固定資産税の賦課期日である平成19年1月1日当時、本件土地1の登記簿上の所有者として登記されていた。

また、当時、本件各土地上には、各土地にまたがってAの長男が所有する建物(以下、「本件建物」という)が存在していた。

○○市長は、本件各土地を一画地と認定した上で、本件価格を決定し、これを土地課税台帳に登録し、Aに対し、平成19年4月2日付でその旨記載した納税通知書を交付したが、Aはこれを不服としていたものである(本件各土地および本件建物の位置関係や形状は判決文に添付されているが、参照した資料には記載がないため省略する)。

●当事者の主張●

1. 原告の主張

　○○市長は，本件各土地を一画地と認定の上，画地計算法を適用して本件価格を算定しているが，これらを一画地と認定することは許されず，本件土地1を単独で一画地と認定すべきである（○○市長が上記の算定方法を適用したため，本件土地価格は適正な時価を超えるものとなっている）。

2. 被告の主張

　本件各土地は，全体が本件建物の敷地として一体的に利用されているものと認められ，しかも，本件建物の構造等に照らしてこのような利用状況は一時的なものではない。また，本件各土地の分筆の経緯等に照らした場合，本件各土地は，その所有者が異なることを考慮してもなお，社会通念に照らして通常一体のものとして取引の対象となると解すべきである。

●裁判所の判断●

1. 当該宅地の価格と客観的交換価値との関係

　本件土地1は，基準年度である平成18年度の賦課期日の後である平成18年12月25日に本件各土地から分筆されたものである。このため，本件土地1の平成19年度の課税標準は，地方税法第349条第2項ただし書 (注1) により，本件土地1に類似する土地の平成18年度の価格に比準する価格，すなわち，平成19年度の賦課期日（同年1月1日）の現況における本件土地1が，仮に平成18年度の賦課期日に所在したものとした場合における，当該土地に類似する土地の平成18年度の価格に比準する価格（ただし，地方税法附則第17条の2

第1項に規定する修正価格がこれを下回る場合は修正価格）で，土地課税台帳等に登録されたものとなる。

そして，ここにいう「価格」とは，適正な時価をいうところ（同法第341条第5号），土地に対する固定資産税は，土地の資産価値に着目し，その所有という事実に担税力を認めて課する一種の財産税であって，個々の土地の収益性の有無にかかわらず，その所有者に対して課すものであるから，上記の適正な時価とは，正常な条件の下に成立する当該土地の取引価格，すなわち客観的な交換価値をいうと解される。

（注1） 地方税法第349条
1 基準年度に係る賦課期日に所在する土地又は家屋（以下，「基準年度の土地又は家屋」という。）に対して課する基準年度の固定資産税の課税標準は，当該土地又は家屋の基準年度に係る賦課期日における価格（以下「基準年度の価格」という。）で土地課税台帳若しくは土地補充課税台帳（以下「土地課税台帳等」という。）又は家屋課税台帳若しくは家屋補充課税台帳（以下「家屋課税台帳等」という。）に登録されたものとする。
2 基準年度の土地又は家屋に対して課する第二年度の固定資産税の課税標準は，当該土地又は家屋に係る基準年度の固定資産税の課税標準の基礎となった価格で土地課税台帳等又は家屋課税台帳等に登録されたものとする。ただし，基準年度の土地又は家屋について第二年度の固定資産税の賦課期日において次の各号に掲げる事情があるため，基準年度の固定資産税の課税標準の基礎となった価格によることが不適当であるか又は当該市町村を通じて固定資産税の課税上著しく均衡を失すると市町村長が認める場合においては，当該土地又は家屋に対して課する第二年度の固定資産税の課税標準は，当該土地又は家屋に類似する土地又は家屋の基準年度の価格に比準する価格で土地課税台帳等又は家屋課税台帳等に登録されたものとする。
一 地目の変換，家屋の改築又は損壊その他これらに類する特別の事情
二 市町村の廃置分合又は境界変更
3～6 （略）

地方税法は，全国一律の統一的な評価によって，各市町村全体の評価の均衡を図るため，固定資産の評価の方法および手続については総務大臣において評価基準を定めることとし（同法第388条第1項），市町村長は，評価基準に従って固定資産の価格を決定しなければならないとされている（同法第403条第1

項。以下，単に「評価基準」と呼ぶ場合には固定資産評価基準を指す）が定められている。

　そして，評価基準は，宅地の評価については，各筆の宅地について評点数を付設し，当該評点数に応じて各筆の宅地の価額を求める方法によるものとし，各筆の宅地の評点数は，主として市街地的形態を形成する地域における宅地については市街地宅地評価法によるものとされている。この方法の具体的内容に加えて，上記地方税法における評価基準の位置付け等に照らせば，評価基準に規定する宅地の評価方法は，前記の適正な時価，すなわち客観的な交換価値を算定する方法として一般的な合理性を有するものということができる。

　したがって，標準宅地の適正な時価に基づいて，評価基準所定の方式に従って算定される限り，当該宅地の価格は，その客観的交換価値を上回っていないと推認することができる（以上につき，最高裁平成15年6月26日判決・民集57巻6号723頁参照）。

2. 画地の認定について

　(1)　評価基準の定める市街地宅地評価法においては，路線価を基礎として，一画地の宅地ごとに画地計算法を適用して評点数を付設して算定するものとされている。そして，評価基準別表第3の2は，画地計算法を適用する前提となる画地の認定について，一画地は，原則として土地課税台帳に登録された一筆の宅地によるものとしている。ただし，一筆の宅地または二筆以上の宅地について，その形状，利用状況からみて，これを一体をなしていると認められる部分に区分し，またはこれらを合わせる必要がある場合においては，その一体をなしている部分の宅地ごとに一画地とする旨規定している。これは，以下の趣旨であると解される。

　　① 市町村長において評価すべき固定資産がきわめて多数に及び，そのすべてについて現実の利用状況に従った画地の認定をすることは事務的，技術的に困難であること。このため，土地の価格が一筆ごとに土地課税台帳に登録されることや，同一所有者に属する筆の分合はその利用状況に関係な

く所有者の自由意思でできること等にかんがみ，原則として，土地課税台帳等に登録された一筆の宅地をもって一画地とすることとする。
② ただし，その形状や現実の利用状況等によっては，上記の一筆一画地の原則により画地認定し，画地計算法を適用したのでは，適正な時価すなわち客観的な交換価値への接近方法として一般的な合理性を欠き，各筆の宅地の評価額に大きな不均衡を招来する場合も考えられる。したがって，このような場合にあっては，上記一筆一画地の原則の例外として，その形状，利用状況等からみて，これを一体をなしていると認められる部分をもって一画地とすることとする。

以上のような評価基準の趣旨に照らすと，評価基準別表第3の2ただし書の「一筆の宅地又は隣接する二筆以上の宅地について，その形状，利用状況等からみて，これを一体をなしていると認められる部分に区分し，又はこれらを合わせる必要がある場合」に該当するのは，その形状，利用状況等に照らして，一筆一画地の原則を適用して画地計算法を適用したのでは，客観的な交換価値への接近方法としての一般的合理性を欠くと認められる場合をいうと解すべきである。そして，上記のとおり，客観的な交換価値とは，正常な条件の下において成立する取引価格を意味することからすれば，具体的には，一筆の宅地の一部または隣接する二筆以上の宅地がその具体的な形状，利用状況等に照らして通常一体として取引対象とされるものかという観点から，社会通念に照らして判断すべきである。

そして，二筆以上の宅地が隣接している場合であっても，各土地の所有者が異なる場合には，当該各所有者ごとに当該各土地を自由に処分することができるから，一般的には，これらの土地が社会通念に照らして通常一体として取引の対象となるとは認め難いところである。

しかしながら，二筆以上の宅地が隣接し，それら各土地の所有者が異なる場合であっても，当該土地が，長期間存続すると予想できる一つの建物の敷地として一体として利用されているような場合には，上記各土地所有者がそれぞれ自己の所有地を自由に処分する権限を有していることを踏まえてもなお，これ

ら各土地が個別に取引対象となるとは通常考え難い。このような場合は，むしろ，これら各土地が一体として取引の対象となるのが通常であると考えられ，これらの各土地を別個に画地として認定し，評価したのでは，前記客観的な交換価値への接近方法としての一般的な合理性を欠くというべきである。

(2) 本件各土地との関連
① 利用状況との関連

以上の見地から本件各土地についてみるに，前記前提事実に加えて，本件土地1は本件土地2に隣接し，これら本件各土地上には平成10年3月に築造された鉄骨造陸屋根3階建の共同住宅である本件建物が存在し，しかも，本件土地1および本件土地2のいずれについても，その相当部分を本件建物の敷地部分が占めているものと認められる。

これによれば，本件各土地は，その全体が本件建物の敷地として一体として利用されているものと認められ，しかも，本件建物の構造等に照らしてそうした利用状況は一時的なものではなく，相当長期間続くものであるということができる。そして，以上のような本件各土地の形状および利用状況にかんがみると，本件各土地は，その所有者が異なることを考慮してもなお，社会通念に照らして通常一体のものとして取引の対象となると解するのが自然であり，一筆一画地の原則により画地認定し，画地計算法を適用したのでは，客観的な交換価値への接近方法として一般的合理性を欠く場合に当たるというべきである。

② 分筆の経緯等との関連

本件分筆の経緯等に照らしても，本件各土地は一筆一画地の原則を適用できない例外に当たる場合ということができる。

すなわち，本件土地1は，平成18年12月25日に本件各土地から分筆されたものであるところ，原告は，当初，本件各土地全体を所有していたが，そのうち道路に面する一部を分筆の上，原告の長男であるXが所有する本件土地3と交換することとした。その際，本件土地2の価格が本件土地3の価格（固定資産税評価額に同土地の地積を乗じた価額）と同一の価

格となるよう本件土地1と本件土地2との分筆線を定めて本件各土地を分筆した（以下，「本件分筆」という）。そして，同月28日には，実際に，本件各土地のうち，道路に面する本件土地2をXが所有する本件土地3との交換によりその所有権をXに移転し，同日，その旨の所有権移転登記を経由したことが認められる。

　これらによると，本件分筆は，本件各土地の一部を本件土地3と等価で交換するために行われたものであり，その分筆線も，本件土地3と価格が等しい土地を作出するよう定められたものであって，本件各土地の現実の形状ないし利用状況に着目して定められたものではないということができる。それだけでなく，本件各土地から分筆された本件土地2については，原告の親族であるXの所有とされ，しかも，本件各土地上に存する本件建物もXの所有に属している。

③　一体取引の対象か否か

　以上のような本件分筆の経緯，本件各土地および本件建物の所有関係等からすれば，本件土地1が本件土地2とは独立に取引対象とされることは到底考え難いところであって，先に認定した本件各土地の利用状況をも併せ考えれば，本件各土地は，社会通念に照らして一体として取引の対象となるのが通常であるというべきである。

　なお，原告は，本件分筆は，原告が所有する自宅建物の敷地である本件土地3を原告の単独所有にするために行われたものであって，不合理な分筆ではないと主張する。しかし，仮に本件分筆の動機が原告が主張するとおりであったとしても，その経緯およびこれにより作出された本件各土地の所有形態等に照らせば，本件各土地が社会通念に照らして一体として取引の対象となるのが通常であるという上記判断を左右するものではないというべきである。

④　本件の画地の認定

　以上により，本件各土地は社会通念上一体のものとして取引対象となるのが通常であると考えられる。そして，これらを別個に画地として認定し

て画地計算法を適用したのでは客観的な交換価値への接近方法としての一般的合理性を欠くことが明らかであるから，評価基準別表第3の2ただし書に該当するものとして，これら本件各土地を合わせて一画地と認定すべきである。したがって，○○市長が本件価格の算定に当たり，本件各土地を一画地と認定したことは評価基準に照らして正当である。

3. 本件価格の適法性

以上のとおり，○○市長が本件土地1についてした画地の認定は評価基準に照らして正当というべきであり，○○市長は，同画地認定を前提として本件価格を決定したものである。そして，前記1のとおり，標準宅地の適正な時価に基づいて評価基準所定の方式に従って算定される限り，当該宅地の価格はその客観的交換価値を上回っていないと推認することができる。

また，原告においても，本件価格の算定の基礎とされた本件標準宅地の適正な時価およびこれを前提とする路線価については争っておらず，○○市長によるその余の算出過程も地方税法および評価基準に従ったものであると認められる以上，本件価格は客観的交換価値を上回っていないと認められる。よって，○○市長による本件価格の決定は適法である。

4. 原告の主張について

原告は，連続する二筆以上の土地がビルの敷地等として一体利用されているときであっても，各土地ごとの評価は各土地ごとの土地利用の権利関係や各土地本来の土地利用の利便性が異なるため，同一とはならず，これらを一画地として認定することはできないと主張する。

しかしながら，連続する二筆以上の土地が建物の敷地等として一体利用されている場合には，これらはその所有者が異なる場合であっても，通常，一体として取引の対象となると考えられることは前記のとおりである。そして，このようにして二筆以上の土地が一体として取引の対象とされる場合には，そもそも，これらの土地は，通常一体として評価されるものと解される。

また，原告は，二筆以上の土地を一体利用するためには，民法に従い関係者間で賃貸借契約を締結しなければならないが，これらの土地の所有者が異なる場合は，当該賃貸借契約も土地ごとに締結されることになるし，一体利用の利用状況による評価を認めることは，賃貸借関係による土地利用の状況により評価額を変えることになり，評価基準が採用する更地評価主義にも反すると主張する。

しかしながら，前記のとおり，連続する二筆の土地が相当の長期間存在すると予想できる一つの建物の敷地として一体利用されているような場合には，そのような現実の利用状況に着目して，その所有者が別であるなどの事情を踏まえてもなおこれらが一体として取引対象とされることが通常であることに鑑み，これらを合わせて一画地として認定すべきとしているにすぎない。また，そのような現実の利用関係の背景にある賃貸借契約等の権利関係に着目して画地を認定しているものではないから，これを一画地と認定することも評価基準第1章第1節三に規定するいわゆる更地評価主義に反するものではないというべきであり，原告の上記主張を採用することはできない。

5. 結 論

本件価格の算定は評価基準に沿ったものであるといえ，適正な時価を超えるものではないと認められるから，○○市長による本件価格の決定は適法である。

《判例から読み取る調査上の留意点》

画地認定とは，土地の評価に当たり，その対象となる一区画の範囲を特定することを意味している。そして，固定資産税の評価において，画地認定の作業が価格に及ぼす影響には無視し得ないものがある。このような事情は，本件のような紛争事例を通じても明らかとなるが，このことを本件判決とは別に**資料1**および**資料2**の図によって考えてみたい。

資料1　公図写

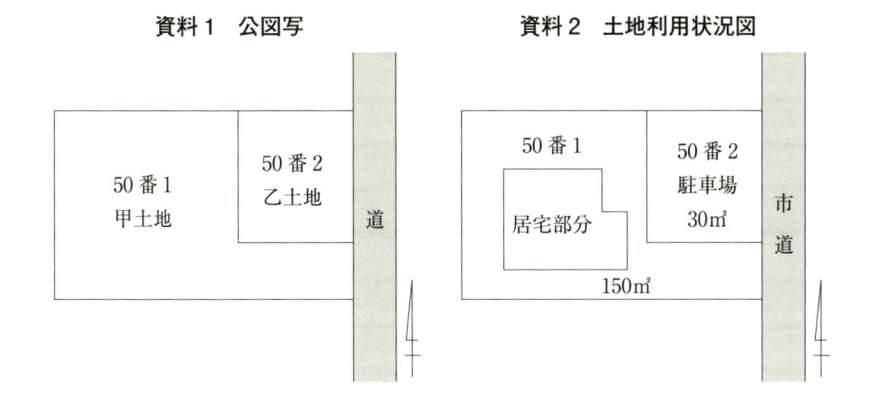

```
┌─────────────────┬──────────┐
│                 │          │
│   50番1         │  50番2   │
│   甲土地        │  乙土地  │道
│                 │          │
└─────────────────┴──────────┘
```

資料2　土地利用状況図

```
┌─────────────────┬──────────┐
│   50番1         │  50番2   │
│  ┌──────────┐   │  駐車場  │市
│  │ 居宅部分 │   │  30㎡    │道
│  └──────────┘   │          │
│         150㎡               │
└─────────────────┴──────────┘
```

資料1のとおり，甲土地および乙土地は登記簿上二つの筆に分かれているが（50番1および50番2），所有者はいずれも同一人（A氏）であり，現況はA氏の住宅の敷地として一体利用されているとする（**資料2**のとおり，50番1の土地上には居宅が建っており，50番2の土地は駐車場として利用されている）。

画地認定に当たっては，利用目的の同一性（一画地と認定するためには利用目的が同一であることが必要）および連続性（一画地と認定するためには土地が連続しているか一団となっていることが必要）の観点からの判断が求められるが，図の甲土地および乙土地は住宅の敷地として一体利用されていることから，一画地と認定されることとなる。その結果，甲土地および乙土地を単独で（＝150㎡の土地と30㎡の土地に分けて）評価するのではなく，これらを一体とした180㎡の土地として評価が行われる。

仮に，それぞれの土地を単独で評価するとした場合，甲土地は間口が狭く，旗竿状の不整形な土地として扱われ，評価額もこれに見合う分だけ割安となるのが通常である。これに対し，一体で評価を行う場合には，対象地が戸建住宅の敷地として最有効使用の状態にある限り，格別の減価要因は生じない。

このように二つの筆を単独の区画としてとらえるか，一体の区画としてとらえるかにより価格形成要因が異なってくるといえよう（既出資料に掲げた土地の場合，甲土地および乙土地を合わせた一体地の単価が甲土地にも乙土地にも適用される）。本項に掲げた判決でも，二つの区画の所有者は異なるが，このよう

な視点に立って画地認定を行っているといえよう。

　従来から指摘されているとおり，固定資産税の評価に特徴的なことは，画地認定の際，各筆の所有者の同一性を要件としていない点にある。すなわち，隣接する宅地が複数の筆にわたり，それぞれの所有者が異なる場合でも，これらが一体として利用されている限り，一体をなしている部分の宅地ごとに一画地とみなされている点にある。たとえば，既出資料に掲げた土地で，仮に，甲土地が自己所有地，乙土地が借地であるとしても，これらが一体利用されている限り，それぞれが単独で評価されることはないといえる。

　本件判決においても，紛争の対象となった複数の宅地が，それぞれの所有者は異なるものの，同一利用目的の一体地として画地認定され，これを前提とした価格が算定されている点に共通点を見出すことができる。

　ただ，このような考え方が一般の不動産市場および鑑定評価にそのまま当てはまるかどうかについては問題の残るところである。その理由は，一般の不動産市場においては隣接する各土地の所有者が異なる場合（ただし，親族間等での特殊な所有関係のケースは除く）には，たとえ一体利用が行われていても，個々の土地処分が一体で行われるとは限らないからである（むしろ，処分の意思決定は各所有者の自由に任されているといってよいであろう）。

　このような事情を反映し，鑑定評価においても所有者の同一性という視点から画地認定（鑑定評価上の用語でいえば「対象不動産の特定」）が行われ，その結果，同一所有者の保有する不動産につき，評価目的に沿って特定された範囲を対象として鑑定評価額が求められることとなる（所有者別に評価額を求めるという考え方は相続税の財産評価にも共通している）。

　上記の相違を踏まえた場合，固定資産評価基準に則り利用目的の同一性という視点に立って算定された価格が，市場における取引実態を反映する価格と言い切れるのかどうかを検証することが必要となる（この問題は，固定資産税評価における「適正な時価」とも深く関連する）。

　たとえば，**資料3**のように，A地とB地が隣接しており，それぞれの所有者は異なるものの，商業施設の来客駐車場として一体利用されているものとす

178   第2章　税務判例・裁判例からみた評価の適法性

資料3　商業地域内にある土地を想定

```
┌─────────────────────────────────────┐
│      ○○市道　（幅員10m）              │
├─────────────────────────────────────┤
│              指定容積率400%            │
│              基準容積率400%            │
│                 A 地                  │
│                 500㎡                 │
│                                       │
├──────────────────┬──────────────────┤
│  指定容積率400%    │  指定容積率400%    │
│  基準容積率240%    │  基準容積率240%    │
│      B 地         │      C 地         │
│      200㎡        │      300㎡        │
├──────────────────┴──────────────────┤
│      ○○市道　（幅員4m）              │
└─────────────────────────────────────┘
```

（注）　A地，B地，C地の所有者はそれぞれ異なる。現況はA地，B地を商業施設の来客用駐車場として一体として使用している（C地は別目的に使用中）。なお，A地，B地の外周にはフェンスが設置されている。

る（C地の所有者はA地，B地の所有者とも異なり，駐車場として一体利用されていない前提とする）。

A地は幅員10mの市道に接し，B地は幅員4mの市道に接しているが，建築基準法上使用可能な容積率はそれぞれ異なっている。すなわち，建築基準法上使用可能な容積率は，都市計画で指定された容積率と，道路幅員に一定の係数（**資料3**のような商業地の場合は0.6。住宅地の場合は0.4）を乗じて計算した容積率のうち，厳しい方を適用することとされているからである。

たとえば，A地，B地とも都市計画の上では容積率400%の地域に指定されているが，道路の幅員との関連で使用可能な容積率を計算した場合，**[算式1]**のような相違が生ずる。

［算式1］

　○A地の場合

　　（道路幅員から計算した場合）　　10m × 0.6 × 100% = 600%

　　（都市計画で指定された容積率）　400%

（実際に使用可能な容積率）　　　400%（600% > 400%のため）
○B地の場合
（道路幅員から計算した場合）　　4m × 0.6 × 100% = 240%
（都市計画で指定された容積率）　400%
（実際に使用可能な容積率）　　　240%（400% > 240%のため）

　このような容積率の相違および幅員の広狭からくる出入客の多少（＝繁華性の相違）等を反映し，幅員の広い道路に接するA地の価格が300,000円/㎡であったとする。また，幅員の狭い道路に接するB地の価格は200,000円/㎡であったとする。

　ここで，仮に，A地およびB地が一画地（一体地）という前提で鑑定評価を行う場合には，[**算式2**]の考え方に基づき価格が算定される。

[**算式2**]
　○A地およびB地を一体地として鑑定評価を行う場合
　　A地の価格が幅員10mの市道に接する標準的な画地の価格と等しいとすれば，一体地には標準的な画地と比較して次の増価要因と減価要因が生ずる（なお，一体地の面積は700㎡となり，標準的な画地（500㎡程度）と比較して規模がやや大きくなるが，近隣地域においてまとまりのある土地が希少であるという想定の基に，規模の面での減価は生じないものとする）。
　　（増価要因）一体地となることにより二方路地となる。
　　（減価要因）一体地となることにより全体が不整形地となる。
　　（上記要因を反映した結果としての一体地の価格）

　　（標準的な画地の価格）（不整形補正）　　（二方路地）　　（一体地の価格）
　　　300,000円/㎡ ×（100% − 20%）×（100% + 2%）× 700㎡ ≒ 171,000,000円
　　なお，一体地の単価は，171,000,000円 ÷ 700㎡ ≒ 244,000円/㎡となる。

　資料3のようなケースでは，A地を単独で評価した場合には300,000円/㎡の価格が求められるところ，A地およびB地を一体地とすることにより，A地の価格は244,000円/㎡に下落する結果となる。これとは反対に，B地を単独で評価した場合には200,000円/㎡の価格が求められるところ，A地および

B地を一体地とすることにより，B地の価格は244,000円/㎡に上昇する結果となる。

しかし，現実の不動産市場に当てはめた場合はどうであろうか。**資料3**において，A地およびB地の所有者が異なるという前提に立った場合，A地の所有者は市場売却を検討する際，他人の所有地と一体となった状態を前提とする売却条件ではこれに応じないであろう（A地を単独で処分すれば300,000円/㎡でこれが可能であるところ，経済合理性に反してわざわざ244,000円/㎡で売却する人はいないからである）。その結果，B地の所有者にとっても244,000円/㎡という売却価格は実現不能ということになる。

このように，**資料3**のような場合，所有者の異なるA地およびB地の市場における売却価格は，それぞれの画地を単独でとらえた金額がベースとなるのが通常の姿である。

以上の例から理解し得るとおり，一体地の評価を前提とした場合，ケースによっては固定資産評価基準によって求められた価格と現実の取引市場で成立するであろう価格との間に乖離が生ずる可能性もある（ただし，本件判決の場合，一体地の評価を前提とすることが合理的であることは前述したとおりである）。

ここで，仮に上記のような乖離が生ずるとした場合，その要因は評価（価格）の基本スタンスを土地利用の一体性に置くか，所有関係に置くかの相違によると考えられる。これに関しては，次の見解がその特徴を端的に表わしている (注2)。

「固定資産税は，資産の保有と市町村の行政サービスとの間に存在する受益関係に着目し，その保有の継続を前提に資産価値に応じて毎年経常的に課税する市町村の基幹的税である。評価方法としては，売買実例基準方式を採用しているが（中略）資産の保有の継続を前提としていることから，現実の利用状況をより重視した評価となっている。現実の利用状況という意味においては，評価を行う上で自己所有地であるか，借地であるかは関係ないことであり，土地の所有関係という要素を評価上考慮する必要はないものと考えられる。」

(注2) 固定資産税務研究会編集『固定資産税実務提要』(加除式)(三章,2「評価及び価格の決定」,ぎょうせい)。

ただ,このような見解によるだけでは適正な時価との関連で明快に割り切れない側面を有していることも指摘されている。たとえば,「所有者等の同一性に関しては,現在の一般的な画地認定方法に従ってこれを考慮しないという立場に立てば,『適正な時価』の意義との矛盾等の問題が生じ,一方,『適正な時価』の意義等を重視してこれを考慮すべきという立場に立てば,固定資産評価基準及び現在の判例との間で問題が生じるという状況なのであり,実務上,どちらの立場に立っても,何らかの問題が残るグレーゾーンの部分であるといわざるを得ない」(注3)という点である。

(注3) 阿部祐一郎,山本一清「画地認定の基礎知識と例題〔3〕」『税』2010年3月号138頁。

なお,ここに登場する「適正な時価」の意義とは,それが市場における客観的な交換価値を表わすということであり,単に資産を保有している状態での価値にとどまらず一般市場での売却も視野に入れたものであるという点である。その意味で,**資料3**に掲げた一体地の価格と取引市場との関係は,そのまま固定資産税における「適正な時価」のとらえ方の問題に波及するように思われる。すなわち,一体地の価格として固定資産税評価額を求めた結果が,取引市場における正常な価格としてどの程度まで説得力を有するかという問題である。

このように,画地認定に関しては実務的にも様々な問題点が内包されているが,現実的な側面からとらえるならば,判例の考え方にも裏付けられて利用上の同一性に着目した評価実務が今後とも固定資産税評価の支えとなることに変わりはないであろう。また,現時点でもほとんどの市町村で上記観点に基づく画地認定が行われているようである。

ただ,実務に携わる者として,画地認定に際しては既に述べてきたように様々な問題点が内包されているため,個々の案件処理を行うに当たっては常に問題意識を持つことが必要であるということである(注4)。

(注4) これに関連し,次の指摘も見られる。

「固定資産税宅地評価における画地認定も,本来は他の公的評価における画地認定と同様に行われるべきものです。しかしながら,判例を見ても,現在のところ,その多くが,固定資産評価基準に定めがないことを理由に,所有者等の同一性を要件とはしていません。ただし,平成15年6月26日最高裁判所第一小法廷判決(平成10年(行ヒ)第41号)(※)を受けて,今後は異なる見解が示される可能性を有しており,課題の有る部分であることは認識しておくべきでしょう。

(※) 当判決では,地方税法第341条第5号における『適正な時価』は『客観的交換価値』であるという観点から,固定資産評価基準によって算定していても,『土地課税台帳等に登録された価格が賦課期日における当該土地の客観的な交換価値を上回れば,当該価格の決定は違法となる。』とされています。」(阿部祐一郎,山本一清「画地認定の基礎知識と例題〔2〕」『税』2010年2月号214頁。

以上,本項では一画地の認定方法をめぐる判決を取り上げた。本判決の場合,利用上の一体性に着目して評価を行うことが合理的であり,かつ,市場の実態を反映しているものと考えられるが,他のケースを検討した場合,必ずしもそのとおりとはいえないこともあり得る。

このような場合,乖離の原因を固定資産税の評価に特有の考え方であると説明することは容易であるが,適正な時価との関連を鑑みた場合,当該価格が固定資産税評価額の本質を表わすものとしてより的確なものであるといえるだけの根拠付けを研究しておくことが重要課題となると思われる。

2. 画地の認定方法をめぐって (その2)

> 合筆後の土地の利用状況に変動が生じたとして価格の見直しが行われた事例——固定資産税における適正な時価（最高裁平成14年7月9日判決・(財)資産評価システム研究センター資料閲覧室『固定資産税判例解説資料』）

　前項では，固定資産税の評価における画地認定の意義やその位置付け等について取り上げ，併せて一画地のとらえ方いかんにより土地の価格も変化し得ることを述べた。これらの判断を行うに当たっては固定資産評価基準に具体的な規定が置かれているわけでもなく，かつ，個々の土地の状況には様々なものがあることから，画地認定の際に実務上迷うことも多いと思われる。その際，複数の筆が同じ一画地とみなされれば，すべての筆につき同一の価格（単価）が求められる。これに対し，複数の筆が別々の画地とみなされた場合には，それぞれの間口，奥行，形状等が相違すれば各筆ごとに異なる価格（単価）が求められる。

　固定資産税の評価の対象となる土地の筆数は全国規模で膨大な量に上る反面，市町村における固定資産税評価の担当者の数には限度がある。このため，画地認定の際にいくつかの判断を伴う場合，そのいかんが納税額に直接的な影響を及ぼす結果となれば，納税者との間で紛争に発展するケースも生じ得ると思われる。

　本項で取り上げる判決（最高裁平成14年7月9日判決。一審：浦和地裁平成10年1月26日判決，控訴審：東京高裁平成10年9月30日判決）もその一つである。

本件の特徴は，従前から存在した所有者の異なる三筆の土地がその後合筆されて一筆の土地となったが，これを利用状況に変化のない単なる合筆とみるのか，利用状況に変化を生じさせた合筆とみるのかにより，裁判所の判断が相違している点である（その結果，判決の結果も方向が異なるものとなっている）。したがって，同じようなケースに遭遇した場合でも，画地の状況いかんにより本項で紹介する判決の考え方だけでは明確な判断が付きかねることがあるかも知れないが，固定資産税評価額そのものに影響を与える重要な判決であるため念頭に置くことが必要であろう。

●事案の概要●

以下，上告人とは○○市固定資産評価審査委員会（一審：被告，控訴審：被控訴人）を，被上告人とは納税者（一審：原告，控訴審：控訴人）を指す。

被上告人が共有する物件目録（略）記載の土地（以下，「本件土地」という）につき，○○市長（以下，「原処分庁」という）は，地方税法第349条第3項ただし書(注1)に基づき平成8年度（第三年度）の固定資産税の課税標準の基礎となる価格を8,046万2,940円とする価格決定（以下，「本件価格決定」という）をし，同価格が土地課税台帳に登録された。このため，被上告人は同価格について審査の申出（以下，「本件審査申出」という）をしたが，上告人がこれを棄却する旨の決定（以下，「本件棄却決定」という）をしたため，被上告人が本件棄却決定の取消しを求めていたものである。

なお，事実関係の概要は以下のとおりである。

① 本件土地は，平成6年度（基準年度）の固定資産税の賦課期日である平成6年1月1日当時，平成8年度（第三年度）の同賦課期日である平成8年1月1日当時における本件土地と地番，地積および範囲が同一の正方形に近い形状をした一筆の宅地（以下，「旧本件土地」という）であり，○○○○が所有していた。旧本件土地上には，居宅が存在していた。

原処分庁は，平成6年1月1日の賦課期日における旧本件土地の価格を

8,046万2,940円と決定し,同価格が土地課税台帳に登録された。

② 旧本件土地は,平成6年7月27日,土地1ないし土地3の三筆の土地(以下,「本件三筆地」という)に分筆された(以下,この分筆を「本件分筆」という)上,土地2は○○○に,土地3は○○○に譲渡され,それぞれ所有権移転登記がされた。

本件三筆地の各土地の面積は,土地1が49.24㎡,土地2が174.55㎡,土地3が125.27㎡であり,いずれも間口に対して奥行が長い長方形の形状の土地である。旧本件土地上に存在していた居宅は,同年10月19日に取り壊され,本件三筆地はいずれも更地となった。

③ 被上告人は,平成6年11月16日,本件三筆地を各所有者から買い受け,所有権移転登記をした。平成7年度(第二年度)の固定資産税の賦課期日である平成7年1月1日当時,本件三筆地は,いずれも被上告人が共有する更地であった。

原処分庁は,旧本件土地について,上記賦課期日において地方税法第349条第2項第1号の特別の事情(注2)があり,同項ただし書(注3)に該当するとして評価替えを行い,同賦課期日における本件三筆地の各土地の価格をそれぞれ決定し,それぞれの価格が土地課税台帳に登録された。その価格の合計は7,477万1,852円であった(注4)。

④ 本件三筆地は,平成7年2月3日,合筆されて本件土地となった(以下,この合筆を「本件合筆」という)。平成8年度(第三年度)の固定資産税の賦課期日である平成8年1月1日当時,本件土地は被上告人が共有する一筆の更地であった。

原処分庁は,本件三筆地について,上記賦課期日において地方税法第349条第2項第1号の特別の事情があり,同条第3項ただし書に該当するとして評価替えを行い,同賦課期日における本件土地の価格を旧本件土地の価格に比準して8,046万2,940円とする旨の本件価格決定をし,同価格が土地課税台帳に登録された(注5)。

⑤ 被上告人は,平成8年5月2日,上告人に対し,本件土地の固定資産課

税台帳の登録価格について，本件審査を申し出た。

(注1) 前項でも下記条文の一部（第349条第1項および第2項）を掲載したが，本項で省略すると本文の趣旨が分かりにくくなるため，改めて掲載することとした。

地方税法第349条

1 基準年度に係る賦課期日に所在する土地又は家屋（以下，「基準年度の土地又は家屋」という。）に対して課する基準年度の固定資産税の課税標準は，当該土地又は家屋の基準年度に係る賦課期日における価格（以下「基準年度の価格」という。）で土地課税台帳若しくは土地補充課税台帳（以下「土地課税台帳等」という。）又は家屋課税台帳若しくは家屋補充課税台帳（以下「家屋課税台帳等」という。）に登録されたものとする。

2 基準年度の土地又は家屋に対して課する第二年度の固定資産税の課税標準は，当該土地又は家屋に係る基準年度の固定資産税の課税標準の基礎となった価格で土地課税台帳等又は家屋課税台帳等に登録されたものとする。ただし，基準年度の土地又は家屋について第二年度の固定資産税の賦課期日において次の各号に掲げる事情があるため，基準年度の固定資産税の課税標準の基礎となった価格によることが不適当であるか又は当該市町村を通じて固定資産税の課税上著しく均衡を失すると市町村長が認める場合においては，当該土地又は家屋に対して課する第二年度の固定資産税の課税標準は，当該土地又は家屋に類似する土地又は家屋の基準年度の価格に比準する価格で土地課税台帳等又は家屋課税台帳等に登録されたものとする。

　一　地目の変換，家屋の改築又は損壊その他これらに類する特別の事情
　二　市町村の廃置分合又は境界変更

3 基準年度の土地又は家屋に対して課する第三年度の固定資産税の課税標準は，当該土地又は家屋に係る基準年度の固定資産税の課税標準の基礎となった価格（第二年度において前項ただし書に掲げる事情があったため，同項ただし書の規定によって当該土地又は家屋に対して課する第二年度の固定資産税の課税標準とされた価格がある場合においては，当該価格とする。以下本項において同じ。）で土地課税台帳等又は家屋課税台帳等に登録されたものとする。ただし，基準年度の土地又は家屋について第三年度の固定資産税の賦課期日において前項各号に掲げる事情があるため，基準年度の固定資産税の課税標準の基礎となった価格によることが不適当であるか又は当該市町村を通じて固定資産税の課税上著しく均衡を失すると市町村長が認める場合においては，当該土地又は家屋に対して課する第三年度の固定資産税の課税標準は，当該土地又は家屋に類似する土地又は家屋の基準年度の価格に比準する価格で土地課税台帳等又は家屋課税台帳等に登録

されたものとする。

4~6 (略)
(注2) (注3) 上記条文を参照。
(注4) 後掲のとおり,ここでは三筆の土地を独立した利用形態とみなしている。
(注5) 後掲のとおり,ここでは一筆の土地となっており,一体の利用形態とみなしている。

●当事者の主張と一審および控訴審における裁判所の判断●

一審および控訴審において,原告および被告は次のような主張を行っていた(下記文中で,「本件土地」,「本件価格決定」等の意味するところは上記最高裁判決と同じである)。このような主張内容は最高裁における審理においても同様である。

1. 一審における主張と裁判所の判断

(1) 原告の主張

本件価格決定は,以下の点で違法である。

① 地方税法(以下,「法」という)第349条第2項第1号に掲げられる地目の変換その他これらに類する特別な事情とは,その土地の全部または一部について,用途変更による地目の変換または浸水,土砂の流入,隆起,陥没,地すべり,埋没等によって当該土地の区画,形質に著しい変化があった場合等をいう。そして,ここでいう区画,形質の著しい変化とは,自然的変化の外,一団の土地を造成して複数の宅地を区画割りするような場合が該当するのであって,土地の分合筆による納税者間の不公平を防止するため,利用上何らの変化ももたらさない単なる合筆の場合においては,合筆後の土地の価格が当該合筆前の土地の基準年度の固定資産税の課税標準の基礎となった価格と一致するように評価するものとされている。

本件土地は,平成7年度および平成8年度の賦課期日現在においていずれも未利用の更地であり,平成7年2月3日に本件合筆をした以外に何ら

物理的にも利用形態的にも変化はない。平成8年度の本件価格決定は，今後一体利用されるのか，分割利用されるのか特定できない状況のもとでの評価であるから，原処分庁の側で勝手に一体利用を前提とする評価をすることは避けるべきである。

したがって，本件土地の平成8年度の価格につき，一体利用地として新たに平成7年度の価格を上回る価格を決定した原処分庁の本件価格決定は違法である。

② 仮に，本件合筆が前記の特別な事情に該当するとしても，その場合の不服については，評価替えに当たっては，画地計算法に規定されている要因だけでなく，不動産の評価額に影響を及ぼすその他の価格形成要因も考慮すべきである。

本件土地の地積は349.08㎡であり，周辺の画地の平均地積100ないし165㎡と比較してかなり広く，また，立地条件が良く地価水準が高いことから，土地の価格の総額は大きくなる。このような総額の大きい土地は市場性が劣り，不動産鑑定評価において相当な減価要因となるから，これを考慮すべきである。

また，画地計算法を適用する場合においても，固定資産評価基準では，市町村長は，宅地の状況に応じ，必要があるときは，画地計算法の付表等について所要の補正をすることとしているのであるから，本件土地の評価でも，この所要の補正において面積過大の減価要因を考慮すべきである。

(2) 被告の主張

① 本件土地の評価方法

1) 固定資産評価基準第1章別表第3によると，宅地の評点数は，原則として土地課税台帳に登録された一筆の土地（＝一画地の宅地）ごとに画地計算法を適用して付設することとなるが，この一筆の土地とは，原則として不動産登記簿において一筆とされている土地と同一である。そして，例外として，二筆以上の土地が現実に一体として利用されている場合には，土地の現況により，これらの土地を一筆の土地とみなして評価

額を算定することができる。

2) このように，原則として登記簿上の一筆の土地が一画地とされるため，前年度の賦課期日の翌日から当年度の賦課期日の間に土地が合筆あるいは分筆された場合には，法第349条第2項第1号にいう「その他これらに類する特別な事情」に含まれる区画の著しい変更に該当する。

　ちなみに，行政実例にいう「単なる分合筆」とは，一筆の土地を一体として利用している状態のままで分筆するような場合，あるいは二筆以上の土地を一体として利用している状態のままで合筆したような場合を指す。そして，現実に利用されていない土地の区画の認定は，不動産登記簿上の筆数によって，その筆ごとに区分されたものとして判断すべきである。

3) 平成7年度の賦課期日においては，本件土地に該当する部分は，現実に利用されていない東西に細長く三筆に分筆された更地であり，これらの土地の所有者である原告らは賦課期日の直前である平成6年11月28日に3名の所有者から所有権を取得した。当時，この三筆は一体として利用されていなかったので，原処分庁は，固定資産評価基準における原則どおり，登記簿上の筆ごとに区分された土地として評価額を算定した(注6)。

　しかし，平成8年度の賦課期日において，本件土地は，平成7年2月3日の合筆により一筆の更地となっていたので，法第349条第2項第1号にいう「その他これらに類する特別な事情」に該当したことから，上記三筆をそれぞれ独立に評価した第二年度の価格によることは不適当であり，固定資産評価基準に従って登記簿上の筆ごとに一筆一画地として評価額を算定すべきであった。そこで，原処分庁は，法第349条第3項ただし書に基づいて新たに価格の決定を行い，その際，旧本件土地の基準年度の価格に比準して上記価格を算出した。

　以上のとおり，本件価格決定は，法および固定資産評価基準に従ってなされたものであって，何ら違法な点はない。

(注6) このように，三筆の土地は一体利用されていなかったため，独立した筆として評価した点に特徴がある。

② 固定資産評価基準による所要の補正の要否

固定資産評価基準にいう所要の補正とは，市町村長の裁量の範囲を示したものであり，傾斜地，無道路地，高圧送電線の下の土地等，所定の方式に従って算定したのでは適正な価格とはいえないと市町村長が判断した場合に補正が行われる。しかし，土地の面積の大小という要素については，それだけで土地の単位面積当たりの価格が当然に低くなるとする根拠がないばかりでなく，その判断基準はきわめて曖昧であって明確な基準を設定することはできない。したがって，原処分庁が本件土地の面積を理由として所要の補正を行わなかったことには，何ら違法はない。

(3) 一審における裁判所の判断

一審における裁判所の判断は，合筆前の数筆の土地が一体をなしていなかったような場合，合筆により通常一画地としての形状に著しい変更を生じるため，固定資産の課税標準の基礎となる価格を従前のまま評価することが不適当であるというものであった。これが一審における判断を左右した主要因であると推察される。

なお，一審では，原告が固定資産評価基準にいう所要の補正において面積過大の減価要因を考慮すべきであると主張していたところ，これを排斥しているが，その理由は次のとおりである（これに対し，控訴審および上告審では，後掲のとおり所要の補正に関しては何らの判示はなされていない）。

《所要の補正に関して》

旧本件土地の基準年度の価格の算定において面積の過大を理由として減価されていなかったとしても，旧本件土地と本件土地は諸条件が同じであるから，旧本件土地の基準価格から本件土地の価格を比準するに当たり，本件土地の価格の算出においてだけ面積の過大を考慮することは不合理である。したがって，この比準に当たり，「所要の補正」をすべきであったということはできない。

ちなみに，固定資産評価基準第 1 章第 3 節二（一）4 は，市町村長は，宅地の状況に応じ，必要があるときは，画地計算法の附表等について，所要の補正をしてこれを適用するものとしているが，具体的にいかなる場合にこの補正を施すべきかは，法および固定資産評価基準からは明らかでなく，一般的に，この補正を行うか否かは市町村長の裁量に委ねられているものと解される。

　しかし，固定資産評価基準が法の定める適正な時価の算定方法を定めたものであることからすると，評価の対象となる土地の個別的要因は価格に大きな影響を与えるものである。そして，当該要因を考慮しないで固定資産評価基準に従って評価した場合には，適正な時価を上回るような特段の事情がある場合には，市町村長は，補正を施すことが義務づけられると解するのが相当である。

　また，不動産鑑定評価においては，面積過大という要素は減価要因として考えられていること，減価要因としての評価の基準は，その地域の標準的な地積の 2 倍以上の地積を有する場合で最大 10％の減額要因となるとされていることが認められる。そうすると，面積過大の減価要素としての影響力は，最大でも 10％程度にすぎないものということができる。もっとも，本件土地の面積が地域の標準的地積の 2 倍を超えるものとは断定し難いが，仮に旧本件土地の面積が過大で減価要因になり得たとしても，平成 6 年度の土地価格の決定においては，各市町村長は，自治事務次官が平成 4 年 1 月 22 日付で発出した「『固定資産評価基準の取扱いについて』の依命通達の一部改正について」と題する通達により，標準宅地の評価額を地価公示価格，鑑定評価価格等から求められた価格の 7 割程度を基準として評価していることは当裁判所に顕著な事実である。このため，当該要因を考慮しなかったとしても，旧本件土地の価格が適正な時価を超えるものということはできない。

　したがって，原処分庁が旧本件土地の基準年度の価格から本件土地の価格を比準するに当たり，先行処分である旧本件土地の基準年度の価格決定に違法性があったと認めることはできず，また，当該比準において所要の補正をしなかったことが違法であったということもできない。

2. 控訴審における主張と裁判所の判断

一審では原告が敗訴したため控訴したが，控訴審ではそれぞれ次のような主張が行われ，これに対する裁判所の判断が示されている。

(1) 控訴人（原告）の主張

本件合筆は，土地の利用状況の変化を伴わない単なる合筆であり，法第349条第2項第1号にいう地目の変換その他これらに類する特別の事情には該当しない。したがって，合筆後の本件土地に対して課される第三年度の固定資産税の課税標準は，同条第3項本文かっこ書により，合筆前の本件土地に対して課された第二年度の固定資産税の課税標準とされた価格とすべきである。

(2) 被控訴人（被告）の主張

固定資産評価基準によれば原則として登記簿上の一筆の土地が一画地とされるので，本件合筆は，本件土地の区画の著しい変更であり，法第349条第2項第1号にいう特別の事情に該当する。したがって，合筆後の本件土地に対して課される第三年度の固定資産税の課税標準は，同条第3項ただし書により，本件土地に類似する土地の基準年度の価格に比準する価格で土地課税台帳等に登録されたものであり，結局，本件土地の基準年度の登録価格と一致する。

なお，控訴審では一審の結果が覆され，原処分庁の審査決定が取り消されているが，その際の裁判所の判断は以下のとおりである。

《控訴審における裁判所の判断》

法第349条第2項第1号に規定する「地目の変換，家屋の改築又は損壊その他これらに類する特別の事情」とは，土地に関しては，その土地の全部または一部について，用途変更による現況地目の変更，または浸水，土砂の流入，隆起，陥没，地滑り，埋没等によって当該土地の区画，形質に著しい変化があった場合等をいうものと解される。

そして，基準年度の固定資産税の賦課期日後において土地が合筆された場合は上記の特別の事情に該当し，新たに価格を求める必要があるが，土地の現実の利用状況の変化を伴わない単なる合筆がされたにすぎないときは，合筆後の

土地の価格が当該合筆前の土地の基準年度の固定資産税の課税標準の基礎とされた価格の合計額と一致するように評価すべきものである（行政実例昭和32年10月10日自丁市発第184号「地方税法第349条第2項ただし書の解釈について」，昭和34年7月23日自丁固発第55号「基準年度以外の年度における土地の評価替えについて」参照）。

また，土地の単なる合筆が第二年度の固定資産税の賦課期日の翌日から第三年度の固定資産税の賦課期日までの間に行われた場合，当該土地について，第二年度において法第349条第2項ただし書に掲げる事情があったため，同項ただし書の規定によって当該土地に対して課する第二年度の固定資産税の課税標準とされた価格があるときは，当該土地に対して課する第三年度の固定資産税の課税標準は，当該合筆前の土地の第二年度の固定資産税の課税標準の基礎とされた価格の合計額と評価すべきである（同条第3項本文かっこ書参照）。

以上より，本件合筆は，法第349条第2項第1号にいう特別の事情に該当するが，本件土地の第二年度の固定資産税の賦課期日の翌日から第三年度の固定資産税の賦課期日までの間に行われたものであり，この間，本件土地は更地のままでその利用状況には何らの変化もなかったのであるから，本件合筆は単なる合筆にすぎないものというべきである。このため，本件土地に対して課する第三年度の固定資産税の課税標準は，その第二年度の固定資産税の課税標準の基礎とされた価格の合計額である7,477万1,852円と評価すべきものである。

なお，控訴審においては，一審で判断されたような規模の大きな土地と所要の補正との関連については一切判示されていない。

●上告審（最高裁判所）の判断●

控訴審では被告が敗訴したため上告した。

控訴審における上記判断に対し，上告審判決（最高裁平成14年7月9日付）では控訴審判決を破棄し，一審判決を正当であるとして次の旨を判示した。

《控訴審の上記判断について》

平成7年度（第二年度）の固定資産税の賦課期日から同8年度（第三年度）の同賦課期日までの間に本件合筆がされて，間口に対して奥行が長い長方形の形状をし，それぞれ独立の利用が予定された三筆の土地（本件三筆地）を一体のものとする区画（形状）の変更および土地の利用に関する状況の変動が生じた。したがって，本件土地については，同年度（第三年度）の固定資産税の賦課期日において地方税法第349条第2項第1号の特別の事情があり，同年度（第三年度）の固定資産税の課税標準について，同条第3項ただし書にいう同7年度（第二年度）の固定資産税の課税標準とされた価格によることが不適当である場合に当たるというべきである。

そうすると，本件土地に対して課する同8年度（第三年度）の固定資産税の課税標準の基礎となる本件土地の価格は，同条第3項ただし書に基づき，本件土地に類似する土地の同6年度（基準年度）の価格に比準して評価した価格で決定すべきものである。原処分庁は，本件土地に類似する土地として旧本件土地を選定し，その同年度（基準年度）の価格である8,046万2,940円に比準して，同価格をもって本件土地の同8年度（第三年度）の固定資産税の課税標準の基礎となる価格とする本件価格決定をしたものであるが，本件土地と旧本件土地とは同一の宅地であるから，本件価格決定は相当である。

なお，上告審においても，一審で判断されたような規模の大きな土地と所要の補正との関連については一切判示されていない。

《判例から読み取る調査上の留意点》

土地の評価上の単位，すなわち一つの評価対象地の範囲をどこからどこまでとするかは，価格を左右する大きな要因となることは前項でも述べたとおりである。一筆だけを評価対象地としてとらえるのか，二筆以上の宅地を合わせて評価対象地とするのかにより，画地の形状は変化し，間口・奥行のバランス，画地が接する道路の条件等にも影響を及ぼす。そして，このことが結果的に対象地の価格を増減させる要因ともなる。

2. 画地の認定方法をめぐって（その2）

　固定資産評価基準では，一筆を一画地として評価することを原則としているが，例外として，二筆以上の宅地にわたり建物が存在するなど複数の筆が一体として利用されている場合には，二筆以上の宅地を一画地として評価する取扱いとなっている（**資料1参照**）。また，一筆の宅地につき，これを一体をなしていると認められる部分ごとに区分する必要がある場合には，一筆の宅地であっても画地の範囲が二つ以上に分かれることがある（**資料2参照**）。

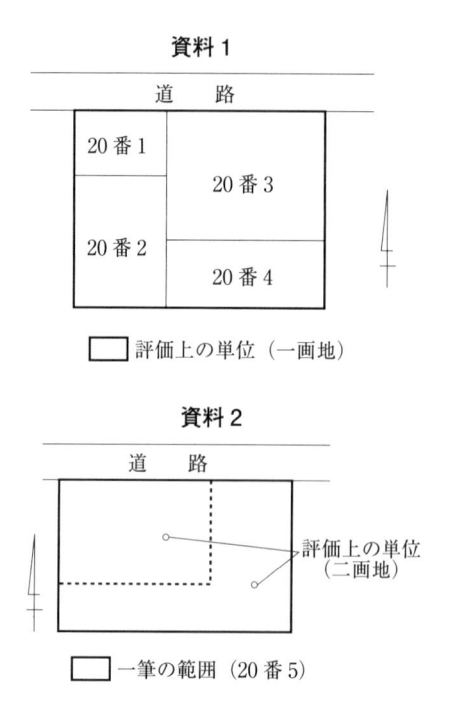

資料1

```
            道　路
    ┌────┬──────────┐
    │20番1│          │
    │    │  20番3   │
    ├────┤          │
    │20番2├──────────┤
    │    │  20番4   │
    └────┴──────────┘
```
□ 評価上の単位（一画地）

資料2

```
            道　路
    ┌───────────────┐
    │        ┆       │
    │        ┆  ○────評価上の単位
    │        ○       │  （二画地）
    │┄┄┄┄┄┄┄┄        │
    └───────────────┘
```
□ 一筆の範囲（20番5）

　本項においては，判決文に添付されている図面等の資料の入手上の制約から各筆の位置，形状，間口，奥行等を把握できなかったが，判決文の内容によれば従前の三筆は東西に細長い（すなわち，間口狭小・奥行長大，あるいは間口長大・奥行狭小）の土地であったことが読み取れる。従前における上記状況の土地を，各判決ではそれぞれが独立した利用予定の土地（＝一体をなしていない土地）であったと判断していたようである。

問題は，合筆の結果を，従前どおり利用状況に何らの変化もなかったととらえるのか（控訴審における裁判所の見解），土地の区画に著しい変更があったととらえるのか（一審における裁判所の見解），土地の区画（形状）に変更が生ずるとともに土地の利用状況にも変動が生じたととらえるのか（上告審における裁判所の見解）にある。ただし，一審の考え方によるだけでは，単なる合筆の場合でも「区画に著しい変更があった」という理由で評価替えを認めているようにも受け取られかねず，説得力にやや疑問が生ずる。

本件最高裁判所の判断において，評価単位としての一画地の形状が著しく変化すれば価格に影響を及ぼすととらえていることはもちろんであるが，本件の場合，このこと以上に，合筆により一体地としての利用状況の変化という点を重視して判断を行ったものと推察される。

本件土地の位置関係や形状を把握できる図面が手元にないため，これ以上具体的な説明を付すことはできないが，今後の調査および評価実務に当たっては，最高裁の上記判断を踏まえて合筆前後の土地利用の一体性のいかんという視点から慎重な調査と判断が求められよう。

本件判決の対象地とは形状等が異なるが，たとえば**資料3**のように所有者が異なる四筆の土地があるとする（四筆の合計面積は200㎡程度）。現在，四筆の土地上には建物等が一切建築されておらず，見かけ上は一体地のようなイメージを受けるが，それぞれの所有者の思惑によりこのままの状態が続いていたとする。ところが，ある時点で4人の所有者が同一人にそれぞれの所有地を同時に売却したとすれば，これを買い受けた者は当然のことながら一体利用を考えるであろう（本件判決で取り上げているケースもこれに類似しているのではなかろうか）。**資料3**のケースでは，AないしDの個々の土地上に建物を建築するには有効面積があまりにも少なすぎるといえよう（A，Bの土地は通路部分が長く，奥地に建物が建築できないことはないが，床面積はきわめて少ないものとなる。C地も有効面積が少なく，D地に至っては地積過少で建築物の建築は困難である）。このような区画を単独で評価した場合，それぞれの区画には大きな減価要因が発生することは改めて述べるまでもない。しかし，四筆が一体となり，しかも

資料3

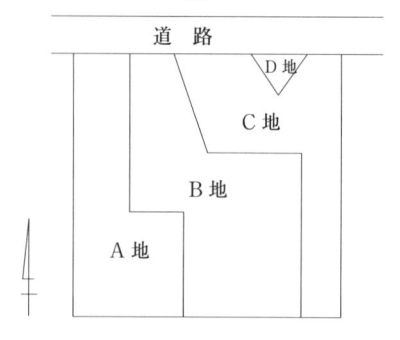

```
          道　路
           ┌─┐
          D地
        C地
       B地
    A地
```

従前：A～Dの土地をそれぞれ別人が所有
現在：A～Dの土地を同一人が所有
　　　（合筆して一筆となっている）
A～Dの合計面積：約200㎡

所有者が同一人で四筆とも自由に利用できる状況下においては，このような減価要因は解消される（合筆のいかんとは無関係であるが）。

　土地利用の一体性に関する個々のケースについては判断の難しいものがあり，画一的なものの見方を当てはめることができないが，本項で述べた内容が一つの参考として役立てられれば幸いである。

　最後に，固定資産税評価額と所要の補正との関係について補足しておきたい。

　固定資産評価基準に基づいて各筆の評点数を付設していく場合，市町村長は，宅地の状況に応じ，必要がある場合には画地計算法の附表等について（市街地宅地評価法による場合）所要の補正を行ってこれを適用するものとされている。そして，このような補正を行う意義は，附表等に掲げられている数値は標準的なモデルを示しているため，これをそのまま適用したのでは各筆の宅地の評価額に不均衡が生じ，実情を反映しない結果となると考えられる場合にその補正（減額または増額）を施すという点にある。

　所要の補正を行うケースとしては，道路との高低差のある土地，水路を介し

て道路に接する土地，地下阻害物が存在する土地，地上阻害物が存在する土地，規模の大きな土地等をはじめ様々なものがある。本件で問題とされたのは規模の大きな土地と所要の補正との関係である（ただし，これに関しては，一審でその必要性の有無が判示されただけで，控訴審および上告審では何ら判示されていないことは本文で述べたとおりである）。

土地の規模が大きいことが価格に対し減価要因として作用することは経験則としても知られているが，その理由として次のことを指摘できる（不動産の鑑定評価の考え方を中心に掲げる）。

① 規模が大きくなればなるほど総額が多額となり，市場性が減退すること。すなわち，所有者が一括処分をしようと考えても，まとまった土地を必要とする購入者層が限定されてしまうこと。

② 住宅地で規模の大きな土地にマンションや戸建住宅の建設を行う場合，土地の区画形質の変更を伴えば，これが都市計画法上の開発行為に該当し（都道府県知事の許可が必要），その際に自治体から公共用地の提供を求められたり，戸建住宅の建設を目的とする場合には，大規模な画地の中に新しく道路を敷設することが必要となること（ただし，市街化区域内で行う開発行為でも規模が1,000㎡未満のものは許可不要とされている（都道府県の条例等で対象面積が引き下げられているケースもあるが，ここでは法令上の原則を述べている））。このような潰れ地が生ずる場合には，有効宅地が減少する分だけ土地の単価は下落する。

本件の場合，規模が349.08㎡であることから許可の必要な開発行為には該当せず，しかも対象地を分割して戸建住宅を建築する際にも敷地内に道路を敷設する必要は生じないといえる（道路との位置関係を示す図面が手元にないため断定的な表現はできないが，この面積から推せば，通常，有効宅地率は100％となる）。したがって，仮に所要の補正を行うとしても，その程度が固定資産税の基となる登録価格を変更するほどのものとはならないと考えられる。これに関しては，一審判決でも7割評価との関連で述べられているとおりである。

3. 画地の認定方法をめぐって（その3）

> 敷地が工事用地として一つの囲いで囲まれており，そこで用途の異なる複数の建物の建築工事が進められている状況下で，敷地全体を一画地と認定して固定資産税を課したことが否定された事例——固定資産税における適正な時価（東京地裁平成22年11月12日判決・『平成23年分地方税判例年鑑』108頁，ぎょうせい）

　固定資産税の評価における画地認定は，そのいかんにより評価額に大きな影響を及ぼす重要な問題であることは既に指摘したとおりである。そこでは，(イ)所有者は異なるが，隣接している各土地を一画地と認定して固定資産税評価額を決定したことが適法とされたケース，(ロ)同一の敷地の中に建物と駐車場あるいは置場が混在する場合の各画地の範囲の認定方法等を中心に取り上げた。しかし，実際に画地認定の必要が生ずるケースは，このような場合だけであるとは限らない。なかには，固定資産税の賦課期日現在，建物の建築工事が行われており，しかも一団の敷地内において用途の異なる複数の建物の建築が並行して進められているというケースも見受けられる。

　複数の建物が存在する場合でも，建物完成後の状況から判断して利用目的の一体性を把握し画地の単位をとらえることは比較的容易であるが，建築工事着手後それほどの期間が経過しておらず，外見上このような区別をつけ難い場合には画地認定には相応の判断や難しさが伴う。

　筆者が調査した判例のなかにはこのようなケースに該当するものがあり，実務に当たり特に留意が必要と思われるため，本項ではこれを取り上げることと

したい。本件判決では，賦課期日現在，具体的な建築計画が存在するものの，外見上建物の用途区分が判別できる状況に至っていない段階で行われた画地認定（敷地の一体的利用を前提に一画地として認定したこと）の適否が問われている。そして，計画段階における内容と建物完成後の利用状況を比較検討した結果，複数の建物の敷地につき課税庁のなした一体的利用を前提とする一画地の認定が否定され，建築工事中においても具体的計画に基づく建物の利用用途を反映した複数の画地認定をすべきだとの結論が導かれている。

●事案の概要●

1．事案の要旨

本件は，原告がその所有する土地に係る平成14年度，15年度および18年度の固定資産税の課税標準として東京都知事が決定し○○都税事務所長が固定資産課税台帳に登録した価格を不服とし，それぞれ東京都固定資産評価審査委員会（以下，「審査委員会」という）に対して審査の申出をしたところ，これらを全部または一部棄却する旨の決定を受けたため，上記各決定（ただし，平成19年度の価格に係る決定については原告の主張する価格を超える部分）の取消しを求めていたものである。

2．事実関係

事実関係は以下のとおりであるが，原文には土地の所在や位置関係を示す資料（図面も含む）が添付されていないため，以下これらに係る具体的な記載を省略する個所がある（一方，原文に□□□……等の記号で省略されている個所については，筆者の判断により文脈の流れを基に可能な範囲で表現することにより読みやすくしていることを，あらかじめお断りしておきたい）。

(1) 原告の所有する本件敷地は，その北側において幅員○○mのA道路と，その東側において幅員3.3mの私道（以下，「本件私道」という）と，その

西側において幅員3.7mのB道路（区道）とそれぞれ接している。

(2) ① 原告は，本件敷地を構成する各土地のうち，一部については第三者に賃貸するなどしており，これらはそれぞれが一画地として評価された上で課税されていたが，その余の各土地はこれら全体が一画地として評価された上で非課税とされていた。

② 原告は，本件敷地上にあった建物の老朽化等を受けて本件計画を立案した。また，本件敷地を構成する各土地は，平成13年7月16日，合筆および分筆がされた。

本件計画は，本件敷地の一部に存在していた賃貸借関係をいずれも解消するとともに，本件敷地上にある建物をすべて解体して更地にした上で，一部の土地（事務所棟用地）について原告から定期借地権の設定を受けた民間事業者が，その上に事務室等が入る地下2階，地上12階建ての建物（以下，「事務所棟」という）を建てる一方，原告が，その余の各土地（以下，「自用地」という）上に地下2階，地上5階建ての建物，高層階に賃貸用住居が入る地下2階，地上14階建ての建物および附属建物（以下，これらを併せて「原告使用建物」という）を建築するというものであった。

本件計画に基づく工事（以下，「本件工事」という）は，平成13年9月頃着手され，14年1月1日および15年1月1日当時も継続し，同年6月頃完了するに至った。

(3) ① 原告は，平成14年1月1日当時および15年1月1日当時，いずれも自用地を構成する土地である別紙物件目録（略）1記載の各土地（以下，「本件各土地1」といい，同目録記載の各土地については，その記載番号に従い「本件土地1-1」などという）を所有していた。

② 東京都知事は，平成18年5月31日付けで，以下のとおり，平成14年度および15年度の固定資産税の課税標準となる本件各土地1の価格をそれぞれ決定し，○○都税事務所長は，同日付けでこれらの価格を固定資産課税台帳に登録した。

　　　　　　　　　　　平成 14 年度　　　　　　平成 15 年度
　　本件土地 1-1　　13 億 4,615 万 3,640 円　　14 億 1,938 万 7,150 円
　　本件土地 1-2　　　　6,139 万 7,660 円　　　　6,465 万 4,640 円
　　本件土地 1-3　　10 億 7,865 万 0,080 円　　11 億 3,039 万 8,630 円
　　本件土地 1-4　　 1 億 3,891 万 2,500 円　　 1 億 4,628 万 1,440 円
　　本件土地 1-5　　 5 億 2,512 万 4,370 円　　 5 億 5,298 万 0,820 円

③　原告は，上記②のとおり登録された平成 14 年度および 15 年度の本件各土地 1 の各価格を不服として，平成 18 年 6 月 29 日付けで，審査委員会に対し上記各価格に対する審査の申出をしたが，審査委員会は，同 20 年 10 月 17 日付けで上記各申出を棄却する旨の各決定（以下，これらを併せて「本件決定（平成 14，15 年度）」という）をした。

(4)　①　本件敷地を構成する各土地は，本件工事が完了した後である平成 15 年 12 月 22 日および同月 26 日，合筆または分筆がされた(注1)。

　　(注1)　分合筆後の地番や位置関係は原典に図面が添付されていないため不詳である。

　原告は，同日当時，いずれも自用地を構成する土地である別紙物件目録（略）2 記載の各土地（以下，「本件各土地 2」といい，同目録記載の各土地については，同目録記載の番号に従い「本件土地 2-1」などという）を所有していた。なお，平成 18 年 1 月 1 日時点において，本件敷地は事務所棟用地および自用地の 2 つに分かれて利用されている。

②　東京都知事は，平成 18 年 6 月 30 日付けで，以下のとおり，平成 18 年度の固定資産税の課税標準となる本件各土地 2 の価格をそれぞれ決定し，○○都税事務所長は，同日付けでこれらの価格を固定資産課税台帳に登録した。

　　　　　　　本件土地 2-1　　　8 億 7,904 万 6,690 円
　　　　　　　本件土地 2-2　　　4 億 6,570 万 7,270 円

③　原告は，上記②のとおり登録された平成 18 年度の本件各土地 2 の各価格を不服として，平成 18 年 8 月 28 日付けで審査委員会に対し上記各価格に対する審査の申出をしたが，審査委員会は，同 20 年 10 月 17 日付けで，

本件土地2-1の価格を8億6,636万6,020円と，本件土地2-2の価格を4億5,898万9,220円とする旨の決定（以下，「本件決定（平成18年度）」という）をした。これを不服として，原告は，平成21年4月14日，本件訴えを提起した。

3. 固定資産（土地）のうち宅地の評価方法に関する法令，告示等の定めの概要

（1） 市町村長（地方税法第734条第1項により，東京都の特別区の存する区域内においては東京都知事）は，同法第403条第1項により，同法第388条第1項の固定資産評価基準（昭和38年12月25日自治省告示第158号）（以下，「評価基準」という）によって固定資産の価格を決定しなければならない。そして，東京都の特別区の存する区域内においては，東京都知事は，固定資産（土地）の評価につき，評価基準に基づいて東京都固定資産（土地）評価事務取扱要領（昭和38年5月22日38主課固発第174号主税局長通達（以下，「取扱要領」といい，評価基準と併せて「評価基準等」という））を定め，評価基準等によって固定資産（土地）の評価を行っている。

（2） 評価基準等による宅地の評価方法

評価基準等には，原則として市街地宅地評価法により各街路に付設した路線価を基に，画地計算法を適用して各筆の宅地の評点数を付設する旨が規定されている（詳細は略す）。

（3） ① 評価基準別表第3は，「2 画地の認定」として，「各筆の宅地の評点数は，一画地の宅地ごとに画地計算法を適用して求めるものとする。この場合において，一画地は，原則として，土地課税台帳又は土地補充課税台帳に登録された一筆の宅地によるものとする。ただし，一筆の宅地又は隣接する二筆以上の宅地について，その形状，利用状況等からみて，これを一体をなしていると認められる部分に区分し，又はこれらを合わせる必要がある場合においては，その一体をなしている部分の宅地ごとに一画地とする。」と定めている。

② 1） そして，平成14年度の固定資産税に係る評価事務において適用さ

れる取扱要領（以下,「取扱要領（平成14年度)」という）および15年度の固定資産税に係る評価事務において適用される取扱要領（以下,「取扱要領（平成15年度)」といい,「取扱要領（平成14年度)」と併せて「取扱要領（平成14, 15年度)」という）は，画地の認定に当たり，非課税地の存する宅地については課税地をもって単位とし，課税地が非課税地によって分割されているものにあっては，分割されたそれぞれの宅地をもって単位とする旨を定めている。また，隣接する二筆以上の宅地について，これにまたがり一個または数個の建物が存在し一体として利用されている宅地や，建物の有無またはその所在の位置に関係なく塀その他の囲い等により一体として利用されている宅地をもって単位とするものとし，人的非課税地等を含んで一体的に上記の用に供されている宅地についても，一体として利用されている宅地をもって単位とする旨定めている。

2) 一方，平成18年度の固定資産税に係る評価事務において適用される取扱要領（以下,「取扱要領（平成18年度)」という）は，画地の認定に当たり，課税地と非課税地が混在する宅地で，その利用状況等において他の部分と一体性が認められない場合は，当該部分をもって単位とすることができる旨定めている。また，隣接する二筆以上の宅地にまたがり，一個または数個の建物が存在し，一体として利用されている宅地をもって単位とし，非課税地を含んで一体的に上記の用に供されている土地についても，一体として利用されている土地をもって単位とする旨定めている。

(4) また，評価基準別表第3は，2以上の路線に沿接する画地の評価において，路線価の高い方の路線を正面路線とする旨定め，取扱要領は，原則として路線価の高い方を正面路線とするが，路線価の高い方の間口が2m未満で，当該画地の状況，形状等から，その路線の影響がほとんどないと認められ，かつ，当該路線に接する宅地との均衡を失しない場合は，それ以外の路線を正面路線とすることができる旨定めている。

4. 本件の主な争点

本件の主な争点は以下のとおりである。
(a) 平成14年度および15年度の本件各土地1の評価において、事務所棟用地等を含む本件敷地全体を併せて一画地と認定することの適否
(b) 平成18年度の本件各土地2の評価において、非課税地を含む本件各土地2およびこれと一体的に利用されている土地を併せて一画地と認定し、正面路線として路線価の高い方を選択することの適否

●当事者の主張●

1. 争点(a)（平成14年度および15年度の本件各土地1の評価の適否）について

(1) 被告の主張

平成14年度および15年度の固定資産税の賦課期日である平成14年1月1日および15年1月1日現在、本件敷地は工事用地として囲いで囲まれており、本件工事が事務所棟用地部分、原告使用建物用地部分等に明確に区分されることなく一体として進められていた。これに加えて、(イ)本件工事の総合元請のプレスリリースに「全体敷地面積」、「全体延べ面積」、「全体開発期間」等、本件敷地の一体開発を前提とした記載があったこと、(ロ)計画趣旨には自用地に事務所棟用地も加えた敷地面積等が記載されていたこと、(ハ)原告使用建物および事務所棟の建築に当たり、原告と民間事業者が共同建築主として連名で、上記建物を併せた延べ面積で建築確認申請をし、これに基づき原告と民間事業者に連名で検査済証が交付されていること、などの事情に照らせば、上記各賦課期日当時、本件敷地は一体的に利用されていた。

よって、本件敷地は、平成14年度および15年度の各賦課期日現在において、取扱要領（平成14、15年度）にいう、隣接する二筆以上の宅地について、建物の有無またはその所在の位置に関係なく塀その他の囲い等により一体とし

て利用されている宅地に該当するから，これを一画地と認定すべきである。

(2) 原告の主張

① 本件敷地は，自用地と事務所棟用地とに分けられていたもので，原告使用建物と事務所棟とが効用を同じくする建物ではなく，その建築工事も別のものであることは明らかである。本件敷地を一画地と認定した根拠として被告が挙げる，工事用地である本件敷地を囲む囲いは，工事の安全性を確保するためのものであり，二筆以上の土地を一つの宅地として使用するためのものではない。

② 取扱要領（平成14，15年度）は，非課税地の存する宅地については課税地をもって単位とすると定めているところ，本件敷地のうち非課税地として取り扱われていた部分を画地の範囲に含めているという点でも，本件敷地を一画地と認定することは誤りである。

2. 争点(b)（平成18年度の本件各土地2の評価の適否）について

(1) 被告の主張

平成18年度の固定資産税の賦課期日である平成18年1月1日現在の現況を見ると，事務所棟は，専ら民間事業者の業務の用に供するものであり，原告使用建物と一体的に利用されているわけではない。一方，原告使用建物と○○○の建物は○○○の施設として一体的に利用されているということができ，平成18年度の賦課期日現在，本件各土地2および○○○の建物の敷地を一画地として認定すべきである。また，正面路線の選定においては，現にどの路線を利用しているかではなく，客観的にどの路線と沿接しているかによって判断することから，本件各土地2の正面路線はA道路となる。

(2) 原告の主張

① 高層建物のうちの4階から14階までは賃貸住居として利用されているところ（以下，この部分を「賃貸住居部分」という），賃貸住居部分の専用エレベーターは地下1階から地上3階までの部分には停止せず，賃貸住居部分への出入りは地下2階にあるエントランスから行うほかない。このよう

に，賃貸住居部分はそれ以外の部分と物理的に隔絶された状況にあり，賃貸住居部分からそれ以外の部分に出ることは不可能である。
② 原告使用建物のうち，賃貸住居以外の部分は非課税であるが，賃貸住居部分は課税対象となっており，そのため原告使用建物の敷地は一部課税地とされている。しかし，原告使用建物の敷地が一部課税地とされる根拠となる賃貸住居部分がそれ以外の部分から物理的に隔絶されている以上，原告使用建物の敷地と○○○○とが利用状況等からみて一体であるということはできない。
③ よって，本件各土地2の評価に当たっては，本件土地2-1のうち○○○と本件土地2-2とを併せて一画地と認定し，B道路を正面路線とすべきである。B道路の平成18年度の路線価は64万5,000点であり，上記画地の奥行価格補正率は0.92であるから，基本単価は59万3,400円となる。そして，本件土地2-1の課税地積は467.49㎡であり，本件土地2-2の課税地積は247.67㎡であるから，本件土地2-1の価格は2億7,740万8,566円，本件土地2-2の価格は1億4,696万7,378円が相当である。

●裁判所の判断●

上記争点(a)および争点(b)に関する裁判所の判断は以下のとおりである。

1. 争点(a) (平成14年度および15年度の本件各土地1の評価の適否) について

(1) 評価基準別表第3は，画地の認定について，一筆の宅地をもって一画地とすることを原則とする一方で，一筆の宅地または隣接する二筆以上の宅地について，その形状，利用状況等からみて，これを一体をなしていると認められる部分に区分し，またはこれらを合わせる必要がある場合においては，その一体をなしている部分の宅地ごとに一画地とするものと定めている。これは，実際の利用状況等からみて一体をなしていると認められる宅地について，評価の均衡上必要があるときは，筆界にかかわらず一体をなすと認められる範囲を

もって一画地とするとの趣旨と解される。そして，このことは，実際の利用状況等により当該宅地の資産価値にも影響が及ぶことを前提としているものということができる。

(2) ここにいう利用状況等とは，当該年度の賦課期日現在の現況をいうものと解されるが，本件の場合，平成14年度および15年度の各賦課期日現在の敷地の現況およびその前後の状況等について，以下の事実を認めることができる。

① 本件工事は，工期を平成13年9月1日から同15年6月30日までとして行われることになり，実際に同13年9月頃着工された。本件工事の期間中は本件敷地全体が一つの囲いで囲まれ，また，自用地部分に係る工事と事務所棟用地部分に係る工事は並行して進められた。

② 平成14年1月1日の時点で，本件敷地はその全体において更地の状態から基礎工事等が進められ，外形上，自用地部分と事務所棟用地部分とを明確に区別することはできない状況にあった。

③ 平成15年1月1日の時点で，本件敷地上には，原告使用建物および事務所棟が建ち上がり，外形上，自用地部分と事務所棟用地部分とをおおむね区別することができる状況にあった。

④ 本件工事は，自用地部分，事務所棟用地部分ともに平成15年6月頃完了した。

(3) ① 被告は，平成14年1月1日および同15年1月1日当時，本件敷地が工事用地として囲いで囲まれていたことや，本件工事が事務所棟用地部分，原告使用建物用地部分等に明確に区分されることなく一体として進められていたことなどを根拠に，平成14年度および15年度の本件各土地1の評価においては，本件敷地全体を一画地と認定すべきである旨主張する。しかし，固定資産税の課税標準となる固定資産（土地）の価格が，当該土地の資産価値を評価したものであることに鑑みれば，その算定の基礎となる画地の認定において利用状況等の一体性を判断するに当たっても，そのような観点から検討すべきである。しかるに，本件敷地を囲んでいた

囲いは，本件工事を実施するに当たりその工事区域を画するためのものにすぎないといえる。また，本件敷地は，上記各賦課期日において本件工事が現に行われている土地という意味では一体であったといえるとしても，その限度にとどまるものというほかなく，上記事情をもって，本件敷地全体がその利用状況等において一体をなしていたとすることは，本件敷地を構成する各土地の資産価値の評価という観点からは相当でないというべきである。

② 平成14年1月1日および同15年1月1日の時点において本件敷地で行われていた工事は本件計画に基づくものであるところ，本件計画は，本件敷地を自用地部分と事務所棟用地部分とに分け，自用地部分は原告が利用し，事務所棟用地部分は原告の本来の用とは関係なく民間事業者が事務所棟の敷地として利用するというものであり，本件敷地の将来的な利用状況等について，きわめて具体的に定めたものであるといえる。そして，本件計画は，実際に平成13年9月にはこれに基づく工事が開始され，その後本件計画が大幅に変更されることもなく，おおむね本件計画のとおりに本件工事が実施され，同15年6月には完了するに至ったものである。

そうすると，平成14年度の賦課期日の時点において，本件敷地は，外形上はその全体が一つの囲いで囲まれ，一つの工事の現場として一体をなしているように見えていたとしても，近い将来，本件計画のとおり少なくとも自用地部分と事務所棟用地部分とがその利用状況等において明確に区別されるに至ることが確実視されたものであった。また，本件敷地を構成する各土地の資産価値も，そのような将来的な利用状況等の影響を受ける状況にあったというべきである。そして，15年度の賦課期日の時点においては，なお本件敷地全体が一つの囲いで囲まれ本件工事が継続している状況であったとはいえ，原告使用建物および事務所棟が建ち上がり，外形上も自用地部分と事務所棟用地部分とをおおむね区別することができる状況にあった。

③ このような事情を考慮すれば，本件敷地を構成する各土地の平成14年

度および15年度の評価においては，本件計画に基づく将来的な本件敷地の利用状況等を前提に画地の認定をすべきであるところ，自用地と事務所棟用地とがその利用状況等において一体をなすものといえないことは明らかである（現に，本件工事が完了した後にされた平成16年度の評価においては，自用地と事務所棟用地とを併せて一画地と認定されることはなかった）。

　したがって，平成14年度および15年度の本件各土地1の評価においては，少なくとも自用地部分と事務所棟用地部分とを分けて画地の認定をすべきであったといえる。このため，本件決定（平成14，15年度）において，本件各土地1の評価に当たり，本件敷地全体を一画地と認定したことは評価基準等にのっとったものということはできない。

(4)　① 平成14年度および15年度の路線価は，A道路がそれぞれ320万点および308万点であるのに対し，本件私道はそれぞれ60万2,000点および57万4,000点，B道路はそれぞれ62万6,000点および59万6,000点であり，5倍以上の差があった。そして，本件各土地1は，本件土地1-2を除き，本件私道またはB道路に接するのみであり，本件土地1-2も，その一方においてのみ，狭い間口でA道路に接するにすぎない上，その形状は，間口と比較して奥行が長いものである。また，仮に，自用地全体を一画地と認定し，A道路と接するものとしてこれを正面路線とするとしても，上記画地の形状は，本件敷地全体を一画地とする場合と比べてきわめて不整形である。

② 本件決定（平成14，15年度）において，本件敷地全体を一画地とし，A道路を正面路線とする三方路線地であることを前提として算定された本件各土地1の各価格の合計は30億円を超える。しかし，本件工事の完了後である平成16年度および17年度の評価において，自用地の大半を占める本件各土地2の価格は，本件敷地全体を一画地と認定することなく算定された結果，合計3億9,213万6,520円にすぎなかったことが認められる。また，本件決定（平成18年度）において，非課税地も含めて本件各土地2およびこれと一体的に利用されている土地を一画地と認定し，A道路を

正面路線として算定された平成18年度の本件各土地2の価格の合計も，13億4,475万3,960円にとどまるものである。

③ そうすると，本件決定（平成14, 15年度）において，本件敷地全体を一画地とし，正面路線をA道路とする三方路線地であることを前提として算定された本件各土地1の各価格が評価基準等にのっとって，本件敷地全体を一画地と認定しないで算定した場合の本件各土地1の各価格を大幅に上回るものであることは容易に認められるというべきである。

(5) ① 裁判所が審理の結果，基準年度に係る賦課期日における当該土地の適正な時価または評価基準によって決定される価格（以下，両者を併せて「適正な時価等」という）を認定し，固定資産評価審査委員会の認定した価格がその適正な時価等を上回っていることを理由として審査決定を取り消す場合には，納税者が審査決定の全部の取消しを求めているか，その一部の取消しを求めているかにかかわらず，当該審査決定のうちその適正な時価等を超える部分に限りこれを取り消せば足りるものというべきである（最高裁平成14年（行ヒ）第181号同17年7月11日第二小法廷判決・民集59巻6号1197頁）。しかし，裁判所が審理の結果，固定資産評価審査委員会の認定した価格がその適正な時価等を上回っていると判断するに至ったが，具体的な価格までは認定することが困難である場合については，固定資産評価審査委員会に改めて審査をやり直させるため，審査決定の全部を取り消すほかはないものと解される。

② 本件において，審査委員会が本件決定（平成14, 15年度）で算定した本件各土地1の各価格が評価基準等によって決定される各価格を上回るものであると認められることは上記(4)で判示したとおりであるが，当裁判所が評価基準等によって決定される本件各土地1の具体的な価格まで認定することは困難である。したがって，本件決定（平成14, 15年度）については，審査委員会に改めて審査をやり直させるため，その全部を取り消すこととする。

2. 争点(b)（平成18年度の本件各土地2の評価の適否）について

(1) ① 平成16年度以前の評価において適用されていた取扱要領においては，非課税地の存する宅地については課税地をもって単位とし，この場合，課税地が非課税地によって分割されているものにあっては，分割されたそれぞれの土地をもって単位とする旨定められていた。しかし，平成17年2月7日付け主税局長通達によって，課税地と非課税地が混在する土地で，その利用状況等において他の部分と一体性が認められない場合は，当該利用区分をもって単位とすることができるとされ，非課税地を含んで一体的に上記の用に供されている土地についても，一体として利用されている土地をもって単位とする旨変更されたことが認められる。そして，取扱要領(平成18年度)においては，上記変更後の定めが置かれている。

② 固定資産（土地）の評価における適正な時価とは，正常な条件の下に成立する当該土地の取引価格すなわち客観的な交換価値をいい，これが固定資産税の課税標準となるところ，土地の客観的な交換価値は，その所在する地区，沿接する街路，当該土地の形状等によって影響を受けるものであるということができる。

一方，固定資産税の非課税の範囲を定めた地方税法第348条は，課税段階において，固定資産の所有者の属性（同条第1項）もしくは固定資産それ自体の性質または用途（同条第2項各号）を根拠として非課税とするものであるが，ある土地が課税地であるか非課税地であるかは，当該土地の客観的な交換価値に当然に影響を与えるものではないものと考えられる。

③ そうすると，固定資産税の課税標準となる価格の評価段階において，当該土地がその所有者や用途等を理由として非課税となるか否かという課税段階での事情を考慮することは必ずしも相当でない。むしろ，当該土地が課税地であるか非課税地であるかにかかわらず，その形状，利用状況等からみて，一体をなしていると認められる部分をもって一画地と認定するものとするのが合理的であるというべきである。したがって，課税地と非課

税地が混在する土地についても，その利用状況等の一体性が認められる部分をもって一画地と認定するものとする取扱要領（平成18年度）の定めには，合理性が認められる。

(2) ① 本件土地2-1は原告の本来の用に供されているもので，その全体が一体として利用されている。また，本件土地2-1と本件土地2-2は，これにまたがって一個の建物が存在する上，少なくとも低層階の部分は○○○と通路を介してつながり，原告がその本来の用に供していることが認められるのであるから，本件土地2-1と本件土地2-2は，その利用状況等において一体をなしているものというべきである。

そして，本件土地2-1の南側隣接部分には附属建物が存在し，原告が併せてその本来の用に供していることが認められ，南側隣接部分は，その利用状況等において本件土地2-1および本件土地2-2と一体をなしているというべきである。

② 本件土地2-1の一部は課税地とされている一方，他の一部は非課税地とされていることが認められるところ，上記(1)のとおり取扱要領（平成18年度）によれば，課税地と非課税地が混在する土地についても，その利用状況等の一体性が認められる部分をもって一画地と認定するものとされており，このような定めには合理性が認められる。これに従えば，本件各土地2の評価においては，本件土地2-1の一部が非課税地であるとしても，これを含む本件各土地2全体および南側隣接部分を併せて一画地と認定すべきこととなる。

③ 上記②のとおり認定される画地は，A道路，本件私道およびB道路の三方において路線に接するところ，評価基準等によれば原則として路線価の高い方の路線を正面路線とすることとされている。そして，上記各路線のうちA道路の路線価が最も高いことが認められるから，上記画地の正面路線はA道路とすべきこととなる。

(3) ① 原告は，原告使用建物の敷地が一部課税地とされる根拠となる賃貸住居部分がそれ以外の部分から物理的に隔絶されている以上，原告使用

建物の敷地と○○○○とが利用状況等からみて一体であるということはできない旨主張する。しかし，上記判示のとおり，固定資産税の課税標準となる価格の評価段階において，当該土地が非課税となるか否かという課税段階での事情を考慮することは必ずしも相当でない。加えて，当該土地上に存在する建物の用途等によりその敷地部分が課税地とされるという事情があるとしても，そのことは課税段階における画地の認定の考慮要素とすべきものであるとはいえない。そして，賃貸住居部分とそれ以外の部分が物理的に隔絶されているとしても，非課税地を含む本件各土地2および南側隣接部分がその利用状況等において一体をなしていると認められることは上記(2)①で判示したとおりである。

② また，原告は本件各土地2の評価において，正面路線をA道路とすることは不当であるとも主張する。しかし，評価基準等において，原則として路線価の高い方の路線を正面路線とすることとされていることは上記のとおりであり，また，本件土地2-1がA道路と接する部分は十分な幅を有しており，現に○○として利用されていることが認められるから，A道路の影響がほとんどないということはできない。このため，取扱要領が定める，路線価の高い方の路線であるA道路以外の路線を正面路線とすることができる場合に当たらないことは明らかである。

(4) 以上によれば，平成18年度の本件各土地2の評価において，非課税地を含む本件各土地2および南側隣接部分を併せて一画地と認定し，A道路を正面路線とすることは評価基準等にのっとったものであるということができる。その他，平成18年度の価格に関する被告の評価の過程に不合理な点は認められないから，審査委員会が本件決定（平成18年度）で認定した本件各土地2の各価格は，その客観的な交換価値を上回るものではないと推認でき，本件決定（平成18年度）は適法である。

3. 結　論

原告の請求のうち，本件決定（平成14，15年度）の取消しを求める部分は理

3. 画地の認定方法をめぐって（その3）　　215

由があるからこれを認容し，本件決定（平成18年度）の取消しを求める部分は理由がないからこれを棄却する。

《判例から読み取る調査上の留意点》

　本文でも述べたとおり，本件判決の争点は二つに絞られるが，なかでも中心は争点(a)，すなわち工事中に一つの囲いで囲まれた数筆の土地（しかも，外見上は事務所棟と納税者使用建物の敷地の区別がつかない状態にある）が一体的に利用されているといえるかどうかに置かれている。このため，以下，この点を中心に調査上の留意点を述べることとしたい。

　課税庁は，平成14年度および15年度の各土地（建物は建築工事中）につき，事務所棟用地を含む敷地全体を一画地と認定し，これに基づく評価を行って固定資産課税台帳登録価格を決定した。しかし，平成16年度の賦課期日においては事務所棟および納税者使用建物が完成しており，これらは用途面でも異なることから，平成16年度の評価においては敷地全体を一画地と認定することなく評価が行われた。

　本件においては，所有者を同じくする一団の土地が評価の対象であったにもかかわらず，評価年度により画地認定の仕方に相違があったことから，全体の評価額に大きな差異が生じたものである。その結果，画地認定の是非をめぐって納税者から訴訟が提起されたわけであるが，本件のようなケースでは実務上画地認定の判断にとまどうことが多いのが正直なところではなかろうか。なぜならば，固定資産評価基準には利用状況等からみて一体をなしている部分の宅地ごとに一画地とする旨が定められているものの，賦課期日現在建築工事中で，しかも外見上建物の用途が判然とし難い状況では，利用の一体性の判定に不確実性が伴うからである（すなわち，建築工事中に想定した用途と建物完成後の用途が異なる可能性も捨象できないからである）。しかし，そうはいっても，納税者から本件のような訴訟が現実に提起され，しかも課税庁の行った画地認定の方法が裁判所によって否定されている（その結果，評価額および税額に著しい

影響が生じている）以上，今後予想される同様のケースに対処するため本件判決の示唆するところを十分に汲み取り実務に携わることが必要であろう。

ところで，固定資産評価基準では，画地の認定を一筆一画地とする原則的な方法の他に，形状や現実の利用状況等から土地の一体性を判断し，以下のいずれかに該当する場合には例外的な扱いを認めている。

① 一筆の宅地であっても，これを一体をなしていると認められる部分に区分することが必要な場合（このようなケースでは複数の画地として認定する）
② 複数筆の宅地であっても，これらを一体性のある範囲で合わせる必要がある場合（このようなケースでは一画地として認定する）

このように，一体性の判断に当たっては，形状等の物理的な面（例：高低差等により敷地が分断されていないか）(注2)だけでなく，利用目的の同一性がその要件となっていることに留意しなければならない。

(注2) ただし，利用目的が同一であっても，土地の連続性（物理的な一体性）が認められない場合は別々の画地と認定すべきであることは上記の趣旨からも明らかである。

そして，利用目的の同一性を判断するに当たり，本件判決から示唆を受けることは，課税庁は，工事の際の囲いや，工事の総合元請のプレスリリース等，一体の開発とみることができる部分にのみ着目し，土地全体で一体での利用としているが，一体での利用といえるかどうかの判断は，その土地がどのように開発されたかではなく，どのように使用されているかによってなされるべきであるという点である。工事中の土地の場合には，工事完了後にどのように利用されるのかによって一体的に利用されているかどうかを判断すべきであろう。本事案の場合，きわめて具体的に定められた計画があり，その計画をみていけば目的の異なる建物が同時に建築されているということは明らかであるという指摘があることにも留意すべきである(注3)。

(注3) 「固定資産税・工事用地における画地の認定」『平成23年分地方税判例年鑑』の評釈（109頁）。

本件判決も指摘するとおり，数筆の敷地を囲んでいた囲いは，建築工事を実施するに当たりその工事区域を画するためのものにすぎず，この事実のみをも

って敷地の一体的利用が行われていたと判断することはできないというべきである。ここで，利用状況の把握（一体性の判断）に当たり本質的に重要なことは，本件のようなケースでは完成後の具体的計画を十分に見据えた上で，計画内容（特に予定建物の用途）の完成時における実現性という観点から現実に即した判断が求められてくるということである。なお，これに関しては，本事案のような規模の開発では完成後の具体的な計画が存在しないというようなことは通常考えられず，課税庁には完成後の計画まで含めた慎重な調査と判断が求められているとの指摘もある(注4)。

(注4) 前掲（注3），110頁。

以上，本件判決の内容に沿って評価実務上の留意点を掲げたが，次に本件に関連する画地認定上の一般的な留意点をいくつか補足しておきたい。

まず，一筆の土地であっても利用目的の同一性が認められない場合の一例として，**資料1**のような利用状況にある土地があげられる。ここでは，敷地の大部分は自社の倉庫用地（出入りのための駐車場を含む）として利用されているが，その一部は店舗用地として使用されている（土地所有者がコンビニ経営者に対して土地の一部に事業用定期借地権を設定し賃貸中である）。このような場合，全体の敷地は一筆であるものの二つの異なる利用目的に供されており，利用目的の同一性が認められないため，これを倉庫部分と店舗部分の二画地に分けることとなる。

次に，画地認定の結果のいかんにより，評価額そして固定資産税額に影響を及ぼすことは既に述べてきたことからも明らかであるが，画地認定の意義を単なる評価範囲の特定（区画の区分）という範疇に留めてはならないということである。すなわち，画地認定を行うということは，それにより評価対象地の個別的要因（間口，奥行，形状，面積，道路との接面状況や位置関係等）が特定されるため，異なった画地認定がなされれば，異なった個別的要因を基にした評価が行われるからである。このことを**資料2**によって検討してみたい。

ここで，甲地と乙地は一筆の土地であるが，仮に，次のように二つに分けて考えてみる。

資料1

```
┌─────────────────────────┐
│  ┌──────────┐           │
│  │  倉　庫  │           │
│  └──────────┘           │
│                         │
│ 倉庫に出入りする ┌─────┐│
│ 自動車の駐車場   │店舗 ││
│                  │(コンビニ)│
│                  └─────┘│
└─────────────────────────┘
         道　路
```

資料2

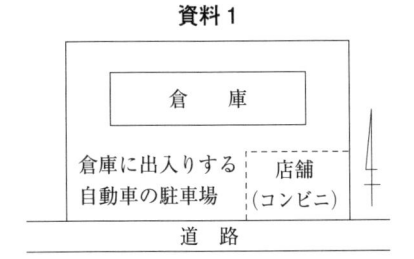

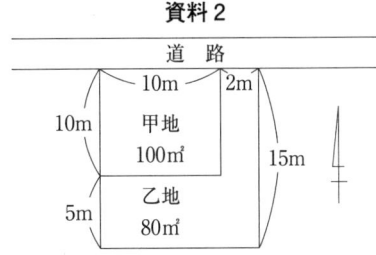

```
            道　路
    ┌──10m──┬2m┐
  10m│ 甲地  │  │
    │ 100㎡ │  │15m
    ├───────┤  │
  5m│ 乙地  │  │
    │ 80㎡  │  │
    └───────┴──┘
```

① 甲地と乙地を合わせた全体地を一画地と認定した場合

　全体地の個別的要因は，間口 12m，奥行 15m，面積 180㎡の長方形の土地として把握される。

② 甲地と乙地をそれぞれ別画地と認定した場合

　甲地および乙地の個別的要因は，以下のとおりそれぞれ異なったものとして把握される。

　　　（甲地）　間口 10m，奥行 10m，面積 100㎡，正方形地
　　　（乙地）　間口　2m，奥行 15m，面積　80㎡，不整形地

　このように甲地は正方形で間口・奥行のバランスのとれた土地となるが，乙地は間口狭小で通路状の敷地を含む不整形地となる。画地認定の相違により，甲地，乙地それぞれ価格形成要因が異なり，乙地の方が条件が劣ることから価値に相違が生ずることとなる（二画地として認定された甲地および乙地の価格を合計しても，一画地の前提で求めた価格に満たない。その理由は，甲地の単価は甲・乙合わせて一画地として求めた単価と等しいが，乙地の単価が一画地の単価よりも低くなるからである）。

　固定資産税の評価において画地計算法を適用する際には，このように画地認定により特定された個別的要因が基礎となる。このため，画地認定がなされれば，その結果により評価額の重要な部分が左右されることとなる（画地計算法の適用だけでは価格への影響を把握し難い場合，所要の補正が実施されることもあるが，その必要が認められない場合は画地計算法の適用結果がそのまま評価額に結び付くこととなる）。

最後に、固定資産税の評価における画地認定の重要性についてであるが、（これに関連する事項については既に述べたとおりであるが）ともすれば評価手法の適用のみに目を奪われて、画地認定のあり方に関してはあまり関心が向けられない傾向にあるのではなかろうか。しかし、画地認定は固定資産税評価の出発点であると同時に原点でもある。そして、これは不動産の鑑定評価では対象不動産の特定に該当する。

不動産の鑑定評価においても、対象不動産が特定されなければこれを行うことができないことはもちろんであり、また、特定の範囲のいかんにより鑑定評価額に大きな影響が生ずることが多い（鑑定評価の場合、依頼者からの要望により対象不動産の一部を分割して評価したり、対象不動産と他の不動産を併合することを前提とした評価を行うこともある。この点に固定資産税評価との相違があるが、対象不動産を特定することの重要性は何ら相違するものではない）。

画地認定のいかんが評価額を左右し、その結果、固定資産税における適正な時価のあり方に少なからぬ影響を及ぼすことは本件判決によっても明らかである。その意味で、本件判決の趣旨は今後の画地認定の作業に当たり、重要な指針として活用すべきであろう。

4. 市街化調整区域内にある土地への近傍地比準方式（宅地比準）の適否

> 市街化調整区域内にある土地について，地目を雑種地とし，近傍地比準方式により，宅地に比準すべき土地としてされた固定資産評価審査委員会の固定資産評価額についての審査申出棄却決定が取り消された事例——固定資産税における適正な時価（神戸地裁平成9年2月24日判決・判例時報1639号40頁）

　市街化調整区域内における雑種地の評価に関しては第1章の7.でも取り上げたが，そこで取り上げた事例は，市街化調整区域内にあり，現況が雑種地で，駐車場や資材置場等として利用されている土地であるものの，従来宅地として使用された経緯があること（平成12年都市計画法改正前の「既存宅地」に該当）等を根拠に，将来建築許可を得られる可能性が潜んでいる土地を対象とするものであった（国税不服審判所平成12年12月21日裁決。このような状況にある雑種地は，宅地比準方式により付近の宅地と比準して評価することに合理性を見出すことができる。その際，都市計画法に基づく利用制限を考慮した減価を織り込むこととなるが，その理由は，たとえ建築が許可される可能性を含んでいるとはいっても，これに係るリスクや許可を得るための時間や費用等が減価要因として作用するからである）。

　市街化調整区域内にある雑種地の登録価格につき納税者から上記のような不服が生ずる一因は，雑種地の形態が多様であることに加えて近隣での類似土地の売買事例がきわめて少ないこと等から，市街化区域内における宅地に比べて

4. 市街化調整区域内にある土地への近傍地比準方式（宅地比準）の適否

価格水準を把握しにくいところに潜んでいると思われる。また，そもそもこのような土地と状況が類似する付近の土地をどのように判定するかに関しても，想像以上に難しい問題が潜んでいる（このため，固定資産税の評価においては，付近の宅地の価格に対する雑種地の評価割合を形態別に定めておき，これらを乗ずることにより雑種地の価格を算定するという方式が実務的に多く用いられている）。

本項で取り上げるケースは，上記事例とは状況が異なり，市街化調整区域内にある土地について，○○市長が，地目を雑種地とし宅地に比準すべきものとして近傍地比準方式によって登録価格を決定したことにつき，裁判所が当該土地の現況地目は原野に当たるとみるのが相当であるとした上で，宅地に比準して行った近傍地比準方式の適用方法を不適切であるとし，当該決定を違法としたものである。

後掲のとおり，本件における土地の利用現況は駐車場や資材置場等でなく，雑草地として放置されていた土地であったことが，現況地目を原野と判定され宅地からの比準方式を否定された大きな理由である。ただし，本件では，登記簿上における地目が土地改良法に基づく換地処分により原野から雑種地へ変更されているため，ともすれば課税上の地目を雑種地と認定することに疑問の生ずる余地は少ないと思われるが，登記簿上における地目と実態との相違を納税者から指摘され，その結果が登録価格の違法性に結びついている点に落し穴がある。

固定資産税における土地評価の出発点は地目の認定にある。そして，地目の認定に当たっては，固定資産評価基準（第１章第１節）に規定されているとおり，当該土地の現況および利用目的に重点を置き，部分的に僅少の差異の存するときであっても，土地全体としての状況を観察して認定することとされている（それは，賦課期日である１月１日時点の利用状況に基づくことは改めて述べるまでもない）。

このように地目の認定が重要とされる理由は，土地は利用形態を異にする地目ごとに価格形成要因が異なる点にある。このため，固定資産評価基準では地目ごとに評価方法を定めている。

その結果，地目の認定を誤った場合には評価方法の誤りにも直結し，評価額（登録価格）に大きな相違を与えてしまう点に留意しなければならない。

●事案の概要●

1. 事案の要旨

本件は，X（原告）が，○○県○○市長の定めた物件目録（略）記載一，二の土地（以下，それぞれ「本件土地1」「本件土地2」といい，併せて「本件土地」という）にかかる平成6年度の固定資産課税台帳登録価格が過大であるとして，Y（被告。○○市固定資産評価審査委員会）に対し，固定資産課税台帳の登録人であるZを申出人として審査を申し出たところ，Yが当該申出を棄却する決定をしたため，Xがその取消しを求めていたものである。

2. 事実関係

(1) Xは，本件土地について，持分各4分の1を所有している。本件土地の所有者は，もとZであったが，Zは昭和○○年○月に死亡し，その子であるZ$_1$およびZ$_2$が本件土地の持分各2分の1を相続により取得したところ，Z$_2$は昭和○○年○月に死亡し，その夫であるXおよび子であるZ$_3$が本件土地の持分各4分の1を取得した。本件土地の固定資産課税台帳にはZが納税者として登録されているが，実際にはXがこの数年間本件土地に係る固定資産税を支払ってきた。

(2) ○○市長は，本件土地の平成6年度固定資産税登録価格（以下，「本件登録価格」という）を，本件土地1につき1,563万1,000円，本件土地2につき174万6,360円と決定し，本件登録価格を固定資産課税台帳に登録し，同年4月7日から同月26日までの間，これを縦覧に供した。

(3) Xは，Yに対し，同年5月5日，本件土地の評価額が過大であるとして，固定資産課税台帳の登録人であるZを申出人として審査申出をしたが（以

下,「本件審査申出」という), Y は, X に対し, 同年11月25日付けで本件審査申出を棄却する決定をした。

●当事者の主張●

本件の争点は, (1)訴訟要件に関するもの, (2)実体判断に関するもの(本件審査決定における本件土地の価格の評価方法が固定資産評価基準に従った適法なものか否か)の二点にあるが, 本項では上記(2)に関する当事者の主張を掲げる(後掲のとおり, 裁判所の判断も上記(2)に係るものとする)。

1. Y (被告) の主張

(1) 固定資産税における土地の評価は, 地方税法第388条第1項の規定によって自治大臣(現:総務大臣)が告示する固定資産評価基準により行われるところ, 当該評価基準によれば, 雑種地の評価は売買実例に比準して行い, 売買実例の価額がない場合には近傍地比準方式によって行われる。

(2) Yは, 本件土地の地目を雑種地とし, 近傍地比準方式によって評価するものとした上で, 宅地に比準すべき土地と定め, 標準宅地(○○市○○町○○ 662)の1㎡の価格2万700円から造成費相当額5,300円を控除し, 雑種地の比準率を70%として, 本件土地の1㎡の価格を1万780円と算定し, これに各土地の地積を乗じて, 各土地の価格を算定した。

そうすると, 次の算定式により, 本件土地1の評価額は1,563万1,000円, 本件土地2の評価額は174万6,360円になる。

本件土地の1㎡当たりの価格=(20,700円−5,300円)×70/100=10,780円/㎡
本件土地1の価格=10,780円×1,450㎡=15,631,000円
本件土地2の価格=10,780円×162㎡=1,746,360円

(3) 本件土地およびその周辺は, 土地改良法に基づく圃場整備(注1)事業により区画形質の変更がなされ, 平成4年3月22日に同法に基づく換地処分がなされており, その際, 本件土地の登記簿上の地目が, 原野から雑種地に変

更されている。

(注1) 圃場整備とは，耕地区画の整備，用排水路の整備，土層改良，農道の整備，耕地の集団化を実施することによって労働生産性の向上を図り，農村の環境条件を整備することである。農林水産省や都道府県の公共事業として行われる。

本件土地は，住居が散在する地域にある舗装道路に接した平坦な土地で，その南側からの排水も良く，その付近には自動車および資材の置場として利用されている土地があるから，資材置場等に好適な状況にある。本件土地は，農地ではなく，農地法上の許可は不要であり，農業振興地域整備法にいう農用地区域 (注2) から除外されているから，法律上も資材置場等に転用することは何ら問題はない。

(注2) 正式には，「農業振興地域の整備に関する法律」という。また，農用地区域とは，農用地として概ね10年先を見越して保全していくべき土地のことを指し，農用地区域内にある農地を転用しようとする場合は，まず，農用地区域内から農用地区域外にする旨の農業振興地域整備計画の変更（いわゆる農振除外）を行う必要がある。

Xは，本件土地の地目を原野と評価すべきであると主張するが，原野とは平原や丘陵地帯における生産性の低い土地をいうのであって，本件土地はこれに該当しない。したがって，本件土地の地目は雑種地以外の地目のいずれにも当らない土地であるから，雑種地というべきである。

(4) 本件土地は，その資産価値および取引価格に照らすと，周辺の田より高く評価すべき土地であるから，農地に比準して評価することはできない。したがって，本件土地を宅地に比準して評価することは相当である。

(5) 本件土地の造成費については，自治省（現：総務省）資産評価室作成の「固定資産評価基準解説」に示されている標準的な金額は7,500円（盛土の高さ1.50m，農地から造成する場合）であり，7割評価であることから，当該金額の7割である5,300円とした。

また，雑種地の比準率については，市街化調整区域内にある宅地と法的規制等のために宅地化できない宅地比準の雑種地との価格差を考慮すると，70％が相当である。

(6) よって，本件審査決定は，固定資産評価基準に従って本件土地の価格を算定したものであり，適法である。

2. 原告の主張

(1) 本件審査決定は，本件土地の地目を雑種地と評価し，近傍地比準方式に従い，宅地に比準して価格を評価している。しかし，本件土地は，農村地帯にあって，農地に介在しており，また，市街化調整区域内にあり，宅地として利用することができない土地である。

本件土地は，昭和62年に土地改良法に基づく一時利用地指定処分を受けてから現在までの間何ら利用されておらず，雑草地のまま放置されている。

(2) Yは，本件土地が資材置場等に適した土地であると主張する。

しかし，本件土地1は，主要道路（県道）から約1.1km離れた所にある隣接道路より1.7ないし1.8m低くなった土地であり，本件土地2は，幅員約2.7mの水路を介して道路に接し，北は山林に接した土地である。本件土地に接する道路には側溝，街渠，集水ます等の排水設備もなく，本件土地の排水も十分ではない。また，Yの主張する自動車および資材の置場は，実際には河川敷であり，公有地に産業廃棄物が投棄されている土地にすぎない。したがって，本件土地が資材置場に適した土地であるとはいえない。

(3) 以上によれば，本件土地の現況地目は原野であるから，農地に比準して評価すべきである。

また，本件審査決定は，本件土地の造成費を5,300円と算定しているが，その法的根拠はなく，本件土地の現況，特に隣接道路との高低差からみて適正な額とはいえない。

(4) よって，本件審査決定には，固定資産評価基準に反して本件土地の価格を過大に評価した違法がある。

●裁判所の判断●

　本件土地の価格の評価方法について，本件を審理した裁判所では以下の判断を下している。

　(1)　○○市長は，固定資産評価基準等に従って，次のとおり平成6年度の本件土地の評価額を算定し，Yが本件審査決定においてこれを是認したことが認められる。

① 本件土地が，圃場整備事業により区画形質の変更が行われ，雑種地として換地処分がなされた土地であることから，地目を雑種地と定め，近傍地比準方式により評価することにした。

② 本件土地が，道路等に面している状況にあること等から，宅地に比準すべき土地であると判断し，標準土地として○○市○○町○○○ 662 の宅地を選定し，その価格を鑑定に基づき1㎡当たり2万700円と算定した。

③ 通常必要とされる農地からの造成費として1㎡当たり5,300円を当該価格から控除することとし，市街化調整区域内にあることから比準割合を70％とした。

④ 以上により，本件土地の1㎡当たりの評価額を1万780円とし，本件土地1の評価額（1,450㎡）を1,563万1,000円，本件土地2の評価額（162㎡）を174万6,360円と定めた。算定式は前記Yの主張記載のとおりである。

　(2)　本件土地および周辺の状況は次のとおりであると認められる（図面は略）。

① 本件土地は，○○市の中心部から約4km東方で，主要道路である県道○○○○線から約1.1km離れた位置にあり，住宅が散在する農村地帯にある。周辺は田に囲まれており，その北側は小高い山林地帯になっている。

　本件土地が所在する○○市○○町○○○にある住宅の位置，数は，この十数年間ほとんど変わっていない。

② Zは，○○市○○町（中略）437番1，同所440番2，同所435番，同

(中略) 460番1の各土地をもと所有していたが，昭和○○年○月に死亡した。その後の所有関係については前記のとおりである。

③　本件土地を含む地域において，昭和60年頃から土地改良法に基づく県営圃場整備事業が行われ，当該各土地について，昭和62年9月14日付けで一時利用地指定処分が，平成4年3月22日付けで換地処分がそれぞれなされた結果，○○市○○町（中略）437番1，同所440番2，同（中略）460番1の各土地が本件土地1，同（中略）440番2の土地が本件土地2にそれぞれ換地された。本件土地1の位置は従前の土地とほぼ同じであり，本件土地2の位置は従前の土地の西側の一部に当たる。

当該換地処分における土地の地目，用途は，従前は440番2の地目が田である以外はいずれも原野であったが，換地処分後にいずれも雑種地に変更され，登記簿上の地目も換地処分により原野から雑種地に変更されている。

本件土地は，都市計画法上の市街化調整区域内にあり，宅地目的で造成するには同法による開発許可が必要であることから，宅地として利用することは極めて困難な状況にある。

④　本件土地1は，東西に長い長方形に近い形をしており，その北側および東側が幅員数mの道路に面している。この道路は圃場整備事業の際に舗装されたものである。本件土地1は，道路より1.2ないし1.7m低くなっており，そのため，当該土地の東南角には圃場整備事業の際に造られた当該土地内に至る幅2.3mのスロープがある。

本件土地2は，扇形に近い形をしており，その東側および南側には圃場整備事業の際に造られた幅員2.3mの水路があり，南側の水路を隔てて幅員数mの道路，当該道路を挟んで家屋がある。

⑤　Zは，生前に本件土地1を畑として耕作していたことがあるが，同人の死亡以降，本件土地は十数年にわたり耕作等が全くなされずに放置されており，現在まで雑草の生い繁った状態にある。Xは，本件土地を利用または譲渡することを全く予定していない。

⑥　本件土地の1㎡当たりの固定資産評価額は，平成5年度は20円であったが，平成6年度は1万780円であり，平成5年度の539倍になっている。

　本件土地付近の田畑に対する平成6年度の固定資産評価額は，1㎡当たり200円前後である。

(3)　①　本件土地の地目について，Ｙは雑種地と評価したのに対し，Ｘは原野と評価すべきであると主張している。

　固定資産評価基準第1章第1節一は，固定資産税における土地の評価について，土地の現況に基づき田，畑，宅地，塩田，鉱泉地，池沼，山林，牧場，原野および雑種地の計10種類の地目に分けて，それぞれの方法により評価すべき旨を定めている。そして，雑種地はその他の地目に当たらない場合をいうと解されるところ，不動産登記事務取扱準則(注3)第117条リは，原野について，耕作の方法によらないで雑草，灌木類の生育する土地と定めている。

　(注3)　平成17年2月25日改正前のものを指す。

　本件土地は農村地帯にあり，田に介在していること，従前は畑として利用されたこともあったが，この十数年間は何ら手入れのなされていない雑草地であったこと，近い将来に本件土地が利用または譲渡される予定もないこと，都市計画法上の市街化調整区域内にあり，宅地としての利用が極めて困難であることは前記のとおりである。

　また，本件土地の周辺についても，圃場整備事業の際に，田が整形され，道路が舗装され，水路が新設されたことの他に，利用状況について変わった点を認めるに足りる証拠はない。

　前記の規定に照らしてみると，固定資産評価基準による本件土地の現況地目は，雑種地ではなく，原野に当たるとみるのが相当である。

②　Ｙは，本件土地およびその周辺において圃場整備事業により区画形質の変更がなされており，換地処分および土地登記簿における本件土地の地目が原野または田から雑種地に変更されているから，固定資産税の評価に

おいても雑種地として取り扱われるべきだと主張する。

　しかし，土地改良法に基づく圃場整備事業の目的が，農用地の整形，用排水の整備等による当該農用地の生産性の拡大等であること，本件の圃場整備事業による区画形質の変更内容がこの目的に沿うものといえることを考慮すると，この区画形質の変更が，固定資産税の評価において本件土地の地目を雑種地に変更させるものとはいえない。

　また，登記が原則として申請主義（不動産登記法(注4)第25条）によることなどから，土地登記簿上の地目が必ずしも土地の現況と一致していないことを考慮すると，土地登記簿において本件土地の地目が雑種地と記載されていることから，直ちに固定資産税の評価において本件土地の地目を雑種地と評価すべきであるともいえない。

　したがって，圃場整備事業により区画形質が変更されたからといって，本件土地の地目を雑種地ということはできない。

　(注4)　平成16年6月18日改正前のものを指す。

③　また，Yは，本件土地が資材置場等に転用するのに適した土地であると主張する。

　本件土地の約300m南方に自動車置場として利用されている土地があることが認められ，本件土地1が幅員数mの舗装された道路に面しているものの，道路との間に高低差があり，そのために東南角に幅2,3mのスロープがあることは前記のとおりである。

　そのうえ，本件土地の付近に自動車または資材等の置場として利用されている土地が他にないことが認められ，本件土地が主要道路である県道〇〇〇〇線から約1.1km離れた所にあり，雑草の生い茂った手入れのなされていない土地であること，特に，本件土地2は道路に直接面していない，わずか162㎡の土地であること，Xが本件土地を利用または譲渡する目的を全く有していないことは前記のとおりである。

　そうすると，前記認定の事実によっても，本件土地の現況に照らして，本件土地が資材置場等に利用される見込みが全くないとはいえないもの

の，資材置場等に転用するに適した土地であるとはいえない。

④ また，Yは，近傍地比準方式を採用し，宅地の価格に比準すべき土地であるとして，付近の土地として○○市○○町○○○ 662 の宅地（別紙図面（略）に「標準地」と記載された所）を選定し，当該土地の価格から造成費を控除した上で，比準割合を70％としている。

固定資産評価基準第1章第10節一は，近傍地比準方式について，付近の土地の価格に比準してその価格を求める方式と定めている。

しかし，本件土地は，住宅が散在する農村地域にある手入れのなされていない雑草地であること，市街化調整区域内にあることから宅地として転用するのは極めて困難であること，資材置場等に適しているともいえないことは前記のとおりであるから，本件土地を宅地に比準して評価すること自体不適切というべきである。

また，本件において付近の土地として選定された土地は，○○○の中心部の集落内に位置する宅地であり，主要道路である県道○○○○線から約200ないし300mの所にあることが認められ，この付近の土地の現況は本件土地とかなり異なるものである。

そうすると，本件における付近の土地（宅地）の価格1㎡当たり2万700円から造成費5,300円を控除したことを考慮しても，造成費控除後の価格の70％という比準割合は過大であり，したがって，本件審査決定における近傍地比準方式の適用方法は不適切というべきである。

以上の事実を併せ考えると，本件登録価格は，本件土地の現況に照らして，平成6年1月1日時点における適正な時価（地方税法第341条第5号）を超える過大な評価であると認められるから，本件審査申出を棄却した本件審査決定は違法というべきである。

《判例から読み取る調査上の留意点》

土地の地目認定は，実務上，比較的行いやすいと考えられているが，それは

特に市街地の場合を念頭に置いてのことであろう。土地の状況は様々であり，数多い土地のなかには現況からしても他の地目との境界線上にあるものも多く存在すると思われる。

　地目の認定に関する基本的な考え方や根拠付けを明確にしたとしても，これを実務に当てはめていく過程では様々な判断を伴うケースもあろう。しかし，固定資産税の評価においては地目の認定いかんが評価額の水準を大きく左右する要となることは冒頭に述べたとおりであり，本件判決を読み取るに当たっても基本的な事項を十分に踏まえる必要がある。

　そこで，地目認定に関するいくつかの留意点を改めて整理しつつ，本件判決との接点に言及することとしたい。

1. 現況主義について

　固定資産税の評価における地目認定は，当該土地の現況および利用目的に重点を置くものとされている。これがいわゆる現況主義と呼ばれるものであるが，「固定資産評価基準解説（土地篇）」[注5]では，現況主義に関し次の見解を示している（以下，「評価基準」とは固定資産評価基準を指す）。

> 　土地の地目は，土地登記簿に登記されており，通常，土地登記簿上の地目と現況地目は一致しなければならないものであるが，登記は原則として申請主義であること等から，土地登記簿上の地目と現況の地目とが一致していない場合がある。評価基準では，地目は地積と異なり，実地調査によって認定することが比較的容易であり，また，各筆の土地について均衡のとれた適正な評価を行うため，土地の評価は，土地登記簿上の地目にかかわりなく，現況の地目によって行うものである。

> 　地目の認定は，原則として一筆ごとに行うものである（評価基準第1章第2節一等）。
> 　この場合地目は，土地の現況及び利用目的に重点を置いてこれを認定しなけ

ればならないものであり，部分的に僅少の差異の存するときでも土地全体としての状況を観察して認定するものである（評価基準第1章第1節一）が，社会経済の進展によって，土地の利用状況はますます複雑になって来ているので，個々の土地について適正妥当な地目を認定することは必ずしも容易でない場合があろう。地目の認定に当たっては，土地全体としての状況いかんに着眼し，一般の社会通念に照らし，客観的に妥当と認められる地目を付することが必要である。

(注5) 固定資産税務研究会編『固定資産評価基準解説』財団法人地方財務協会刊。

評価基準では，次の9種類の地目が定められているが，地目の定義や地目の認定に関する規定は置かれておらず，実務上は不動産登記事務取扱手続準則に定められているところによっている。

〈評価基準における地目の種類〉

田，畑，宅地，鉱泉地，池沼，山林，牧場，原野，雑種地

ちなみに，本件判決との係わりのある原野および雑種地の定義は，同準則第68条の考え方を当てはめれば次のとおりとなる。

〈評価基準における原野のとらえ方〉

耕作の方法によらないで雑草，かん木類の生育する土地

〈評価基準における雑種地のとらえ方〉

田，畑，宅地，鉱泉地，池沼，山林，牧場，原野以外の土地

ここで留意すべき点は，同準則第68条では，地目の分類を評価基準よりも細かく行っているため，同準則でいう雑種地の範囲は評価基準よりも狭いということである。したがって，評価基準の上で雑種地と認定される土地のなかには，現況が異なる多くの土地が混在するということになる。

ちなみに，同準則第68条に規定されている雑種地とは，田，畑，宅地，学校用地，鉄道用地，塩田，鉱泉地，池沼，山林，牧場，原野，墓地，境内地，運河用地，水道用地，用悪水路，ため池，堤，井溝，保安林，公衆用道路，公

園（合計22種類の土地）以外の土地を対象としている。

　また，参考までに同準則第69条では雑種地として取り扱われるものの具体例を掲げているが，これらを抜粋すれば以下のとおりである（本件判決の対象となった土地の状況とは直接関係ないものも多いが，雑種地のイメージをとらえる意味で必要であるため掲げることとした）。

〈不動産登記事務取扱手続準則における雑種地の例〉
① 水力発電のための水路または排水路は，雑種地とする。
② 遊園地，運動場，ゴルフ場または飛行場において，建物の利用を主とする建物敷地以外の部分が建物に付随する庭園にすぎないと認められる場合には，その全部を一団として宅地とする。
③ 遊園地，運動場，ゴルフ場または飛行場において，一部に建物がある場合でも，建物敷地以外の土地の利用を主とし，建物はその付随的なものにすぎないと認められるときは，その全部を一団として雑種地とする。ただし，道路，溝，堀その他により建物敷地として判然区分することができる状況にあるものは，これを区分して宅地としても差し支えない。
④ 競馬場内の土地については，事務所，観覧席およびきゅう舎等永久的設備と認められる建物の敷地およびその附属する土地は宅地とし，馬場は雑種地とし，その他の土地は現況に応じてその地目を定める。
⑤ テニスコートまたはプールについては，宅地に接続するものは宅地とし，その他は雑種地とする。
⑥ 火葬場については，その構内に建物の設備があるときは構内全部を宅地とし，建物の設備のないときは雑種地とする。
⑦ 高圧線の下の土地で他の目的に使用することができない区域は，雑種地とする。
⑧ 鉄塔敷地または変電所敷地は，雑種地とする。
⑨ 坑口またはやぐら敷地は，雑種地とする。
⑩ 精錬所の煙道敷地は，雑種地とする。
⑪ 陶器かまどの設けられた土地については，永久的設備と認められる雨覆

いがあるときは宅地とし，その設備がないときは雑種地とする。

⑫　木場（木ぼり）の区域内の土地は，建物がない限り，雑種地とする。

さらに，前掲の「固定資産評価基準解説（土地篇）」でも，ゴルフ場等の用に供される土地および鉄軌道用地以外の土地で，鉄塔敷地，水路敷地および稲干場，塚地，柴草地，不毛地，砂地，荒ぶ地，土取場跡，へい獣捨場等を「その他の雑種地」と呼び，雑種地の対象として取り上げている。

このように，一口に雑種地といっても，その対象は幅広く，地目認定の実務に際して判断に迷うケースも少なくないと思われる。ただ，そうはいっても現実に地目の認定作業を避けて評価を行うことはできない。その際，雑種地の認定に関する基本的な考え方として，次の指摘 (注6) が参考になると思われる。

① 　雑種地としての地目認定を行う際の基本的な考え方は，資材置場等の特定の具体的な用途から直接的に雑種地と認定されるのではなく，これらの用途が固定資産評価基準に定められる他の地目のいずれにも該当しないため，結果的に雑種地と認定されるということである。

② 　つまり，雑種地は，他の地目の「いずれにも該当しない」ということが基本的な意義であるから，雑種地と認定するためには固定資産評価基準に定められる他の地目のいずれにも該当しないという根拠を有するかどうかが重要な判断基準となる。

(注6)　阿部祐一郎，山本一清「地目認定の基礎知識と例題〔2〕」『税』2009年9月号181頁。

以上述べてきたことを踏まえて，本件判決の対象となった土地の地目認定との係わりを検討すれば，本件判決においては，本件土地の利用状況（この十数年間は何ら手入れのなされていない雑草地であったこと，近い将来に本件土地が利用または譲渡される予定もないこと等）を考慮して，地目を原野に当たると判断している点に留意しなければならない。

すなわち，評価基準における原野という地目のとらえ方（具体的には同準則第68条による。前掲のとおり）に忠実に当てはめ，本件土地の地目を「耕作の方法によらないで雑草，かん木類の生育する土地」に属するものとして認定し

ているところである。そして，本件土地の周辺についても，圃場整備事業の際に，田が整形され，道路が舗装され，水路が新設されたことの他に，利用状況について変わった点を認めるに足りる証拠はないと判示されているところにも本件土地に関する地目認定の特徴を見出すことができる。

さらに，Y（被告）が本件土地を雑種地と認定した根拠として引き合いに出している資材置場への転用適地という考え方に関しても，上記①で指摘されている「特定の具体的な用途から直接的に雑種地と認定され」たという感を免れず，上記②にいう「雑種地と認定するためには固定資産評価基準に定められる他の地目のいずれにも該当しないという根拠」付けの点で裁判所に対する説得力が不十分であったのではなかろうか。

ここで述べた内容も，言うはたやすく実務上の判断は難しい事項の一つであるが，現実に上記のような判決が下されている以上，今後の実務に際しては十分な留意が必要であろう。

2. 近傍地比準方式との関連について

本件登録価格の決定においては，Y（被告）は，本件土地の地目を雑種地と認定した上で，近傍地比準方式を適用し，付近の宅地を比準地として造成費控除後の金額に対し70％の比準割合を乗じて本件土地の価格を算定している。しかし，本件判決は，本件土地の利用状況等を考慮した場合，宅地に比準して評価すること自体不適切であり，造成費を控除したとしても70％の比準割合は過大であると判示している。

そこで，基本に立ち戻り，原野および雑種地の評価基準における評価方法を振り返り，近傍地比準方式の位置付けとその内容を整理してみたい。

評価基準では，原野の評価方法を次のとおり定めている。

〈評価基準における原野の評価方法〉

　原野の評価は，原野の売買実例価額から評定する適正な時価によってその価額を求める方法によるものとする。ただし，市町村内に原野の売買実例価額がない場合においては，原野の位置，その利用状況等を考慮し，附近の土

地の価額に比準してその価額を求める方法（注7）によるものとする。

（注7）　この方法がいわゆる近傍地比準方式である。

　雑種地（ただし，ゴルフ場等の用に供する土地および鉄軌道用地を除く）の評価方法に関しても基本的な考え方は全く同様であり，上記規定のうち「原野」の個所を「雑種地」と置き換えて読めば支障ない。

　以上のとおり，評価基準における原則的な評価方法は売買実例価額から評定する方法であるが，現実には原野や雑種地の売買実例を収集することが困難なことが多く（市街化調整区域の場合，この傾向が顕著である），近傍地比準方式を適用するケースが圧倒的に多いと思われる。

　そこで問題となる点は，近傍地比準方式を適用する場合，比準の元になる土地としてどのような土地（たとえば，宅地，山林，農地等）を選定するかというところにある。

　地目を原野や雑種地と認定した場合，近傍地比準方式を適用するに当たっての近傍地としては宅地，山林，農地等が考えられるが，特に雑種地と認定した場合に宅地から比準するケースが多いと聞く。しかし，ここで留意すべき点は，一般的な雑種地を評価する場合には，評価対象地と状況が類似する付近の土地の地目を自ら判断する必要があり，当該地目は必ずしも最初から宅地に限定するものではないということである（注8）。

（注8）　笹岡宏保「難解事例から探る財産評価のキーポイント（第40回）市街化調整区域内に存する雑種地の評価方法（近傍地比準方式による評価の相当性，建築制限のしんしゃく等）が争点とされた事例（下）」『税理』2011年7月号222〜223頁。ここで述べられている内容は相続税の財産評価に関するものであるが，その考え方は固定資産税の評価にも全く同様に当てはまる。

　すなわち，対象地について宅地比準を行うのであれば，その根拠として周辺地域が宅地であること，利用状況から判断して対象地自体が宅地造成を行うのが最有効と考えられること等の客観的状況が必要であろう。このような根拠なくして，雑種地であるという理由で最初から宅地比準という手順を踏めば，その妥当性を問われた場合，回答に窮する事態が考えられる。

4. 市街化調整区域内にある土地への近傍地比準方式（宅地比準）の適否

　ケースによっては，対象となる雑種地と類似する地目が農地や山林等である場合も考えられる。評価基準においても「附近の土地の価額に比準してその価額を求める」と規定し，いわゆる近傍地比準方式のように呼ばれる場合でも，「近傍宅地」という呼称が用いられていないのは上記の意味合いを含んでいるためである。本件判決の対象地に関しても，仮に現況地目を雑種地と判断したとしても，比準の元になる土地を農地等から選定していた場合には，訴訟までには至らなかった可能性も考えられる（結果的に固定資産税の登録価格が従前のものとあまり差のない金額に収まっていたと推察されるからである）。

　地目の認定に関する紛争事例は固定資産税の評価に関する場合だけでなく，相続税の財産評価に関しても数多く生じている。その意味で，国税不服審判所において下された裁決事例も参照する必要がある。

5. 別荘用地における画地や地目の認定

> 別荘用地における画地や地目の認定方法をめぐって——固定資産税における適正な時価（東京高裁平成21年12月7日判決・判例自治330号10頁）

　固定資産税の評価において，画地や地目の認定結果が価格に少なからぬ影響を及ぼすことは既に述べてきたとおりである。そこでは，隣接していて所有者が異なる各土地を一画地として認定した例，合筆後の土地の利用状況に変動が生じたとして価格の見直しが行われた例など，認定に判断を伴い画一的な処理が難しいケースを取り上げた。本項で取り上げるケースも，同様の理由で納税者との間で紛争に発展した事例である。

　本項で取り上げるのは別荘用地をめぐる画地や地目の認定方法であり，全体が別荘という利用目的に供されており，敷地内が平坦な部分（建物の敷地）と傾斜地部分とに分かれ，しかも敷地内に擁壁が設置されていて段差が生じている土地についてである（傾斜地部分は，見かけ上は山林である）。このような場合，それぞれの部分を別々の画地としてとらえるべきだという考え方や，地目を宅地と山林に分けてとらえるべきだという考え方も生じ得る。しかし，固定資産評価基準の趣旨に当てはめた場合，地目の認定に当たっては当該土地の現況および利用目的に重点を置き，土地全体としての状況を観察してこれを行うべきであるとされている。

　また，別荘用地という特性を考慮に入れた場合，これが通常の住宅地と異なり，特に景観の点から敷地内に傾斜地部分を多く含んでいたり，別荘用地とい

5. 別荘用地における画地や地目の認定　239

うイメージを強調して樹木の伐採を制限しているケースが多々見受けられる。敷地がこのような状況にある場合，むしろ傾斜地部分を含む一体の土地を別荘の敷地（＝宅地）とみなし，これを一画地として評価することが一般的である。しかし，なかには納税者から，敷地内における現況の相違を理由として画地の範囲や地目を別々のものとし，これを基に固定資産税の登録価格を算定すべきだという主張が行われ，裁判に発展したケースもある。

　本項では，その一例として東京高裁平成21年12月7日判決（一審：横浜地裁平成21年7月15日判決）を取り上げる。

●事案の概要●

1. 事案の要旨

　○○市長は，甲（控訴人。一審：原告）らの共有にかかる各土地（以下，順次「A土地」，「B土地」，「C土地」といい，また，A土地とB土地とを併せて「A，B土地」，すべての土地を併せて「本件各土地」という）について，平成18年1月1日（平成18年度）における土地課税台帳の登録価格を決定し，これを同台帳に登録した。ところが，甲らは，○○市固定資産評価審査委員会（被控訴人。一審：被告。以下，「審査委員会」という）に対し，本件各土地はAないしCの三画地であり，BおよびCの現況地目はいずれも山林であるとして，上記登録価格を減額するよう求めて審査を申し出た（以下，「本件審査申出」という）。

　これに対し，審査委員会は，本件各土地は，A，B土地とC土地との二画地であり，現況地目はいずれも宅地であるとし，これを前提に両土地につき，○○市長が決定した登録価格を一部減額する旨を決定した（以下，「本件審査決定」という）。そこで，甲らはこれをなお不服として，本件審査決定の取消しを求めていた。

2. 事実関係

(1) 甲らは，昭和57年11月29日付けで，乙株式会社（以下，「乙」という）から，各土地（上記1の事案の概要に掲げた土地と同じ「A土地」，「B土地」，「C土地」を指す）を買い受け，以来，これらをそれぞれ持分2分の1の割合で共有している。なお，A，B土地は不動産登記簿上は一筆の土地であり，A土地上には甲らが所有する建物（以下，「本件建物」という）があり，甲らはこれを別荘として利用している。

(2) A，B土地およびC土地は，従前から，土地課税台帳に地目を山林として登録されていたが，A，B土地は，本件建物が建築された平成4年度以降は地目を宅地として登録されている。C土地は，同年度において一度地目を宅地として登録されたが，○○市長は，同年12月14日付けで，甲らに対し，地方税法（以下，「法」という）第417条第1項(注1)に基づき，地目を宅地から山林，固定資産税課税標準額を1,137万4,000円から3万7,741円に修正する旨通知し，以来，地目を山林として登録されていた。

(3) ○○市長は，平成18年度（法第341条第6号にいう基準年度）の固定資産税の賦課期日である平成18年1月1日において，本件各土地は全体として一画地の現況地目が宅地であるとし，A，B土地およびC土地いずれも価格を1,684万2,826円と決定し，同価格が土地課税台帳に登録され，また，いずれも現況地目は宅地として登録された。

これに基づき，○○市長は，本件各土地について14万9,500円の固定資産税の賦課決定処分（以下，「本件賦課決定処分」という）をし，同年5月1日付けで甲らに対しその旨の納税通知書を送付した。

(4) 甲らは，平成18年5月1日，審査委員会に対し，本件各土地は，AないしC土地の三画地であること，A土地は現況宅地であるが，B土地およびC土地はいずれも現況山林であること，これを前提に上記登録価格を減額するよう求めて審査を申し出た（本件審査申出）。

(5) 審査委員会は，実地調査等の上，審理をし，平成19年6月26日付け

で，原告らに対し，本件各土地はA，B土地とC土地との二画地であること，現況地目はいずれも宅地であること，これを前提に，その価格は，A，B土地が1,650万5,742円，C土地が1,632万3,758円であるとして，○○市長が決定した前記登録価格を以上のようにする旨の決定をした（本件審査決定）。

(注1) 地方税法第417条（固定資産の価格等のすべてを登録した旨の公示の日以後における価格等の決定又は修正等）
1 市町村長は，第411条第2項の規定による公示の日以後において固定資産の価格等の登録がなされていないこと又は登録された価格等に重大な錯誤があることを発見した場合においては，直ちに固定資産課税台帳に登録された類似の固定資産の価格と均衡を失しないように価格等を決定し，又は決定された価格等を修正して，これを固定資産課税台帳に登録しなければならない。この場合においては，市町村長は，遅滞なく，その旨を当該固定資産に対して課する固定資産税の納税義務者に通知しなければならない。
2～4 （省略）

●一審における当事者の主張と裁判所の判断●

　一審において，原告および被告は次のような主張を行っていた（下記文中で，「本件各土地」，「本件審査決定」等の意味するところは後掲の控訴審判決と同じである）。

1. 原告の主張

(1) 画地の認定について

　審査委員会は，本件審査決定において，本件各土地はA，B土地とC土地との二画地であるとしているが，本件各土地はAないしC土地の三画地と認定した上，それぞれ別に評価されるべきものである。

　A土地とB土地は，本件建物を建築する際の工事により，その間は高さ約2mの崖になり，コンクリート練積ブロックの擁壁で判然と区分され，往来のできない状況になった。また，A土地は南側で，B土地は北側で公道に隣接

していて独立しており，利用状況も，Ａ土地は整地されて建物が建築され，建物の敷地，階段通路および庭として利用されているのに対して，Ｂ土地は乙による開発行為前と同じく樹木が生育したままの勾配約30度の急傾斜地であって，利用状況が全く異なっている。また，面積も，Ａ土地が536㎡，Ｂ土地が498㎡とそれぞれ独立の評価が可能な面積となっている。

したがって，Ｂ土地は本件建物の維持または効用を果たすために必要な土地とは認められないので，Ａ土地とＢ土地とは別画地である。よって，Ａ，Ｂ土地を一画地とした本件審査決定は誤りであって，違法である。

(2) 地目の認定について

地目は，土地の用途による分類であり，最終的な認定は登記所が行うもので，市町村長が決められるものではない。その認定は，土地の現況および利用目的に重点を置き，土地全体の状況を観察して定めるものである。そして，宅地は，「建物の敷地及びその維持若しくは効用を果たすために必要な土地」である（不動産登記事務取扱手続準則（平成17年2月25日法務省民二第456号民事局長通達）第68条第3号）。したがって，本件各土地のうち，建物が建っているＡ土地は宅地であることは明白である。

しかし，Ｂ土地およびＣ土地は，勾配30度を超える急傾斜地で，乙による開発行為以前から生育している松，檜等が林立している状態であり，これらの樹木を伐採した上，土盛りあるいは切土して整地し，崖地部分に崩落防止の擁壁を設置する等の工事を完工しなければ，建物を建築することは不可能である。そうすると，近い将来建物の敷地に供されることが確実に見込まれる土地ではないので，宅地ではなく，従来どおりの山林である。

(3) 評価額の適否について

① 本件各土地の固定資産税の価格の評価のうち，Ａ土地については標準宅地の選択，地勢を考慮しない等の誤りがある。また，Ｂ土地およびＣ土地については山林として適正な評価をしていない誤りがある。

② Ａ土地は丘陵の山腹に位置していて，宅地ではあるが，地盤は北側の一部分だけが削土して平坦になっているが，南側の大部分の地盤は約30

度の急傾斜地である。これに対して，標準宅地は丘陵の頂上にあって，その地盤はほぼ平坦である。急斜面地と平坦地とでは，用途，使用価値，維持管理の手数等に著しい差異がある。したがって，この両土地は状況類似地域ではないのであり，標準宅地に比準して評価したＡ土地の評価額は過大である。

③　Ｂ土地およびＣ土地は，樹齢50年以上の樹木の生い残った土地で山林であるから，これを山林として適正に評価されなければならない。

2．被告の主張

(1)　画地の認定について

Ａ，Ｂ土地は一筆の土地であり，この土地自体は本件各土地付近を造成開発した乙によって，一画地として造成販売された土地である。もともと傾斜地であり，斜面上に住宅を建設する以上，ほぼ必然的に切土して整地する必要があったもので，その結果，2ｍの擁壁が設置されたものと認められる。

また，甲が本件建物建築に際して実施した工事は，森林住宅分譲地建築協定により，「建築物を建築する際の樹木の伐採は必要最小限度にとどめること」，「塀その他の遮蔽物はできる限り設けないこと」などの従来の樹木等の自然な状態を残す方向での住宅建設の協定趣旨に沿った一環の土地利用行為と認められる。そこで，甲が擁壁を設けたからといって，直ちに二画地の土地と認定することは適切とはいえないし，一筆一画地評価の原則の例外とするに足る特段の利用状況があるとは認め難い。したがって，Ａ，Ｂ土地につき一画地であるとした審査委員会の判断は正当である。

(2)　地目の認定について

地目の認定については，固定資産税の課税標準額の基礎となる固定資産の価格（適正な時価）を評価するためになされるものであるから，当該土地の物理的な状況のみに着目して判断すべきものではない。固定資産評価基準にも，「当該土地の現況及び利用目的に重点を置き」，「土地全体としての状況を観察して認定するもの」とされており，当該土地の現況を前提としてそれが客観的

にどのような用途に利用されるものであるか，また，どのような用途の土地としての資産価値を有するのかということも考慮して総合的に判断すべきものと考えられる（横浜地裁平成18年9月13日判決）。

　以上のことから，B土地は，A土地と一体として一画地の宅地として利用されており，現況が宅地として評価されるのは当然である。

　C土地は，現に建物が建築されていない土地であるものの，乙により別荘用地として分譲された土地であり，その後周囲の分譲地では，そのほとんどの土地に建物が建築されている。また，C土地は南側および北側がそれぞれ片側1車線ずつの道路に接しており，電気および上下水道が設置されているのであるから，客観的に見て宅地としての資産価値を有するものといえる。もともと甲は昭和57年に同土地を3,000万円で購入しているものであり，その後，周囲に多くの建物が建築されてきた平成15年当時において，同土地を山林と評価した場合の評価額3万7,741円がその客観的な資産価値に対応したものとは到底解されない。

　C土地に建物を建築する際に整地などを要するといっても，C土地の現況からすれば，前述した建築協定に従う限り，それほど大がかりな造成工事等を要するとは認められず，接道，電気，上下水道が整備されたC土地に宅地としての資産価値が存しないとは言い難いなどの諸点から，C土地の地目を宅地として認定することには相応の根拠がある。

(3)　評価額の適否について

　本件各土地は，前記のとおり，いずれも宅地として評価がされるべきである。

　標準宅地の選定に当たっては，一般的に市街化宅地評価法に基づき選定が行われる。これはいわゆる路線価方式とも言われ，路線価に基づいて各画地の評点数を付設し，当該評点数に評点1点当たりの価額を乗じて，各筆の宅地の評価額を求める方法である。

　本件標準地は，市街化宅地評価法に従った住宅地区のうち高級住宅地区であり，乙によって画一的に開発された分譲地の中から，家屋の疎密度もほぼ等し

く，さらに，建ぺい率，容積率が等しく開発基準等も同じ地域内で主要な街路を選定した上，これに沿接する宅地の中から奥行，間口，形状等が当該地域において標準的な宅地として選定された適正なものである。

 甲は，本件土地は急傾斜地であって，標準宅地とは状況類似地域ではない旨主張するが，本件の場合，標準宅地自体も傾斜地であることは明らかである。むしろ，選定された当該地域の宅地のほとんどが傾斜地であり，傾斜地であることの方がむしろこの地域では標準的というべきである。

3. 裁判所の判断

 一審判決は次のとおり判示し，審査委員会のした本件審査決定に違法事由はないとして，甲らの請求を棄却した。

① A，B土地は一筆の土地であり，開発分譲業者が一画地として利用されることを想定して造成・販売したものであり，現状においてもA，B土地全体を別荘敷地として利用しているからA，B土地は一画地である。

② C土地は勾配30度を超える急傾斜地で樹木が繁茂しており，建物を建築するには盛土・切土が必要であるが，別荘用地として分譲された土地であり，南側および北側が道路に接しているから，客観的にみて宅地としての資産価値を有し，現況宅地と認定される。

③ A，B土地およびC土地の登録価格の決定は，固定資産評価基準によって決定されており，賦課期日における客観的な交換価値を上回るとは認められない。

④ 甲は，本件各土地が急傾斜地である旨主張するが，本件標準宅地も傾斜地であると認められるため，本件標準宅地が不適格であるとはいえない。

●控訴審における控訴人の主張と裁判所の判断●

 一審では原告が敗訴したため控訴し，控訴審で次のような主張が行われた上，これに対する裁判所の判断が示されている。

1. 控訴人（原告）の主張

① A土地とB土地の間には高さ約2mの段差があり、コンクリートブロック擁壁で仕切られていて、その間を往来できないことからA土地とB土地とは別画地である。
② B土地はその現状からして現況は山林である。
③ C土地は分譲業者による開発行為以前からの樹木が生育している状態であり、整地しなければ建物を建築することが不可能な状況の土地であって現況は山林である。
④ 本件各土地は、傾斜度が30度を超える急傾斜地であり、山頂付近の標準宅地とは異なるのに適正な減額がされていない。

2. 裁判所の判断

(1) A、B土地について

A、B土地については、分譲業者により、駐車場や階段が付設された南側道路から出入りすることを予定して一画地として開発され、登記簿上も一筆の土地として登記されている。

また、実際に控訴人（甲）は、宅地の軽易な造成工事届において、切土する面積は、敷地であるA、B土地の地積1,034.61㎡のうちの僅か72㎡であると届け出ている上、本件建物の建築確認に際しては、A、B土地の1,034.61㎡の全部を敷地とする旨を申請している。

さらに、B土地上に樹木等が成育しているのは、分譲地の建築協定により樹木の伐採を必要最小限にすることが求められている結果であり、これにより、本件建物について、森林の中の別荘という付加価値のある景観を生じさせるとともに、北側道路を通行する通行人からの視界を遮るブラインドとしての役割も果たしている。そうすると、まさにA、B土地は一体となって別荘の敷地として利用されていると評価でき、一画地とみるのが相当であるし、B土地部分のみを山林と評価することはできない。

(2) C土地について

C土地についても，A，B土地と同様に，分譲業者により別荘用地として分譲された土地であって，南側道路に接する部分には駐車場と階段が付設され，電気，飲料水，排水がいつでも使用可能な状態で整備されている。傾斜地ではあるが，A，B土地が72㎡程度の範囲の土地を切土することにより，本件建物を建築することができたのであるから，C土地についても同程度の範囲の土地を切土することにより，建物を建築することが可能とみられる。

これらに加えて，現に，周囲の分譲地全体390区画のうち，298区画について建物が建築されていることも併せ考慮すれば，C土地を現況宅地として評価したことについては，相応の根拠がある。

(3) 標準宅地について

さらに，標準宅地については，本件各土地と同じ分譲地内にある標準的な土地が選定され，やはり同様に傾斜地であるというのであるから，特段の事情のない限り，本件各土地が傾斜地であることを理由にして減額することが相当であるとは解されない。

《判例から読み取る調査上の留意点》

本判決の意義は，以下の点で，土地課税台帳の登録価格の決定において前提となる土地の画地の評価の問題および現況地目の評価の問題について，具体的な判断を示しているところにあることが指摘されている(注2)。

第一に，土地の画地の評価については，土地の来歴（分譲業者は南側道路から出入りすることを予定して一画地として開発した），登記関係（一筆の土地として登記），樹木等成育の事情（分譲地の建築協定，付加価値のある景観），現実の利用関係（一体として別荘の敷地として利用）などを考慮要素として判断し，一画地としてみるのが相当であるとしたこと。

第二に，現況地目の評価については，土地の来歴（別荘用地として分譲された土地），現在の状況（駐車場・階段が付設，電気，飲料水，排水がいつでも使用可

能な状態で整備，切土により建物の建築が可能），周囲の状況（分譲地全体390区画のうち，298区画について建物を建築）などを考慮要素として判断し，現況宅地として評価したことを相応の根拠があるとしたこと。

（注2） 判例自治330号12頁。

また，別荘用地の評価については**資料1**のとおり，「昭和48年8月24日自治固第72号東京都総務・主税局長，各道府県総務部長あて自治省税務局固定資産税課長通知」が発せられており，一審においてもこの内容が判決文に掲載されている（ただし，本書では本文中の記載を略した）。

本件各土地に関する○○市の土地課税台帳の登録価格にはこの考え方が反映されており，一審および控訴審の結論からしても，同様に裁判所の判断にこの考え方が反映されたものと推察される。

判決文に表れた趣旨は上記のとおりであるが，以下，これらを基に本件登録価格の決定に特に大きな影響を与えたと思われる地目認定上の留意点につき，筆者の見解を述べておきたい。それとともに，鑑定評価における宅地の定義や別荘地（注3）の評価の考え方とも対比させることにより，固定資産税の評価実務の参考に資したい。

（注3） 鑑定実務では，住宅地や商業地と同様に別荘地という呼称を用いていることから，鑑定評価の手法として述べる場合にはこの用語を用いることとする。

1．固定資産税の評価における別荘用地の地目認定

固定資産税の評価において，別荘が建築されている土地の評価は，土盛り，垣根等により区画されているものについては，原則として，その区画された土地全体を別荘用地とし，これを宅地と認定して，その価格を求めるものとされている（**資料1参照**）。

本件土地の場合，判決の概要だけではどのような方法により他の土地と別区画となっているかが把握できないが，周囲の分譲地が全体で390区画あり，そのうちの298区画について建物が建築されていることからすれば，それぞれの土地の区画が明らかにされているとみるのが通常であろう（このことに加え，

一審および控訴審において，画地全体の地目を宅地と判定した理由が別途，詳細に述べられていることは本文からも明らかである）。

そこで問題となるのが宅地の定義や具体的な認定方法であるが，これに関しては，固定資産評価基準では地目認定に関する何らの規定も設けられていない。このため，宅地とはどのような土地を指すのか，どのような利用状況にある土地を宅地というのかが明確に定められていないのが実情である。

ただし，宅地認定の実務に当たっては，何らかの根拠付けを行うことが必要であり，実際には不動産登記法および不動産登記事務取扱手続準則に準じた取扱いをしていることが多い。その理由としては，固定資産評価基準における「当該土地の現況及び利用目的に重点を置き，部分的に僅少の差異の存するときであっても，土地全体としての状況を観察して認定するものとする。」という文言が，不動産登記事務取扱手続準則第68条の条文の表現方法とほぼ同じであり，それぞれが前提とする地目認定の方法が基本的に同じ（共に現況主義）であると考えられること(注4)が指摘されている。

(注4) 阿部祐一郎，山本一清「論点別に見た固定資産税宅地評価のポイント Ⅳ 地目認定の基礎知識と例題〔1〕」『税』2009年8月号117頁。

ちなみに，不動産登記事務取扱手続準則第68条の条文は以下のとおりである。

○**不動産登記事務取扱手続準則第68条**

次の各号に掲げる地目は，当該各号に定める土地について定めるものとする。この場合には，土地の現況及び利用目的に重点を置き，部分的にわずかな差異の存するときでも，土地全体としての状況を観察して定めるものとする。

一 田 農耕地で用水を利用して耕作する土地
二 畑 農耕地で用水を利用しないで耕作する土地
三 宅地 建物の敷地及びその維持若しくは効用を果たすために必要な土地
四～二十三 （略）

ここに規定されているとおり，宅地とは「建物の敷地及びその維持若しくは

効用を果たすために必要な土地」を指す。その意味は，建物の敷地として一体的に利用されている土地と理解すべきであろう。

また，公道に至るまでの私的な通路部分，法地等も，建物の敷地およびその維持もしくは効用を果たすために必要な土地であり，建物の敷地と連続して一体的に利用されている土地は，その全体が宅地として取り扱われている(注5)。

(注5) 前掲(注4)稿，122頁。

別荘用地の地目認定に関する**資料1**の取扱い方法に加え，上記の考え方によっても，本件判決が三筆全体を宅地としてとらえていることにつき合理性を見出すことができる。

また，参考までに，登記簿上の地目を農地から宅地に変更する際の実務上の取扱いに当たり，「昭和56年8月28日付民三第5403号民事局第三課長依命通知」では，対象土地を宅地に造成するための工事が完了している場合，**資料2**のいずれかに該当すれば，対象土地が近い将来建物の敷地等に供されることが確実に見込まれるものと認定して差し支えないとしている（宅地としての蓋然性を有する土地という見方がなされる）。

本件判決の対象地は別荘用地であり，農地を宅地に転用するケースとは異なるが，別荘用地（三筆）全体を対象として建築確認申請が行われた経緯等を鑑みれば，宅地認定の考え方には共通するものがあるように思われる（本件判決でも，**資料2**の(2)と同様の理由により宅地認定の合理性を導いている）。

資料1　別荘用地の評価について （昭和48年8月24日自治固第72号東京都総務・主税局長，各道府県総務部長あて自治省税務局固定資産税課長通知）

> 別荘用地は，一般の住宅の敷地と異なり，通常すぐれた自然環境の地にあって，別荘の敷地はもちろん樹木等が生育している部分も含め，これらの土地全体が別荘と一体となって別荘の維持若しくは効用を果たすために必要な土地としてその機能を果たしているものであるから，これらの土地全体を別荘用地として認定すべきものであるが，その態様が種々異なるところから，別荘用地として認定されるべき土地の範囲，地目の認定等について，各市町村を通じてそ

5. 別荘用地における画地や地目の認定

の取扱いに統一を欠いている向きもあるので，下記により取り扱うよう配慮されたい。

なお，管下市町村に対してもこの旨示達のうえ，ご指導願いたい。

記

1. 別荘が建築されている土地の評価

　土盛り，垣根等により区画されているものについては，原則として，その区画された土地全体を別荘用地とし，これを宅地と認定して，その価格を求めるものとすること。

　なお，土盛り，垣根等により区画がないものについては，当該別荘が存する区域における標準的な別荘用地の規模，当該土地の利用の現況等を勘案のうえ，当該別荘の敷地及びその維持若しくは効用を果たすために必要と認められる土地を別荘用地とし，これを宅地として，その価格を求めるものとすること。

2. 別荘が建築されていない土地の評価
   (1) 当該土地に別荘を建築するため，基礎工事に着手しているものについては，1に準じて別荘用地の範囲を画定し，これを宅地と認定して，その価格を求めるものとすること。
   (2) (1)以外の土地が次の要件を満たす状況にある場合には，1に準じて別荘用地の範囲を画定し，これを宅地と認定して，その価格を求めるものとすること。ただし，当該土地の現況からして宅地と認定することが不適当であると認めるものについては，これを雑種地と認定し，附近の状況が類似する宅地の価格に比準してその価格を求めるものとすること。
   　イ　附近の道路が整備されていること。
   　ロ　電灯用電気及び飲料水が得られる状況にあること。
   (3) (1)及び(2)以外の土地については，現況によって地目を認定し，その地目に応じて価格を求めるものとすること。

資料2　地目が農地である土地について農地以外への地目変更登記申請があった場合の取扱い（昭和56年8月28日付民三第5403号民事局第三課長依命通知）

（一部抜粋）

7　対象土地を宅地に造成するための工事が既に完了している場合であっても，対象土地が現に建物の敷地若しくはその維持・効用を果たすために必要な土地（以下「建物の敷地等」という。）に供されているとき，又は近い将来建物の敷地等に供されることが確実に見込まれるときでなければ，宅地への地目の変更があったものと認定すべきではない（通達二の1）が，対象土地を宅地に造成するための工事が完了している場合において，次の各号のいずれかに該当するときは，対象土地が近い将来建物の敷地等に供されることが確実に見込まれるものと認定して差し支えない。

　(1)　建物の基礎工事が完了しているとき。
　(2)　対象土地を建物の敷地等とする建物の建築について建築基準法第6条第1項の規定による確認がされているとき。
　(3)　対象土地を建物の敷地等とするための開発行為に関する都市計画法第29条の規定による都道府県知事の許可がされているとき。
　(4)　対象土地を建物の敷地等とする建物の建築について都市計画法第43条第1項の規定による都道府県知事の許可がされているとき。

2．鑑定評価における宅地の意義

　固定資産評価基準では地目認定に当たり現況主義を採用しており（不動産登記法においても同様），宅地と認定されるためには現在の利用状況に基づき，既に述べた要件に該当することが必要となる（ただし，別荘用地のように特殊な価格形成要因を有する土地については**資料1**のような考え方が適用される）。

　これに対し，不動産鑑定評価基準では宅地の定義を以下のようにとらえ，必ずしも現況のいかんにとらわれない旨を規定している。

5. 別荘用地における画地や地目の認定　253

○**不動産鑑定評価基準**（総論第2章第1節のなかから該当部分を抜粋）

不動産の種別

Ⅰ　地域の種別

地域の種別は，宅地地域，農地地域，林地地域等に分けられる。

宅地地域とは，居住，商業活動，工業生産活動等の用に供される建物，構築物等の敷地の用に供されることが，自然的，社会的，経済的及び行政的観点からみて合理的と判断される地域をいい，住宅地域，商業地域，工業地域等に細分される。さらに住宅地域，商業地域，工業地域等については，その規模，構成の内容，機能等に応じた細分化が考えられる。

Ⅱ　土地の種別

土地の種別は，地域の種別に応じて分類される土地の区分であり，宅地，農地，林地，見込地，移行地等に分けられ，さらに地域の種別の細分に応じて細分される。

宅地とは，宅地地域のうちにある土地をいい，住宅地，商業地，工業地等に細分される。

この場合において，住宅地とは住宅地域のうちにある土地をいい，商業地とは商業地域のうちにある土地をいい，工業地とは工業地域のうちにある土地をいう。

このように不動産鑑定評価基準では，不動産の属する地域を上記の定義により，宅地地域，農地地域，林地地域等の種別に基づいて分類し，その地域が宅地地域にあればこれに属する土地を宅地，農地地域にあればこれに属する土地を農地，林地地域にあればこれに属する土地を林地として判定している（直接的には表現されていないが，別荘地域は宅地地域のなかの住宅地域のなかの，さらに一つの地域である。地域の細分類の結果による）。

ちなみに，宅地地域の場合，居住，商業活動，工業生産活動等の用に供される建物，構築物等の敷地の用に供されることが，自然的，社会的，経済的および行政的観点からみて合理的と判断される地域と定義されることから，これに属する土地は現況の地目に関係なく，鑑定評価上の土地の種別は宅地とみなさ

れる。たとえば、宅地地域に属していれば、現に耕作や林業の用に供されている土地（いわゆる現況農地や林地）であっても、農地または林地ではなく宅地として取り扱われるということになる。したがって、たとえ現況農地や林地であっても、それが不動産鑑定評価基準にいう宅地地域のなかにある場合もあれば、農地地域のなかにある場合もある。

　本項で取り上げている別荘地の場合、不動産鑑定評価基準に当てはめて考えれば、先程述べたような宅地地域の細分類の結果として描かれる一つの地域内に存する土地であり、自然的、社会的、経済的および行政的観点からみて別荘地域に区分されることが合理的と判断される地域内にある土地であるといえる。

　少々回りくどい表現になってしまったが、鑑定評価の場合、要は現況の地目のみに左右されず、経済価値という側面から土地の最有効使用に重点を置いて価格にアプローチしているということである。このように考えれば、**資料1**に掲げた地目認定の方法は、固定資産評価基準というよりもむしろ不動産鑑定評価基準の見方に近いものとも受け取れる。

3. 鑑定評価における別荘地の価格形成要因のとらえ方

　最後に、鑑定評価における別荘地の価格形成要因のとらえ方で、一般の住宅地と比較した場合の特徴を以下に列記しておきたい。

① 別荘地としての名声が重視される。

② 樹木と景観（眺望）が別荘地の価格形成に重要な影響を与える。

　　傾斜のある画地の場合、一般の住宅地であればこれが減価要因としてとらえられるが、別荘地の場合は傾斜を活かして眺望の良い建物を建築できるケースが多いため、これが必ずしも減価要因とはならない点に留意する必要がある（むしろ、良好な景観の確保のためにはある程度の傾斜がある土地の方が好まれる傾向にある）。また、樹木についても自然のまま残してあること自体に価値が認められることが多い。

③ 当該別荘地域の需要者が居住する都市からの接近性が重視される。すな

わち，居住地から一定時間を超えた地域にある別荘地は市場性が減退するのが通常である。
④　別荘地の分譲会社や管理会社により価格水準が異なる傾向にある。
⑤　公営水道の有無も価格を大きく左右する。

別荘地の価格形成要因を上記のとおりとらえることにより，たとえば，一口に林地の状態にあるとはいっても，それが純粋の林地である場合と，別荘地の一部である場合とでは，土地の価格水準に大きな差異が生ずるといえよう。本項で取り上げた判決も，このような視点から眺めれば，固定資産税における時価の妥当性を裏付けるものとして重要な意義を有すると思われる。

6. 公法上の境界と画地計算法の適用

> 公法上の境界を正確に把握できない場合に，土地の現況を前提として画地計算法を適用することが許容された事例——固定資産税における適正な時価（大阪地裁平成20年5月30日判決・判例自治316号10頁）

　地方税法第349条第1項は，基準年度に係る賦課期日に所在する土地または家屋に対して課する基準年度の固定資産税の課税標準は，当該土地または家屋の基準年度に係る賦課期日における価格で土地課税台帳もしくは土地補充課税台帳または家屋課税台帳もしくは家屋補充課税台帳に登録されたものとする旨を規定し，同法第341条第5号は，固定資産税について価格とは適正な時価をいう旨を規定している。

　そして，土地に関しては一筆の土地を単位として筆ごとに土地課税台帳等に登録されていることから，客観的に存在する公法上の境界（地番と地番の境を意味し，「筆界」とも呼ばれる）を基に各地番の位置関係を示す公図が固定資産税課税上の資料として活用されていることは周知のとおりである。このため，固定資産評価基準の定める画地計算法も，土地課税台帳等に登録された一筆の宅地ごとに，客観的に存在する公法上の境界を前提として適用されているのが通常である（たとえば，対象地の間口，奥行を測定する際に公図上の区画線を基にする等）。

　しかし，なかには隣接地との公法上の境界が不明である（すなわち，公図上には区画線が記載されているものの，これを現地で特定するには隣接土地所有者と

の間に争いがある）等の理由で，画地計算法の補正率の適用をめぐり納税者から異議が唱えられるケースがある。たとえば，間口狭小補正率の適用に際し，間口距離（宅地が通路に接する延長距離）が2m未満で建築基準法上の接道条件を満たすことができない場合，補正率も相対的に大きなものが適用されることが多い。これに関連する納税者の主張として，隣接地との公法上の境界が不明で間口距離も2mあるか否か明確でないことを理由に，補正率も大きなものを適用してしかるべきだという趣旨のものが考えられる。このような場合，何をもって間口距離を測定すべきかが問題となる。

本項で取り上げるのはこれに関連する判決であり，公法上の境界を正確に把握できない場合に当該土地の現況を前提に画地計算法を適用することも，地方税法および固定資産評価基準の趣旨に照らし許容されたケースである。その根拠として，(イ)固定資産税の課税に当たり，個々の土地の客観的に存在する公法上の境界を正確に把握した上で課税することは困難かつ煩瑣であって実際的でないこと，(ロ)他方，土地の現況が客観的に存在する公法上の境界を反映していることも少なくないことが判示されている。

●事案の概要●

1. 事案の要旨

本件土地に係る平成18年度固定資産税の納付義務者であるX（原告）が，固定資産課税台帳に登録された同年度の価格（以下，「本件価格」という）について，平成18年6月30日付けで〇〇市固定資産評価審査委員会に対して審査の申出（以下，「本件審査申出」という）をしたところ，同委員会から本件審査申出を棄却する旨の決定（以下，「本件決定」という）を受けた。

このため，Xは，本件価格は適正な時価を超えるものであり，この点を看過してされた本件決定は違法であるなどとして，本件決定の取消しを求めていた。

2. 固定資産評価基準における市街地宅地評価法

　固定資産評価基準（昭和38年自治省告示第158号。平成19年総務省告示第195号による改正前のもの。以下，「評価基準」という）は，宅地の評価は，各筆の宅地について評点数を付設し，当該評点数を評点1点当たりの価額に乗じて各筆の宅地の価額を求める方法によるものとしている。また，各筆の宅地の評点数は，市町村の宅地の状況に応じ，主として市街地的形態を形成する地域における宅地の評価は，市街地宅地評価法によって付設するものとしている（評価基準第1章第3節一，二）。

　評価基準の定める市街地宅地評価法による評点数の付設方法は，次のとおりである（評価基準第1章第3節二，第12節，別表第3）。
① 　市町村の宅地を商業地区，住宅地区，工業地区，観光地区等に区分し，当該各地区について，その状況が相当に相違する地域ごとに，その主要な街路に沿接する宅地のうちから標準宅地を選定する。
② 　標準宅地について，売買実例価額から評定する適正な時価を求め，これに基づいて当該標準宅地の沿接する主要な街路について路線価を付設し，これに比準して主要な街路以外の街路の路線価を付設する。
③ 　路線価を基礎とし，画地計算法を適用して，各筆の宅地の評点数を付設する。この場合において，市町村長は，宅地の状況に応じ，必要があるときは，画地計算法の附表等について，所要の補正をして，これを適用するものとする。
　㈦ 　評価基準別表第3は，画地計算法につき，各筆の宅地の評点数は，各筆の宅地の立地条件に基づき，路線価を基礎とし，奥行価格補正割合法，側方路線影響加算法，二方路線影響加算法，不整形地，無道路地，間口が狭小な宅地等評点算出法を適用して求めた評点数によって付設するものとしている。また，間口が狭小な宅地等の評点算出法として，間口が狭小な画地または奥行が長大な画地（不整形地および無道路地は除く）については，それぞれ「間口狭小補正率表」（附表5）または「奥行

長大補正率表」(附表6)によって求めた補正率によって，その評点数を補正するものとしている。

　この場合，画地の地積が大きい場合等にあっては近傍の宅地の価格との均衡を考慮し，それぞれの補正率表に定める補正率を修正して適用するものとしているが，附表5「間口狭小補正率表」は，普通住宅地区における間口距離4m未満の補正率を0.90としている。

(ロ)　評価基準別表第3は，宅地の価額は，道路からの奥行が長くなるに従って，また，奥行が著しく短くなるに従って，漸減するものであるので，その一方においてのみ路線に接する画地については，路線価に当該画地の奥行距離に応じ「奥行価格補正率表」(附表1)によって求めた当該画地の奥行価格補正率を乗じて単位地積当たり評点数を求め，これに当該画地の地積を乗じてその評点数を求めるものとしている。また，平成18年度から20年度までの各年度における評価に限り，附表1を適用することが適当でないと市町村長が判断した場合には，附表8に定める「奥行価格補正率表」によって求めることができるものとしている。

　そして，附表1は，普通住宅地区における奥行距離10m以上24m未満の補正率を1.00とし，附表8も，普通住宅地区における奥行距離10m以上24m未満の補正率を1.00としている。

(ハ)　評価基準別表第3は，不整形地(三角地および逆三角地を含む)の価額については，整形地に比して一般に低くなるものであるので，奥行価格補正割合法等によって計算した単位地積当たり評点数に「不整形地補正率表」(附表4)によって求めた不整形地補正率を乗じて当該不整形地の単位地積当たり評点数を求めるものとし，この場合において，当該画地が「間口狭小補正率表」(附表5)，「奥行長大補正率表」(附表6)の適用があるときは，間口狭小補正率，奥行長大補正率，両補正率を乗じた結果の率，間口狭小補正率と不整形地補正率を乗じた結果の率および不整形地補正率のうち，補正率の小なる率(下限0.60)を乗じて評点数を求めるものとしている。

そして，附表4は，地区区分ごとに蔭地割合（評価対象画地を囲む正面路線に面する矩形または正方形の土地である想定整形地の地積から評価対象画地の地積を控除したものを想定整形地の地積で除したもの）に応じて補正率を定めている。それとともに，蔭地割合方式によらない場合の不整形地補正率の適用に当たっては，当該画地が所在する用途地区の標準的な画地の形状・規模からみて，不整形度（「普通」から「極端に不整形」まで）を判断して不整形地補正率を定めることができるものとし，普通住宅地区における不整形度が「不整形」な画地の補正率を 0.80 としている。

④　宅地の評価において，評価基準第1章第3節二（一）3(1)および同（二）4の標準宅地の適正な時価を求める場合には，当分の間，基準年度の初日の属する年の前年の1月1日の地価公示法による地価公示価格および不動産鑑定士または不動産鑑定士補(注)による鑑定評価から求められた価格等を活用することとし，これらの価格の7割を目途として評定するものとする。

　　(注)　平成18年3月31日付の不動産の鑑定評価に関する法律の改正により，不動産鑑定士補の制度は現在廃止されているが，ここにおける記載は判決当時のものである。

⑤　平成18年度の宅地の評価においては，市町村長は，平成17年1月1日から同年7月1日までの間に標準宅地等の価額が下落したと認める場合には，評価基準第1章第3節一から三までおよび同第12節一によって求められた評価額に，同節二1ないし3に掲げる方法により修正を加えることができるものとする。

3. 市の固定資産評価事務取扱要領における画地計算法

(1)　〇〇市財務部税務室資産税課作成の平成18年基準年度「固定資産評価事務取扱要領（土地編）」（以下，「取扱要領」という）第2章第3節第2の4(2)は，間口狭小補正につき，間口が狭小な画地または奥行が長大な画地（不整形

地および無道路地は除く）については，それぞれ間口距離に応じた「間口狭小補正率表」または間口に対する奥行の割合に応じた「奥行長大補正率表」によって求めた補正率によって，その評点数を補正するものとしている。この場合，画地の地積が大きい場合等にあっては近傍の宅地の価格との均衡を考慮し，それぞれの補正率表に定める補正率を修正して適用するものとするとしている。

そして，間口とは，画地の路線に接する部分をいい，間口の測定は，公図上または評価参考図上の距離（m）とするが，それにより難い場合で，かつ，現況に基づいた図面等がある場合には，それらを用いて測定するものとしている。さらに，「間口狭小補正率表」（評価基準別表第3附表5に所要の補正を加えたもの，平成9，18年度変更）は，普通住宅地区における間口距離2m未満の補正率を0.75，普通住宅地区における間口距離2m以上4m未満の補正率を0.90としている。

(2) 取扱要領第2章第3節第2の4(1)の「奥行価格補正率表」（評価基準別表第3附表8に所要の補正を加えたもの，平成9，12，15，18年度変更）は，普通住宅地区における奥行距離10m以上24m未満の補正率を1.00としている。

(3) 取扱要領第2章第3節第2の5(3)の「不整形地補正率表」（附表4に所要の補正を加えたもの，平成9，12年度変更）は，普通住宅地区における不整形度「不整形」の補正率を0.80としている（なお，参考として不整形度「不整形」に係る蔭地割合を30%以上50%未満としている）。

(4) 取扱要領第2章第3節第2の5(4)は，画地面積が一定以下の狭小な土地については，確保可能な建築延べ床面積が限定されるため，相対的に建築費が割高となるほか，面積によっては駐車場，家庭菜園としてしか有効に利用することができない場合もあることをあげている。このため，画地面積が狭小な土地については，画地面積に応じ「面積補正率表」を適用して求めた補正率によってその評点数を補正するものとし，画地面積が80㎡以上100㎡未満で，建ぺい率が50%の土地の補正率を0.98としている。

(5) 取扱要領第2章第3節第2の5(8)は，鉄道に近接する画地について

は、騒音、振動等により生活環境の悪化が考えられ、居住者の生活および健康に大きな影響を与えるほか、防音壁、二重窓等の防音設備の設置費用等の減価が考えられるから、各施設からの距離に応じ「鉄軌道の振動・騒音に係る補正率表」を適用して求めた補正率によって、その評点数を補正するものとしている。また、その際、「軌道敷の振動・騒音に係る補正率表」（所要の補正、平成9年度新設）は、○○本線につき、軌道敷の中心からの距離が30mないし50mの補正率を0.95としている。

4. 事実関係

（1） X（原告）は、平成18年度の固定資産税に係る賦課期日（本件賦課期日）である平成18年1月1日当時、本件土地を所有（共有）していた。また、本件土地には昭和60年7月15日付で地積測量図が作成されていた。

（2） Y（被告。○○市）は、平成18年3月31日までに本件土地の本件賦課期日における価格（本件価格）を526万7,338円と決定して土地課税台帳に登録した。

本件価格は、次のとおり算出された。

① 評価基準の定める市街地宅地評価法および取扱要領に基づき、本件土地を住宅地区のうちの普通住宅地区（主として都市計画法第8条第1項第1号に定める第1種、第2種住居地域、第1種、第2種中高層住居専用地域および準工業地域等内にあって主として標準的な居住用家屋等が連続している地区）に区分し、標準宅地として○○市○○町○○番近くに所在する土地を選定した。

そして、当該標準宅地の平成17年1月1日現在の不動産鑑定士による鑑定評価額1㎡当たり14万7,000円を基に、本件土地が沿接する街路（行止り）と標準宅地が沿接する主要な街路との街路条件の比較から取扱要領および○○市「土地価格比準表」（平成18年基準年度版）に基づく格差率93％を乗じた上（14万7,000×0.93＝13万7,000）、評価基準および取扱要領に基づき0.70を乗じた（前記2. ④参照。13万7,000×0.7＝9万

5,900)。

　さらに，平成17年1月1日から同年7月1日までの価格の下落による時点修正率0.99を乗じて（前記2.⑤参照），本件宅地の沿接する街路の路線価を9万4,900円と算定した（9万5,900×0.99＝9万4,900）。

② 　本件土地を間口距離2m，奥行距離19.29m，面積83.34㎡（公簿面積）の画地と認定し，評価基準および取扱要領の定める画地計算法に基づき，奥行価格補正率を1.00（前記2.③3参照），間口狭小補正率を0.90（前記2.③3参照）として，本件土地の路線価修正をした上（9万4,900×(1.00×0.90)＝8万5,410），不整形地補正率を0.80（不整形度は「不整形」。前記2.③3参照），面積補正率を0.98（建ぺい率50％。前記2.③3参照），鉄軌道の振動・騒音に係る補正率を0.95（○○本線に係る軌道敷からの距離30mないし50m。前記2.③3参照）として，本件土地の個別補正を行い，本件土地の1㎡当たりの価格を6万3,203円と算定した（8万5,410×(0.80×0.98×0.95)＝6万3,203）。

③ 　本件土地の1㎡当たりの価格（6万3,203）に本件土地の面積（公簿面積83.34㎡）を乗じて本件土地の評価額を526万7,338円と算定した（6万3,203×83.34＝526万7,338）。

(3) 　Xは，平成18年6月30日付けで○○市固定資産評価審査委員会に対し本件審査申出をした。同委員会は，平成18年12月4日付けで本件審査申出を棄却する旨の本件決定をし，Xは，同月5日，本件決定に係る決定書（以下，「本件決定書」という）を受領した。

(4) 　Xは，平成19年6月5日，本件決定の取消しを求める訴訟を提起した。

●当事者の主張●

　本件の争点は，(ア)本件価格は地方税法第341条第5号にいう適正な時価か，(イ)本件審査申出に対する○○市固定資産評価審査委員会の決定手続が違法かであったが，本項では(ア)に関してのみ取り上げる。

1. 原告の主張

　行政通達や告示にすぎない評価基準や条例に基づくものでない取扱要領を忠実に適用して固定資産の価格を評価したとしても，その結果が当該固定資産の客観的交換価値を表さない場合，当該固定資産の登録価格の決定は地方税法（第341条第5号等）に違反し違法である。

　本件土地は，その東側土地との間にフェンス付きブロック塀が設置されており，その所有関係は明確でないことなどからして，本件土地の道路に接続する部分の間口距離が現実に2ｍあるか否かは少なくとも不明である上，本件土地のうちの路地状部分（専用通路部分）の最狭部分が2ｍ以上あるか否かも不明である。

　上記路地状部分（専用通路部分）は，本件土地の南側に隣接する土地の路地状部分（専用通路部分）と合わせて，青空駐車場として利用されており，本件土地の現状は袋地状態である。

　しかるに，取扱要領においては，前記3．のとおり，間口とは，画地の路線に接する部分をいい，間口の測定は，公図上または評価参考図上の距離（ｍ）とするが，それにより難い場合で，かつ，現況に基づいた図面等がある場合には，それらを用いて測定するものとしている。また，「間口狭小補正率表」（評価基準別表第3附表5に所要の補正を加えたもの，平成9,18年度変更）は，普通住宅地区における間口距離2ｍ未満の補正率を0.75，普通住宅地区における間口距離2ｍ以上4ｍ未満の補正率を0.90としているのであって，本件土地の上記のような特性が全く考慮されていないから，取扱要領を忠実に適用した場合，本件土地の評価額は不動産取引の実態と大きくかけ離れ，実勢価格を反映しないものとなる。

　そもそも，上記取扱要領の定めの適正さ，とりわけ，間口距離が2.00ｍでも3.99ｍでもその補正率は一律に0.90とされる根拠ないし科学的合理性は不明であり，本件審査申出を受けた○○市固定資産評価審査委員会は，この点について調査および審理を尽くした上，補正率を修正するなどすべきである。

仮に本件土地の間口が地積測量図のとおり 2.00 m であって建築基準法所定の接道義務をぎりぎり満たしていたとしても、間口が狭小で奥行が長大な本件土地は建物を建築するに当たりその敷地面積を最大限有効に利用することができない。その上、本件土地は、その東側の隣家および南側の隣家の間にあって、圧迫感や日照、通風、眺望が劣り、自動車の出入りおよび駐車に不便であることは否めないから、その価額が相当程度低下している。

2. 被告の主張

前記 2. ③のとおり、評価基準別表第 3 附表 5 「間口狭小補正率表」においては、普通住宅地区における間口距離 4 m 未満の補正率を一律 0.90 としている。これに関し、Y においては、建築基準法第 43 条第 1 項は、建築物の敷地は道路に 2 m 以上接しなければならない旨規定している (接道義務) ことから、間口距離 4 m 未満の宅地については、接道義務を満たしている場合とこれを満たしていない場合とでその評価額を区別するのが合理的であると考え、それぞれ異なった補正率を定めている。

すなわち、評価基準第 1 章第 3 節二 4 にいう「所要の補正」として、取扱要領において、前記 3. のとおり、間口距離 4 m 未満を間口距離 2 m 未満と間口距離 2 m 以上 4 m 未満に細分した上、前者につき 0.75、後者につき 0.90 と定めている。そして、前記 3. のとおり、取扱要領においては、間口とは、画地の路線に接する部分をいい、間口の測定は、公図上または評価参考図上の距離 (m) とするが、それにより難い場合で、かつ、現況に基づいた図面等がある場合には、それらを用いて測定するものとしている。

本件土地については、本件土地がこれに隣接する A および B の各土地と同時に昭和 60 年 7 月 17 日付けで C の土地から分筆される際に○○法務局○○出張所に提出された地積測量図が存在しており、上記地積測量図においては本件土地の東北側の道路と接する間口の距離は「2.00」と記載されている。このため、本件土地が上記間口距離が 2 m の土地として分筆されたものであることは明らかである。

他方で，本件土地に係る公図および評価参考図においては上記間口距離は明らかでないから，Yが評価基準および取扱要領に基づき本件土地の間口距離を2mであるとして所要の間口狭小補正を行ったことは何ら違法ではない。

そもそも，土地の固定資産税の評価においては，土地の面積，形状等は，その土地が本来有するものとして，不動産登記簿，公図，地積測量図等の法務局にある図書その他の土地に関する台帳等に記載されているものであり，Xによってその境界が明確に立証されていない本件土地については，その間口距離は上記地積測量図に記載された2mとするのが相当である。

また，接道義務を満たすか否かにより間口狭小補正率を区分した上記趣旨に照らしても，間口距離が2mの本件土地について間口距離2m以上4m未満の補正率を適用することが正しいことは明らかである。その他，評価基準および取扱要領に従ってされた本件価格の決定には何ら違法はない。

●裁判所の判断●

1. (1) 地方税法第341条第5号にいう「適正な時価」とは，正常な条件の下に成立する当該固定資産の取引価格，すなわち，客観的な交換価値をいうところ，同法は，固定資産の評価の基準ならびに評価の実施の方法および手続を総務大臣の告示である評価基準に委ね（第388条第1項），市町村長は，評価基準によって，固定資産の価格を決定しなければならないと定めている（第403条第1項）。

その趣旨は，大量に存在する固定資産を，個別に評価することなく，短期間のうちに可及的に適正な時価を評価するための技術的かつ細目的な基準の定めを法規範の一形式である総務大臣の告示に委任するとともに，各市町村全体の評価の均衡を図り，評価に関与する者の個人差に基づく評価の不均衡を解消するために，固定資産の価格は評価基準によって決定されることを要するとするものである。

そして，評価基準は，主として市街地的形態を形成する地域における宅地に

ついては市街地宅地評価法によって評価することを定めている。

　また，市街地宅地評価法は適正な時価への接近方法として一般的な合理性を有するということができるから，標準宅地の適正な時価として評定された価格が，標準宅地の賦課期日における客観的な交換価値を上回っていない限り，市街地宅地評価法にのっとって算定される当該宅地の価格は，賦課期日における客観的な交換価値を超えるものではないと推認することができる。

　(2)　本件土地の賦課期日における価格（本件価格）の算定は，（既述のとおり）標準宅地として○○市○○町付近に所在する土地を選定し，当該標準宅地の平成17年1月1日現在の不動産鑑定士による鑑定評価額を基に，評価基準に定める市街地宅地評価法および○○市におけるその技術的かつ細目的な事項についての取扱方針を定めた取扱要領にのっとって行われたものである。

　そして，大量に存する固定資産の評価事務に要する期間を考慮して賦課期日からさかのぼった時点を価格調査基準日とし，同日の標準宅地の価格を賦課期日における価格の算定資料とすること自体は，地方税法の禁止するところではない。

　加えて，上記標準宅地の選定が不合理であることをうかがわせるような事情は見当たらず，当該標準宅地の適正な時価として評定された価格が当該標準宅地の本件賦課期日における客観的な交換価値を上回っていることをうかがわせるような事情も認められない。

2.　(1)　Xは，本件土地の道路に接続する部分の間口距離が地積測量図上は2.00mであるとしても，東側隣接地との境界が不明確であることなどからして現実に2.00mあるか否かが不明であると主張する。また，本件土地のうちの路地状部分（専用通路部分）の最狭部分が2m以上あるか否かも不明であり，上記路地状部分（専用通路部分）の利用形態等にもかんがみると，本件土地の現況は袋地状態であるから，本件宅地に画地計算法を適用する場合，間口狭小補正率として0.90を適用するのは不合理であるとの主張もしている。

　(2)　評価基準は，間口が狭小な画地については，「間口狭小補正率表」（附表5）によって求めた補正率によって，その評点数を補正するものとし，附表

5「間口狭小補正率表」は，普通住宅地区における間口距離4m未満の補正率を一律に0.90としている。

これに対し取扱要領では，普通住宅地区における間口距離4m未満の補正率につき，これを間口距離2m未満と間口距離2m以上4m未満とに細分した上，前者の補正率を0.75，後者の補正率を0.90と定めている。取扱要領における上記定めは，建築基準法第43条第1項が建築物の敷地は道路に2m以上接しなければならないとしていること（いわゆる接道義務）から，宅地が上記接道義務を満たしている場合と満たしていない場合とで，その資産価値に格差が生じ得ることにかんがみたものである。そして，評価基準第1章第3節二4にいう「所要の補正」として，宅地が接道義務を満たさない場合についての間口狭小補正率を評価基準の定める補正率0.90よりも小さい0.75と定めたものであると解される。このため，取扱要領の定める上記のような評価方法は，適正な時価への接近方法として一般的な合理性を有するということができる。

(3) 取扱要領は，間口狭小補正に係る間口とは，画地の路線に接する部分をいい，間口の測定は公図上または評価参考図上の距離（m）とするが，それにより難い場合で，かつ，現況に基づいた図面等がある場合には，それらを用いて測定するものとしている。

土地に対する固定資産税は，土地の資産価値に着目し，その所有という事実に担税力を認めて課する一種の財産税であって，個々の土地の収益性の有無にかかわらず，その所有者に対して課するものである。そして，地方税法は，原則として一筆の土地を課税客体である財産の単位として，一筆の土地ごとにその資産価値としての価格を決定し，その所有者（登記名義人）に対して課税する仕組みを採用している。

このような固定資産税の性格および土地に対する固定資産税の課税の仕組みにかんがみると，地方税法は，土地に対する固定資産税については，一筆の土地を単位としてその客観的に存在する公法上の境界を前提に適正な時価を評価し，課税することを本来想定しているということができる。したがって，評価基準の定める画地計算法も，原則として土地課税台帳または土地補充課税台帳

に登録された一筆の宅地ごとにその客観的に存在する公法上の境界を前提としているということができる。

　もっとも，固定資産税の課税に当たり個々の土地の客観的に存在する公法上の境界を正確に把握した上課税することは困難かつ煩瑣であって実際的ではない。他方で，土地の現況が客観的に存在する公法上の境界を反映していることも少なくないことにかんがみると，当該土地の現況を前提に画地計算法を適用する運用を行うことも地方税法および評価基準の許容するところと解される。その趣旨からすれば，取扱要領における間口の測定に関する上記定めは合理的で，地方税法および評価基準の許容するところと解される。

　(4)　本件土地は，昭和60年7月17日付けでこれに隣接するAおよびBの各土地とともにCの土地から分筆されたものである。そして，別紙地積測量図（略）は，上記分筆に際して作成され登記申請書に添付されて○○法務局○○出張所に提出された地積測量図であることが認められる。上記証拠および地積測量図によれば，本件土地は袋地となることを避け，かつ，建築基準法の定める接道義務を満たすべく，いわゆる専用通路部分を設けた上，道路への間口距離2mが確保されるよう，東北に隣接する土地（道路）に接する境界線の長さを2.00mとして分筆された経過が明らかである。したがって，公法上の境界を前提とする限り，本件土地の間口距離，すなわち，本件土地とその東北に隣接する道路との境界線の長さが2.00mであることは明らかである。

　(5)　そうであるとすれば，Yが，本件土地の間口距離を2.00mと認定した上，取扱要領の定める普通住宅地区における間口距離2m未満の補正率によらず，間口距離2m以上4m未満の補正率を適用したことは，まさに地方税法および評価基準が本来想定するところということができる。よって，Xの主張するとおり，本件土地とその東側隣接地との境界が現況において不明確であり，あるいは，本件土地のうちの路地状部分（専用通路部分）の最狭部分が2m以上あるか否かが不明であって，このことが本件土地の取引価格に事実上何らかの影響を与え得るとしても，前記のような固定資産税の財産税としての性格等にかんがみると，本件土地の間口距離を2.00mとして画地計算法を適

用することが本件土地の適正な時価への接近方法としての一般的合理性を欠くということはできない。

以上のとおりであるから，Xの前記主張を採用することはできない。

3. Xは，本件土地の間口が2.00mであって建築基準法所定の接道義務をぎりぎり満たしていても，間口が狭小で奥行が長大な本件土地は建物を建築するに当たりその敷地面積を最大限有効に利用することができないと主張する。また，本件土地は，その東側の隣家および南側の隣家の間にあって，圧迫感や日照，通風，眺望が劣り，自動車の出入りおよび駐車に不便であることは否めないから，その価額が相当程度低下しているとも主張する。しかし，Yによる本件宅地に対する前記画地計算法の適用が合理性を欠くことをうかがわせるような事情は見当たらない。

以上のとおり，本件価格は賦課期日における適正な時価であると推認される。

《判例から読み取る調査上の留意点》

本件判決の焦点は大きく二つに分けられる。一つは，宅地の接道義務との関係，他の一つは，隣接地との公法上の境界が不明である場合の間口距離の把握方法である。これを本件に即して具体的に述べれば次のとおりである。

① 建築物の敷地は道路（自動車のみの交通の用に供する道路等を除く）に2m以上接しなければならない（建築基準法第43条第1項）が，これを満たすことができない場合は建築物の建築ができないことから，土地の価格もその分だけ下落すること。

② 本件の場合，対象地は間口が狭い上，隣接地との境界が不明であって上記①の接道義務（2m以上）を満たしているかが定かでないにもかかわらず，○○市が現況に基づき間口距離を2mとして画地計算法を適用したことに対し納税者から訴訟を提起されたこと（本文に記載のとおり，○○市では，取扱要領で普通住宅地区における間口距離2m未満の補正率を0.75，2m

以上4m未満の補正率を0.90と定めていることから，間口距離が2m確保されているか否かにより土地の評価額に15％の差が生ずるためである）。

本件判決から読み取れる評価実務上の留意点は上記の二点にあると思われるため，以下，それぞれに関連するものの見方，考え方を掲げる。

1. 建築物の敷地と接道義務（無道路地ではないが間口距離が2m確保されていない場合）

現実に存在する宅地のなかには，建築基準法上の道路（幅員が4m以上で一定の要件を満たすもの）に全く接していないか，接していても間口距離が2m未満で建築可能な要件を満たさないものもある。前者はいわゆる無道路地であり，後者は無道路地ではないものの宅地の効用が無道路地にやや近いものと考えられる。以下の記述は，本件判決との関連から後者を前提とするものである。具体的には，**資料1**のようなイメージの土地がこれに該当する。

接道義務を満たさない土地は建築物の建築ができないことから，現状のままでは資材置場や駐車場としての利用以外に活用の途はない（このような土地に現実に建築物が建築されているケースも時折見受けられるが，これはあくまでも違反建築物にすぎない）。

しかし，間口が2mに満たない土地であっても道路に接していることは事実であり，隣接地からの土地買収等により間口を2mに拡幅できる可能性は秘めている（ただし，これはあくまでも一般論である。隣接地の利用状況は様々であり，隣接地に建物が目一杯建築されていれば現実問題として買収を行うことは難しいし，空地が存在している場合でも隣接地の所有者はいつでも売却に応じてくれるとは限らない）。

このように考えれば，**資料1**のような接道義務を満たさない土地の価格は，全くの無道路地に比べれば高いといえるが，接道義務を満たす土地に比べれば低いといえる。問題はその程度であるが，鑑定評価の考え方に即して理論的に算定する場合には以下の手法が一つの目安となる。

対象地（接道義務を満たさない路地状敷地）の価格

資料1　間口が狭く接道義務を満たさない土地

```
         道　路        1.5m
─────────────────────────┐  ┌───
                         │  │
                      10m│  │
                         │  │
              ┌──────────┘  │
              │             │
              │   250㎡     │
              │             │
              └─────────────┘
```

資料2　接道義務を満たす路地状敷地

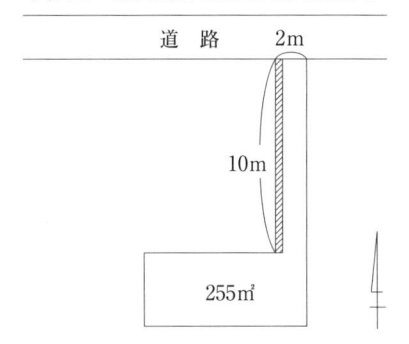

```
         道　路         2m
─────────────────────┐      ┌───
                     │▓▓▓▓▓▓│
                  10m│▓▓▓▓▓▓│
                     │▓▓▓▓▓▓│
              ┌──────┘▓▓▓▓▓▓│
              │             │
              │   255㎡     │
              │             │
              └─────────────┘
```

▓▓▓：対象地の間口が2m未満の場合には，この部分の面積相当分を隣接者より買収する。

　＝接道義務を満たす（すなわち道路に2m接する）路地状敷地の価格（**資料2参照**）－土地買収に係る費用－取付道路の工事費用

　ただし，土地買収に係る費用に関しては，対象地と同じ道路に面する標準的な画地の価格をそのまま適用すればよいというものではない。仮に隣接地の所有者が売却に応じてくれるとしても，本ケースのような場合は市場に供給されている売り物件とは異なり，隣接地の所有者にとり残地利用に支障を及ぼすことを含んだ上での残地補償込みの価格でなければ売買が成立しないことが多

い。さらに，上記算式以外の要素として，交渉に要する期間や実現性の程度も対象地の価格に対する減価要因として織り込まなければならないケースもあり得る。

　固定資産税の評価に際しては，作業時間の制約等を考慮すればこのような手間を投入することは現実的ではないと思われるため，接道義務を満たす間口狭小でない土地との価格割合等を画地計算法に反映させることが合理的と考えられる。その意味で，○○市の取扱要領で定められた補正率（普通住宅地区における間口距離2m未満の場合は0.75，2m以上4m未満の場合は0.90）は意義のあるものといえよう（ちなみに，全くの無道路地の場合には，相続税の財産評価でも補正率0.60が多く用いられており，上記補正率はこれとのバランスも図られている）。

2. 公法上の境界（筆界）と所有権の範囲との関係

　境界あるいは境界線という言葉が話題となる場合，その意味は決まって，「自分の所有地の範囲と隣接者の所有地の範囲との境を示す線である」と理解されている。しかし，公法上の境界という場合には，これとは異なった意味でとらえられている点に留意しなければならない。すなわち，公法上の境界という場合，それは地番と地番の境を示しており，必ずしもこれが隣接者同士の土地の境界を示すとはかぎらないからである。

　たとえば，**資料3**の甲地，乙地の所有者間で所有範囲をめぐり紛争が生じたとする。そして，甲地の所有者が本来の地番の境（実線部分）とは無関係に弓形の線（点線部分）まで使用していたところ，この線をもって甲地，乙地の所有者間に所有権の境に関する合意が成立したとする。このように，当事者間の取決めにより地番の境とは別の位置に所有権の境を定めることは有効であるが，仮にこのような事実が生じたにせよ，これによって地番の境が両者間で合意された所有権の境に移動するわけではない。また，仮に分合筆をして地番の境を所有権の境に合致させる処理をする場合でも，法的には「境界が移動する」のではなく，「新たな位置に境界を設ける」という取扱いがなされる。公

資料3

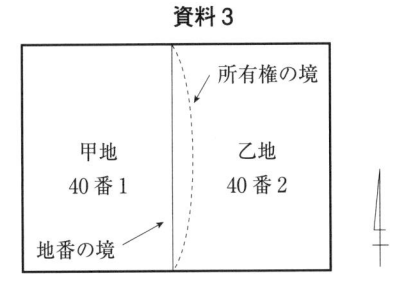

```
┌─────────────┬─────────────┐
│             ╱ ← 所有権の境 │
│   甲地      ┆    乙地     │
│   40番1     ┆    40番2    │
│             │             │
│         ↑   │             │
│      地番の境              │
└─────────────┴─────────────┘
```

法上の境界と所有権の境とは多くの場合一致しているが、なかには**資料3**のケースのように一致していないこともある。

　平成18年1月20日から施行されている改正後の不動産登記法では筆界特定制度を設け、現在、各法務局において筆界特定の申請受付けが行われているが、ここにいう筆界とは、まさに公法上の境界（ある一つの筆とこれに隣接する他の土地とを区分して特定するための境界）のことを指している。そして、一筆ごとの区画は法務局（国）に備え付けられている図面（公図等）に表示されている。

　本件判決でも述べられているとおり、固定資産税の評価に適用する画地計算法においても、公法上の境界を前提とした距離の測定方法が原則的なものとされている。ただし、なかにはこれを正確に把握し難い場合もあること、他方で、土地の現況が客観的に存在する公法上の境界を反映していることも少なくないこと等を鑑みれば、当該土地の現況を前提に画地計算法を適用する点に合理性が見出されることは本件判決も示すとおりである。

7. 工業地と規模の関係

> 工業用地の固定資産課税台帳登録価格が適正な時価を超えているとした審査申出を棄却した決定に違法がないとされた事例
> ――固定資産税における適正な時価（福岡地裁平成20年8月26日判決・判例自治317号39頁）

　前項までに取り上げてきた固定資産税評価の対象となる宅地の利用用途としては住宅や商業施設の敷地がほとんどであったが、これらの他に規模の大きな工業用地の登録価格が適正な時価を超えているとして訴訟に持ち込まれたケースもある。

　不動産（特に土地）は、一般の商品や製品と異なり、単価と総額との関連が価格に反映される点に大きな特徴があるといわれる。すなわち、一般の商品や製品であれば、取扱個数に関係なく、通常付されている単価に個数を乗じた結果がそのまま総額としての価値を示すこととなる（このような場合、「もの」の価値は算式どおり自動的に計算される）。ただし、なかには取扱数量が多量にわたるため値引きが行われることもあるが、それは「もの」の価値が減少したからではなく、あくまでも商取引の交渉過程で生じた値引き現象にすぎない。

　これに対し、特に土地の場合、規模が大きくなればなるほど、その土地の利用に際し有効宅地面積が減少する場合がある。たとえば、住宅地で規模の大きな土地にマンションや戸建住宅の建築をしようとすれば都市計画法上の開発行為(注1)に該当することが多く、その際、地方自治体から公共用地（公園等）の提供を求められることがある。また、戸建住宅の建築に当たっては、一団の

土地を分割してその中に新しく道路を敷設することが必要となる。このようなケースに該当すれば，一団の土地の中には宅地として利用できない土地（いわゆる潰地）が生ずることとなる。

> （注1） 開発行為とは，主として建築物の建築または特定工作物の建設の用に供する目的で行う土地の区画形質の変更を指す（都市計画法第4条第12項）。そして，土地の区画形質の変更に該当する例としては，敷地を分割したり，盛土や切土等を伴った造成工事等があげられる。開発行為に該当する場合，事前に都道府県知事の許可を受けなければこれを行うことはできないが，例外として，市街化区域内で行う開発行為で規模が1,000㎡未満のものをはじめ，一定の行為については許可が不要とされている（同法第29条）。

上記の理由から，規模の大きな土地は当該土地を利用する上での阻害要因（利便性の減少）を含んでいることが多く，その分だけ単価が低目となる傾向を有している（ただし，グレードの高い大規模ビルが建ち並ぶ都心の商業地をはじめ，一定規模以上の面積が確保できなければ有効利用をなし得ない地域においては，上記傾向が当てはまらないことに留意が必要である）。また，宅地の有効利用という視点を離れて考えてみた場合でも，規模が大きくなればなるほど取引総額も多大となり，需要者は限定されて市場性が減退するのが一般的である。このような場合，やはり単価はその分だけ低目となる傾向を有する。

以上，不動産の価格を評価する上で留意すべき単価と総額の関連について述べた。固定資産税の登録価格の適正性に関する訴訟のなかには，登録価格が客観的交換価値を超えていることを主張するため，客観的交換価値の評価の基となった鑑定評価書で採用している減価率（土地の規模が大きいことによる減価率）よりも一層大きな減価率を適用して客観的交換価値を算定すべき旨を納税者が指摘している例も見られる（すなわち，客観的交換価値の評価に当たり鑑定評価書の減価率をそのまま適用すれば，登録価格＞客観的交換価値という結果となるが，ここで用いられている減価率よりも一層大きな減価率を適用すべきであり，そうすれば上記の関係は逆転するという指摘である）。

本項では，これに該当するケースとして福岡地裁平成20年8月26日判決を取り上げる。

●事案の概要●

　本件は，Xから本件土地を買い受けたY（原告）が，○○市長によって決定され固定資産課税台帳に登録された平成15年度の本件土地の価格（以下，「本件登録価格」という）を不服としてZ（被告）に対して審査の申出をしたところ，Zから棄却の決定（以下，「本件決定」という）を受けたため，同決定の取消しを求めていたものである。

　ちなみに，本件登録価格は10億6,791万7,307円であり，本件土地の地積は約3万4,000㎡である。また，本件土地は臨海型の工業地域内にあり，当該地域内には工場，倉庫等が多く建ち並んでいる。

　本件の争点は，(a)本件登録価格の適法性の基準，(b)本件登録価格が適正な時価を超えているか否か，(c)本件登録価格が固定資産評価基準（以下，「評価基準」という）により決定される価格を超えているか否かにある（以下，順次，争点(a)，争点(b)，争点(c)という）。

　本件登録価格（10億6,791万7,307円）は，本件土地の客観的交換価値を超えてはならないところ，○○不動産鑑定士による鑑定は客観的交換価値を12億5,801万3,000円としている（このため，本件登録価格は適正な時価を超えていないという結果が導かれている）。

　これに対し，Y（原告）は次の主張を行っていた。

●原告の主張●

1. 争点(a)に関して

　不動産の登録価格について，地方税法は，「登録価格は賦課期日における当該不動産の適正な時価を超えてはならない」という第1の規範，および「登録価格は評価基準によって決定される価格を超えてはならない」という第2の規

範を定めており，そのいずれかの規範に反する登録価格は違法となる。ちなみに，第2の規範は，固定資産税評価額が当該土地の客観的交換価値の7割を超えてはならないことを意味する。

2. 争点(b)に関して

本件土地は，規模が大きいことから50％程度の減価を行うべきであり，減価率を10％とした○○鑑定は不当である。その根拠は以下のとおりである。

① 国税庁の財産評価基本通達によれば，地積が5,000㎡を超える広大地については広大地補正率0.35を適用すべきとされていること。

② 競売手続の評価書では，規模が大きいことにより50％の減価を行っていること。

また，原告は，本件土地の競売手続において2億1,738万4,000円の最低売却価額で入札が実施されたが，買受申出がなかったため，本件登録価格は適正な時価を超えていると主張していた。

3. 争点(c)に関して

本件登録価格は，評価基準により決定されるべき価格を超えている。その根拠は，以下のとおりである。

① ○○鑑定書は収益還元法を採用しておらず，不当であること。

② ○○鑑定書の取引事例比較法の適用につき，比較された事例は本件標準宅地よりも環境条件が優れているのに，その逆であるかのように地域格差補正がされており，不当であること。

③ 自ら収集した取引事例に基づく比準価格からみて，○○鑑定書における本件標準宅地の比準価格は不当であること。

④ その他（略）

●裁判所の判断●

　裁判所は，原告の主張に対して次のとおり判示した上で，原告の請求を棄却した。

1. 争点(a)に関して

　評価基準では，当分の間，標準宅地の時価の評定に当たり地価公示価格等から求められた価格の7割を目途とすることにして，控え目な評価をすることにしたにすぎない。このため，それ以上に，第1の規範を変更して，固定資産税評価額が当該土地の客観的交換価値の7割を超えてはならないことを意味するものとはいえない。

2. 争点(b)に関して

(1) 減価率の面から

① 一般的に，規模が大きい土地は，(イ)規模が大きいことにより当該土地を利用する上での阻害があること（利便性の減少），(ロ)取引価格が大きくなり需要者が限定され市場性が減退すること（市場性の減退）によって，客観的交換価値が低下する場合がある。どの程度低下するとみるべきかは，(イ)，(ロ)の事情を総合勘案して判断されるべきである。

　そこで，(イ)（利便性の減少）についてみると，本件土地は三辺が公道に接している長方形の土地であり，6区画程度に分割することで，5,000㎡程度の規模の土地に分けることができる。そして，工業用地としての利用の場合，ある程度以上の規模が要求されることにかんがみると，5,000㎡程度という土地はある程度標準的な規模の土地であるということができる。そうだとすれば，本件土地は，利便性という点では標準的な規模の土地と相違ないものと評価することができる。したがって，利便性の減少という面からは，本件土地の客観的交換価値が低下するとは考え難い。

次に，㈹（市場性の減退）についてみると，確かに本件土地の地積は約3万4,000㎡と広大であるため，取引価格の総額は大きなものとなり，需要者は大規模事業者等に限定されることが予想される。しかしながら，本件土地は標準的な規模の土地に分割が可能であることにかんがみると，特に市場性が大幅に減退するとは考え難い。

　そうすると，○○鑑定は，㈵（利便性の減少）および㈹（市場性の減退）につき総合考慮した上で，減価率を10％としたものと考えられ，この判断に特段不当なものはないというべきである。

② 原告は，国税庁の財産評価基本通達によれば，地積が5,000㎡を超える広大地については広大地補正率0.35を適用すべきことを根拠に，減価率を10％とした○○鑑定は不当である旨主張する。しかしながら，上記通達の趣旨は，大規模な宅地は，その開発行為に当たり公共公益的施設を設置しなければならない負担を負うことから財産性の減少を認めるという点にあり，本件土地の価格の評価に当たり考慮すべきものとはいえない。

　また，原告は，競売手続の評価書では，規模が大きいことにより50％の減価が行われていることを考慮すべきであると主張する。しかし，競売は，一般の市場とは異なり，買い手のない状態でも強制的に売却することを前提としており，その手続における評価を客観的交換価値を算定するに当たり参酌すべきものとはいえない。また，50％という減価率についても，競売における市場性減退という点の考慮を含んだものであると考えられ，客観的交換価値の算定に当たって重視することは相当でない。

③ 以上によれば，本件土地の広大地補正率を10％とした○○鑑定に不当な点はなく，原告の主張は採用できない。

(2) 競売に係る鑑定評価額との関連から

　原告は，本件土地の競売手続において2億1,738万4,000円の最低売却価額で入札が実施されたが，買受申出がなかったことなどを理由に，本件登録価格は適正な時価を超えていると主張する。しかし，競売手続において買受申出がなかったといった個別的で偶然にも左右される事情は，当該土地自体の客観的

交換価値を低下させる要因とはいえないから，原告の主張は失当といわざるを得ない。

　また，最低売却価額は競売に係る不動産鑑定評価額に基づき設定されるところ，競売手続による売却は，法定の手続を取らなければ買受人が事前に現地の案内を受けられず，内部の立入調査ができない。また，買受後の返品，取替えができず，品質，機能や引渡しの保証についてのサービスが期待できないこと，代金の分割払い，銀行ローンの利用等についての便宜がなく，保証金として最低売却価額の2割前後の金額を予納する必要があり，残金は一括払いとされていること，代金の支払いと目的不動産の引渡しとの間に同時履行の関係がないこと，一般不動産売買に比べて手続が煩雑であること，所有者の意思に基づかない売買であることなどの特殊事情がある。

　そして，これらはいずれも減価要因として働くものと考えられるから，競売に係る鑑定評価額は，当該不動産の適正な時価よりも相当低額に評価されているということができる。そうすると，本件土地の2億1,738万4,000円との最低売却価額は，その適正な時価を評価するに当たり適当な資料となるものではないというべきである。したがって，原告の上記主張は採用できない。

3. 争点(c)に関して

　○○市長は，評価基準に従って本件登録価格を算定したものと認められるが，原告は，本件登録価格が評価基準により決定されるべき価格を超えていると主張するため，以下検討する。

① まず，原告は，○○鑑定書は収益還元法を採用しておらず不当である旨主張する。しかし，不動産鑑定評価基準によれば，鑑定評価に当たっては，原則として原価法，取引事例比較法および収益還元法の三方式を併用すべきであるが，併用が困難な場合にはその考え方をできるだけ参酌するように努めるべきとされている。そして，収益価格を考慮するか否か，考慮するとしてどの程度の比重とするかの判断は，当該鑑定評価員の合理的な裁量に委ねられているものというべきである。

そこで、○○鑑定書をみると、収益価格を求めることができなかった理由として、本件標準宅地の存する地域は臨海型の工業地域で、自己所有の工場、倉庫等が多く賃貸物件は少なく、賃貸市場は未成熟であると記載され、また、適切な収益事例および造成事例が把握できなかったとも記載されている。そうすると、○○鑑定書において、はなから収益還元法が採用されなかったのではなく、収益還元法の適用を試みたが止むを得ない理由から適用できなかったものと認められ、収益還元法を適用せずに鑑定評価を行ったことが、鑑定評価員の合理的裁量の範囲を超えるものとはいえないというべきである。したがって、原告の上記主張は理由がない。

② 次に、原告は、○○鑑定書の取引事例比較法の適用につき、比較された事例は本件標準宅地よりも環境条件が優れているのに、その逆であるかのように、地域格差補正がされており、不当であると主張する。しかしながら、地域格差補正は諸事情を総合的に考慮して合理的に行われたものと考えられるところ、原告は、比較された事例と本件標準宅地との価値を比較するための具体的な主張をせず、また、何らの証拠も提出しないのであるから、原告の主張を採用するのは困難である。

また、原告は、自ら収集した取引事例に基づく比準価格からみて、○○鑑定書における本件標準宅地の比準価格は不当であるとも主張する。しかし、仮にそれらの取引事例の取引時点、取引価格等が真実であったとしても、事例選択の適切性、本件標準宅地との相違の検討、各種補正の適切性等につき、合理的に説明、立証されているとはいえず、本件標準宅地の比準価格が不当であると認めるには足りない。よって、原告の主張は採用できない。

《判例から読み取る調査上の留意点》

本件判決で争点となった事項は三つあるが、本項ではそのうち実質的な議論の対象となる上記2.の争点(b)および上記3.の争点(c)に関して検討を加える。

なお、それぞれの争点のなかに不動産鑑定評価基準や財産評価基本通達も含め様々な視点から検討すべき点があるため、解説もやや詳細にわたる。

1. 争点(b)に関して

(1) 減価率との関連

① 近隣地域の標準的規模の土地に比べて面積の大きな土地のことを面大地あるいは広大地と呼ぶことがある（ただし、これらは実務上の呼称であり、不動産鑑定評価基準でこのような用語が用いられているわけではない）。たとえば、近隣地域における標準的な使用方法が戸建住宅の敷地で、その規模が一画地当たり150㎡程度の地域の中に存在する3,000㎡のグラウンドや社宅用地といった土地がこれに該当する。また、なかには3,000㎡どころか、これを大きく超える規模の土地が戸建住宅に囲まれて単独で存在するというケースもある。

鑑定評価で土地の価格形成要因として考慮すべき規模の大小という問題は、このように近隣地域の標準的規模の土地と比較して対象地の面積が大きいか小さいかという相対的な問題であり、絶対的な面積で判断しているわけではない。

ところで、敷地の規模と価格（単価）との関連は、本件判決の対象となっている工業地についても考慮する必要がある。本項の前段で述べたとおり、一般的に規模の大きな土地は単価が低目となる（＝減価が生ずる）傾向を有するが、前段では説明を分かりやすくするため利用面から生ずる減価については主に住宅地の場合を例として取り上げた。しかし、本件判決での対象地は工業地であるため、利用面から生ずる減価の要因についても工業地の特性を踏まえたとらえ方が必要となる。

固定資産税の評価では、固定資産評価基準の規定によるだけでは反映し切れない特別の事情があり、そのために市町村長による所要の補正が実施されない限り、通常は規模による減価が織り込まれることはない（ただし、固定資産評価基準では、大工場地区の中にある規模が20万㎡以上の土地を

大規模工場用地と定義し、さらにその規模に応じて最大25％の減価率を設定しているが、このような取扱いはあくまでも例外措置である)。このため、本件判決での争点は固定資産税の登録価格を決定する際に考慮すべき規模減価率の適否ということではなく、登録価格と客観的交換価値との大小を比較するに当たり、後者の鑑定評価の過程で適用した減価率の適否ということになる（そのいかんにより、登録価格と客観的交換価値の大小との関係が逆転するからである)。

　工業地の場合、規模格差の要因は住宅地や商業地の場合と異なるものがある。もちろん、工業地においても、規模が大きくなればなるほど総額が多額となり市場性が減退するという経験則が当てはまるが、それ以外に規模格差を生ずる工業地特有の要因が認められる。それは、大規模な工場になればなるほど、原材料や製品輸送のための構内通路を多く確保しなければならないことや、工場立地法の規制により一定割合の緑地の確保が義務付けられるからである。このように、大規模な工場用地はそれだけ有効宅地の割合が少なくなる点に規模格差の要因が存在する。なお、ここにいう構内通路とは一団の住宅分譲の際に新設される道路（開発行為によるものや位置指定道路等の公道並みのもの）とは異なり、あくまでも工場の敷地内にあるものを指す。その意味で、構内通路は建築基準法上の道路には該当せず、道路以外の用途に使用できないという制約はないが、現実にこのような通路を確保しなければ工場の稼働に支障をきたすため必要不可欠なものである。

　工業地の規模格差の発生要因が住宅地と異なる点は、住宅地の場合、近隣地域における最有効使用が戸建住宅の敷地であれば、一団の土地を多数の区画に分割して分譲することを想定するのに対し、工業地の場合、あくまでも現況での一体利用を前提としているところにある。このため、大規模な工場用地に関し有効宅地割合を減少させる要因は、区画割りに伴う道路の設置というよりも、一体利用を前提としつつも生産施設面積が一定割合以下に制限されたり、緑地面積を一定割合以上確保しなければならない

ところに潜んでいる。

ちなみに，鑑定実務の目安となる土地価格比準表 (注2) では，大工場地域 (注3) 内に属する土地に適用する規模格差率として資料１に掲げる割合を標準的なものとしてとらえている（ただし，これは全国を対象とした画一的なモデルであり，必要な場合にはこれに地域の実情や需給状況を加味して適用していることが多い）。

本件判決で争点となっている客観的交換価値の算定に当たり適用された減価率10％という割合は，資料１の土地価格比準表からみても妥当なものと考えられる。

(注2) 国土交通省土地・水資源局地価調査課監修『土地価格比準表（六次改訂）』住宅新報社。
(注3) 当該比準表では，おおむね30,000㎡程度を標準的使用とする大規模な工場が立地している地域を大工場地域と定義している。

資料１　大工場地域の個別的要因比準表

(地積)

対象地 基準地	普通	やや劣る	劣る	地積の過大又は過小の程度について，次により分類し比較を行う。 普通　標準的な画地の地積と同程度の画地 やや劣る　標準的な画地の地積より過大又は過小であるため，画地利用上の阻害がある土地 劣る　標準的な画地の地積より過大又は過小であるため，画地利用上の阻害の程度が大きい土地
普通	1.00	0.95	0.90	
やや劣る	1.05	1.00	0.95	
劣る	1.11	1.06	1.00	

また，本件判決では，対象地（地積は約３万4,000㎡）を６区画程度に分割して，１区画当たり5,000㎡程度の規模の土地とし，それぞれを単独で利用することを想定しているものと推察される。そして，この規模の土地を標準的な画地としてとらえ，本件土地を６区画程度に分割することにより標準的な画地と同様の利用が図れるという考え方に立って，「利便性の

減少という面からは，本件土地の客観的交換価値が低下するとは考え難い」としている。

ただし，本件のような工業地の場合，大規模な宅地を数多くの区画に分割して戸建住宅を建設するという利用方法とは異なり，あくまでも全体を工場の敷地として一体利用することが目的であり，土地の評価もこれを前提に行うことが本来の姿である。その意味では，標準的な画地の規模が5,000㎡であるとすれば，これと3万4,000㎡の土地を比較して価格形成要因の分析・検討を行うべきであるということになる。

このような考え方に立てば，（本件判決と結果的に結論は異ならないが）本件土地の場合，3万4,000㎡という規模自体は標準的な画地と比較しても特段利用効率を低下させるものではないが，総額が多額となることから購入者が限定され，市場性の面で10％程度の減価が生ずると考えた方がより鑑定評価の見方に近いものとなろう。

② さらに，財産評価基本通達における広大地補正率と本件土地の評価との関係であるが，広大地補正率の概念は（本件判決で指摘しているように標準的な画地の規模である）5,000㎡を超える地積の土地であっても，本件土地のような臨海型の工業地域内にある土地には適用できないことは明らかである。その理由は，財産評価基本通達24-4において広大地の概念が次の旨定義されているためである。

広大地とは，(イ)その地域における標準的な宅地の地積に比べて著しく地積が広大な宅地で，(ロ)都市計画法に規定する開発行為（主として建築物の建築または特定工作物の建設の用に供する目的で行う土地の区画形質の変更をいう）を行うとした場合に，公共公益的施設用地として相当規模の負担が必要と認められるものをいう。

対象地が広大地に該当した場合，その価額は次のとおり算定され，最大35％の広大地補正率が適用されることとされているが，このような大きな補正率が適用されるのは，開発に伴う潰れ地が多く発生するという事情を汲んでのことである。

○広大地の価額の算定方法

広大地の価額＝正面路線価×広大地補正率×地積

広大地補正率＝0.6－0.05×広大地の地積/1,000㎡

　広大地評価減の趣旨に関しては次の指摘もあるため，併せて参照いただければ幸いである。

　「広大地に大幅な補正減額を認めた趣旨は，評価対象地が著しく広大で，その最有効使用である戸建て宅地とするために都市計画法に規定する開発行為が必要とされる場合には，道路，公園等の公共公益的施設用地として相当な『潰れ地』が生ずるという個別事情を勘案して，その宅地につき評価減額を行うこととしたものである。この趣旨からすると，財産評価基本通達における広大地は，戸建宅地として開発するときに『潰れ地』が生じる土地であることが前提とされていることがわかる。」
(注4)

(注4)　後宏治公認会計士・税理士による相続税・贈与税解説（現に有効利用されている宅地と広大地評価減）『税経通信（臨時増刊）』2011年8月号183頁。

　本件判決は，財産評価基本通達の趣旨は，大規模な宅地はその開発行為に当たり公共公益的施設を設置しなければならない負担を負うことから財産性の減少を認めるという点にあり，広大地補正率は本件土地の価格の評価に当たり考慮すべきものとはいえない旨を判示している。ここでは，広大地補正率の適用される「大規模な宅地」の対象に関し明確な表現は一切なされていないが，本件判決の趣旨からしてその対象を戸建住宅の敷地ととらえているものと推察される。

(2)　競売に係る鑑定評価額との関連

　本件判決では，競売に係る鑑定評価額は当該不動産の適正な時価よりも相当低額に評価されている旨が判示され，併せてその理由が述べられている。ここで述べられているとおり，競売に係る鑑定評価額をそのまま固定資産税における適正な時価とみなすことはできない。

　筆者は競売の鑑定評価の経験はないが，競売の鑑定評価で求める価格が一般

の取引市場において形成される価格（正常価格。固定資産税の評価でいう客観的交換価値）よりも低くならざるを得ない理由は次のとおり指摘されており，本件判決の理解を深めるのに役立つと思われる（一部の項目には本件判決の内容と重複するものがある）。

「不動産競売においては，以下に掲げるような競売参加者の負担となるべき事項があり，これらが競売価格の減価要因となることは免れない。したがって，通常の不動産取引と比較すると，不動産競売は，競争条件において不利な点があることは否めない。

・売主である所有者の協力が得られないのが状態であること
・競売物件であるがゆえの心理的抵抗感があること
・買受希望者は内覧制度によるほか，事前に物件を内覧できないこと，また，内覧制度による内覧にも各種の制約があること
・入札には保証金が必要である上，残代金も指定された期日までに即納しなければならないこと
・物件の引渡しを受けるために法定の手続をとらねばならないことがあること
・情報提供期間が短いこと
・瑕疵担保責任がないこと」(注5)

(注5) 東京競売不動産評価事務研究会編「競売不動産評価マニュアル（第3版）」『別冊判例タイムズ』2011年3月，22頁。

2. 争点(c)に関して

以下，客観的交換価値の鑑定評価に当たっての収益還元法と取引事例比較法の二点につき検討を加える。

(1) 収益還元法との関連

本件判決でも指摘されているとおり，不動産鑑定評価基準によれば鑑定評価の三方式併用の必要性が以下のとおり指摘されている。

○不動産鑑定評価基準（総論第8章第6節）
　鑑定評価方式の適用に当たっては，鑑定評価方式を当該案件に即して適切に適用すべきである。この場合，原則として，原価方式，比較方式及び収益方式の三方式を併用すべきであり，対象不動産の種類，所在地の実情，資料の信頼性等により三方式の併用が困難な場合においても，その考え方をできるだけ参酌するように努めるべきである。

　不動産鑑定評価基準にこのような規定が置かれている趣旨は，合理的な経済人が「もの」の価値を判断する際には，
① それに対してどれくらいの費用が投じられたか（費用性）
② それと同等の商品が，市場においてどれくらいの価格で取引されているか（市場性）
③ そのものから，将来どれくらいの収益を期待し得るか（収益性）
という三つの点を考慮に入れると考えられるからである。

　また，一般的に考えれば，多額の費用を投じた商品であればあるほど，市場での取引価格も高額となり，その商品から得られる収益や満足度は高くなるのが普通である。これらのことを上記の手法と関連づければ，費用性に着目した手法が原価法，市場性に着目した手法が取引事例比較法，収益性に着目した手法が収益還元法ということになる。

　このように考えれば，費用性，市場性，収益性という三つの要素は根底において結びつくものがあり，不動産鑑定評価基準において「三方式の併用が困難な場合においても，その考え方をできるだけ参酌するように努めるべきである」とされている理由はここに見出すことができる。

　しかし，現実には，既成市街地内にある土地の価格を求めるに当たり原価法の適用は困難であり（＝既に出来上がっている土地に対し新たな費用を投じて再生産するという考え方は適用できない），周辺に全く取引がみられない場合には取引事例比較法の適用も困難である。さらに，対象不動産が賃貸目的に全くそぐわない物件であったり，賃貸が可能な物件であったとしても周辺に全く賃貸物

件がない場合には，適用する資料の点で収益還元法の信頼性等が問題となる。

上記の実情を鑑みて，鑑定実務においては，複数の手法を適用して求められた試算価格のうちどの手法による結果が最も説得力の高いものであるかを十分に検討し，最終結論である鑑定評価額を決定しているのが通常である。このような考え方は，不動産鑑定評価基準の次の規定に根拠を見出すことができる。

> ○**不動産鑑定評価基準**（総論第8章第7節）
> 　試算価格又は試算賃料の調整とは，鑑定評価の複数の手法により求められた各試算価格又は試算賃料の再吟味及び各試算価格又は試算賃料が有する説得力に係る判断を行い，鑑定評価における最終判断である鑑定評価額の決定に導く作業をいう。
> 　試算価格又は試算賃料の調整に当たっては，対象不動産の価格形成を論理的かつ実証的に説明できるようにすることが重要である。このため，鑑定評価の手順の各段階について，客観的，批判的に再吟味し，その結果を踏まえた各試算価格又は試算賃料が有する説得力の違いを適切に反映することによりこれを行うものとする。この場合において，特に次の事項に留意すべきである。

上記の検討を踏まえれば，本件標準宅地の存する臨海型の工業地域の場合，当初から賃貸目的で工場や倉庫が建築されているというケースはきわめて少なく，その大部分は自己利用（自社利用）を目的とするものであるといえる。このため，本件判決で引用された○○鑑定書においても，近隣地域における賃貸市場は未成熟であり，適切な収益事例が把握できなかった旨が記載されている。仮に，このような状況で収益還元法を適用したとしてもその精度が問題とされ，説得力のある鑑定評価額を求めることが難しいケースが多いと考えられる。

したがって，本件判決で引用された○○鑑定書の場合，収益還元法を適用できなかったことが合理性に欠けるということはできず，この点，本件判決も判示しているとおりである。

(2)　取引事例比較法との関連

不動産鑑定評価基準によれば，取引事例比較法の意義が次のとおり述べられている。

> ○不動産鑑定評価基準（総論第7章第1節）
> 　取引事例比較法は，まず多数の取引事例を収集して適切な事例の選択を行い，これらに係る取引価格に必要に応じて事情補正及び時点修正を行い，かつ，地域要因の比較及び個別的要因の比較を行って求められた価格を比較考量し，これによって対象不動産の試算価格を求める手法である（この手法による試算価格を比準価格という。）。
> 　取引事例比較法は，近隣地域若しくは同一需給圏内の類似地域等において対象不動産と類似の不動産の取引が行われている場合又は同一需給圏内の代替競争不動産の取引が行われている場合に有効である。

したがって，この手法が適切に適用されるためには，採用する事例が次の要件をすべて備えていなければならないといえる（不動産鑑定評価基準総論第7章第1節Ⅲ．2（1））。
① 取引事情が正常なものと認められるものであること，または正常なものに補正することができるものであること。
② 時点修正をすることが可能なものであること。
③ 地域要因の比較および個別的要因の比較が可能なものであること。

実際に取引の対象となった土地は，個々に取引時点が異なり，また，特殊な事情を含み割高あるいは割安な価格で取引されていることもある。それだけでなく，その属する地域の状況（環境，交通条件等をはじめとする地域要因）や個々の土地の状況（形状，接道条件等をはじめとする個別的要因）が取引価格に反映されている。このため，取引事例を多数収集することができたとしても，当該価格をそのまま評価対象地の価格とみなすことはできない。

このことを本件に沿って考えた場合，取引事例を基に標準宅地の価格（比準価格）を求めるに当たっては，事情補正，時点修正，地域要因および個別的要因の比較（その結果としての格差修正）が適切になされなければならない。

また，地域要因および個別的要因は様々な要素が複雑に絡み合って構成されていることから，そのなかのある一つの要素のみ（たとえば，本件判決で指摘されている「環境条件」）を取り出して取引事例地と標準宅地との価値を比較することはできない。仮に，取引事例地に係る一つの条件が標準宅地より優れているとしても，他の条件が劣っているケースは数多く見受けられる。

　したがって，これらの総合的な比較検討の結果導き出される価格でなければ，客観的交換価値を表わすものとは言い難く，この点，本件判決も判示しているとおりである。

　参考までに，本件判決の対象となった土地の属する地域は工業地域であるため，不動産鑑定評価基準に掲げられている工業地域の主な地域要因を**資料2**に，工業地の主な個別的要因を**資料3**に掲げておく。

資料2　工業地域の主な地域要因

　街路の幅員・構造等の状態，都心との距離および交通施設の状態，各画地の面積・配置および利用の状態，土地利用に関する計画および規制の状態等のほか，工業地域特有の主な地域要因としては以下のものがある。
(1) 幹線道路，鉄道，港湾，空港等の輸送施設の整備の状況
(2) 労働力確保の難易
(3) 製品販売市場及び原材料仕入市場との位置関係
(4) 動力資源及び用排水に関する費用
(5) 関連産業との位置関係
(6) 水質の汚濁，大気の汚染等の公害の発生の危険性
(7) 行政上の助成及び規制の程度

（不動産鑑定評価基準総論第3章第2節Ⅰ）

資料3　工業地の主な個別的要因

工業地の主な個別的要因としては以下のものがある。
(1)　地勢，地質，地盤等
(2)　間口，奥行，地積，形状等
(3)　高低，角地その他の接面街路との関係
(4)　接面街路の幅員，構造等の状態
(5)　接面街路の系統及び連続性
(6)　従業員の通勤等のための主要交通機関との接近性
(7)　幹線道路，鉄道，港湾，空港等の輸送施設との位置関係
(8)　電力等の動力資源の状態及び引込の難易
(9)　用排水等の供給・処理施設の整備の必要性
(10)　上下水道，ガス等の供給・処理施設の有無及びその利用の難易
(11)　情報通信基盤の利用の難易
(12)　埋蔵文化財及び地下埋設物の有無並びにその状態
(13)　土壌汚染の有無及びその状態
(14)　公法上及び私法上の規制，制約等

(不動産鑑定評価基準総論第3章第3節Ⅰ)

8. アスベストスラッジが埋設されている土地の固定資産課税台帳登録価格の適法性

> 多量のアスベストスラッジが埋設されていて除去費用も多額に上る土地の固定資産課税台帳登録価格に当該除去費用が考慮されていないことにつき違法性がないとされた事例——固定資産税における適正な時価（佐賀地裁平成 19 年 7 月 27 日判決・判例自治 308 号 65 頁）

　本項では最近何かと話題となることの多いアスベストの含有（アスベストが地中に埋設されている場合の減価の要否）と固定資産税評価額との関連について取り上げてみたい。

　これに関しては，後掲の【裁判所の判断】にもみられるとおり，不動産の鑑定評価においては地中埋設物の撤去費用相当額を減価して評価することが合理的である場合（たとえば，その存在が専門家の調査等により判明しており，これを撤去しなければ最有効使用の建物の建築に支障をきたすような場合）であっても，固定資産税の評価にはその考え方が受け容れられていないなど本質的な相違がみられる（仮に，地中埋設物の存在を考慮外とする条件下で鑑定評価を行った場合でも，取引の段階では当該評価額から埋設物の撤去費用相当額を減額して取引価格を決定するのが通常である。あるいは，売主側で予めこれを撤去の上，当該評価額を基礎に取引を行うこととなろう）。

　これらの本質的な相違の理由等については【裁判所の判断】の中で改めて取

り上げるが，判決内容の検討を通じて，アスベスト以外のゴミや産業廃棄物等が地中に埋設されている場合の固定資産税評価額と適正な時価との関連についても，同様の考え方が適用可能と思われる。

●事案の概要●

1. 事案の要旨

X（原告）が所有する土地（以下，「本件土地」という）に多量のアスベストスラッジ(注1)が埋設されており，その除去に当たっては多額の費用を要するが，固定資産課税台帳登録価格には当該除去費用が考慮されていない（＝減価されていない）などとXは主張し，○○市（被告。Y）に対し平成17年度および平成18年度の価格（以下，「本件各登録価格」という）の審査申出をした。しかし，これを棄却する決定（以下，「本件決定」という）を受けたため，Yに対しその取消しを求めていたものである。

(注1) アスベストとコンクリートの混合した残渣である汚泥のことを指す。

2. 事実関係

① 本件土地は都市計画法上の工業地域にあり，昭和30年頃に工場用地として造成され，登記簿上も昭和30年2月10日に地目を宅地として登記された。また，本件土地には道路，電気，排水等の設備が完備し，固定資産評価上も市街地宅地評価法による大工場地区内に区分され，不動産鑑定士の鑑定評価書中の標準宅地調書においても最有効使用は工場用地が現実的かつ最適であるとされており，さらに隣地は物流倉庫用地として使用されている。

② 原告は，本件土地および土地上の工場施設において簡易水道用水道管の製造業をしていた前所有者であるAから，平成4年1月31日，本件土地および工場建物等の施設を買い受けて以来，コンクリート製品の製造を行

ってきた。しかし，その後，不況による公共工事削減の下でコンクリート製品の製造継続が困難となり，原告は，平成15年をもって工場の操業を中止して本件土地を売却することとした。そして，平成16年4月21日，Bとの間で，本件土地を宅地として2億1,200万円で売り渡す旨の売買契約を締結し，同年6月20日の代金決済日を前に，Bによって本件土地上の工場建物等の施設が撤去された。

③　その後，Bが本件土地上の現況を調査したところ，その地中に，昭和60年頃までの間にAが廃棄したアスベストを含有する本件アスベストが6,743㎡埋設されており，その除去費用が搬出先の距離により，1億9,470万円〜2億3,150万円であることが（遅くとも）平成16年11月頃までには判明した。このため，以後，原告・B間の上記売買契約の履行は保留・凍結状態となっている。

④　本件土地は，敷地内の建物およびその設備が既に解体・除去され更地となっているが，本件アスベストの廃棄が発覚したため，人体への健康被害発生防止の点から本件土地への立入等使用が制限され，関係者以外が立ち入れないよう縄張りがされている。また，所々に雑草が繁茂したり，本件アスベスト飛散防止のための覆土がされたりしていた。

⑤　アスベストは不溶性の物質であり，土壌を汚染することはなく，そのため土壌汚染対策法の対象とはされておらず，これを除去することにより当該アスベストが埋設している土地を原状に復することができる。しかし，アスベストは粉塵として飛散すれば人の身体・健康に深刻な被害をもたらす危険性があることから，大気汚染防止法において特定粉塵(注2)として規制対象とされている。

　　（注2）　大気汚染防止法（第2条第4項）では，人の健康に被害を生じるおそれのある物質を「特定粉塵」と定めているが，現在，特定粉塵として指定されているのはアスベストのみである。

⑥　原告は，東京地方裁判所に対し，Aを被告として，本件アスベストの除去費用の支払いを求める損害賠償請求訴訟を提起した。

同訴訟において，平成18年12月頃，Aが原告に対し，約2億円を支払う旨の裁判上の和解が成立し，平成19年3月中旬頃には本件アスベストは撤去された。

●原告の主張●

Xは，本件各登録価格の決定に当たり，
① 地方税法第349条第2項第1号および第3項ただし書により課税標準を見直すべき「地目の変換，家屋の改築又は損壊その他これらに類する特別の事情」を看過した違法があること
② 固定資産評価基準第1章第3節二(一)4所定の「所要の補正」を怠った違法があること
③ 地方税法第408条の実地調査を怠った違法があること
を主張し，Yはこれに反論している。

●裁判所の判断●

上記原告の主張に対し，裁判所は以下のとおり判示している。

1.「特別の事情」を看過した違法について

(1) 特別の事情の意義について

地方税法第349条第2項，第3項各本文は，基準年度に固定資産税を賦課した土地に対して課する翌年度（第二年度）および翌々年度（第三年度）の課税標準を，原則として，基準年度の課税標準の基礎となった価格としている(注3)。

(注3) 地方税法第349条
2 基準年度の土地又は家屋に対して課する第二年度の固定資産税の課税標準は，当該土地又は家屋に係る基準年度の固定資産税の課税標準の基礎となった価格で土地

課税台帳等又は家屋課税台帳等に登録されたものとする。ただし，基準年度の土地又は家屋について第二年度の固定資産税の賦課期日において次の各号に掲げる事情があるため，基準年度の固定資産税の課税標準の基礎となった価格によることが不適当であるか又は当該市町村を通じて固定資産税の課税上著しく均衡を失すると市町村長が認める場合においては，当該土地又は家屋に対して課する第二年度の固定資産税の課税標準は，当該土地又は家屋に類似する土地又は家屋の基準年度の価格に比準する価格で土地課税台帳等又は家屋課税台帳等に登録されたものとする。
　一　地目の変換，家屋の改築又は損壊その他これらに類する特別の事情
　二　市町村の廃置分合又は境界変更

　固定資産税は，固定資産の有する価値に着目して課税するものであるから，毎年度評価して，これを課税標準とすることが本来の姿である。それにもかかわらず，上記規定が設けられたのは，通常，固定資産の価格が短期間に大幅な変動を来すことはなく，上記規定によっても価格の正確性を一応担保できると考えられること，評価の対象となる固定資産の数が膨大な反面，課税機関の人員が限られているなど，これを一定の基準によって毎年評価替えを行うことは技術上相当に困難であることによる。

　また，その評価替えによって年々負担が変動するにも問題があること等から，同一固定資産の経年による価格変化を正確に把握することを多少犠牲にしても，課税事務の簡素合理化を実現することの方が合理的であるという政策判断がされたためと解される。

　他方，前記各条項ただし書は，「地目の変換，家屋の改築又は損壊その他これらに類する特別の事情」があるため，基準年度の価格によることが不適当であると市町村長が認める場合には，当該土地または家屋に類似する土地または家屋の基準年度の価格に比準する価格で固定資産課税台帳に登録されたものによって，翌年度（第二年度）および翌々年度（第三年度）の課税標準を定めるものとしている。かかる前記各条項本文の趣旨および同条項ただし書の文言に照らせば，前記各条項ただし書の「特別の事情」とは，土地については，基準年度以後に発生ないし顕在化した，地目の変換に比するような事情で，それによる価格変動が課税事務の簡素合理化の要請だけでは正当化できない程度に大

きなものに限られると解するのが相当である。

　また，かかる事情がある場合でも，当該土地に対して課する翌年度（第二年度）および翌々年度（第三年度）の課税標準は「当該土地に類似する土地の基準年度の価格に比準する価格」によることとされ，翌年度（第二年度）または翌々年度（第三年度）において，基準年度と同様に固定資産の価格を正確に決定することまでは要求されていない。

　なお，課税事務の簡素合理化の要請が相当程度維持されていることに鑑みれば，「特別の事情」については，当該土地が類似する他の土地に比準することができるという点を考慮する必要があり，そのため，価格変動要因を数量的に比準できるような定型的な態様のものであることが予定されているものと解される。

　したがって，土地について上記「特別の事情」があるというためには，基準年度以後に課税事務の簡素合理化の要請だけでは正当化できない程度の大きな価格変動があったこと，その変動は価格決定面で数量的に比準することができるような定型的な態様のものであることが必要である。具体的には，土地の全部または一部について，用途変更による現況地目の変換または分筆もしくは合筆があったほか，浸水，土砂の流入，隆起，陥没，地滑り，埋没等によって当該土地の区画，形質に著しい変化があった場合等，土地自体に内在する原因により土地の価格に大幅な増減をもたらしたような事情をいうものと解すべきである。

(2)　地目の変換について

　固定資産評価基準第1章第1節によれば，土地の評価は，土地の地目の別に，各地目別に定める評価の方法によって行うところ，この場合における土地の地目の認定に当たっては，当該土地の現況および利用目的に重点を置き，部分的に僅少の差異の存するときであっても，土地全体としての状況を観察して認定するものとされている。

　そして，「宅地」とは，建物の敷地およびその維持もしくは効用を果たすために必要な土地をいうものと解され，また，現に建物が建築されていない土地

であっても，土地全体としての状況，使用実態等からみて客観的に敷地の用に供されるものであることが明らかな場合には宅地と認定するのが相当である。

これを本件についてみると，前記認定のとおり，本件土地は昭和30年頃に工場用地として造成され，道路，電気，水道，排水等の設備が完備され，以来，平成16年6月頃まで継続して工場用建物が所在し，工場用地として現実に使用されている。また，同年4月には原告からBに対して本件土地を宅地として売り渡す契約を締結しているが，同年4月から6月までの間に工場用建物等が撤去され，その後，本件アスベストの埋設が発覚したために，本件土地への立入等が制限され，一部に雑草が繁茂したり，本件アスベスト飛散防止のための覆土がなされたりしている。ただし，アスベストは不溶性の物質で土壌を汚染するものではないから，これを除去することは可能であり，これが除去されれば従前同様に宅地として処分または使用収益することが可能である。

さらに，本件土地は都市計画法上の工業地域にあり，登記簿上も昭和30年2月10日に地目を宅地として登記されて以後，地目変更の登記手続もなされていないこと，また，前記のとおり，原告は本件土地について宅地としての利用価値を維持すべく，Aに対し，本件アスベストの除去費用の支払いを求める損害賠償訴訟を提起したことが認められる。

これらの事実によれば，本件土地については，建物が撤去されてはいるものの，その現況および利用目的のいずれにおいても，建物の敷地の用に供されるものであることが明らかであって，「宅地」として認定するのが相当である。したがって，本件土地について宅地から雑種地への「地目の変換」があるということはできない。

(3) 本件アスベストの存在について

前記認定のとおり，アスベストは不溶性の物質であって，土地の構成要素である土壌を汚染するものではなく，そのため土壌汚染対策法の対象ともなっていない。また，本件アスベストは，前所有者であるAにより人為的に廃棄されたものであって，平成16年にその事実が発覚したのであるが，これを除去することにより本件土地を原状に復することができるものであって，本件土地

自体に内在する原因によって，本件土地の区画，形質に著しい変化があったものということはできない。また，アスベストスラッジの廃棄されている土地の事例は希有であって，類似する他の土地に比準することが容易ではなく，価格変動要因を数量的に比準できるような定型的な態様のものであるということもできない。

　これらの点に鑑みれば，本件土地について，本件アスベストの存在が「特別の事情」に当たるということはできない。

　以上によれば，本件土地について○○市長が平成17年度の価格の決定に当たり，地方税法第349条第2項第1号，第3項ただし書により課税標準を見直すべき「地目の変換その他特別の事情」を考慮しなかったことについて，違法はないというべきである。

　(4)　客観的交換価値との比較について

　土地に対する固定資産税は，土地の資産価値に着目し，その所有という事実に担税力を認めて課する一種の財産税であって，個々の土地の収益性の有無にかかわらず，その所有者に対して課するものであるから，地方税法第349条の土地の価格，すなわち「適正な時価」とは，正常な条件の下において成立する取引価格，すなわち客観的な交換価値をいうと解される。

　したがって，土地課税台帳等に登録された価格が賦課期日における当該土地の客観的な交換価値を上回れば，当該価格の決定は違法となる。しかし，固定資産評価基準に従って算定された価格は，固定資産評価基準が定める評価の方法によっては，当該固定資産の価格を適切に算定することができない特別の事情または固定資産評価基準が定める減点補正を超える減価を要する特別の事情の存しない限り，適正な時価であると推認するのが相当である（最高裁平成15年6月26日第一小法廷判決，最高裁平成15年7月18日第二小法廷判決）。

　そして，固定資産評価基準に定める市街地宅地評価法をみると，その評価方法は，地区の区分，状況が相当に相違する地域の区分，主要な街路の選定，標準宅地の選定，標準宅地の適正な時価の評定，主要な街路とその他の街路の各路線価の比準，所要の補正を含めた画地計算法の適用等が，いずれも適正に行

われることを要請するものと解される。これらを適正に行うことなく決定された価格は、そもそも、固定資産評価基準によって決定された価格ということはできないが、他方、これらが適正に行われれば、上記評価方法が各筆の宅地の適正な時価への接近方法として一般的に合理性を有することに鑑みれば、これによって算定した宅地の価額は、特別の事情のない限り、適正な時価を超えるものではないと推認される。

本件においては、後記のとおり、本件土地について画地計算法の適用に際し所要の補正を行わないことに違法はなく、また、前記のとおり、地方税法第349条第2項第1号、第3項ただし書の「地目の変換その他特別の事情」により課税標準を見直すべき場合にも当たらない。そのため、本件土地の価格の決定が前掲の事実等記載のとおりされたことについては、固定資産評価基準に則って適正に行われたものというべきであるから、本件土地の価格は平成17年度および平成18年度のいずれにおいても、適正な時価を超えるものではないと推認される。

2.「所要の補正」を怠った違法について

(1)「所要の補正」の意義について

固定資産評価基準は、市街地宅地評価法による各筆の宅地の評点数の付設に関して、各筆の宅地の評点数は、路線価を基礎とし、画地計算法を適用して付設するものとするが、市町村長は、宅地の状況に応じ、必要があるときは、画地計算法の附表等について、所要の補正をしてこれを適用するものとしている。

これは、価格の低下等の原因が画地の個別的要因によること、またその影響が局地的であること等の理由から、その価格事情を路線価の付設によって評価に反映させることができない場合があることから、かかる場合には、その価格事情が特に著しい影響があると認められるときに限り、個々の画地ごとに特別の価格事情に見合った所要の補正を行うことができるとしたものである。

そして、上記のごとき事情が宅地の価格に与える影響の程度は、各市町村に

おける当該宅地の個別の状況によって異なり得るものである一方，評価の適正と均衡を確保しつつ，大量の固定資産を一定の期間内に評価しなければならない固定資産税における評価事務の性質上，「所要の補正」として行う宅地の減価補正についても，各市町村の個別事情に応じながらも，定型的な基準に基づいて画一的に行うことが，公平な賦課徴収のために必要である。

そのため，各市町村においても，それぞれその実情に応じた所要の補正の取扱要領等を定めているところであって，被告においても「○○市固定資産土地評価事務取扱要領」第15条（画地計算による本市の所要の補正）において，路線価に反映し難い外的要因について，所要の補正項目を定めている。

(2) 本件アスベストの存在について

本件の場合，所要の補正に関しては，上記取扱要領第15条（1）の「間口が狭小な土地に関する補正」等がされているものの，本件アスベストの埋設については，上記取扱要領第15条のいずれの補正項目にも該当しないとして，所要の補正はされていない。

固定資産評価基準における所要の補正は，前記のとおり，評価に当たり，課税対象不動産の個別の状況を一定程度考慮しようとするものであるが，その究極の目的は，不動産鑑定評価基準などと異なり，固定資産税の公平な賦課徴収にあることは明らかである。このため，不動産鑑定評価基準においては減価するべきものとされている場合であっても，少なくとも，不動産減価の要因が外的人為的なもので，その原因行為者の責任追及を行うことにより原状回復が論理的に可能な場合は，これを理由に「所要の補正」をしない取扱いをすることも許されるものと解される。なぜならば，このように解しないと，たとえば，ゴミや産業廃棄物等が大量に廃棄されており，その除去のために巨額の費用を要するような場合は，その土地の評価についてすべからく減価しなければならなくなるが，そのような対処が固定資産税の公平な賦課徴収の観点からみて不当であることが明らかであるからである。

また，本件においても，本件アスベストの存在を理由に所要の補正をしなければならないとすると，仮に原告がＡからその撤去費用を回収した後にこれ

を撤去しない場合にも，評価上減価しなければならなくなる。このような減価がきわめて不当であることは論を待たないし，撤去費用を現実に回収したか否かにより減価すべきか否かの区別を行うことも固定資産税の課税の観点から容れられないことは明らかである。

なお，この点，国税庁は，土壌汚染地についての相続税法上の評価方法として，その除去等に要した費目を汚染原因者に求償できる場合には，その土地は浄化・改善を完了した土地として評価する等とされていることも参考になる。

前記のとおり，上記取扱要領第15条所定の補正項目には，本件アスベスト埋設のような場合が規定されていないが，その趣旨は，上記と同様の考え方に基づくものと推測でき，このような補正項目の規定には合理性が存するものというべきであり，この定めが固定資産評価基準に反し違法であるということはできない。

そして，前記のとおり，本件アスベストは人為的に廃棄されたものであり，しかもアスベストは不溶性の物質であって土地の構成要素である土壌を汚染するものではなく，これを除去することにより当該土地を原状に復することができる。したがって，本件アスベストの存在を理由に所要の補正をしない取扱いをすることも許されるものというべく，本件土地について，固定資産評価基準第1章第3節二（一）4所定の「所要の補正」を行わなかったことについて，違法があるということはできない。

3. 実地調査を怠った違法について

地方税法第408条は，当該年度における1月1日現在における固定資産の価格を定めるためには，その固定資産の状況を毎年少なくとも1回実地に調査するのが適当であるとの技術的見地から設けられたものであって，訓示規定と解するのが相当である。そのため，実地調査をしなかったという理由だけでは，価格の決定の効力を否定すべきではない。

そうすると，本件において，仮に被告が実地調査を怠った事実があったとしても，それだけでは本件土地の価格の決定を違法とすることはできない。ま

た，被告が実地調査を怠ったために本件土地の価格の決定が適正にされなかったとの事実も特に見当たらないから，実地調査を怠ったことを理由に本件土地の価格の決定の違法をいう原告の主張は理由がない。

《判例から読み取る調査上の留意点》

1.「特別の事情」の観点より

　本件判決では，「特別の事情」に該当するためには，類似する他の土地と数量的に比準することができることが必要であり，そのために定型的な態様のものが予定されていると判示している。たとえば，地目の変換がこれに該当し，具体的には，土地の全部または一部について，用途変更による現況地目の変換または分筆もしくは合筆があったほか，浸水，土砂の流入，隆起，陥没，地滑り，埋没等によって当該土地の区画，形質に著しい変化があった場合等，土地自体に内在する原因により土地の価格に大幅な増減をもたらしたような事情を掲げている。

　これを本件土地に当てはめた場合，本件土地は昭和30年頃に工場用地として造成され，道路，電気，水道，排水等の設備が完備され，以来，平成16年6月頃まで継続して工場用建物が所在し，工場用地として現実に使用されている。また，本件土地にはアスベスト飛散防止のための覆土がなされているが，アスベストは不溶性の物質で土壌を汚染するものではないため，これを除去することは可能であり，これが除去されれば従前同様に宅地として処分または使用収益することが可能である。

　加えて，本件判決では，本件土地のように建物が撤去されているものの，その現況および利用目的のいずれにおいても建物の敷地の用に供されることが明らかな場合には宅地と認定するのが相当であり，上記事情を鑑みれば，本件土地につき（宅地から雑種地への）地目の変換があったということはできないとしている。

次に、本件アスベストの存在と特別の事情との関連であるが、本件判決では、(イ)アスベストは不溶性の物質であって、土地の構成要素である土壌を汚染するものではないこと、(ロ)本件アスベストは前所有者により人為的に廃棄されたものであり、これを除去することにより本件土地を原状に復することができるため、本件土地自体に内在する原因により区画、形質に著しい変化を与えたものではない旨を掲げている。そして、これらの点に地中埋設物を含む土地の固定資産税評価額を決定する際の基本的な考え方が潜んでいるように思われる。

また、アスベストスラッジの廃棄されている土地の事例は希有であって、類似する他の土地に比準することが容易ではなく、価格変動要因を数量的に比準できるような定型的な態様のものであるということもできないと判示している点も特徴的であり、実務に際して留意が必要である。

2.「所要の補正」の観点より

固定資産税の評価における上記の考え方と鑑定評価の考え方との間には本質的に相容れない側面があるように思われる。すなわち、鑑定評価においては、地中埋設物の存在が内的な要因に基づくものであれ、外的（人為的）な要因に基づくものであれ、（前文にも述べたように）これを撤去しなければ最有効使用の建物の建築に支障をきたす場合には、その事実を減価要因としてとらえているからである。

この点、固定資産税の評価では、宅地の状況に応じ必要があるときは、画地計算法の附表等について所要の補正をして、これを適用するものとしている。そして、所要の補正の意義は、本件判決にも示されているとおり、価格の低下等の原因が画地の個別的要因によったり、その影響が局地的であったりすること等の理由により、その価格事情を路線価に反映させることができない場合（加えて、その価格事情が特に著しい影響があると認められる場合）に限って、これを実施するものとされている点にある。

ただし、その実施に際しては、各市町村間における評価の適正と均衡を確保

するために，各市町村の個別事情に応じながらも，定型的な基準に基づいて画一的に行うことが公平な賦課徴収のために必要である点に留意が必要である。

本件判決で取り上げられている「○○市固定資産土地評価事務取扱要領」においても，所要の補正の対象項目は路線価に反映し難い外的要因について定められており，本件アスベストの埋設についてはこのような補正項目に該当しないとして，対象から除外されている。ここで採用されている考え方を本件判決を基に根拠付けるとすれば，減価の要因が外的（人為的）なもので，その原因行為者の責任追及を行うことにより原状回復が論理的に可能な場合は，これを理由に「所要の補正」をしない扱いも許されるということになる。

また，本件判決では，本件アスベストの存在を理由に所要の補正をしなければならないとすると，仮に原告がAからその撤去費用を回収した後にこれを撤去しない場合にも，評価上減価しなければならなくなるが，このような減価がきわめて不当であることは論を待たないし，撤去費用を現実に回収したか否かにより減価すべきか否かの区別を行うことも固定資産税の課税の観点から容れられないとしている。ここに，固定資産税における評価の本質が鑑定評価や一般の不動産取引とは異なった視点からとらえられており，課税評価に特有な考え方が鮮明に表れているように思われる。

ちなみに，不動産鑑定評価基準では，土地の価格形成要因として次のような項目を列挙しており，地中埋設物の存在もその一要因としてとらえられている点に特徴がある。

○土地に関する個別的要因（住宅地の場合）（不動産鑑定評価基準第3章第3節 I. 1. (1)）
　① 地勢，地質，地盤等
　② 日照，通風および乾湿
　③ 間口，奥行，地積，形状等
　④ 高低，角地その他の接面街路との関係
　⑤ 接面街路の幅員，構造等の状態
　⑥ 接面街路の系統および連続性

⑦ 交通施設との距離
⑧ 商業施設との接近の程度
⑨ 公共施設，公益的施設等との接近の程度
⑩ 汚水処理場等の嫌悪施設等との接近の程度
⑪ 隣接不動産等周囲の状態
⑫ 上下水道，ガス等の供給・処理施設の有無およびその利用の難易
⑬ 情報通信基盤の利用の難易
⑭ 埋蔵文化財および地下埋設物の有無ならびにその状態
⑮ 土壌汚染の有無およびその状態
⑯ 公法上および私法上の規制，制約等

　ここに掲げられている要因のうち，①から④までは固定資産税における画地計算法に登場する項目である。また，⑤ないし⑬，⑯は鑑定評価では地域要因としてもとらえられることが多く，固定資産税の評価では路線価に反映されることが多いといえよう。

　鑑定評価で減価の要因とされ，固定資産税の評価ではその影響が考慮されない例として本件判決で取り上げられている地中埋設物（不動産鑑定評価基準では「地下埋設物」という用語を使用しているが）の存在は，上記⑭の項目として掲げられている。

　なお，本件判決では，不動産鑑定評価基準とは異なった視点に基づき，国税庁における土壌汚染地についての相続税法上の評価方法を参考として掲げているが，その要旨は以下のとおりである（平成16年7月5日付国税庁課税部資産評価企画官情報第3号・国税庁課税部資産課税課情報第13号に基づく）。

○土壌汚染地についての評価等の考え方について～措置費用を汚染原因者に求償できる場合の取扱い
　土地所有者以外の者が汚染原因者である場合において，土地所有者がその汚染の除去等の措置を行ったときには，その汚染の除去等の措置に要した費用を汚染原因者に請求することができることとされている。このため，被相続人が土壌汚染地の浄化・改善措置を行い，汚染原因者に除去費用等の立替金相当額

を請求している場合には，その土地は浄化・改善措置後の土地として評価し，他方，その求償権は相続財産として計上することに留意することが必要である。

なお，求償権の評価に当たっては，除去費用等の立替金相当額を回収できない場合も想定され，その回収可能性を適正に見積もる必要があることから，財産評価基本通達に準じて評価するのが相当と考えられる。

3. 実地調査の観点より

不動産をめぐる環境は時間とともに変化する。また，環境変化のあまり見られない地域においても，個々の不動産の利用状況は利用者の意向次第でいくらでも変化し得るし，土地の形状や面積も決して一つのものに固定されて動かないものではない（隣接地の買収や土地の一部売却等により形状や面積にも変化が生ずる）。

このようなことを鑑みれば，不動産の調査（机上だけでなく実地調査を含めて）を定期的に実施することは不可欠である。たとえば，鑑定評価の依頼案件があり，たまたまその調査を１年前に実施したことがある場合でも，再び現地に赴き，１年前の状況に比べて変化がないかどうか（依頼された案件だけでなく地域の状況も含めて）を必ず確認することが必要となる。その理由は，依頼された案件に変化がない場合でも，それが属する地域の環境が大きく変化し，当該地域の価格水準に影響を与えている場合があるからである。

本件土地の場合，原則的に定められている年１回の実地調査は実施されておらず，この点が問題とされている。仮に，このことが原因で，本件土地の登録価格の決定に重要な影響を与えていると判断された場合には，登録価格の適正性が改めて問題とされよう。ただし，本件土地の場合，判示内容から推して，実地調査を怠ったことが理由で本件土地の価格の決定が適正になされなかったとの事実も見当たらないことから価格の違法性が問われていないものと推察される（加えて，固定資産税の評価の場合，対象となる土地の筆数は大量にわたり，これを限られた担当者が短期間で評価しなければならないという技術的理由も，本件判決の背景にあるものと思われる）。

なお，鑑定評価における現地調査の重要性に関しては，たとえば，登記簿上存在することになっている建物が実際に存在するかどうか，増築後未登記のままになっている部分がないかどうかの確認は現地に赴かなければ判明しないことからも，十分に推して知ることができる。

《参考》

固定資産税の評価に直接係わるものではないが，企業間の土地の売買契約につき有害物質による土壌汚染が判明した場合において，売主の有害物質の除去費用等の瑕疵担保責任が認められた事例として，東京地裁平成20年7月8日判決がある。

当該事例は，工場として使用されていた土地の売買に当たって，隣接地を所有する買主が事前に専門業者に依頼して土壌調査を実施し，問題がないとして売買契約を締結し，実行したにもかかわらず，その約4年後に土壌汚染等が判明し，買主が売主に対して多額の土壌汚染対策費用等の瑕疵担保責任を追及したことに特徴があり，土壌汚染の可能性のある土地取引における重大なリスクが現実化した事例である(注4)。

(注4) 判例時報2025号54頁の解説部分。

このような場合，仮に，土地の評価が埋設物（あるいは汚染物質）の影響の全くない状態を前提として行われていたとしても，結果的には当該評価額から除去費用等を控除した金額が当該土地の評価額（あるいは取引価格）となる。この点で，本文に掲げた固定資産税の評価の扱い方とは本質的に異なるものがある。

9. 実効容積率の減少と固定資産課税台帳登録価格の適法性

> 当該土地が二方路線に接するために，斜線規制により一方路線に接する場合よりも実効容積率が減少するとしても，固定資産税の評価上考慮する必要はないとされた事例——固定資産税における適正な時価（東京地裁昭和62年6月29日判決・判例タイムズ660号111頁）

　容積率（建築物の延べ面積の敷地面積に対する割合）の大小は土地の価格に影響を与えるのが通常である。このことは，同じ面積の土地上に建物を建てる場合でも，容積率が大きければ大きいほど床面積を多く確保することが可能となり，土地の有効活用を図れることからしても理解できよう。たとえば，対象地が住宅地であればマンション建設の際により多くの住戸の供給を期待することができるであろうし，商業地であればより多くの販売フロアーや事務所スペースの確保の点でメリットが生ずるであろう（ただ，なかには容積率が，たとえば200％に指定されていて，建築基準法上中層の共同住宅が建築可能であっても，場所柄，低層の戸建住宅がほとんどを占めるような地域では，容積率の差が価格に反映される度合いは少ない。本項においては，対象地が高度商業地区内にあることから，このようなケースは除外して考えることとする）。

　ところで，一概に容積率といっても，それが都市計画を策定する上で一定のまとまりを有する地域ごとに指定されている割合を指す場合と，個々の土地ごとに建築基準法上の制限を考慮に入れて算定した割合（実際に利用可能な割合）

を指す場合とがある。そして、同じ土地の容積率を算定する場合でも、両者は一致することもあれば異なることもある。このことを、前面道路の幅員との関係を考慮に入れて具体的に考えてみる。

　上記の例と同じく、対象地が都市計画の上では容積率が200％利用可能な地域内（第1種中高層住居専用地域等）にあるとしても、前面道路の幅員が狭い場合には都市計画で指定された容積率がそのまま利用できないケースも生ずる。ちなみに、前面道路の幅員が12m未満の場合、住居系の用途地域であれば、前面道路の幅員に0.4を乗じた結果と都市計画で指定された容積率（200％）のうち、小さい（厳しい）方の割合が適用される。たとえば、前面道路の幅員が4mであれば、4m×0.4×100％＝160％＜200％となり、対象地の容積率の最高限度は160％となる。そして、対象地が住居系以外の用途地域内にある場合には0.4を0.6に置き換えて適用することとなる（建築基準法第52条第1項および第2項）。このような算定結果を踏まえて求められた容積率はしばしば「基準容積率」と呼ばれている。

　さらに、建築基準法には上記以外にも実際に利用可能な容積率に制限を与える規定も設けられている。それは建築物の高さに関する制限であり、具体的には道路斜線制限、隣地斜線制限、北側斜線制限がこれに該当する（建築基準法第56条第1項および第2項。ほか、第1種低層住居専用地域および第2種低層住居専用地域内においては建築物の高さを10mまたは12mまでに制限する旨の規定（いわゆる絶対高さの制限）が設けられているが、これらの用途地域自体低層住居の利用を目的としているため、本項での検討からは対象外とする）。これらの斜線制限は、道路境界線または隣地境界線からの距離に応じて建築物の各部分の高さを制限し、建築可能な空間に一定の制約を与えるものである。その結果、実際に利用可能な容積率が減少するケースがある（イメージ図および解説は後掲の【判例から読み取る調査上の留意点】を参照）。

　ただし、北側斜線制限は第1種低層住居専用地域、第2種低層住居専用地域、第1種中高層住居専用地域（ただし一部の対象区域を除く）、第2種中高層住居専用地域（同）に適用され、その他の地域には適用されないこととなって

いる。

　以上述べたとおり，容積率の大小に影響を与える要因は一様でなく，そこには建築基準法上の様々な制限が絡んでいるが，本項で取り上げる判決との関連で焦点を絞れば，固定資産評価基準に直接記載されていない道路斜線制限（建築基準法第56条第1項）による建築制限を考慮することなく宅地の評価を行うことが許容されるか否かという点が問題となる。このように固定資産評価基準に直接定めのない事項を考慮すべきかが争われた事案は少ないと思われる。

　なお，本件判決は平成元年12月に制定された土地基本法に基づく公的評価の一元化（すなわち，固定資産税評価額は公示価格の7割水準で，相続税評価額は公示価格の8割水準で評価を実施する）が導入される以前の判決であるが，建築基準法による建築制限との関連においては何ら本質的な相違はない。ただし，固定資産税評価額および相続税評価額との関連につき判決文の中に登場する公的評価の一元化以前の取扱いに関する個所については，本項への掲載は省略することとした。また，建築基準法は本件判決以降も何度か改正されているが，本項に登場する条文は判決当時のものであることを予め了解願いたい。

●事案の概要●

　X（原告）は，本件土地につき7分の1の共有持分を有している。

　東京都知事は，昭和57年3月31日，地方税法（以下，単に「法」という）第410条の規定に基づき本件土地の昭和57年度の固定資産価格（以下，「本件登録価格」という）を1億4,324万6,880円と決定し，東京都税条例第4条の3の規定により知事の委任を受けている○○都税事務所長（以下，東京都知事と合わせて「処分庁」という）は，同日，法第411条の規定により本件登録価格を固定資産課税台帳に登録し，同年4月1日から同月20日までの間，関係者の縦覧に供した。

　Xは，昭和57年4月22日，本件登録価格についてY（被告）に対し審査の申出（以下，「本件審査申出」という）をしたが，Yは，昭和58年3月18日付

けで本件審査申出を棄却する旨の決定（以下,「本件決定」という）をした。

●当事者の主張●

本件訴訟ではXは次の二点を主張していたが，本項においては適正な時価と直接関連のある(イ)について取り上げる。

(ア) 本件決定には，審理手続および理由不備の違法がある。

(イ) 本件決定は，本件土地の価格を過大に評価した違法がある。

1. 被告（Y）の主張

被告（Y）は，本件土地の評価に関して以下の主張を行っている。

(1) 固定資産税における固定資産の評価は，法第403条第1項により固定資産評価基準（以下,「評価基準」という）に従ってしなければならないところ，東京都特別区の存する区域においては，評価基準に基づく取扱要領が定められ，これらにより評価がされている。

評価基準および取扱要領によれば，本件土地のような市街地的形態を形成する地域における宅地については「市街地宅地評価法」により，路線価を基礎として，画地計算法を適用して当該宅地の評価をすることとなっている。

(2) 市街地宅地評価法

① 宅地の利用状況を基準として，宅地を商業地区，住宅地区，工業地区，特殊地区等に区分する。

② 区分した各地区ごとに，街路の状況，公共施設等の接近の状況，家屋の疎密度その他の宅地の利用上の便等からみて相当に相違する地域ごとに区分し，当該地域の主要な街路に沿接する宅地のうち，奥行，間口，形状等の状況が当該地域において標準的なものと認められるものを選定する。これが標準宅地である。

③ 標準宅地について，売買実例価額から評定する適正な時価を求め，標準宅地の単位面積当たりの適正な時価に基づいて当該標準宅地の沿接する主

9. 実効容積率の減少と固定資産課税台帳登録価格の適法性　　315

要な街路について路線価を付設する。

　主要な街路以外の路線価は，近傍の主要な街路の路線価を基準として，街路の状況，公共施設等の接近の状況，家屋の疎密度その他の宅地の利用上の便等の相違を総合的に考慮して付設する。

④　各筆の宅地の評価は，路線価を基準として画地計算法を適用して付設するが，宅地の状況に応じて必要があるときは画地計算法の附表について所要の補正をして適用することとされている。そして，各筆の宅地の評点数に評点1点当たりの価額を乗じてその評価額が算出される。

(3)　本件土地の評価

①　本件土地を含む地域は，都心にあり，商業地として高度に発達していて，繁華街より平均的に大きい規模の店舗が集合している地域であるから，高度商業地区である。

②　本件土地を含む地域の標準宅地として，○○区○○2丁目1番18号に所在する本件標準宅地を選定し，売買実例価額から適正な時価を求めて，これに基づいて本件標準宅地の沿接する街路の路線価を97万点とした。

③　本件土地が沿接する街路は，南面に幅員8mの都道（以下，「本件正面路線」という）と北面に幅員2.7mの私道（以下，「本件裏路線」という）の2路線があるが，本件標準宅地の沿接する街路の路線価を基礎として，街路の状況，公共施設等の接近の状況，家屋の疎密度その他の宅地の利用上の便等の相違を総合的に考慮して，本件正面路線の路線価は72万点，本件裏路線の路線価は54万点と付設した。

④　本件土地は，その奥行が約15mであるので，取扱要領附表一（略）により奥行逓減率は100％であり，その表裏二方に路線があるので，同附表三（略）により二方路線影響加算率は5％である。したがって，本件土地の画地係数は1.05となる。

⑤　以上によれば，本件土地の評点は，本件正面路線価に画地係数1.05を乗じて，これに地積189.48㎡を乗じた1億4,324万6,880点となり，これに評点1点当たりの価額1円を乗じた1億4,324万6,880円が本件土地の

2. 原告（X）の反論

　評価基準および取扱要領は，建築基準法第56条第1項に定めるいわゆる斜線規制による建築制限については何ら考慮していない。このため，本件決定は，本件土地の評価をするに当たり斜線規制による建築制限を考慮していない。

　ところで，固定資産税の課税標準となるべき価格は，適正な時価をいう（法第341条第5号）のであり，評価基準および取扱要領に従った価格が適正な時価であるという保障はないから，これらに従っただけでは正しい評価とはいえない。そして，評価基準および取扱要領に欠陥がある場合には，Yは，その欠陥を補って固定資産の評価をする必要があり，斜線規制による建築制限も，これが土地の価格に影響を及ぼす場合には，評価基準および取扱要領の規定にかかわらず，これを考慮して土地の評価をしなければならない。

　本件土地のような高度商業地区の土地については，その価格は，実際に建築できる建物の延べ面積の敷地面積に対する割合（以下，「実効容積率」という）に比例する。本件土地は，本件正面路線および本件裏路線に沿接するため，斜線規制により，その実効容積率は342％となる（計算過程は複雑になるため略す）。これに対し，本件土地と同一街区内にある対象土地の実効容積率は800％で，1㎡当たりの価格は99万7,600円であるから，本件土地の1㎡当たりの適正な価格は，対象土地のそれの800分の342に当たる42万6,474円とするのが相当である。

　ところが，本件決定は，本件土地の1㎡当たりの評価を75万6,000円としており，同一街区内の対象土地と著しく均衡を失し，高額にすぎて違法なものである。

　仮に，斜線規制による建築制限は，個別評価による以外考慮することができないというのであれば，大都市の商業地区における固定資産の評価は，個別評価によってでも上記制限を考慮に入れるべきである。

3. 被告 (Y) の再反論

（1） 評価基準および取扱要領において斜線規制による建築制限を土地の評価上直接は考慮していないこと，本件決定が直接には上記制限を考慮していないこと，対象土地の実効容積率が800％であり，その1㎡当たりの評価が99万7,600円であることは認め，本件土地の実効容積率が342％であることは争う。

（2） Xは，本件土地が，本件正面路線および本件裏路線の二方路線に沿接しているため，斜線規制による建築制限により本件土地の価格が低減する旨主張している。しかし，二方路線は，一方路線に比べ，出入の便，採光，通風，防火等から，その優位性が認められるので，価格の低減要因ではなく，加算要因であるから，Xの上記主張は失当である。

また，市街地宅地評価法においては，各筆の評点の付設に際して建築基準法上の各種制限（以下，「公法上の制限」という）を個別的に考慮していないが，公法上の制限は売買実例価格に反映し，ひいては標準宅地の適正な時価を通じて路線価に反映している。したがって，本件土地の評価においては，斜線規制による建築制限も路線価を通じて考慮されていることになるから，仮にXの反論するように斜線規制による建築制限を考慮するとすれば，同一事実を二重に考慮することになって，不当である。

（3） 固定資産税における固定資産の評価は，評価基準に従って行わなければならないから，これに従った評価は原則として適正な評価である。

もとより，各筆の土地の評価をするに当たり，個別的に公法上の制限を考慮して評価することは好ましいことであるが，その評価は，固定資産税賦課の前提としてされるものである。しかも，評価すべき宅地の数は極めて多く，これらを短時日のうちに評価しなければならず，かつ，その評価は反復される性質を有するものであるから，一般の土地の鑑定評価とは性格を異にするものである。そして，評価基準および取扱要領は，課税技術上可能な限り公法上の制限を考慮しようとしているから，合理的なものであり，したがって，評価基準および取扱要領による評価額に多少の不均衡が生じても，その評価は適正なもの

と解すべきである。

　ところで，実効容積率は各階の高さの数値いかんにより異なるものであるから，本件土地が本件正面路線および本件裏路線に沿接することによりどの程度実効容積率が減少するかは明らかではない。その上，実効容積率のみが土地の価格決定要因となるものではなく，その影響の程度も明らかではないから，仮に高度商業地区においては実効容積率が土地の価格に影響を及ぼすとしても，本件土地における容積率の減少の程度では，これを考慮しなくても著しい不均衡は生ぜず，評価基準および取扱要領に従って本件土地を評価することは，合理的なものであって，適法である。

　(4)　さらに，実効容積率を考慮して本件土地の評価をせよというＸの主張は，結局のところ，土地の個別的評価を求めるものであるが，個別評価は，評価基準および取扱要領の評価方法と矛盾するし，固定資産課税の大量性，反復性，専門技術性からみて課税技術上も実施し難いものであるから，採用できないというべきである。

●裁判所の判断●

　被告の主張および原告の主張のなかから，適正な時価と関連する個所（本件登録価格の正否）を中心に，裁判所の判断内容を取り上げる。

1. 評価基準および取扱要領の違法性について

　(1)　法第341条第5号は，固定資産税における固定資産の価格とは「適正な時価をいう」ものと規定し，法第403条第1項は，市町村長は法第388条第1項により自治大臣（現：総務大臣）が定めた評価基準によって固定資産の価格を決定しなければならない旨規定している。また，取扱要領は，土地につき評価基準を特別区の区域において実施する場合における要領として定められたものであるが，その中で，評価基準の画地計算法の附表等について評価基準第1章第3節二（一）4による所要の補正を加えていることが認められる（なお，

この事実によると，取扱要領には評価基準を補完，補正する部分が含まれており，その部分は，単に行政機関内部の通達としての性格のみを有するとはいえないから，少なくともその部分については評価基準に準じ公にする措置をとるのが相当と考える）。

これによると，評価基準は法の規定に従い固定資産の価格（すなわち，適正な時価）を算定する基準，方法等を定めるべきものであり，また取扱要領は評価基準の定めに従い土地の価格の算定に関し，評価基準を補完ないし補足する事項を定めるべきものである。したがって，固定資産（土地）の価格の決定は，それが法の規定に従った評価基準およびそれに従った取扱要領により，かつ，その適切な運用のもとにされたものである限り，適法なものということができる。

評価基準を定めるについて，法はこれを自治大臣（現：総務大臣）の合理的な裁量に，また，取扱要領を定めるについて，評価基準はこれを東京都知事の合理的な裁量にそれぞれ委ねることとしているものと解される。このため，評価基準ないし取扱要領は，それが固定資産（土地）の価格を算定する基準，方法等として著しく妥当性を欠くものと認められない限り，自治大臣（現：総務大臣）ないし東京都知事の裁量の範囲内において定められたものとして，法の規定ないし評価基準の定めに従った適法なものと認めるほかないというべきである。

(2) まず，評価基準（本件登録価格に関しては昭和56年自治省告示218号による改正前のもの。以下，同じ）についてであるが，その第1章第3節一および二によれば，本件土地のように主として市街地的形態を形成する地域における宅地については，市街地宅地評価法によって評価する旨が定められている。この市街地宅地評価法はいわゆる路線価式評価法であるが，路線価式評価法は一般に大量の宅地を短時日のうちに相互の均衡を考慮しながら評価する方法として使用できるものと解されている。そして，固定資産税において評価すべき宅地の筆数は極めて多く，かつ，その評価は短時日のうちにしなければならないと考えられるから，評価基準において路線価式評価法を採用したことが妥当性を

欠くといえないことはもちろんである。また，評価基準は，市街地宅地評価法における各街路の路線価は，売買実例価額を基礎として，街路の状況，公共施設等の最近の状況，家屋の疎密度その他の宅地の利用上の便等および各街路の路線価の均衡等を総合的に考慮して決める旨定めているが，そのような定めが妥当性を欠くとは考えられない。そして，評価基準の画地計算法の附表等を含むその他の点についても，固定資産（土地）の価格を算定する基準方法等としてこれを著しく妥当性を欠くものと判断すべき根拠もなければ証拠もない。したがって，評価基準は全体として法の規定に従った適法なものというほかはない。

　次に，取扱要領は，評価基準に従いそれを補完しあるいは補正する事項を定めているものであることが認められ，取扱要領の定めが固定資産（土地）の価格を算定する方法として著しく妥当性を欠くとする根拠も証拠もない。したがって，取扱要領もまた，全体として評価基準に従った適法なものというほかはない。

2. 評価基準および取扱要領の運用について

　評価基準および取扱要領が本件土地の評価に当たり適正に運用されているかにつき検討する。

　処分庁が本件土地の評価を評価基準および取扱要領によりしたものであって，処分庁が本件登録価格の決定の理由とするところは既に述べたとおりである。そして，これらの事実等を考えれば，本件標準宅地に沿接する街路の路線価97万点および本件正面路線の路線価72万点の各付設が評価基準および取扱要領の適正な運用のもとになされたものであり，評価基準および取扱要領によれば，本件土地の画地係数は，二方路線影響加算率が5％で他の加減要素はないので1.05となることが認められ，この事実によると，処分庁の掲げる本件登録価格決定の理由はいずれも正当なものであるということができる。

3. 上記1.および2.の判断に関連する原告の主張について

(1) X（原告）は，本件土地の評価に当たっては，本件裏路線に沿接することにより生ずる実効容積率の減少を考慮すべきであると主張する。また，本件土地のように高度商業地区に存在する土地の価格は実効容積率に比例するところ，本件土地の実効容積率が342％であり，対象土地のそれが800％であるから，対象土地の価格から算出される本件土地の1㎡当たりの価格は42万6,474円が正当である旨主張している。

当該宅地が接する街路からの斜線規制による建築制限は，当該宅地の利用効率に影響を及ぼすから，このような制限は売買価格に反映するものと考えられる。また，これは各街路の路線価を付設する際に考慮すべき街路の状況あるいは土地の利用上の便に含まれるともいえるから，路線価が適正に付設される限り，その路線価に反映しているものということができる。したがって，このような制限は，一般的には画地係数を付設する過程で考慮する必要はないものであり，画地計算の附表等においてこれを考慮していない評価基準および取扱要領が妥当性を欠くことはない。この点に関連して，Xは，本件土地は，本件正面路線および本件裏路線の二方路線に沿接するため，いずれか一方のみに沿接する場合よりも実効容積率が減少する旨主張している。このような実効容積率の減少は，本件土地が二方路線に沿接するという個別的事情により生じたものであるから，本件正面路線の路線価等に反映しているとはいい難い。そこで，このような場合においても，斜線規制による建築制限を考慮する必要がないのかについて検討する。

市街地宅地評価法はいわゆる路線価式評価法であり，画一的な基準により大量の土地を評価するものであって，その性質上，土地の価格に影響を及ぼすすべての事項を考慮に入れることは技術上不可能に近い。その上，大量の宅地を短時日のうちに評価しなければならないという課税技術上の制約からも評価上考慮すべき事項は制限されざるを得ず，各筆の土地の評価にある程度の不均衡が生じることは避けられない。しかし，限られた職員数で大量の宅地を短時日

のうちに評価しなければならないという固定資産税の課税技術上の制約を考慮すれば，宅地の評価上，価格に影響を及ぼす事項のうち重要なもののみを取り上げて価格に及ぼす影響の少ないものを取り上げないこととしても制度上止むを得ないものというべきであって，その結果，著しい不均衡が生じない限り，その評価は正当なものと解すべきである。

 他の条件が同一である場合には，実効容積率が大きい土地の方がそれが小さい土地より価値が高いことは明らかであるから，前者の価格が後者のそれより高くなることは当然である。しかし，その場合でも，両者の価格は両者の実効容積率のみに比例するものとは考えられず，両者の価格の割合が両者の実効容積率の割合とどのような関係にあるかを明らかにする証拠はない。もっとも通常は，前者の価格は，後者の価格に前者の実効容積率の後者のそれに対する割合を乗じたものより低いということはいえるものと思われる。そうすると，実効容積率の相違をどれだけ考慮すべきかが判然としないというべきであり，そうである以上これを直接には考慮しないこととしている評価基準および取扱要領が妥当性を欠くものということはできない。

 もっとも，本件土地の実効容積率が相当に低く，これを価格の評価に当たり考慮しないことが著しく不当と認められるという例外的な事情があるとすれば，これを考慮しない固定資産の評価は違法となるとも考えられるので，当該事情の存否につきさらに検討する。

 本件裏路線の幅員は2.7ｍであり，建築基準法第42条第2項により本件土地と本件裏路線の接する線から0.65ｍ後退した線まで（以下，この部分を「みなし道路部分」という）は建物の敷地とはならない。そして，みなし道路部分を除く本件土地の形状は概ね**資料1**のとおりであることが認められる。また，本件正面路線の幅員は8ｍであるから，同法第56条第3項，第42条第2項，同法施行令第132条第1項により，本件土地と本件裏路線の接する線から0.65ｍ後退した線から反対道路端に向けて8ｍ移動させた線が，本件土地が本件裏路線に接することによる斜線制限の起点となる[注1]ものと解するのが相当である（判決文には原告が計算に用いた図面も添付されているが，当該裁判所

資料 1

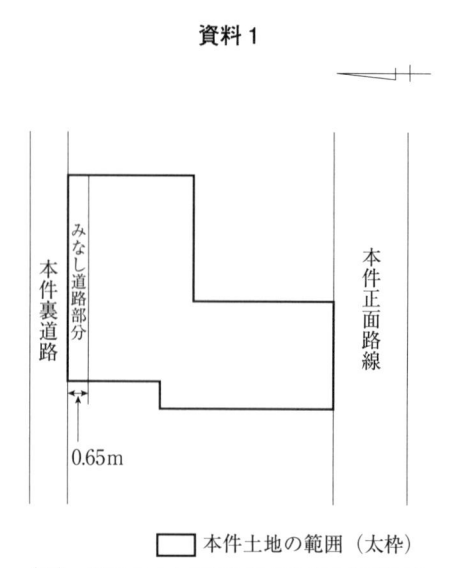

[図：本件土地の範囲（太枠）を示す図。本件裏道路、みなし道路部分、本件正面路線、0.65m の表示あり]

（注） 判例タイムズ 660 号 123 頁の掲載図を簡略化した。

では原告の主張する計算前提は誤っていると指摘しているため，本項における掲載は略す）。

(注1) 建築物の敷地が 2 以上の道路に接する場合の緩和措置であり，裏路線の斜線制限の起点を敷地境界から 0.65m 後退した線から反対道路端に向けて（正面路線の幅員と同じ）8m だけ移動させた線としている（建築基準法第 132 条に基づく）。

以上を前提として各階の高さを各 3.5 m とした場合の本件土地の実効容積率を計算すると 425.0％となり（計算過程は煩雑となるため略す），本件土地の本来の容積率 480％ (注2) からの減少率は 11.5％となる (注3)。

(注2) 筆者注。前面道路の幅員 8m × 0.6（商業地域の係数）× 100％ = 480％ < 800％のため，制限の厳しい 480％が道路幅員を考慮に入れた場合の容積率となる。
(注3) 筆者注。425 ÷ 480 ≒ 0.885（減少率は 11.5％）。

実効容積率は，当該土地に建築する建物の各階の高さにより変動するものであることは明らかであるが，本件土地が X 主張のように当該土地の実効容積率にその価格が大きく影響される地区に存在しているとすれば，本件土地上に

建物を建築する場合にはできるかぎり実効容積率が減少しないように，各階の高さを可能な限り低くするものと考えられ，したがって，その実効容積率の減少の割合は既に算出した割合よりも相当程度下回ることも十分に考えられる。そうすると，本件土地の価格の減少の割合は，それが仮に実効容積率の減少の割合に近似するものと仮定してみても，数％程度の些少なものとも考えられないわけではない。よって，本件土地の評価に当たり，本件土地が裏路線に沿接することによる実効容積率の減少を考慮しないことが著しく不当とは認められないから，本件登録価格の算定は，これを考慮していないからといって適法性を失うものではない。

(2) なお，本件登録価格と対象土地（外三筆を含む。以下同じ）の価格との均衡について一言するに，本件土地および対象土地の沿接する各正面街路の路線価は 72 万点および 116 万点であることは前記のとおりであり，その格差は 62.07％であることは計算上明らかである。これに対し，本件土地および対象土地の法定の容積率は 480％および 800％で，その格差は 60％である (注4) ことを踏まえれば，本件土地が本件裏路線に沿接することによる実効容積率の減少を考慮しなくても違法ではないから，本件土地と対象土地は正面路線価の点では不均衡となっているとはいえない。

(注4) 筆者注。480 ÷ 800 = 0.6

そして，本件登録価格と対象土地の価格が均衡していないのは，本件土地の奥行逓減率 (注5) が 100％であるのに対し，対象土地のそれが 82％であるためであることが認められ，当該認定に反する証拠はない。してみると，仮に本件土地および対象土地が，その価格において容積率に大きく影響される地区に存在しているとしても，本件登録価格と対象土地の価格との間には法定の容積率の点では不均衡はないというべきである。

以上によれば，本件登録価格は正当なものということができる。

(注5) 現在では奥行価格補正率という用語が用いられている。

《判例から読み取る調査上の留意点》

　本件判決においては，建築基準法による斜線制限（建築制限）と価格との関連は固定資産評価基準に直接記載されていないものの，それは各街路の路線価を付設する際に考慮すべき街路の状況あるいは土地の利用上の便に含まれるから，路線価が適正に付設される限り，画地計算の過程でこれを考慮しなくても評価基準および取扱要領は妥当性を欠くものではない旨を判示している。

　ただし，本件においては二方路線（幅員2.7mの裏路線を含む）に接することにより，一方路線（幅員8mの正面路線）のみに接するよりも実際に利用可能な容積率（実効容積率）が減少しており，この点が路線価に反映されていないため，これを考慮しない評価方法が固定資産税の評価上妥当性を欠くか否かが問題とされている（この問題を検討するに当たってのイメージ図は**資料2**を参照）。

　この図は本件判決と直接の関係はなく，道路斜線制限の一般的なイメージを表したものである（斜線の範囲が当該敷地上に建築可能な空間を示し，建物の計画内容によっては利用可能な容積率に影響を及ぼすこととなる）。

資料2　商業地域における道路斜線制限のイメージ図

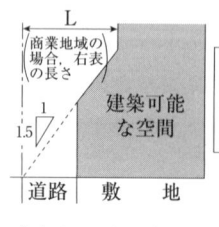

L：基準容積率が400％以下の場合は20m以下。
　　400％を超え600％以下の場合は25m以下。
　　600％を超え800％以下の場合は30m以下。
　　800％を超える場合は35m以下。

《平面からとらえた場合》

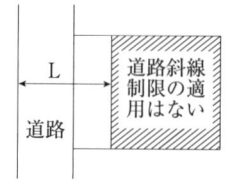

《敷地後退がある場合》

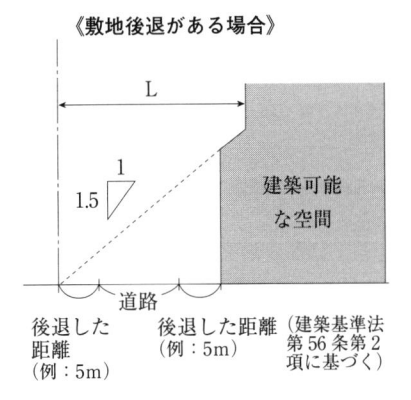

[図：敷地後退がある場合の道路斜線制限]
L、1/1.5、建築可能な空間、道路
後退した距離（例：5m）
後退した距離（例：5m）（建築基準法第56条第2項に基づく）

《幅員4m未満の2項道路の場合》

簡略化して示せば次のとおりである。

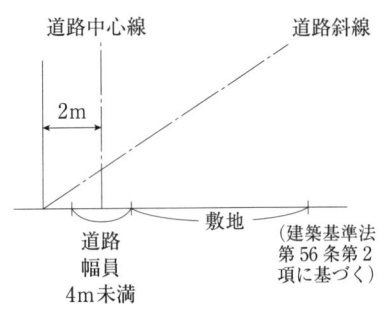

[図：道路中心線、道路斜線、2m、敷地、道路幅員4m未満、（建築基準法第56条第2項に基づく）]

(注) 2項道路の場合，道路の中心線から反対側に2m後退した線が「道路の反対側の境界線」となる。

〈道路斜線制限の内容〉

　建築物の各部分の高さは，その部分から前面道路の反対側の境界線までの水平距離に1.25（住居系の用途地域の場合）または1.5（住居系以外の用途地域の場合）を乗じて得た数値以下としなければならない（建築基準法第56条第1項第1号，同条第2項，別表第三）。

　この点に関し，本件判決は，各階の高さを3.5mとした場合の本件土地の実効容積率の減少率は11.5%であるが（本来の容積率480%から425%へ），各階の高さをこれより低くすることにより実効容積率の減少の割合は上記割合を相当

下回り，数％程度のものとなる可能性がある点も示唆している。このことから，建築基準法による斜線制限（建築制限）を考慮しない評価方法が著しく妥当性を欠くものではないとしてＸ（原告）の主張を退けている。

なお，本件判決は既に述べたとおり，平成元年12月の土地基本法施行以前（＝公的評価の一元化以前）に下されたものである。現時点では，［固定資産税評価額＝公示価格×70％］の水準を目安とした評価が行われている（30％は安全性を織り込んだアローアンスの部分である）。

そこで，判決の趣旨を現時点に即して考えてみれば，実効容積率の減少率が仮に原告の主張どおり（△11.5％）であったとしても，その他の要因を合わせた減価率が公示価格レベルの金額から30％を超えない限り，固定資産税評価額も適正な時価を超えるものではないという考え方に立つことができるであろう（**資料3**参照）。

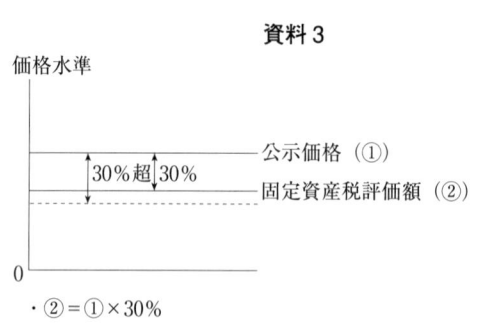

資料3

価格水準

　　　　　　　　　　　　　　　　　公示価格（①）
　　　　　　　　　　30％超│30％
　　　　　　　　　　　　　　　　　固定資産税評価額（②）

0

・②＝①×30％
・斜線制限と他の要因を合わせた減価率が30％を超える場合
　固定資産税評価額（②）＞適正な時価

もっとも，本件判決の状況時（公的評価の一元化以前）と今日とでは課税の基礎となる固定資産税評価額の水準に大きな差があるため，一概に実効容積率の減少率の大小のみでは適正な時価の水準を議論することはできない。このため，現時点においては上記の考え方に沿って本件判決の意義を受け止めておくことが必要と思われる。

次に，本件判決でも問題とされている内容であるが，実効容積率の大小と土地価格との関連につき検討する。

冒頭にも述べたとおり，実効容積率の大小は土地の利用価値ひいては土地の価格に多かれ少なかれ影響を及ぼしている。特に，商業地の場合にはそれが収益性につながることから，この傾向は顕著である。この点に関し本件判決も，他の条件が同一である場合には，実効容積率が大きい土地の方がそれが小さい土地より価値が高いことは明らかであると判示している。ただ，その場合でも，両者の価格は両者の実効容積率のみに比例するものとは考えられないとの見解が示されている点に留意が必要である。

このようなとらえ方は鑑定実務にも共通するものがある。すなわち，鑑定実務で取引事例比較法を適用する際，対象地の属する地域（近隣地域）と取引事例地の属する地域（同一需給圏内の類似地域等）との間に容積率の格差が認められる場合（たとえば，商業地の鑑定評価に当たり調査した容積率が近隣地域で400％，類似地域で600％であったという場合），この格差を比準作業に反映させる（＝価格算定要素として具体的な割合を織り込む）ことが必要となる。その際の考え方であるが，容積率の格差にそのまま比例して土地の価格が形成されているとは限らないということである。

不動産の価格形成要因のうち行政的要因（特に土地の利用に関する諸規制）は土地価格に影響を及ぼす重要な要因であるが，不動産の属する地域には多数の価格形成要因の相互作用の結果として一定の価格水準が形成されている。そのため，特に商業地においては容積率の相違が土地価格に大きな影響を及ぼすものの，土地価格はこれのみですべてが形成されているというわけではなく，そこには繁華性，最寄駅からの距離や交通手段，客足の流れ，角地か道路に一面のみが接する土地か，道路の幅員および出入りの便（間口・奥行の関係）等をはじめとする価格形成要因も複雑に絡んでくる。

このため，容積率の格差のうち一定割合を地域の実情（高度利用が著しく進んでいる地域か，それほどでない地域か等）に応じて比準価格に反映させているのが通常であろう。この点に関しては，本件判決でも，通常は前者（実効容積

率が大きい土地）の価格は，後者（実効容積率が小さい土地）の価格に前者の実効容積率の後者のそれに対する割合を乗じたものより低いということはいえる旨を判示しており，鑑定実務との間に共通的な考え方を見出すことができる。

また，本件判決では実効容積率の相違をどれだけ（価格の算定に）考慮すべきかが判然としないとも述べているが，この点に関しては鑑定実務においても，実効容積率の相違についてはそのうちの一定割合を地域の実情に応じて不動産鑑定士が判断の上，格差率に反映させているのが実情であり，画一的な係数を見出し難い状況にある。

この点に関し，不動産鑑定に関する専門誌の対談で不動産鑑定士の加藤弘之氏（当時：東京建物株式会社鑑定部長）は次の発言をなされているが，この考え方が実務の裏付けとなっている（以下，原文のまま記載）(注6)。

(注6)　「建築基準法の改正と鑑定評価の留意点」『不動産鑑定』1988年4月号。

「格差率の判定に当たって，容積率600％の地域と500％の地域とどう違うのか。難しい問題だと思いますが，実際，600％の地域にある取引事例と，500％の地域で集めた取引事例と比較して験証し，どう考えたらいいかをやるわけですが，本質的には，基準になるものは，階層別効用比率から求めた地価配分率が基準となると思います。たとえば，いま次のような例に基づいて，600％の地域と500％の地域を比較してみると，商業地域で防火地域（建ぺい率は耐火構造で制限なし）の所，600％のところ，建ぺい率を85％ぐらいで，地階はつくらないで7階建てをつくったとします。仮に地価配分率が1階が100，2階が70，3階から7階まで50と評定されたとします。これが，500％の地域では，ほぼ1層が欠けることになると考えていいわけですから，7階分はカットされて6階までになると考えればよいことになる。地価配分率は同程度とすると，大体，50/420≒12％，あるいは50/370≒13.5％という数字では出るのですが，実際の取引事例と験証してみて，現実に容積率だけでそれだけ下がるかどうかというのは，若干，疑問に思います。現実的に表れてくるのはもっと少ない差ではないでしょうか。私どもでは，大体そこで出たものの1/2か，1/3ぐらいの差にして，これを格差率としており

ます。ですから，容積率10％あたりで0.5ぐらいの差か，大きくても1ぐらいの差をつけてやっている。算定したものよりも低くみてやっておるわけです。」

ここで，容積率の差（600％－500％＝100％）を価格差に置き換えるべく試算を行ってみれば，容積率10％当たりの格差率を0.5とすれば全体の価格差は100％÷10％×0.5＝5％となり，格差率を1とすれば全体の価格差は100％÷10％×1.0＝10％となる。

また，全体の容積率の差の割合の2分の1を価格差とすれば，その試算結果は100％÷500％×1/2＝10％となり，3分の1を価格差とすれば，その試算結果は100％÷500％×1/3＝6.66％（5％の近似値）となり，5％から10％の範囲内に収まる。以上の検討結果を踏まえれば，本件判決の根拠付けをすることができる。

さらに，角地や二方路地等について，それが道路に一面のみ接する土地（中間画地）に比べ，道路斜線制限を考慮に入れた場合の実効延床面積が劣るケースも考えられることは（社）日本不動産鑑定協会（現：公益社団法人日本不動産鑑定士連合会）発行の『鑑定実務Ｑ＆Ａ〈第6集〉』（平成7年2月）においても次のとおり述べられている。

「角地等（角地及び二方路，三方路，四方路の土地）は，自然的環境条件（日照，通風，眺望等）や土地利用の自由度及び心理的解放感等について，中間画地より優るとされており，土地価格比準表等においても格差が付けられている。

居住環境を価値判断の基準とする住宅地域においては，角地等の優位性については異論を挟む余地はないが，土地の高度利用を指向する商業地域においては，角地等が常に有利とは限らない。例えば，側道等（側道，背面道）が建築基準法第42条第2項に該当する場合には，みなし道路境界線と道路境界線との間の部分（いわゆるセットバック部分）の地積は建築物の敷地から除外されるので，この要因に限れば合法的に建築可能な建築物の延べ面積の上限（実効延床面積）は，側道等のない場合に比較して小さくなる。

建築物の延床面積は，建築基準法第52条第1項によって，主接面道路の幅員が12m未満の場合には地域の容積率に住居系の地域においては接面街路幅員の数値に4/10，それ以外の地域は6/10を乗じたもの以下とされている（ただし，接面街路の幅員が6m以上12m未満の場合において，特定道路からの延長が70m以内の部分については同条第3項による割り増しがある。）。一方，同法第55条（絶対高さ制限），第56条（道路及び隣地斜線制限），第56条の2（日影規制）(注7)に建築物の高さを制限する規定がある。この他，都市計画法第21条第2項に基づく高度地区の建築制限がある。

土地の収益性と密接な関係にある実効延床面積は，これらの建築制限と土地の形状や規模等によって上下するが，角地等の場合は，側道等の道路斜線による建築制限も併せて受けるので，実効延床面積上は中間画地に比較して不利になる場合も考えられる。」

(注7) 筆者注。商業地域の場合は日影規制が適用されないことは本項の前段でも述べたとおりである。

本件判決の対象となっている土地は，正面と裏面にそれぞれが接する二方路地である。また，裏面路線は建築基準法第42条第2項に基づく道路（建替え時にセットバックの必要な土地）の指定を受けている。

本件判決においては，本件土地の実効容積率が（その価格を求めるに際して比較した対象地と比べて）低いという事実を考慮に入れなかったとしても，（その割合が僅かであることを理由として）これが直接固定資産税評価額の違法性につながるものではない旨が判示されている。

しかし，本項のようなケースで実効容積率の格差が大きいものについては，適正な時価との関連で格差率を織り込む必要性や価格の妥当性が問題とされる可能性が高く，土地評価の透明性が一層求められてくるように思われる。

10. 財産評価基本通達によらない土地の評価（その１）

> 相続税の納税に際し財産評価基本通達によらない土地の評価が認められた事例（名古屋地裁平成16年8月30日判決・判例タイムズ1196号60頁）

　相続税法に限らず，地方税法および各税法においては条文のなかで時価の定義そのものを具体的に規定していない。このため，課税案件の評価に際し，そこに適用する時価とはどのようなものを指すのかがその都度問題とされてきた傾向にある。

　一般的な表現をすれば，時価とはその時点での相場であるとか，市場での取引価格を指すといえるが，具体的にこれを評価しようとすれば困難なケースに遭遇することも多い。

　相続税の課税の基礎は納税者から申告された相続財産の評価額であり，この評価額が時価を反映した適切なものであれば是認されるであろうし，反対にそれが不適切なものであると判断されれば却下されることとなる。その際の拠り所となるのは財産評価基本通達（以下，「評価通達」という）であるとされ，相続税法で時価の定義や具体的な算定方法を規定していない以上，課税実務上，評価通達はきわめて重要な役割を果たしているといえよう。

　しかし，時価が下落している状況下においては，評価通達によって評価した価額よりも本来の時価の方が低いのではないかという理由で，納税者側からの申立てがなされたケースも少なくない。

ちなみに，評価通達では，時価について次の定義を置いている。

> ○財産評価基本通達（第1章・総則「評価の原則」1.（2））
> 　時価とは，課税時期において，それぞれの財産の現況に応じ，不特定多数の当事者間で自由な取引が行われる場合に通常成立すると認められる価額をいい，その価額は，この通達の定めによって評価した価額による。

　このように，評価通達において，時価とは特殊な事情の介入しない通常の取引を前提とし，そこで成立する価額とされており，客観的な交換価値を示すものと考えられている。そして，相続税の課税においては，当該通達の定めによって評価した価額をもって時価とみなしているところに大きな特徴がある。その理由としては，次の3点がしばしば指摘されている。
① 課税の公平性
　　相続財産を個別に評価した場合には，評価方法により異なる評価額が生ずることが考えられる。このような事態を避け，課税の公平性を維持するためには，判断の余地を極力少なくし画一的な評価基準を適用することが望ましい。
② 納税者や課税庁の便宜上の都合
　　評価方法が簡便な方が納税者や課税庁にとっても分かりやすく，評価通達はこれに応えることができる。
③ 徴税費用の節減
　　相続財産を個別に鑑定評価等の方法により評価した場合，少なからぬ費用を要し，納税者にとっても課税庁にとっても負担となる。

　しかし，このような画一的，簡便的な評価方法は個別性の強い不動産（たとえば，権利関係が複雑であったり，公法上の利用制限が強く建築物の建築に支障を生ずる土地等）に適用するに当たっては自ずと限界が生ずる。このため，特に地価の下落時には評価通達に従って評価した結果が，他の方法によって精査した場合の時価を上回ることもないとはいえない。本項では，このような観点から下された判決（相続税の納税に際し評価通達によらない土地の評価が認められた

事例）を取り上げる。

●事案の概要●

　A氏の父に相続が発生したため，A氏を含めた相続人3名が相続税の申告を行った。これを受けて，B税務署長は評価通達に基づき算定した評価額がA氏らの申告の基になった土地の評価額を超える部分について，不動産鑑定士に鑑定評価（以下，「被告鑑定」という）を依頼した。その結果，B税務署長は後日，鑑定評価額が評価通達による評価額を下回った土地（以下，判決で取り上げた争点の掲載順序との関連でこれを「物件2」という）について，再評価の上，税額を算出し直して納付税額の賦課決定の一部を取り消す異議決定を行った。
　ところが，A氏らは（他にも評価通達による評価額が申告時の評価額を超える土地（以下，これを「物件1」という）が1件あったことから）上記決定を不服とし，国税不服審判所に審査請求を行ったが棄却されたことから，本訴の提起に至ったものである。
　これを受け，裁判所側でも鑑定評価（以下，「当審鑑定」という）を依頼したところ，2件ともその結果が評価通達による評価額を下回っただけでなく，被告鑑定によっても当初からこのような現象が生じていた他の1件の土地（物件2）についても，被告鑑定による評価額をさらに下回る結果となった。このような背景もあり，A氏らは当審鑑定による土地の評価を主張していたものである。
　なお，物件1，物件2の概要および争いの基になった評価額はそれぞれ以下のとおりである。

《物件1》（図面は引用資料に添付されていないため略した）
　対象地は，○○鉄道○○線「○○」駅の南方約450mに位置し，北東側の間口約17.5mが幅員約12mの市道に，西側の間口約23mが幅員約4.5mの市道に，それぞれ等高に接面している。規模は281.68㎡，形状は台形地で，近隣商業地域，準防火地域，建ぺい率80％，容積率200％の指定を受けている。

10. 財産評価基本通達によらない土地の評価（その1）　　335

　対象地の西側の上記市道を挟んだ位置には○○鉄道○○線の高架線路が存在し，朝夕の時間帯には1時間当たり20本以上の電車が通過する。
　このような状況にある対象地につき，付された評価額はそれぞれ以下のとおりである。

　① 評価通達による評価額　　　5,776万807円
　② 被告鑑定に基づく評価額　　5,814万円
　③ 当審鑑定に基づく評価額　　5,458万9,550円

　なお，相続開始時には対象地上に建物が存在していたため，ここに掲げた評価通達による評価額は建付減価（▲15%）を行った後のものである。これと対比する意味で，鑑定に基づく評価額の欄も，更地の鑑定評価額から同様に建付減価（▲15%）を行った後のものを掲げた。

《物件2》（図面は引用資料に添付されていないため略した）

　対象地は，○○鉄道○○線○○駅の南方約1.6kmに位置し，南方約600mには○○小学校が，北北東約2.2kmには○○中学校が，北方約1.6kmには日常の買物に利用可能な○○店がそれぞれ存在している。同土地の周辺（半径200〜300mの範囲）は，建物が点在し，ため池，農地，原野等も残存する未開発な地域であるが，西方約250m，東北東約350m，南南東約400mには，それぞれ整然と区画された宅地上に住宅が密集して建ち並ぶ大規模住宅団地が存在している。

　対象地は，南側をおおむね東西方向に走る幅員約2.6mの道路に接面する，地積1,093㎡のやや不整形な土地（接道距離が奥行の2倍以上に達する）であり，都市計画区域上何らの地域地区の指定を受けていない。

　なお，本件接面道路は，本件相続開始時において，建築基準法第42条第2項所定のみなし道路の指定を受けていなかった。

　このような状況にある対象地につき，付された評価額はそれぞれ以下のとおりである（ただし，物件2の土地は，物件1と異なり更地であった）。

　① 評価通達による評価額　　　4,067万4,721円
　② 被告鑑定に基づく評価額　　2,950万円

③ 当審鑑定に基づく評価額　　2,120万4,000円

●当事者の主張●

裁判においては，以下の2点が争点となった。
(a) 物件1の評価通達による評価額が，相続開始時における時価を超えているか否か。
(b) 物件2の時価に関し，当審鑑定と被告鑑定を比較した場合，どちらが合理的といえるか。

裁判所で審理の結果，物件1に関しては評価通達による評価額が相続開始時における時価（＝当審鑑定に基づく評価額）を超えていることが認められ，物件2に関しては当審鑑定（＝評価額のより低い方）に合理性が認められたが，これに先立つ当事者の主張を整理すれば以下のとおりである。

1. 争点 (a) について

(1) 被告の主張
① 相続税，贈与税および地価税に共通の財産評価に関する基本通達として評価通達が定められ，現実の評価事務もこれに従って行われている。もちろん，評価通達は法令ではなく，個別の財産の評価は，その価額に影響を与えるあらゆる事情を考慮して行われるべきであるから，ある財産の評価が評価通達と異なる基準で行われたとしても，それが直ちに違法となるわけではない。しかし，評価通達の内容は，不特定多数の納税者に対して反復かつ継続的に適用されている以上，そこに定められた評価の方法が合理的なものである限り，これをすべての納税者に適用することにより，租税負担の実質的な公平を実現できる。
② 特定の納税者または特定の相続財産についてのみ，評価通達に定める方法以外の方法によって評価を行うことは，納税者間の実質的負担の公平を欠くものとして，原則として許されるべきではない。逆にいえば，評価通

達によらないことが正当として是認され得るような特別の事情がある場合を除き，評価通達による課税は相当というべきである。
③ 不動産鑑定士の鑑定評価の結果として求められ，合理性を有する鑑定評価額である正常価格は，相続税法第22条にいう時価と解することができ，このような鑑定評価額が存在する場合には，評価通達によらないことが正当として是認され得るような特別の事情があると認められる。
④ 不動産鑑定士による鑑定評価額も，それが公正妥当な不動産鑑定理論に従うとしても，なお，当該不動産鑑定士の主観的な判断および資料の選択過程が介在することを免れないのであって，鑑定人が異なれば，同一の宅地についても異なる評価額が出てくることは避けられないから，宅地の客観的交換価値にはある程度の幅があるとみなければならない。
⑤ 路線価方式によって算出された評価額が客観的な交換価値を超えているといえるためには，路線価方式により算定した宅地の評価額を下回る不動産鑑定評価が存在し，その鑑定が一応公正妥当な鑑定理論に従っているというだけでは足りない。そのためには，同一の宅地についての他の不動産鑑定評価があればそれとの比較において，また，周辺における公示価格や基準地の標準価格の状況，近隣における取引事例等の諸事情に照らして，路線価方式により評価した評価額が客観的な交換価値を上回ることが明らかであることを要する。
⑥ 下記⑦，⑧のとおり，当審鑑定に比して被告鑑定の方がより合理性を有すると考えられることからすれば，通達評価額は十分に時価を反映していると認められ，評価通達によらないことが正当として是認され得るような特別の事情は存在しない。
⑦ 物件1の土地は，鉄道高架に隣接しているところ，当審鑑定は，商業地といえども鉄道高架に隣接することによる環境条件での影響があるとして，3％の減価をしているのに対し，被告鑑定は鉄道高架に隣接していることを理由とする減価は行っていない。

不動産鑑定評価基準においては，不動産の価格を形成する地域要因とし

て，住宅地においては騒音等の程度が例示されているが，商業地においてはこの要因は挙げられていない。そもそも，商業地は住宅地と異なり，ある程度の交通量および騒音の存在が前提となっており，騒音の要因は，通常の範囲内であれば商業地としての価格に織り込み済みであるのが通例である。そして，物件１の土地と鉄道高架との間には幅員4.5mの市道が介在しており，商業地としての利用障害となる特段の騒音はないのであるから，物件１の土地の環境条件に格差を設けなかった被告鑑定は正当であり，逆に当審鑑定は合理性を欠く。

⑧ 被告鑑定は，物件１の土地の指定容積率を当初300％として算定していたところ，本訴継続中に誤りの指摘を受け，200％に訂正した。しかし，この訂正によっても価格の差はわずかであり，標準価格を変更する必要はないから，その正当性が失われることはない。

(2) 原告の主張

当審鑑定と被告鑑定を比較すると，当審鑑定の方が合理性を有している。

被告は，物件１の土地と鉄道高架との間には幅員4.5mの市道が介在しており，利用障害となる特段の騒音はないと主張するが，幅員4.5mの市道が介在することで騒音が減衰される旨の証明はされていない。また，鉄道高架に隣接することは，屋上に広告塔を立てるなどのプラス面もあるが，騒音や景観の面からマイナス面が大きく，市場競争力は弱くなる。

また，被告は，物件１の土地が商業地であると主張するが，現実にはマンション，住宅など居住用建物が数多く存在しており，近隣商業地域内にある。

2. 争点 (b) について

(1) 被告の主張

① 評価通達は，同通達の方法によることが不合理な場合には，他の合理的な方法により評価を行うことができると定めている。

物件２の土地については，通達評価額として算出された4,067万4,721円が被告鑑定評価額を著しく上回っており，評価通達に定める方式以外の

10. 財産評価基本通達によらない土地の評価（その1）

方法によって評価を行うことを正当とする特別な事情があるといえるため，上記被告鑑定評価額をもって時価とするのが相当である。

② 物件2の土地については，近隣地域付近の県道および県道周辺施設の整備ならびに土地区画整理事業の進展等により地域要因の発展傾向が顕著となったことや，周辺地区に所在する団地の熟成とあいまって宅地化の影響が近隣地域にも及んでいる。また，相続開始日においてセットバック等を行うことにより建築物の建築許可を得られる可能性が高いほか，開発許可を要しない敷地規模のための開発の蓋然性が高い。

　（これらの他にもいくつかの理由があるが）上記事情を総合的に勘案した結果，被告鑑定は物件2の土地の宅地化の蓋然性は高いと判断し，種別を「熟成度の高い宅地見込地」と評価したものであり，その評価手法はきわめて正当である。

③ 建築許可の可能性を慎重に検討した結果，被告鑑定は，物件2の土地は相続開始時点において建築許可を得られる見込みの高い土地であり，建物建築に当たって障害となる法的な規制は存在しないと判断したものであり，合理性を有する。

(2) 原告の主張

① 物件2の土地の接面道路は幅員が3.5m前後であって4m以下であり，同土地の約30m先で行き止まりとなっているため，原則として建築確認が下りない。その意味で，「袋地状態」の土地である。

② 同土地を宅地として利用するには，南側に急斜面の山林が隣接してほとんど日照がないため，同山林を取得して立木を伐採しなければならない。また，上水道も約120m西方にしか通っていないため，水道工事費として約260万円を要し，さらに，同土地は田を簡単に埋め立てただけの状態であるため，多額の造成費が必要である。

●裁判所の判断●

上記当事者の主張に対する裁判所の考え方および判断結果を整理すれば，以下のとおりである。

1. 争点 (a) について

① 大量・反復して発生する課税事務を迅速かつ適正に処理するためには，あらかじめ法令の解釈や事務処理上の指針を明らかにし，納税者に対して申告内容を確定する便宜を与えるとともに，各課税庁における事務処理を統一することが望ましいと考えられる。したがって，通達に基づく課税行政が積極的な意義を有することは否定し難い。

② 通達の内容が法令の趣旨に沿った合理的なものである限り，これに従った課税庁の処分は一応適正なものであるとの推定を受けるであろうし，逆に，課税庁が，特段の事情がないにもかかわらず，通達に基づくことなく納税者に対して不利益な課税処分を行った場合には，当該処分は租税法の基本原理の一つである公平負担の原則に反するものとして違法となり得るというべきである。

③ しかしながら，通達の意義は以上に尽きるものであり，納税者が反対証拠を提出して通達に基づく課税処分の適法性を争うことは何ら妨げられないというべきである。その場合には，通達の内容の合理性と当該証拠のそれとを比較考量して，どちらがより法令の趣旨に沿ったものであるかを判断して決すべきものである。

④ そして，本件で問題となっている相続税法第22条の「時価」は，不特定多数の者の間において通常成立すべき客観的な交換価値を意味するから，通達評価額がこの意味における「時価」を上回らない場合には適法であることはいうまでもないが，他の証拠によって上記「時価」を上回ると判断された場合には，これを採用した課税処分は違法となるというべきで

10. 財産評価基本通達によらない土地の評価（その1）

ある（固定資産税について定めた地方税法第341条第5号の「適正な時価」に関する最高裁平成15年6月26日第一小法廷判決・民集57巻6号723頁参照）。

⑤　不動産鑑定評価基準の性格や精度に照らすと，これに準拠して行われた不動産鑑定は，一般的には客観的な根拠を有するものとして扱われるべきであり，その結果が上記の通達評価額を下回るときは，前者が「時価」に当たると判断すべきことは当然である。

⑥　もっとも，不動産鑑定評価基準に従った客観的な交換価値の評価といっても，自然科学における解答のような一義的なものではあり得ず，現実には鑑定人の想定価格としての性格を免れるものではない。このため，どのような要素をどの程度しんしゃくするかによって，同一の土地についても異なる評価額が算出され得ることは避けられない。

⑦　したがって，ある土地について複数の異なる評価額の不動産鑑定が存在する場合は，まずそれらの合理性を比較検討した上で，より合理性が高いと判断できる鑑定の評価額をもって時価と評価すべきである（仮に合理性について優劣の判断が全くなし得ない場合には，その平均値をもって時価と判断すべきである）。その上で，通達評価額と比較して当該課税処分の適法性を判断すべきである。

以上の考え方に基づき，本件においては当審鑑定による評価額がより合理性の高いものと判断され，採用された。その理由は以下のとおりである。

《当審鑑定が合理的であるとされた主な理由》

本件においては，双方の鑑定評価書をめぐって様々な角度から検討が行われたが，結論に大きな影響を与えたと考えられるのは以下の2点である。

①　鉄道高架の隣接による減価の有無について

　　当審鑑定では，対象地が幅員4.5mの市道を挟んで鉄道高架に隣接していることを理由に標準画地の価格から3％の減価を行っているが，被告鑑定では，かかる減価を行っていない。

　　対象地に隣接する○○鉄道○○線は，○○と○○，○○等を結ぶ本線に位置づけられ，ここを通過する電車の本数は朝夕の通勤時間帯には上下線

合わせて1時間当たり20本を超えている。その上，物件1の土地は○○駅から約450m離れていることに照らすと，電車の速度は相当の程度に達しているものと推測される。このことを考慮すれば，物件1の土地における電車の騒音が生活上何らかの苦痛や支障をもたらすであろうことは，経験則上容易に認められる。

② したがって，当審鑑定のように近隣地域の最有効使用を店舗併用住宅の敷地と判定すれば，鉄道高架に隣接することを原因として3％の減価を行うことは十分合理的であるし（むしろ，減価を行わないのは合理性を欠くというべきである），被告鑑定のように最有効使用を中層店舗・事務所地と判定しても，騒音によって商業活動や事務所における事務に悪影響を及ぼすおそれも否定できない。よって，鉄道高架に隣接することによる減価を一切行わない被告鑑定はその合理性に疑問がある。

③ 対象地の容積率の誤記

被告鑑定では，物件1の土地および近隣地域の指定容積率が実際は200％であるにもかかわらず，300％と記し，これを前提とした鑑定評価を行っている。

対象土地の指定容積率は，行政的条件の中でも中心的なものの一つであり，公示価格を規準とした価格，取引事例比較法によって求めた価格および収益還元法によって求めた価格のいずれにも影響を与える可能性がある。かかる基本的事項について誤記があるという点において，被告鑑定の正確性，合理性には疑問がある。

なお，被告鑑定は審理の途中で誤記の指摘を受け，指定容積率を200％に訂正しているが，当該訂正により評価額の結論には影響しないと主張していた。しかし，上記理由によりこの主張は裁判所に受け容れられなかった。

さらに最有効使用についても双方の鑑定評価の考え方は異なっていたが，これに関しては，不動産鑑定士による最有効使用の判断は対象不動産の近隣地域および個別的要因を基礎資料として，専門家としての経験や知見に基づいてな

されるものであることを考慮すれば，被告鑑定によるその判断（中層店舗・事務所地）が合理性を欠くとまではいえないとしている。

2. 争点 (b) について

物件2については，被告は，本件異議決定において通達評価額によることを改め，鑑定評価額を採用しているが，これが時価といえるか否かは，被告鑑定および当審鑑定の評価内容およびその過程を検討した上で，その合理性の優劣によって決すべきである。

(1) 近隣地域の設定および標準的使用について

被告鑑定と当審鑑定の間では，近隣地域の設定および標準的使用のとらえ方が以下のように相違しているが，本件においては当審鑑定の結果をより合理的なものとしている。

区　分	被告鑑定	当審鑑定
近隣地域の設定	農地を中心として，一部農家住宅等の散在する地域としてとらえている。ただし，近隣地域およびその周辺地域は，全般的には宅地開発の影響を受けて発展傾向にあり，今後は徐々に宅地地域へと転換していくものと予測している。	北側と南側周辺山林に囲まれた中に残されたほぼ平坦地で，日照・通風等の自然的環境は劣り，現在，田地が多い中，原野等が残存する状況にある（用途的にやや未成熟な宅地見込地地域）。
標準的使用のとらえ方	住宅地向き宅地見込地	宅地転換の可能性を内包する原野等未利用地

(2) 評価結果

本件では，近隣地域の設定および標準的使用に関し，当審鑑定の結果をより合理的なものとしていることから，鑑定評価額も当審鑑定の結果を採用している（過程は略すが，双方の鑑定における試算結果を掲げたものが次表である）。

区　分	被告鑑定	当審鑑定
取引事例比較法	29,500,000 円	21,204,000 円
開発法（開発造成後に分譲することを想定した素地の購入価格）	26,900,000 円	不採用 (当該地域の立地条件を勘案すれば，大・中規模の宅地開発は困難であり，単独での小規模開発も許可が下りるか否か難しい状況にあるため)
鑑定評価額	29,500,000 円 （開発法は参考程度）	21,204,000 円

(3)　接道条件のとらえ方について

　対象地の南側に接する道は幅員 2.6m の市道に接しているが，建築基準法第42条第2項の道路（いわゆる「みなし道路」であり，建築基準法第3章の規定が適用されるに至った際，現に建築物が立ち並んでいるという要件を満たす）の指定を受けてはいなかった。

　被告鑑定においては，本土地が（幅員 4m の道に接することを想定した場合の）セットバック対象面積については減価を織り込んでいるが，現状の幅員が狭い (2.6m) ことに伴う宅地利用上の減価は一切織り込んでいなかった。

　この点も鑑定評価の結論に少なからず影響を及ぼしたと考えられ，当審においても，被告鑑定には接道条件の誤認ないし無視という価額評価に重大な影響を及ぼす問題点を内包しており，その合理性に強い疑問を抱かざるを得ないのに対し，当審鑑定にはかかる問題点は見当たらないとして被告鑑定を採用しなかった。

《判例から読み取る調査上の留意点》

　以上，判決の争点を述べてきた。裁判所によるこのような判断は，直接的に

は複数の鑑定評価結果を比較して合理性の高い方を採用するという考え方によるものであるが，相続税に係る本判決の中に登場する比較検討項目の中には固定資産税の評価とも深く関連するものが含まれている。そこで，これらの係わりを念頭に置き，判例に潜む調査上の留意点を掲げてみたい。

本判決に示された考え方は，固定資産税の評価とも密接に関連すると考えられるが，その理由は，物件1（鉄道高架に隣接する土地）のように固定資産評価基準の規定だけでは個々の物件の特性を評価額に反映し切れない場合，市町村長による所要の補正を行わなければ適正な時価を求め難いからである（これに対し，容積率の格差は路線価付設の際に反映させているのが一般的であろう）。

また，物件2に類似するケースでは，道路幅員による影響（セットバック等の画地条件や交通条件）を路線価に反映させたり，あるいは路線価に反映させることが難しい場合には所要の補正を行って対応することが求められる。さらに，状況の類似するひとかたまりの地域ごとに宅地化の影響をどの程度受けているのかに関しても，地域間の実情を比較検討の上，あらかじめ格差率を設定しておくことが重要となろう（所要の補正を行う以前の問題として，地域ごとの価格水準の精度が問われるためである）。

それだけでなく，本判決のように，対象地の接する道が建築基準法上の道路に該当するか否かによっても，建築物の建築可能性に重要な影響を及ぼす。

ちなみに，平成21年度の評価替えにおいて実施された所要の補正の状況につき行われた調査結果の解説[注1]によれば，上記に関連する事項がいくつか指摘されている。その例を掲げれば以下のとおりである。

(注1) 吉井克之「宅地の評価における市町村長の行う所要の補正」『税』2010年6月号115頁。

① 平成18年4月1日と平成21年4月1日で比較した場合，市町村の総数（東京都特別区は1団体として計上）は1,821団体から1,778団体へと，43団体減少しているにもかかわらず，各補正項目の適用団体数は増加しており，土地価格形成要因の影響をより詳細に考慮する方向性が確認できる。

② 法律等による土地利用規制について考慮しようとする団体が増加している。主なものとして，建築基準法上の規制，セットバック，用排水路等に対する補正が挙げられる。これらの所要の補正は，法律等による土地利用規制について考慮しようとする固定資産税土地評価実務の流れがあると考える。

さらに，各補正項目のうち本判決の内容と関連するものにつき，その実施状況をとらえてみた結果が下記(イ)から(ハ)である(注2)。

(注2) 前掲（注1）稿120～121頁。

(イ) 騒音・振動等の環境条件に係る補正（新幹線，在来線，高速鉄道等に近接する宅地を対象として行うもの）を実施した団体
　　平成18年度　352団体
　　平成21年度　377団体

(ロ) 法律上の規制・制限等のうちセットバックに係る所要の補正を実施した団体
　　平成18年度　17団体
　　平成21年度　44団体

(ハ) 建築基準法上の規制等に係る補正（既存建築物が存在するが，建築基準法上の接道義務を満たさない等により建替え等ができない建築規制があることによる補正）を実施した団体
　　平成18年度　144団体
　　平成21年度　168団体

このような傾向をとらえてみても，本判決で争われた事案をめぐる基本的な考え方と固定資産税の評価をめぐる考え方の間には共通するものが多くあることに気付くであろう。

相続税法第22条では財産評価の原則を定めており，相続により取得した財産の価額は取得時の時価によるとしている。そして，その際の時価としては，課税時期において不特定多数の当事者間で自由な取引が行われる場合に通常成

10. 財産評価基本通達によらない土地の評価（その1） 347

立すると認められる価額，すなわち客観的な交換価値がこれに該当するとして扱われている（評価通達1）。

　固定資産税の評価に際しても，地方税法第341条第5号に，固定資産税の価格は「適正な時価」をいうとの定めがあり，その際の時価も賦課期日における交換価値としてとらえられている（これに関しては，最高裁平成15年6月26日判決を参照）。

　そして，両者間に共通していえることは，評価通達や固定資産評価基準に基づいて評価を行ったとしても，その結果が客観的な交換価値を上回るときには，その評価は違法となるということを判決が示している点である。

　このことは，むしろ総論的な意味合いのものと受け止められる傾向にあるが，上記の結果をもたらす要因の一つが日常の調査や評価実務の中に潜んでいることを考えれば，決して他山の石として受け止めるわけにはいかないであろう。

11. 財産評価基本通達によらない土地の評価（その2）

> 相続税法第7条における「時価」と「著しく低い価額」（国税不服審判所平成13年4月27日裁決・裁決事例集61号533頁）

　前項では，相続税の納税に際し財産評価基本通達によらない土地の評価が認められた事例（名古屋地裁平成16年8月30日判決）を取り上げた。そこでは，申告者の評価額が財産評価基本通達による評価額を下回り，さらにこれを検証するために実施した複数の鑑定評価による結果がこれらを下回ったことから時価評価の妥当性が争われたものであった（価格にマイナスの影響を与える個別的要因のとらえ方の相違が評価額に大幅な乖離をもたらした主要因であった）。

　このように，画一的，簡便的な手法である財産評価基本通達によるだけでは個々の土地の価格事情を反映し切れない場合，例外的方法として鑑定評価による方法が受け容れられるケースがあるが，本項で扱うのはこれとは視点の異なるものである。すなわち，特別のケースとして，財産評価基本通達以外の方法によって時価（実勢価額）を求めることが明らかにされている場合であり，具体的には相続税法第7条に規定する「当該財産の時価」を求める場合がこれに該当する。

　ちなみに，相続税法第7条では，「著しく低い価額の対価で財産の譲渡を受けた場合においては，当該財産の譲渡があった時において，当該財産の譲渡を受けた者が，当該対価と当該譲渡があった時における当該財産の時価（当該財産の評価について第3章に特別の定めがある場合は，その規定により評価した価額）

11. 財産評価基本通達によらない土地の評価（その2）　　349

との差額に相当する金額を当該財産を譲渡したものから贈与（当該財産の譲渡が遺言によりなされた場合には，遺贈）に因り取得したものとみなす」と規定している。

　ここでは，求められた時価の水準をめぐって納税者と課税庁との間で見解の相違が生ずることも少なくないと思われ，さらに審査請求に持ち込まれた審判所の実施する時価評価の結果も双方の主張する金額と相違するケースも生ずることが予想される。このように，財産評価基本通達の規定を画一的に適用する場合と異なり，時価の算定にはそれなりの難しさを伴っている。

　さらに，相続税法第7条の適用に当たり，「著しく低い価額」とは時価に対し何割程度のものを指すのかが明確化されていない等の問題もあり，解釈上争いの生ずる余地を残している。これに関し，所得税法第59条では，「著しく低い価額の対価として政令で定める額による譲渡（法人に対するものに限る。）があった場合には山林所得の金額，譲渡所得の金額又は雑所得の金額の計算については，その事由が生じた時に，その時における価額に相当する金額により，これらの資産の譲渡があったものとみなす」と規定し，所得税法施行令第169条では，著しく低い価額の対価とは「資産の譲渡の時における価額の2分の1に満たない金額とする」と規定して，その範囲を具体的に定めている。

　これらの規定をそのまま相続税法に援用するならば，所得税法第59条で法人に対する低額譲渡の規定をし，相続税法第7条で個人に対する低額譲渡の規定をしていることから，相続税法第7条の低額譲渡の範囲を時価の2分の1に満たない金額であると判断することも一つの考えであろうが，そのような考え方は，今日，判例や学説において否定されており，実務においても課税庁はそのような見解を採用していないとの見解が示されている (注1)。

（注1）　三木義一・田中治・占部裕典『租税　判例分析ファイル』30頁，税務経理協会，平成18年4月。

　ちなみに，これを裏付ける事例として，取引価格の時価に対する割合が約63％のものを著しく低い価額と認めたケース（国税不服審判所平成9年10月15日裁決）があり，以下に掲げる裁決例でも取引価格の時価に対する割合は約

60％となっている。

相続税法第7条においてはこのような内容が争点となるが，贈与認定の際の時価の算定をめぐって納税者と課税庁の主張が異なり，審判に至った一例として国税不服審判所平成13年4月27日裁決を掲げる（裁判所の判例ではないが，これに準ずるものとして扱う）。

本裁決のポイントは，父親から売買契約により譲り受けた土地の対価が，当該土地の時価に比して著しく低い価額であると認められ，相続税法第7条の規定により贈与があったとみなされたところにある。しかし，本裁決における争点は，ここでいう時価とは財産評価基本通達による評価額ではなく，公示価格を規準とした価格(注2)が採用されている点にある。

(注2) 公示価格を規準とした価格とは，対象地と，これに類似する利用価値を有する標準地（公示地点）との価格形成要因の比較を行って求められた対象地の価格のことを意味する。すなわち，このような価格を求めるために，双方の土地の地域要因や個別的要因を比較して取引事例比較法の比準作業に相当する作業を行うこととなる。

●事案の概要●

1. 事案

本件では，審査請求人（以下，「請求人」という）が，その父である甲（以下，「甲」という）から売買契約により土地を譲り受けたことについて，当該土地の時価に比して著しく低い価額の対価で財産の譲渡を受けたとして，相続税法第7条の規定が適用されるか否かが争点となった。

2. 審査請求に至る経緯

原処分庁は，請求人に対し，平成10年3月5日付で，平成4年分の贈与税について，課税価格を○○○○○円，納付すべき税額を1,252万8,000円とする決定処分（以下，「本件決定処分」という）および無申告加算税の額を187万

8,000円とする賦課決定処分（以下，「本件賦課決定処分」といい，本件決定処分と併せて「本件処分」という）をしたところ，請求人は，これらの処分を不服として，同年5月1日に異議申立てをしたが，異議審理庁は，平成11年9月1日付で異議申立てをいずれも棄却する異議決定をした。

請求人は，異議決定を経た後の原処分に不服があるとして，平成11年10月4日に審査請求をした。

3. 基礎事実

① 甲が所有する○○県○○市○丁目22番37の宅地90.54㎡（以下，「本件土地」という）は，請求人が所有する同所22番57，同番58の土地とともに，昭和57年12月16日表示登記に係る同年11月12日新築の家屋番号22番37の家屋（以下，「本件家屋」という）の敷地の用に供されている。

② 請求人は，昭和57年11月1日付で，次の内容の本件土地の賃貸借契約（以下，「本件賃貸借契約」という）を甲と締結した。

(イ) 甲は，本件土地を普通建物所有の目的をもって請求人に賃貸する。

(ロ) 賃貸借期間は，昭和57年11月1日から昭和77年10月31日までの20年間とする。

(ハ) 賃料は，1か月2万2,500円とする。

③ 請求人は，平成4年3月7日（以下，「本件取得日」という）付で，本件土地を2,716万円で売買する旨の売買契約を甲と締結した。

④ 本件家屋の登記簿謄本によると，本件家屋は，建築時は甲および請求人の各2分の1ずつの共有家屋であったが，平成4年7月13日付で，真正なる登記名義の回復を原因として甲の所有権持分が請求人に移転された。

⑤ 乙税務署長は，請求人に対し，平成10年3月19日付で，甲の滞納国税に係る第二次納税義務の納付告知書による告知処分をした。

⑥ 請求人が本件土地に借地権を設定していたこと，およびその借地権価額が本件土地の更地価格の70％に相当する額であることについて，請求人および原処分庁の双方に争いはない。

●当事者の主張●

当事者の主張を，時価に関する部分を中心に掲げれば以下のとおりである。

1. 請求人の主張

本件処分は，次の理由により違法であるから，その全部の取消しを求める。

請求人が，甲から譲り受けた本件取得日における本件土地の時価は，次のとおり 2,550 万 8,070 円であり，相続税法第 7 条に規定する著しく低い価額の対価で財産の譲渡を受けた場合に当たらないから，本件決定処分は違法である。

① 本件土地は，前面道路に地下鉄が通っており，容積率が 2 分の 1 程度しか利用できず，また，請求人が所有する隣接地と一体でビル用地として利用できるが，本件土地のみでは面積が過小であり，単独での売買は困難である。

さらに，本件土地の時価の算定に当たっては，甲は，請求人の弟の借金を連帯保証したことから，本件土地を含めた財産を処分して連帯保証債務の弁済をするため売り急がなければならなかった事情があり，これらによる減価要因を考慮すべきである。

② 本件土地の近隣における宅地の 1 ㎡当たりの標準的な更地価格は 190 万円であり，これに上記①の減価割合を 30％とすると，本件土地の 1 ㎡当たりの更地価格は 133 万円となる。また，本件土地の公簿上の面積は 90.54 ㎡であるが，側面道路の用地として 26.61 ㎡を提供しなければならず，実効面積は 63.93 ㎡である。

したがって，本件土地の 1 ㎡当たりの更地価格 133 万円に，本件土地の実効面積 63.93 ㎡を乗じた 8,502 万 6,900 円が本件土地の更地価格となり，当該更地価格の 70％に相当する借地権の価額を控除した 2,550 万 8,070 円が本件取得日における本件土地の時価となる。

2. 原処分庁の主張

　本件処分は次のとおり適法であるから、審査請求をいずれも棄却するとの裁決を求める。
　(1)　相続税法第7条の規定の適用について
　相続税法第7条は、著しく低い価額の対価で財産の譲渡を受けた場合においては、当該財産の譲渡があった時において、当該財産の譲渡を受けた者が、当該対価と当該譲渡があった時における当該財産の時価との差額に相当する金額を当該財産を譲渡した者から贈与により取得したものとみなす旨規定している。そして、同条の規定にいう時価とは、譲渡があった時における財産の現況に応じ、不特定多数の当事者間で自由な取引が行われた場合に通常成立すると認められる価格、すなわち、当該財産の客観的な交換価値をいうものと解されている。
　低額譲受による利益を享受したか否かは、客観的な交換価格と実際の売買価額とを比較することになるから、甲が本件土地を売り急いでいた等の事情は、客観的な交換価格の成立に影響を与えさせるものではない。
　(2)　本件土地の時価について
　①　原処分庁の調査によれば、次の事実が認められる。
　　(イ)　本件土地は、舗装された幅員32.5mの○○通りの南側にほぼ等高に北面し、間口約7.3m、奥幅約8.26m、奥行約11.56mのほぼ長方形の形状にある。
　　(ロ)　本件土地の東側は、隣接地との境界から2m幅の部分が建築基準法第42条《道路の定義》第2項の規定により道路とみなされることから、本件土地には再建築の際に後退を要する部分（以下、「セットバック」という）が約23㎡あり、そのうち約16㎡は現に通行の用に供されている。
　②　本件土地の近隣地域における標準的な宅地の1㎡当たりの価格
　　本件土地の近隣における土地の売買取引事例および地価公示法第6条《標準地の価格等の公示》の規定に基づき公示された標準地（以下、「公示

地」という）については，別表1（略）のとおりである。

取引事例の価格および公示価格を基に本件取得日における本件土地の近隣地域の標準的な宅地の1㎡当たりの更地価格を計算すると，その価格は257万円と認められる。

③ 本件土地の時価

(イ) 本件土地は，本件土地の近隣地域の標準的な宅地と比較すると，東側角地としてその利便性に優れるといった増価要因と，約7㎡については新たに道路を提供しなければならないといった減価要因があり，これらを総合勘案すると，本件取得日における本件土地の1㎡当たりの更地価格は，本件土地の近隣地域の標準的な宅地1㎡当たりの更地価格257万円と同額であると認めるのが相当である。

(ロ) 本件土地のうち既に道路の用に供されている約16㎡については，土地の所有者である請求人が自由にその利用形態を変更等できないことから，実質的な経済価値はないと認めるのが相当であるが，現に道路の用に供されていない約7㎡については，当該部分を排他的に使用することも可能であり，経済価値がないとは認められない。

したがって，本件土地の実効面積は，本件土地のうち，既に道路として利用されている約16㎡を除いた74.54㎡となる。

(ハ) 以上のことから，本件取得日における本件土地の1㎡当たりの更地価格257万円に，本件土地の実効面積74.54㎡を乗じた1億9,156万7,800円が本件取得日における本件土地の更地価格と認められる。ただし，請求人は，本件賃貸借契約に基づき，本件土地に借地権を設定していると認められるので，本件土地の更地価格から当該更地価格の70％に相当する借地権価額を控除した5,747万340円が，本件取得日における本件土地の時価と認められる。

●審判所の判断●

　審判所の判断を，時価に関する部分を中心に掲げれば以下のとおりである。

1. 本件決定処分について

　請求人提出資料，原処分庁関係資料および当審判所の調査結果によれば，次の事実が認められる。

① 本件土地は，地下鉄○○線「○○」駅当方約200m，同「○○」駅西方約600mに位置し，都市計画法上の用地地域が商業地域であり，かつ，防火地域である地域に所在しており，当該地域の容積率は600％，建ぺい率は80％となっている。

② 本件土地の所在する近隣地域は，本件土地の所在地を中心に○○通りに面する東西約100mの商業地の範囲であり，2階から4階程度の小規模店舗が主流であるが，6階程度の事務所ビルが進展しつつある地域である。

③ 本件土地の所在する近隣地域内における標準的な画地の規模は，地域内における街区の状況からみて，間口約10m，奥行約12m，地積約120㎡程度である。

④ 本件土地の近隣には，平成4年当時，都市計画法上の用途地域を同じくする○○県○○市○○丁目7番2に設定された公示地（以下，「公示5-1」という）があり，その平成4年1月1日における1㎡当たりの価格は273万円である。

⑤ 平成5年に，本件土地の近隣で，○○通りに面し，かつ，用途地域を同じくする○○県○○市○○丁目11番2外に公示地（以下，「公示5-15」という）が新設され，その平成5年1月1日における1㎡当たりの価格は190万円である。

⑥ ○○市役所建築課で調査したところ，本件家屋は，現に，本件土地とその東側の隣接地との間にある幅員約3mの私道の中心線から2m後退して

建築されており，本件土地に係るセットバック部分の面積は，約 26.61 ㎡ と認められる。

2. 本件土地の時価について

① 請求人は，本件土地の近隣における宅地の 1 ㎡当たりの標準的な更地価格 190 万円を基として，本件土地の減価割合を 30％考慮して算定した価格から借地権相当額を控除して，本件土地の時価は 2,550 万 8,070 円である旨主張する。

しかしながら，請求人は，当審判所に対し，近隣の土地の標準的価格および本件土地の減価割合の算定根拠は明らかでない旨答述し，これを証する証拠の提出もない。また，請求人は，相続税法第 7 条に規定する時価の算定に際し，売り急ぎによる減価を考慮すべき旨主張するが，同条に規定する時価とは，財産の譲渡があった時において，その財産について不特定多数の当事者間で自由な取引が行われる場合に通常成立すると認められる価格，すなわち，当該財産の客観的な交換価値をいうものと解される。このため，売り急ぎなどの売主固有の事情によって成立した価格は，客観的な交換価値を表わすものということはできない。

② 原処分庁は，取引事例比較法による比準価格および公示価格を規準とした価格を基に算定した標準画地の 1 ㎡当たりの価格（以下，「標準地価格」という）に，標準画地と本件土地の個別的要因とによる格差 100 分の 100 を乗じて，本件土地の 1 ㎡当たりの更地価格を 257 万円と算定しているが，これを検討したところ，次のとおりである。

(イ) 取引事例について

原処分庁が採用した別表 1（略。以下，同様）の取引事例 4 件のうち 3 件は，当該各取引事例の価額と不特定多数の当事者間で自由な取引が行われる場合に通常成立すると認められる価額との格差の根拠が明らかでない。

また，取引事例 2 件（上記 3 件のうちの 1 件を重複して含む）の周辺地

11. 財産評価基本通達によらない土地の評価（その2）　　357

域は，小規模店舗，住居，マンション等が混在する地域で系統・連続性に劣り，繁華性等からみると，本件土地の所在する近隣地域とは地域的な隔たりが大きい。

　　したがって，別表1の各取引事例は，比準価格を算定するための取引事例として相当でない。

(ロ)　規準価格について

　　原処分庁が採用した公示価格を規準価格算定の基礎とすることは相当だとしても，当該公示価格は角地であるから，規準価格の算定に際しては，これによる標準化補正をするのが相当であるところ，原処分庁は，別表1のとおり標準化補正をしていない。

(ハ)　以上のことから，原処分庁が算定した価額は，本件取得日における適切な本件土地の時価を表しているとは認め難い。

③　上記①および②のとおり，請求人および原処分庁の算定した本件土地の時価はいずれも採用できないので，当審判所において本件土地の時価を検討したところ，次のとおりである。

(イ)　当審判所の調査の結果によれば，本件土地の近隣で本件土地と地域的に状況が類似する土地の取引事例は見当たらないが，状況が類似する公示地が2地点存在する。

(ロ)　ところで，公示価格は，地価公示法第2条《標準地の価格の算定等》に規定する「正常な価格」を判定したものであり，この「正常な価格」とは，同条第2項において，土地について自由な取引が行われるとした場合におけるその取引において通常成立すると認められる価格である旨規定していることによれば，公示価格および相続税法第7条に規定する時価は，共に自由な取引が行われるとした場合に通常成立すると認められる価格を指向しているものと解することができる。そして，公示価格は，一般の土地の取引価格に対しての指標，不動産鑑定士等の鑑定評価および公共事業の用地の買収価格等の規準とされるものである。

(ハ)　そこで，これら二つの公示価格を基に，当審判所においても不動産鑑

定評価で適用されている土地価格比準表に準じて地域要因および個別的要因等の格差補正を行って本件取得日における本件土地の時価を算定したところ，次のとおりである。

(a)　近隣地域における標準画地の標準地価格は1㎡当たり256万円である。

(b)　本件土地は，その近隣地域の標準画地と比較して，1)角地であること，2)間口が狭小であること，3)奥行が長大であること，4)地積が過小であることから個別的要因の格差が認められることから，本件土地の1㎡当たりの更地価格を238万800円と算定した（算定内訳表は略す）。

(c)　原処分庁は，本件土地の実効面積について約23㎡のセットバックが必要であるところ，現に道路の用に供されていない約7㎡は，当該部分を排他的に使用することも可能であるから，本件土地の実効面積は74.54㎡である旨主張するが，本件家屋は，新築に際し，請求人の主張するとおり，現に約26.61㎡分セットバックして建築されていることから，セットバック部分の全部について実質的な経済価値はないというべきである。

　　したがって，本件土地の実効面積は，本件土地の登記簿上の面積90.54㎡から，セットバック済の面積26.61㎡を差し引いた63.93㎡とするのが相当である。

(d)　そうすると，上記(b)で算定した本件土地の1㎡当たりの更地価格238万800円に，上記(c)の本件土地の実効面積63.93㎡を乗じると，本件土地の更地価格は1億5,220万4,544円と算定される。

(e)　請求人は，本件土地に借地権を設定していたと認められるから，本件土地の更地価格1億5,220万4,544円から当該更地価格の70％に相当する借地権相当額1億654万3,181円を控除した4,566万1,363円が本件取得日における本件土地の時価と認められる。

《裁決例から読み取る調査上の留意点》

　相続税法第7条に規定する「当該財産の時価」については，かつて財産評価基本通達に基づいた評価（すなわち相続税評価額の算定）が行われていた。そして，ここで算定された価額よりも低い価額は，時価に比して低い価額であるとされていた。

　しかし，本件のようなケースについては，平成元年3月29日付直評5，直資2-204（平成3年12月28日付改正）の個別通達により，通常の取引価額によって行うこととされている（363～364頁の**資料**参照）。このため，通常の取引価額とは一体どれ位の水準であるかが常に問われることとなる（土地の形状が長方形あるいは正方形で，通常の道路付けをしており，所有者による使用収益を制約する何らの権利も付着していない場合で，近隣に利用状況の類似する取引事例があれば評価は比較的容易である。ただ，実際の案件はこのようなものばかりではない）。

　本裁決は，原処分庁が，時価の算定に当たり，個別通達・直資2-204に依拠したことは推測に難くないが，財産評価基本通達による評価額を考慮していないところに，本裁決の特徴があるとも指摘されている (注3)。

（注3）　三木義一・田中治・占部裕典前掲（注1）書，36頁。

　審判所の審理では，請求人の主張には根拠となる資料がないため却下されているが，原処分庁における時価評価の過程にも，採用した取引事例が不適切であったこと，標準的な画地の価格に対し個別格差の補正を行っていなかったこと等の不備があったとして，その結果に修正を加えている。

　このため，ここでの争点となった事項を中心に，調査上の留意点を述べておきたい。

1. 採用した取引事例について

　本件については4件の取引事例を用いて比準作業が行われているが，そのう

ちの3件については特殊事情を含む取引である。ここでは事情補正がなされているものの，格差の根拠が明らかにされていない。

たとえば，取引事例1との比較を行って標準的な宅地の価格を求める際に，事情補正を30％として，100／130を取引価格に乗じている。同様に，取引事例2に対しては100／110，取引事例3に対しては100／115を乗じて事情補正をしている。しかし，これらの格差の根拠については何らの説明もなされていない（分母が100を超える場合には，買い進み等の理由により少々割高な価格での取引が行われた事情を補正する目的で上記の処理がなされるのが通常である。ただ，本件においては格差の根拠が明らかにされていない等の点で精度が問われているものと思われる）。

不動産の取引においては，多かれ少なかれ当事者間の事情が反映されたものとなる傾向にあるが，その程度が通常考えられる交渉範囲を著しく超えたものである場合には，このような事例は採用しないことが望ましいといえる。しかし，近隣における取引事例が僅少で，しかも，事情補正を行うことにより特殊事情を排除した取引価格水準が把握可能である場合には，このような事例を採用することも止むを得ないと考えられる。その際には，事情補正の根拠を明らかにしておくことが求められ，審判所の裁決内容もこの点に及んだものといえよう。

また，採用した取引事例の2件（上記と重複する事例も含む）は対象地と利用状況が異なり，価格形成要因も異なると考えられる。すなわち，対象地を含む近隣地域の現況は小規模店舗が主体であるものの，中層事務所ビルの建設が進行しつつある（商業系の利用が中心）。これに対し，取引事例の2件は小規模店舗，住居，マンション等が混在している地域の事例で，繁華性等の面で地域的な格差が大きい（商業系と住居系の利用が混在している）。このような事例は，対象地との代替性，競争力等を比較する上で直接参考にならないケースが多く，適切とは言い難い面がある。

2. 公示価格を規準とした価格の算定過程について

　公示地は角地であるが，標準的な画地は道路に一面のみが接する土地を想定している。

　公示価格を規準とした価格を求めるに当たっては，当然のことながら上記状況の相違を反映させなければならず（すなわち，角地であることによる利用価値の増加分を除いて標準的な画地の価格を求めなければならず），この点が反映されていないことが不備として指摘されている。

　道路付けの問題だけでなく，公示地の画地条件（形状その他）と標準的な画地の利用状況が異なる場合には，その相違を念頭に置いた上で公示価格を規準とした価格を求める必要がある。

3. 個別的要因の補正について

　対象地と標準的な画地との諸条件が異なれば，当然のことながら標準的な画地の価格に補正を織り込んで対象地の価格を求めなければならないが，本件においては諸条件の相違がありながら，原処分庁の評価の過程に織り込まれていなかった点が不備として指摘されている。

　先程，角地の格差補正について述べたが，本件においては標準的な画地は道路に一面のみが接する土地であるが，対象地は角地である。このため，再度，標準的な画地に対し，対象地が角地であることによる効用の増加分を織り込んで対象地の価格を求めることが必要である。

　それだけでなく，対象地は間口が狭く，奥行も長大であり，さらに地積が過小（単独では建物の敷地としての利用が難しい）であるなど，標準的な画地に比べて条件が劣る点も念頭に置かなければならない。原処分庁の評価にはこのような格差が反映されていなかった点も併せて指摘されている。

4. セットバック部分の取扱いについて

　原処分庁の評価では，セットバック済みの面積のうち，現に道路の用に供さ

れていない部分について価値を認めているが，当該部分は実質的には道路の一部であり，経済価値はないものとみるのが一般的である。このような観点から審判所の評価においては，当該部分の価格をゼロとした修正が加えられている。日常の調査および評価実務においてもこの点に留意すべきであろう。

　以上，本裁決に関連する調査および評価上の留意点につき述べてきた。
　特に，個別的要因の補正に関する項目やセットバック部分の取扱いについては，固定資産税の評価とも共通するものがある。

資料

直評 5
直資 2-204
平成元年 3 月 29 日
〔改正〕
課資 2-49（例規）
課評 2-5
徴管 5-20
平成 3 年 12 月 18 日

国税局長　殿
沖縄国税事務所長　殿

　　　　　　　　　　　　　　　　　　　　　　　　国税庁長官

負担付贈与又は対価を伴う取引により取得した土地等及び家屋等に係る評価並びに相続税法第 7 条及び第 9 条の規定の適用について

　標題のことについては，昭和 39 年 4 月 25 日付直評 56，直審（資）17「財産評価基本通達」（以下「評価基本通達」という。）第 2 章から第 4 章までの定めにかかわらず，下記により取り扱うこととしたから，平成元年 4 月 1 日以後に取得したものの評価並びに相続税法第 7 条及び第 9 条の規定の適用については，これによられたい。

（趣旨）
　最近における土地，家屋等の不動産の通常の取引価額と相続税評価額との開きに着目しての贈与税の税負担回避行為に対して，税負担の公平を図るため，所要の措置を講じるものである。

記

1　土地及び土地の上に存する権利（以下「土地等」という。）並びに家屋及びその附属設備又は構築物（以下「家屋等」という。）のうち，負担付贈与又は個人間の対価を伴う取引により取得したものの価額は，当該取得時における通常の取引価額に相当する金額によって評価する。

　　ただし，贈与者又は譲渡者が取得又は新築した当該土地等又は当該家屋等に係る取得価額が当該課税時期における通常の取引価額に相当すると認められる場合には，当該取得価額に相当する金額によって評価することができる。

　　（注）「取得価額」とは，当該財産の取得に要した金額並びに改良費及び設備費の額の合計額をいい，家屋等については，当該合計金額から，評価基本通達130《償却費の額等の計算》の定めによって計算した当該取得の時から課税時期までの期間の償却費の額の合計額又は減価の額を控除した金額をいう。

2　1の対価を伴う取引による土地等又は家屋等の取得が相続税法第7条に規定する「著しく低い価額の対価で財産の譲渡を受けた場合」又は相続税法第9条に規定する「著しく低い価額の対価で利益を受けた場合」に当たるかどうかは，個々の取引について取引の事情，取引当事者間の関係等を総合勘案し，実質的に贈与を受けたと認められる金額があるかどうかにより判定するのであるから留意する。

　　（注）　その取引における対価の額が当該取引に係る土地等又は家屋等の取得価額を下回る場合には，当該土地等又は家屋等の価額が下落したことなど合理的な理由があると認められるときを除き，「著しく低い価額の対価で財産の譲渡を受けた場合」又は「著しく低い価額の対価で利益を受けた場合」に当たるものとする。

第3章

借地権以外の他人の土地利用と判例

1. 通行地役権に替えて使用貸借に基づく通行権の成立が認められた事例

> (1) 公道に通ずる通路の通行について，黙示の設定契約に基づく通行地役権の成立を認めず，黙示の使用貸借契約に基づく通行権の成立を認めた事例
> (2) 公道に通ずる通路に関する通行目的の使用貸借について，通路の貸主（所有者）からの返還請求が許されないとされた事例（東京地裁昭和61年7月29日判決・判例タイムズ658号120頁）

　宅地分譲により生じた袋地に関しては，従来より隣地通行に係る権原の有無やその種類が問題とされたケースが多い。たとえば，隣地通行権の種類には通行地役権，囲繞地通行権，賃貸借契約または使用貸借契約に基づく債権的な権利がある。この他に，権利的形態に至っているものではないが，隣地所有者の好意や黙認によって通行をしているというケースも少なからず見受けられる。

　隣地の通行形態（権原）がこれらのいずれに基づくかは個々のケースによって異なり，また，判例の傾向も袋地を生ずるに至った経緯等により通行地役権を黙示的に認めたケースと認めなかったケースとが混在し，その結論は事案の性格によって異なるといえよう。さらに，判例によっては通行地役権の成立を否定しつつも，使用貸借に基づく通行権を肯定したものもある。

　以下，本項においては，隣地通行をめぐりこのような多様な形態が存在するなかで，公道に通ずる通路の通行につき黙示の使用貸借契約が認められ，かつ，通行目的の使用貸借について通路の貸主（所有者）からの返還請求が許さ

れないとされた東京地裁昭和61年7月29日判決を取り扱う。

なお，本件判決の認定した使用貸借の形態は期間の定めのないものであったが，通路の貸主（所有者）の通行妨害行為が公道に接しない宅地の所有者に対する通路の返還を請求する趣旨と解する余地があったので，これにより使用貸借契約が終了するのではないかという問題が生じた（民法第597条第3項）。この点につき本件判決は，本件使用貸借の目的は通行であって，その終了に至るまで返還請求はできないし，また，通路の貸主（所有者）の返還請求は所有権行使の濫用に当たるとして，その返還請求は許されないとしている(注)。

(注) 判例タイムズ658号121頁，解説部分を参照。

●事案の概要および当事者の主張●

1. 事案の要旨

本件は，資料に掲げる X_1 および公道に接しない宅地の所有者 X_2, X_3, X_4, X_5（以上，原告）が，自己所有地から公道に通じる道路状土地の一部分（地番は1231-12。以下，「本件土地」という）につき，所有者Y（被告）に対し，通行地役権または使用貸借に基づく権利の確認と通行妨害の排除を求めていたものである。

2. 事実関係の概要および当事者の主張

原告（X_1ら）および被告（Y）が所有する土地の位置関係は資料のとおりであるが，これらの土地はもともと一筆の土地であったところ，その後数回に分けて分筆が行われ，売買が行われた結果，このような袋地が生じたものである（なお，公道に至るまでの通路部分全体（幅員4m）は私道であり，道路位置の指定は受けていない）。

Yは，宅地部分（地番は1231-8）とともに通路部分である本件土地および同1231-17の土地を前所有者Aから買い受けたが，その後，X_5 宅に隣接する本

資料

```
          1231-18    1231-21
公                    (X₂)
          1231-19    1231-22
          (X₁)   1231  (X₃)
公                 -1
                 (X₃
                 らの
道        1231-20  共
                 有)
                     1231-23
  1231-17(Y)           (X₄)
  1231-16(X₅)
  1231-15
  1231-14         1231-12(Y)
                          1231-13
                          (X₃らの共有)
          1231  1231-9   1231-8
          -11   (X₅)     (Y)
```

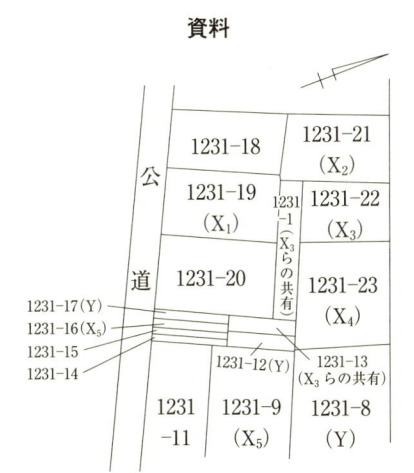

(注) 地番の後の（ ）内は所有者を表わしている（ただし，本件訴訟の当事者の所有する地番に関してのみ掲げた）。

(出所) 判例タイムズ658号123頁を基に作成。

件土地が自己所有地であるとして，1231-13の土地との境界線上に4本の鉄杭を立て，それらをチェーンで張るなどしてX₁らの本件土地の通行を妨害するようになった。

　X₁らは，それぞれの区画（宅地）を前所有者Aから買い受けた際，Aが本件土地をX₁らの通路として使用するのを認めたこと（土地分譲の経緯等に照らし，前所有者Aとの間に本件土地につき黙示の通行地役権設定契約または黙示の使用貸借契約が成立したこと），そしてYがその地位を承継した旨を主張した。

　それとともに，X₁らはYに対し，上記のようなYの行為はX₁らの本件土地の通行を妨害し権利の濫用に当たるとして，本件土地上の工作物撤去や通行妨害の禁止を求めた。これに対し，YはX₁らの本件土地の通行が不法行為に当たるとして損害賠償を求めていたものである。

1. 通行地役権に替えて使用貸借に基づく通行権の成立が認められた事例

●裁判所の判断●

　本件判決では，本件土地につき以下の理由により黙示の通行地役権設定契約の成立は認めなかったが，X₁らと前所有者Aとの間に使用貸借契約の成立を認めた。そして，YもAからその地位を承継したとして，X₁らの使用貸借上の権利を侵害するYの行為に対し，X₁らの妨害排除請求を併せて認めている。

1. 通行地役権または使用借権の存在について

　X₁らは，本件土地について通行地役権を有する旨主張するが，本件土地は1231番8の土地の敷地延長であって法律上道路となっているわけではない。また，Aが本件土地につき道路位置指定を受けることを拒んでいることから，Aが本件土地を通行に使用することをあらかじめ積極的に承認していたとまでは認めることができず，黙示的にも物権的な通行地役権を設定したものとみることはできない。

　しかし，Aは，第一期分筆の際，本件土地を含む6筆の土地（1231-12, 1231-13, 1231-14, 1231-15, 1231-16, 1231-17）を一体として，この分筆分譲によって生ずる譲受人らの通行に供するため一本の通路としての造成を行い，事実上通行することには異議がなかった。

　Aは，その後，第二期分筆によってその分譲を受けたX₁らが本件土地を当然私道であるかのように使用することにより，1231番8の土地上に建物を建築する際に，本件土地を1231番8の敷地延長として取り扱わなくなることをおそれ，X₁らにその点の注意を喚起したが，本件土地を事実上通行または自動車の出入りに使用することについては黙認する態度であった。また，Yも，本件土地を買い受けた時点（昭和53年1月）まではAと同様の考えで，同様な態度をとっていたものとみることができる。

　そして，これは，AがX₁らに対し，遅くとも昭和51年頃までには本件土

地について通行または自動車の出入りのための期間の定めのない使用借権を設定したものと評価するのが相当であり，Yもまたこれを承認して承継したものと評価するのが相当である。

2. 使用貸借上の権利の侵害と妨害排除について

Yの行為は，X_1らの本件土地についての使用借権を侵害しているものということができ，X_1らの妨害物（鉄杭，チェーン等の工作物）除去請求および通行妨害禁止請求は理由がある。

もっとも，Yの行為が使用貸借の目的物の返還を求める趣旨と解されないではないが，本件使用貸借の目的は通行であるから，その終了に至るまでは返還を求めることはできないし，しかも，その返還請求は権利の濫用に当たるといわなければならない。

Yは，本件土地が不特定多数の者の通行の用に供されているため非課税物件とされていることを知悉しているのであり，その土地の形状，周辺の土地との位置関係からみてX_1らの通行の用に供されていても，いわゆる敷地延長（路地状敷地）としての扱いが是認される以上，Yに格別の不利益を与えるものとは考えられない。一方，その利用を阻止されるX_1らの不利益は極めて大きいことなどを勘案すると，Yの返還請求は本件土地についての所有権の行使の濫用と評価することもできる。

《判例から読み取る調査上の留意点》

建物やその敷地の使用貸借については判例も少なからず見受けられるが，本件判決のように隣地通行に関する使用貸借の問題を扱った判例はきわめて少ないと思われる。また，隣地通行権のように法的な関係が継続するものに関しては存続期間が問題となるが，本件判決で認定した使用貸借の場合，はじめから契約行為により借用物返還の時期や使用収益の目的が定められていたわけではないため，通路部分の貸主（Y）はいつでも返還請求ができるのではないかと

いう問題が生ずる（具体的には，本件通路部分の所有者（貸主）Yが，本文に述べたような通行妨害行為をもってその返還を請求する趣旨ではないかと解される余地があったことによる）（民法第597条第3項）。

○民法
（借用物の返還の時期）
第597条 ① 借主は，契約に定めた時期に，借用物の返還をしなければならない。
② 当事者が返還の時期を定めなかったときは，借主は，契約に定めた目的に従い使用及び収益を終わった時に，返還をしなければならない。ただし，その使用及び収益を終わる前であっても，使用及び収益をするのに足りる期間を経過したときは，貸主は，直ちに返還を請求することができる。
③ 当事者が返還の時期並びに使用及び収益の目的を定めなかったときは，貸主は，いつでも返還を請求することができる。

この点につき，本件判決は，当該使用貸借の目的は通行であり，その終了に至るまで（結局のところ，X_1 ないし X_5 の居住者が本件通路部分を通行して公道に出入りしている限り）その返還請求はできず，本件通路部分の所有者Yの返還請求は権利の濫用に当たり認められないと判示している点に特徴がある。

隣地通行をめぐっては，それが契約書のような形で外見上明確に権原を確認し得るよう取り交わされているケースはむしろ少なく，所有者による黙認あるいは所有者の好意による口頭での承諾といった形態によっていることも多い。

このため，通行権の有無の調査に当たっては外観のみによる判断だけでなく，所有者や利用者に対する聴取等が必要とされる（これに関連する内容は4.でも取り上げる）。

なお，本件判決に類似する判例として，東京地裁平成7年10月30日判決（判例時報1573号39頁）がある（「土地の使用貸借契約の債務不履行を理由とする解除権の行使が権利の濫用に該当するとされた事例」）。

当該事案における使用貸借契約の骨子および判決要旨は以下のとおりである。

○東京地裁平成7年10月30日判決

　原告は，賃借していた土地の一部（甲地）を被告に無償で貸し，被告はその所有地の一部（乙地）を原告に無償で貸す旨の契約を締結した。その目的は，甲地が被告所有地の上に建築された旧建物から公道に出るための通路として，乙土地が原告所有の建物の敷地の一部としてそれぞれを使用するというものであった。

　原告所有建物は一部が乙地にはみ出しており，被告の新建物も乙地の一部にはみ出して建築されていると同時に，被告は甲地を通らなければ公道に至ることができない状況にあった。

　当該判決における事実関係は上記のとおりであるが，ここでは，甲地と交換的に原告が無償で借りている乙地に被告の新建物がはみ出していること（＝被告が使用貸借契約によって負っている乙地を使用収益させる義務を一部履行していないこと）を理由に，原告は甲地の使用貸借契約を解除できるか否かが問題となった。これに関する裁判所の判断は以下のとおりであった。

(1) 甲地と乙地の使用貸借契約は，別個の土地に関する契約であるものの，同時期に原告と被告それぞれの利益に沿うように交換的に締結されたものであるから，乙地に関して被告が債務を履行しなかった場合，原告は甲地の使用貸借契約を債務不履行を理由に解除し得る。

(2) 甲地は被告の新建物から公道へ至るための唯一の土地であり，同建物が建築確認を受ける際に公道に至る部分とされていること，甲地は約1.5㎡で原告借地全体の面積（公簿面積207.66㎡）からすればごく一部分であって，しかも原告借地の南側の端の部分に位置する細長い三角形の形状をした土地であり，原告にとって利用価値の乏しい土地であると解されること等の事実からすれば，被告にとって甲地の利用は被告の新建物の所有，利用に不可欠なものである。これに対し，原告が甲地の返還を受けることによって受ける利益はさしたるものでもない。また，被告が乙地の利用を侵害している程度はわずかなものであり，原告による乙地の利用（もっぱら原告所有建物の敷地として利用すること）を妨げるものでもないと解されるので，原告の解除権の行使は権利の濫用に該当して許されないというべきである。

1. 通行地役権に替えて使用貸借に基づく通行権の成立が認められた事例

　以上，東京地裁平成7年10月30日判決は通行目的で使用貸借契約の対象となっている土地につき，その解除権の行使が権利の濫用に該当するとされた点で本件判決と類似するものがある。いずれにせよ，本件のような不動産の調査に際しては，過去の使用経緯やその目的，使用貸借に基づく通行権を解消させた場合に生ずる対象地（宅地）への影響度等も念頭に置きながら進めることが肝要である。

2. 賃貸借に替えて使用貸借に基づく契約関係を前提とした土地の評価が適正とされた事例

> 被相続人と審査請求人との間における土地の貸借関係は賃貸借とはいえず、使用貸借と認めるのが相当であるから、本件土地は自用地として評価すべきであるとされた事例（国税不服審判所平成8年3月29日裁決・裁決事例集51号601頁）

　使用貸借に基づく権利（使用借権）が設定される場合，それは通常，特殊な人的関係（親子，兄弟，夫婦間等）に基づいている。それゆえに使用貸借という場合，使用収益の対価は無償とされている。

○民法
（使用貸借）
第593条　使用貸借は，当事者の一方が無償で使用及び収益をした後に返還をすることを約して相手方からある物を受け取ることによって，その効力を生ずる。

　また，相続税の財産評価においては後掲のとおり，使用借権の価額は零として扱われている。これに対し，賃貸借の場合，使用収益の対価は有償であり（＝賃料の授受あり），借地借家法の適用される土地の賃借権では相続税の財産評価においても借地権割合を基にした価額の算定が行われている。

2. 賃貸借に替えて使用貸借に基づく契約関係を前提とした土地の評価が適正とされた事例

このように賃貸借と使用貸借とは有償性の有無の観点から区別されているが，留意すべきは，何らかの金銭の授受が行われていても，それがすべて賃貸借に該当するとは限らないという点である。このようなケースは特殊な人的関係にある者同志の間においてしばしば見受けられ，本項で取り上げる裁決事例もこれに類似するものである。

●事実関係●

審査請求人（以下，「請求人」という）は，平成3年5月に死亡したX（以下，「被相続人」という）の共同相続人のうちの一人であるが，この相続（以下，「本件相続」という）に係る相続税について，申告書に次表の「申告」欄のとおりの記載をして法定申告期限までに申告した。

その後，請求人は平成3年12月，次表の「更正の請求」欄のとおりとすべき旨の更正の請求をした。原処分庁はこれに対し，平成4年2月，次表の「更正(1)」欄のとおりの減額の更正処分をした。

さらに，原処分庁は平成6年7月，次表の「更正(2)」欄のとおりの更正処分（以下，「本件更正処分」という）および「賦課決定」欄のとおりの賦課決定処分（以下，本件更正処分と併せて「原処分」という）をした。

請求人は，原処分を不服として，平成6年9月，異議申立てをしたところ，

区　分	項　目	金　額
申　告	課税価格 納付すべき税額	317,188,000 円 146,246,800 円
更正の請求	課税価格 納付すべき税額	317,188,000 円 141,506,200 円
更正(1)	課税価格 納付すべき税額	317,188,000 円 141,506,200 円

更正（2）	課税価格	361,316,000 円
	納付すべき税額	168,711,100 円
賦課決定	過少申告加算税	2,720,000 円

　異議審理庁は平成6年12月，いずれも棄却の異議決定をした。

　請求人は，異議決定を経た後の原処分に不服があるとして，平成6年12月，審査請求をした。

●当事者の主張●

1. 請求人の主張

　(1)　請求人は，被相続人から○○町土地を賃借して，そこに2棟の建物を建築して貸家の用に供していたことから，○○町土地については，昭和39年4月25日付直資56直審（資）国税庁長官通達「相続税財産評価に関する基本通達」（以下，「評価基本通達」という）25《貸宅地の評価》に定める貸宅地としての評価をすべきであった。しかし，原処分は，○○町土地は使用貸借されていたものにすぎないから，自用地としての評価をすべきであるとして，貸宅地としての評価を行わなかった。

　(2)　なお，貸宅地としての評価に当たっては，権利金の授受もないことから，評価基本通達26《貸家建付地の評価》に定める程度に評価すべきである。

　(3)　請求人が，毎年末に支払っている○○町土地の地代は，○○町土地に係る固定資産税および都市計画税（以下，固定資産税と都市計画税を併せて「固定資産税等」という）の1.7倍以上である。

　(4)　請求人の相続税の納付すべき税額は，更正の請求に伴う更正処分のとおり1億4,150万6,200円であるにもかかわらず，上記のとおり○○町土地を過大に評価して行った本件更正処分は違法である。

2. 賃貸借に替えて使用貸借に基づく契約関係を前提とした
　　土地の評価が適正とされた事例

2. 原処分庁の主張

　(1)　請求人は，昭和52年8月頃，被相続人名義の○○町土地に貸家2棟を新築しているが，被相続人との間においては，○○町土地の賃貸借に関する契約書はなく，また，支払地代の取決めもなく，権利金の授受も認められない。

　(2)　請求人が○○町土地および（これとは別の）○○町土地の固定資産税等を支払うに至った事情その他の事項（略）を総合的に勘案すると，請求人が被相続人に○○町土地の地代を支払っていたというよりも，扶養義務者である子供が扶養義務を履行していたものと考えるのが相当である。

　したがって，請求人が負担した○○町土地および○○町土地の固定資産税等は扶養義務の履行の範囲内であって，○○町土地を請求人が使用する権原は使用貸借に基づくものである。

　(3)　請求人が使用貸借により借り受けた土地の使用権等については，次のとおりである。

①　使用貸借により建物所有を目的として土地を借り受けた場合の建物所有者の敷地利用権は，借地法(注1)上の保護を受ける借地権のような強い権利に比較して，いわば権利性の薄弱なものであり，専ら土地の貸借当事者間の信頼関係のみを基盤としており，土地所有者から返還を求められた場合には無償で返還することとなるのが通常である。そこで，使用貸借による土地の使用権の経済的価値は極めて低いと認められることから，相続税および贈与税の課税上，当該使用権の価値はないものとして取り扱うこととされている。

　　(注1)　原文の表現に合わせた。

②　他方，借家人の敷地利用権は，建物所有者の敷地利用権から独立した別個の権利ではなく，建物所有者の敷地利用権に従属してその範囲内での権能にすぎないと解されている。

　　したがって，借地人が使用貸借により借り受けた土地に建物を所有し，当該建物を第三者に貸し付けている場合の当該借家人の有する敷地利用権

の価額についても，建物所有者の敷地利用権の価値を上回ることはなく，同様にその価額はないものと取り扱うことになり，その結果，使用貸借により貸付けがされている土地の価額は，建物所有を目的として借り受けている者と，当該建物を借りている第三者との関係いかんにかかわらず，その価額は自用地として評価するのが相当である。そうすると，○○町土地は貸宅地として貸家建付地の評価程度としての評価をすべきであるとする請求人の主張には理由がない。

●審判所の判断●

(1) 一般に，土地の貸借関係には賃貸借と使用貸借があり，賃貸借は，一方が相手に物を使用収益させることを約し，相手方がこれに対して賃料を支払うことを約することによって成立するもの（民法第601条）である。また，使用貸借は，一方が無償で使用収益した後に返還することを約して相手から物を受け取ることで成立するもの（民法第593条）である。よって，土地の貸借関係が賃貸借に当たるのか，使用貸借に当たるのかは，対価を伴うか否かによると解されており，たとえば借主が借用物件たる土地の公租公課を負担する程度のものは使用貸借であると解されている。

(2) 請求人は，○○町土地を借り受けるに当たり，○○町土地については相続が予定されていたことから賃貸借契約および地代の取決めもされなかった。そして，請求人自らが市役所に出向き○○町土地および○○町土地の固定資産税等の額を調べ，その○○町土地および○○町土地の固定資産税等の額に相当する金員を被相続人または被相続人の長男Ｙに支払っていたことが認められる。

(3) 請求人が支払った額○○町土地の固定資産税等の1.7倍となっているのは，請求人が相続する予定であった○○町土地および○○町土地の固定資産税等の合計額が，○○町土地のみの固定資産税等の1.7倍となっているにすぎず，○○町土地の使用対価としての性格のものとは認められない。

2. 賃貸借に替えて使用貸借に基づく契約関係を前提とした土地の評価が適正とされた事例

よって、○○町土地の貸借関係は賃貸借とはいえず、使用貸借であると認めるのが相当であるので、○○町土地の貸借関係は賃貸借であり、評価計算に当たっては貸宅地として貸家建付地の評価程度で評価をすべきであるとする請求人の主張は採用することができない。

(4) そうすると、使用貸借による敷地利用権は、権利性の薄弱なものであり、経済的価値を有しないものと解され、また、借家人の敷地利用権は、建物所有者の敷地利用権に従属して、その範囲内での権能にすぎないと解されているので、○○町土地の価額は、自用地としての価額から控除すべき建物所有者の敷地利用権の価額はないものとして算定するのが相当である。

《裁決例から読み取る調査上の留意点》

改めて述べるまでもないが、土地を貸借するに当たっては民法の他に、その特別法である借地借家法（平成4年8月1日の施行前に設定された借地権については旧借地法）が適用され、なかでも建物所有を目的とする地上権または土地の賃借権（両者を合わせて借地借家法上の借地権）に関しては借主に強い保護が与えられている。

借地借家法が、借地権につき第1条で上記の定義を行っていることから、これに該当しないもの、たとえば(イ)建物所有以外を目的とする地上権または土地の賃借権、(ロ)建物所有を目的とするものであってもそれが使用貸借による場合は借地借家法の適用がないということになる。

土地の利用目的を建物所有を目的とするものに限って検討すれば、借地の利用権原が賃借権によるものか使用貸借によるものかによって借地借家法の適用の有無が分かれ、その結果、借地人保護の度合いや借地人に帰属する経済的利益（借地権価格）発生の有無も異なってくる。

たとえば、借地借家法の適用を受ける土地の賃借権であれば、一度これを設定すれば借地人には土地を長期間占有し、独占的に使用収益し得る安定的利益が発生する。このため、新規設定時には、貸主は借主に対し借地権割合に相当

する高額の権利金の支払いを要求するであろうし，仮に権利金の授受を伴わない場合でもこれに替えて経済地代（税務における「相当の地代」）を受け取ることができなければ新規に土地を貸そうとはしないであろう。

また，過去長期間にわたって建物所有を目的とする借地契約が継続されてきたケース（定期借地権を除けば，現実にはこれに該当するケースが圧倒的に多い）においては，借地人が現在まで実際に支払ってきた地代と土地の期待利回りから算定される経済地代との間に大幅な乖離（実際支払地代＜経済地代）が生じ，このことが借地人に帰属する経済的利益を発生させ，その財産的価値（借地権価格）を形成する要因となる（不動産の鑑定評価では，このような借地人に帰属する経済的利益（借地権価格）を更地価格から控除して土地の所有権価格（底地価格）を求めているのが通常である。また，借地権が発生していると判断される場合，相続税の財産評価においても借地権割合を控除した残りを底地割合とするため，基本的な考え方は共通している）。

以上，借地借家法（旧借地法を含む）の適用を受ける土地の賃借権とその財産的価値との関連を中心に述べてきたが，土地の賃貸借という場合には，借主が貸主に対し使用収益の対価として賃料を支払う旨の有償契約（民法第601条）を意味し，あくまでも有償であることが前提となっている。これに対し，使用貸借の場合には使用収益の対価は無償であり（民法第593条），契約締結時点で権利金の授受が行われることはない。

このように，賃貸借と使用貸借を区別する重要な判断基準は契約行為の有償性または無償性にあるが，ここで留意すべきは貸主・借主間で何らかの金銭が授受されている（すなわち，全く無償であるとはいえない）場合であっても，それがあまりにも低廉で対価としての意味をなさないと認められる場合には，賃貸借ではなく使用貸借とみなされるという点である。これに該当する一つの例として，借主が固定資産税程度の金銭を貸主に支払っている場合があげられる（関連する判例として下記のものがある）。

2. 賃貸借に替えて使用貸借に基づく契約関係を前提とした土地の評価が適正とされた事例

> ○**最高裁昭和41年10月27日判決**（民集20巻8号1649頁）
> （判示事項）　建物の貸借関係が使用貸借であると認められた事例
> （裁判要旨）　建物の借主が当該建物を含む貸主所有の不動産に賦課された固定資産税等の公租公課の支払を負担する等原判示事実があるとしても，右負担が建物の使用収益に対する対価の意味をもつものと認めるに足りる特段の事情のないかぎり，当該貸借関係は使用貸借であると認めるのが相当である。

　相続税の財産評価においては，使用貸借による敷地利用権は権利性の薄弱なものであり，経済的価値を有しないものと解されていることから，使用貸借に係る使用権の価額は零として取り扱い，使用貸借により貸し付けている宅地の価額は自用地価額で評価するとしている(注2)。

　(注2)　国税庁ホームページによる（タックスアンサー，財産の評価における「No. 4603 宅地の評価単位」における解説部分）

　ここに賃貸借の場合と大きな相違があるが，その背景には次のような特徴が見受けられる。

　すなわち，使用貸借は借地借家法の保護を受けず，かつ，借主の死亡によって契約は終了する。また，貸主が土地を第三者に譲渡した場合，新しく所有者となった第三者は使用貸借による関係を当然に引き継ぐことにはならない。

　これに対し，賃貸借の場合は既述のとおり借地借家法の保護を受け，かつ，借主が死亡してもその相続人が借地権を引き継ぐこととなる。また，賃借権の登記または借地上の建物に登記があれば，第三者に対し借地権を主張することができる。

　以上が本件事例に関連する賃貸借と使用貸借の性格の主な相違点である。

　本件事例に関して，審判所は賃貸借と使用貸借に係る上記相違点を踏まえ，かつ，被相続人と請求人間における契約関係および権利金・地代等の支払事実の有無等を考慮の上，契約の実態を使用貸借と認定し，自用地としての価値で評価を行ったものである。

　上記のとおり，使用貸借に関連する相続税の財産評価の考え方のなかにも，

民法および借地借家法の趣旨を踏まえ賃貸借との相違が反映されているといえる。

なお，使用貸借は，それが無償であることからしても，その多くは親族間のような特殊関係者間の貸借に限定されると考えられる。親族間等における貸借関係がこのような使用貸借の形態をとる場合，そこにおける固定資産税額の支払い（借主から貸主へ）が扶養関係を伴うことが多く見受けられるようである（すなわち，契約関係には使用貸借の要素の他に扶養としての特殊性が加わることになる）。これに関しては，(イ)親族間の土地の貸借においては扶養関係成立という特殊事情がその使用関係にも影響を及ぼす場合があり，（親族に）土地を固定資産税程度で貸すということが，仮に（親族の）生活の困窮を救う趣旨であったとすれば，扶養関係も発生していると考えられる場合があり得ること，(ロ)土地の貸借が賃貸借といわれるためには，借地人がその土地の利用にふさわしい対価を支払う必要がある (注3) とみられている。

(注3) 『[問答式]借地・借家の実務(1)（借地編）』196～197，新日本法規出版頁を参照。

最後に，相続税の財産評価においては上記のとおり使用借権の価額は零として取り扱っているのであるが，鑑定評価上は次の理由によりある程度の価値を認めていることが多い。

① 使用借権も民法に規定された債権であり，借主には定められた期限が到来するまで使用貸借の目的物を無償で使用収益できる経済的利益が存すること。

② 使用借権は第三者対抗力を有しないが，使用貸借の当事者間においては当然にその権利を主張できること。

鑑定評価の際に参考となる指針は，公共用地の取得に伴う損失補償基準（いわゆる用対連基準）の考え方であり，具体的には借地権割合の3分の1程度が目安とされている（公共用地の取得に伴う損失補償基準第13条および公共用地の取得に伴う損失補償基準細則第三参照）。

また，現実面に目を向けた場合，使用貸借契約により建物所有を目的として

2. 賃貸借に替えて使用貸借に基づく契約関係を前提とした土地の評価が適正とされた事例

土地を貸し渡した貸主が，契約期間内に売却や自己使用等の必要により明渡しを求める場合，使用借権の消滅のため金銭の授受を行っている例が多いといえる（その意味では補償的な側面も有する）。

ただし，本件裁決においては，あくまでも相続税の財産評価との関連で使用借権の価額が問題とされており，借地権と比べて譲渡性がないことや補償的な意味合いとは異なる角度からとらえられている点を区別しておく必要がある。

3. 囲繞地通行権の成立をめぐって

> 幅員 2m の簡易舗装の通路について囲繞地通行権が認められたが，自動車による通行は認められなかった事例（大阪地裁岸和田支部平成 9 年 11 月 20 日判決・判例タイムズ 985 号 189 頁）

　囲繞地通行権に関しては，従来より建築基準法の接道要件との関連が問題とされてきたが，最近の判例における一致した見解は，囲繞地通行権が認められたからといって当然に建築基準法の接道要件（建築物の敷地は道路に 2m 以上接しなければならない）を満たす通行幅を認めなければならない理由はないとしている点である。このため，囲繞地通行権が認められた事例を調査してみても，その範囲が幅員 2m 未満とされた事例がかなり多いことに気付く。

　これに加え，最近では自動車の通行と囲繞地通行権との関連が問題とされることが多くなっている。すなわち，ある土地に囲繞地通行権の成立が認められる結果となった場合でも，その通行手段として自動車の利用が可能か否かという点である。このような事例は，車社会の到来に伴い不可避的に生じてくるものと思われる。

　通行権の調査に際しては，このような視点も念頭に置きながら進めることが必要であるが，自動車の通行の成否に関する判例の考え方は事案によって異なっている傾向にある（もちろん，囲繞地通行権が認められるケースにおいて自動車の通行を前向きにとらえた判例もあるが，これを否定した判例も少なくない）。本項で取り上げるケースも，自動車による通行が認められなかった事例であるが，後掲のとおり軽車両に関してはこれを認めている点に特徴がある。

●事案の概要●

1. 事案の要旨

　本件は，別紙図面（参照した資料に添付されていないため略す）1ないし34および1の各点を順次直線で結んだ範囲内の土地について，被告（Y_1, Y_2）らが通行権（徒歩のみならず，自動車による通行をする権利をも含む）を有するかが争われている事案と，当該土地部分の所有権の帰属が争われている事案である。

2. 事実関係

　(1)　原告（X）は，昭和30年12月29日，Zから○○市○○1112番の土地を買い受けた。当該土地は，後に新しい1112番の土地（以下，「本件土地」という）と1112番の2の土地に分筆された（分筆前の一体の土地を「旧1112の土地」という）。以後，Xは本件土地において稲作を行うなど農地としてこれを利用している。

　(2)　被告（Y_1）は，本件土地の西側に隣接する土地（以下，「1114の土地」という）を所有し，農地としてこれを利用している。

　(3)　被告（Y_2。有限会社）は，本件土地の西側，1114の土地の南側に隣接する土地（以下，「1113の土地」という）を所有している。

　(4)　本件土地と1114の土地および1113の土地の境界付近には南北に長さ約70m，幅2m余りの通路（すなわち，別紙図面（上記1の理由により略す）1ないし34および1の各点を順次直線で結んだ範囲内の土地（以下，「本件通路」という）が存在する。

　なお，本件通路は，当初は行き止まりであったところ，昭和40年頃および昭和49年頃の二度にわたり，それぞれ奥の田の所有者らが農作業の利便のために共同で本件通路の南側に合計約100m通路を延長したが，その先は現在も行き止まりとなっている。

資料

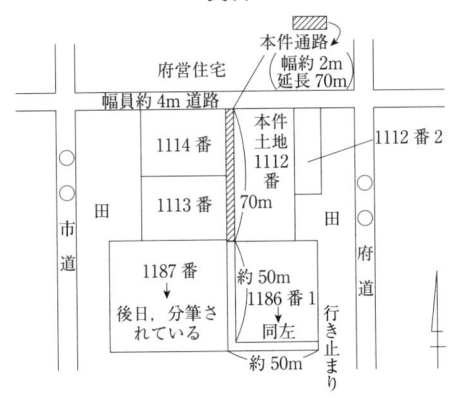

```
                府営住宅         本件通路
                              ┌ 幅約2m
         幅員約4m道路          └ 延長70m
    ┌──────┬──────┐
    │      │1114番 │本件  │1112番2
市  │  田  ├──────┤土地  │
道  │      │1113番 │1112  │  府
    │      │      │番    │  道
    │      ├──────┤70m   │
    │      │1187番│      │
    │      │  ↓   │約50m │行
    │      │後日、│1186番1│き
    │      │分筆さ│ 同左 │止
    │      │れて  │      │ま
    │      │いる  │      │り
    │      └──────┤約50m │
    └─────────────┘
```

（注） あくまでもイメージ図であり、実際の
ものと異なる可能性がある。

　(5)　Y_2の代表者であるAは平成元年12月27日に、Y_2は平成4年6月15日に、本件通路の南側に延長された通路に接する〇〇市〇〇1187番の土地および同所1186番1の土地（以下、「1187の土地」、「1186の1の土地」等という）をそれぞれ取得した。

　AおよびY_2は、両土地を宅地化した後、これを分筆してその上に建売住宅を建築するなどしてそれぞれ分譲した（現在、両土地上には当該住宅を買い受けた者が居住している）。

　なお、参照した資料には図面が添付されていないため、文脈の流れを基に筆者の判断で作成したイメージ図を**資料**に掲げる。

●当事者の主張●

1. 第一点——本件通路の所有権の帰属をめぐって

（1）　原告（X）の主張

本件通路は昭和4年頃、当時の旧1112の土地の所有者であったZが、自己

の農作業の利便のために，同土地の西端部分を自らの費用で造成し，農作業用の通路として利用を始め，奥の田の耕作者らにも通行を認めてきたものである。

Xは，昭和30年12月19日，本件通路を含む本件土地（旧1112の土地）をZから買い受けた。したがって，本件通路はすべてXの所有である。

(2) 被告（Y₁, Y₂）の主張

本件通路は昭和50年頃コンクリート舗装されたが，その際，Y₁は1114の土地の東端部分を10ないし20cm程度本件通路を拡幅するのに無償で提供した。したがって，本件通路にはY₁の1114の土地の一部が含まれている。

また，本件通路の南端にはY₂所有の1113の土地の一部が含まれている。

2. 第二点——本件通路の通行権の有無をめぐって

(1) 原告（X）の主張

① Xも，Zと同様に，奥の田の耕作者らに対し，農作業のために本件通路の通行を認めてきたが，それは奥の田の耕作者という限定された者に対して，農作業のために好意的に無償で通行を許してきたものにすぎないから，被告ら（Y₁, Y₂, 分譲住宅の購入者）に何らかの通行権が存するわけではない。

② 本件通路は，あくまでもXとその周辺の農作業を営む農家のための農作業の利便を目的とするものであって，一般的に車両による通行を予定していないから，仮にY₁らに何らかの通行権があったとしても，その通行の態様は，あくまでも徒歩もしくは軽車両（自転車，荷車等）など農作業の妨害にならないものに限られる。

③ また，仮に車両による通行が認められるとしても，田植え作業，草刈り作業，稲刈り作業を行う際に本件通路を車両が通行すれば農作業の妨害になるから，少なくともXが本件土地において当該農作業中の際には車両の通行は禁止されるべきである。

(2) 被告ら（Y₁, Y₂, 分譲住宅の購入者）の主張

① 通行地役権

　本件通路は，○○地区集落から本件通路に至る農道の延長として，大正末期から昭和4年頃の間に，地元の人達の協力を得て○○地区が造成，開設したものであり，開設後は○○地区が維持管理してきた。したがって，本件通路の開設に際して，その隣接する1114の土地，1113の土地等のために通行地役権が設定されたものである。

　そして，その周辺の土地所有者は，当該通行地役権の反射的効果として，本件通路を通行する権利を有する。

② 慣習上の通行権

　仮に通行地役権が認められないとしても，次の諸点に照らせば，被告らには慣習上の通行権が存在する。

　(イ)　本件通路の開設の経緯およびその後の維持・補修

　　本件通路は昭和4年頃までに農道として開設され，その後，昭和40年および昭和49年頃延長され，昭和50年頃には○○市から舗装資材の支給を受けて，○○地区農民によりコンクリート舗装された。

　(ロ)　時代の変化

　　昭和49年6月頃，本件通路周辺一帯は，都市計画法上の市街化区域の内の住居地域に指定された結果，本件通路周辺の土地が農地としての効用が終わり，市街化（宅地化）されることが，その土地の効用を全うする所以となった。

　(ハ)　○○町会，○○市，○○府の認識・見解

　　○○町会は本件通路を「公道に準ずる道路と認識・確認」しており，○○市は本件通路は「一般公衆の通行の用に供する道路として，本市で維持しています。今後とも，同様に維持してまいります。」との見解を表明しており，○○府は本件通路を建築基準法第43条第1項ただし書にいう「安全上支障がないもの」として，建築を確認・許可している。

③ 囲繞地通行権

　仮に，前記の通行権が認められないとすると，被告らの所有土地は袋地

となるから、被告らには囲繞地通行権が存在する。そして、被告らの通行の「場所及び方法」として、「必要にして且つ囲繞地のために損害の最も少ないものを選ぶ」とすれば、本件通路を選ぶのが最も合理的である。

④ 車両（自動車）による通行

本件通路が舗装されたのは、自動車が普及し、農作業にも車で通う人が多くなったためであり、Xも本件通路の奥の農地所有者が自動車で通行することは認めている。

被告らは農業を営む者ではないが、それぞれの所有地を宅地として購入し、○○府の建築確認を得て家を建て、居住しているのであって、本件通路を自動車で通行することについては、農作業のために自動車で通行する場合と何の違いもない。したがって、Y_1らの前記の通行権には当然、車両（自動車）による通行が含まれる。

●裁判所の判断●

以下、事実関係を補足した上で通行権に関する問題に焦点を当てて検討する。

1. 事実関係の補足

本件事例に係る事実関係の概要は既に述べたとおりであるが、裁判所の判断のなかにも次の事実が記載されており、本件判決の背景を把握する意味で参考になるため、以下に掲げておきたい。

（1） 本件土地の周辺の状況は、西側に○○市道が、東側には府道がそれぞれ南北に通っており、当該主要道路へ、幅員約4mの道路が本件土地の北側を東西に結んでおり、現在は、この東西道（以下、「本件東西道」という）の北側には府営住宅が連なっており、南側（本件土地側）はほとんどが田である。

（2） 大正時代においては、本件土地の周辺はすべて田であり、その北側に存した集落（○○地区）から本件土地の水路を隔てた北西端まで、周辺の土地

所有者が土地の一部を提供するなどして開設した幅員約1.8mの農業用通路（以下，「本件北側通路」という）が存在した。

（3）旧1112の土地の前所有者であったZは，本件北側通路の南端から先は肥料や収穫物を狙って搬出入していたが，昭和4年頃，南北に長い旧1112の土地の農作業の効率を上げるため，本件土地の西側部分を自らの手で造成し（Zは農業を営む傍ら建築・土木業をも兼業していた），農作業用通路を開設して本件北側通路に接続した。

Zは，その後は当該通路を利用して農機具の搬入や収穫物の取り入れ等旧1112の土地の農作業を効率的に行うとともに，当該通路の奥に農地を所有していたB（1187番の土地の元所有者），C（1186番の土地の元所有者）ほか5，6軒の農家の人達が農作業のために当該通路を通行することを認めていた。

（4）その後，昭和27，8年頃，本件土地の北側の水路に沿ってあった畦道の周りの土地の所有者が土地を提供し，約2.5ないし3mの道路が開設され，昭和34年頃，その北側に府営住宅が建設される際に府営住宅側から土地提供があり，現在の本件東西道の状態になった。また，その際，本件北側道路も同様に拡幅され，以後は周辺住民の生活道として利用されている。

（5）Xは，昭和30年にZから通路部分を含めた旧1112の土地を取得したが，Zと同様，本件土地の南側の田を耕作する人達が農作業のため本件通路を通行することを認めていた。なお，Xは，昭和42年3月に旧1112の土地を本件土地と1112の2の土地とに分筆し，Dとの間で後者と1099の土地とを交換した。

（6）本件土地の南側に田を所有して本件通路を利用していた人達は，昭和40年頃，相互に土地や金銭を出し合って，本件通路の南側に約50mの通路を延長し，昭和49年頃には同様にしてさらに東側に約50m程度の通路を延長した（以下，両者をまとめて「本件延長通路」という）。

（7）昭和50年頃，○○地区の水利組合あるいは農業実行委員会が中心となり，農業用施設として生活向上のため，農道の舗装化を進める一環として，○○市から生コンクリートの無償支給を受け，周辺農民の労力の提供を得て他の

何カ所かの農道とともに本件通路および本件延長通路についても当該コンクリートによる簡易舗装工事を行った。

(8) Aは，平成元年12月27日，1187の土地を取得し（その後，平成4年12月21日付でY₂に譲渡した），また，Y₂は平成4年6月15日付で1186の1の土地を購入した。

(9) Aは，1187の土地および1186の1の土地上に建売住宅を建築することを計画し，平成4年5月末から6月初め頃，Y₁の承諾を得，同人所有の1114の土地内の本件通路の脇に鉄板を敷きつめて道路を開設し，工事用のトラックを通行させ，土砂を搬入して両土地を埋め立て造成した。なお，Aは，平成4年7月初め頃，Xに対し，本件通路の通行の承諾を求めたが，Xからは本件通路はあくまで農作業用の通路であるとしてそれ以外の目的の通行を拒否された。

(10) その間，AおよびY₂は両土地を分筆して建売住宅を建築すべく手続を進め，本件通路を建築基準法第42条第2項道路として建築確認申請を行ったところ，○○府からは同法第43条第1項ただし書を根拠として建築確認を得た。

2. 通行地役権について

被告ら（Y₁，Y₂，分譲住宅の購入者）は，当初，本件通路の周辺の土地所有者が互いに土地を出し合って開設したものであり，開設において互いに通行地役権を設定したものであると主張していたが，前提となる事実が明らかに異なり，当該主張はとうてい採用できない。

3. 慣習法上の通行権について

本件土地を含む周辺の地域が都市計画法上の市街化区域に指定されたとしても，本件通路および本件延長通路の両側の土地は大部分が農地として耕作されており，AおよびY₂が建売住宅を建築するまでは，本件通路は当該農地の耕作者らが通行しているにすぎなかったこと，そして，現在でもなお本件通路お

よび本件延長通路の両側の土地の多くは農地として耕作されていること，その他の事情を考慮すれば，被告らに慣習法上の通行権が存在するとまでは認められない。

4. 囲繞地通行権について

被告らの所有地はいずれも袋地であることが認められる。したがって，被告らには囲繞地通行権が認められるというべきである。

Xは，被告らは他の土地を通って公道に出ることが可能であるから被告らの所有地は袋地でない旨主張するが，Xのいう通行可能な土地とは第三者の庭先や駐車場部分であるから，当該主張はとうてい採用できない。

被告らは囲繞地通行権を有するところ，その通行の場所および方法は通行権を有する者のために必要にして且つ囲繞地のために損害の最も少ないものであることを要するところ（民法第211条第1項），本件においては，本件通路が通路として開設されているのであるから，これを通行することが両当事者の利害を最もよく調整するものである。

5. 車両（自動車）による通行について

被告らは，本件通路について認められる通行権には自動車によって通行する権利が当然含まれている旨主張するのに対し，Xは，車両（ただし，軽車両を除く）による通行は認められない旨主張するところ，当該裁判所が認定したところによれば次の事実が認められる。

① 本件通路は，長さが70mもある反面，幅は2m余り（場所によっては2mを切る部分も存する）と狭く，やや蛇行しており，途中において車両同士が対向できないのはもちろん，車と歩行者が行き違うことすらも困難であること。

② 本件通路が舗装されたのは昭和50年と古く，かつ，コンクリートの厚みが3,4cm程度の簡易舗装にすぎないため，所々にひびが入り，自動車による日常的通行には耐久性上，安全上も問題があること。被告らは，本

件通路が舗装されたのは自動車が広く普及したため自動車による通行が予定されたためである旨主張するが，当該舗装はあくまで農業の振興策としてなされたものであり，通路の草刈りや補修などの負担の軽減および農機具の搬入あるいは収穫物の取り入れ等運搬の負担軽減などが主たる目的であったのであって，生活用道路として自動車が通行することを予定していたものではない。
③ 農地の脇の通路においては，その性質上，一時的にせよ農機具や運搬車両，苗や収穫物などが通路上に置かれたりすることもあること。
④ 本件通路および本件延長通路の両側には，なお耕作に供している農地が少なからず存在し，本件通路は，これまで耕作者らによって節度ある通行が保たれてきており，今後も耕作者らによる農作業のための通行に供される必要性は変わらないこと。
⑤ 本件延長通路脇には他にも宅地化を企図している土地があり，当該土地についても本件通路に囲繞地通行権が認められるところ，これが宅地開発されて同じく自動車による通行を開始すれば，なお一層本件通路の混乱に拍車がかかること。

これらの事情に加えて，被告らが本件通路の外に公道に接した駐車場を確保することにさほどの困難はないであろうと推認できることをも考慮すれば，被告らの本件通路における囲繞地通行権には道路交通法上の自動車（ただし，自動二輪車，小型特殊自動車を除く）による通行は含まれないものと認めるのが相当である。

《判例から読み取る調査上の留意点》

民法第210条は，公道に至るための他の土地の通行権（いわゆる囲繞地通行権）についての規定を置き，第211条では通行の場所や方法等についての規定を置いているが，囲繞地通行権が認められる範囲や自動車での通行の可否に関しては従来から問題があった。

○民法
(公道に至るための他の土地の通行権)
第210条 ① 他の土地に囲まれて公道に通じない土地の所有者は、公道に至るため、その土地を囲んでいる他の土地を通行することができる。
② （略）
第211条 ① 前条の場合には、通行の場所及び方法は、同条の規定による通行権を有する者のために必要であり、かつ、他の土地のために損害が最も少ないものを選ばなければならない。
② 前条の規定による通行権を有する者は、必要があるときは、通路を開設することができる。

　本項で取り上げる内容は自動車での通行の可否に係るものであるが、これに関する判例を調査しても、その結論は地域の事情や個別事情により大きく分かれている。
　従来の判例の傾向としては自動車の通行を否定するケースが多かったようであるが、最近ではその通行を肯定するケースも増加している。ちなみに、最近における判例のなかで自動車の通行を肯定したものとして、東京高裁平成19年9月13日判決（判例タイムズ1258号228頁）があげられる。当該判決は、自動車による通行を前提とする囲繞地通行権の成否を判断するために考慮すべき事項を判示した最高裁平成18年3月16日判決（民集60巻3号735頁）の差戻後の控訴審判決である。
　当該判決は、宗教法人甲寺の所有する一団の土地につき、乙県所有の土地（緑地の一部）に対して自動車通行を目的とする囲繞地通行権を認めたものであるが、その理由として次の①から④までの事項をあげていた。
　① 甲寺所有の土地の利用（墓地経営）につき自動車の通行を認める必要があること。
　② 現在自動車の通行は禁止されているが、従前これが認められていたこと。

③　当該土地は緑地の北西端に位置する約20㎡の土地であって，民法第210条通行権が認められることにより公共施設としての目的を十分に達し得ないものとはいえないこと。
④　走行車両の増加による住民の不利益は甲寺の自動車通行の必要性を否定すべき程度のものではないこと。

なお，当該判決においてこのような結論が下されたのは，上記最高裁判決における次の判決要旨が自動車による通行権の成否の判断基準として位置付けられ，これを拠り所に当該事案に即した判断が行われたためである。

○最高裁平成18年3月16日判決
（判決要旨）　自動車による通行を前提とする民法210条1項所定の通行権の成否及びその具体的内容は，公道に至るため他の土地について自動車による通行を認める必要性，周辺の土地の状況，上記通行権が認められることにより他の土地の所有者が被る不利益等の諸事情を総合考慮して判断すべきである。

また，他に自動車による通行を肯定した判例として，高松高裁平成元年12月13日判決(注1)，大阪高裁平成5年4月27日判決(注2)などがある。

(注1)　農地が人の通行できる通路によって公路に接しているが，耕耘機の通行ができない場合に囲繞地通行権が認められた事例である（判例時報1366号）。
(注2)　ロープウェイのほか索道敷が里道に実質的に接している山頂付近の土地が準袋地とされ，自動車による囲繞地通行権が認められた事例である（判例時報1467号）。

しかし，既に述べたように，囲繞地に自動車の通行が認められるか否かは個々の事情によって大きく結論が分かれるため，その通行を否定する判例も多いといえる。たとえば，本件事例に係る判決の他にも自動車の通行を否定したものとして，大阪高裁平成7年12月11日判決(注3)，東京地裁昭和58年4月25日判決(注4)，福岡高裁昭和58年12月22日判決(注5)等がある。

(注3)　私道で，かつ，いわゆる2項道路の所有者自身も含めて近隣住民により自動車による通行が自粛されているような場合は自動車通行には適さないとして，そのための囲繞地通行権も否定された事例である（判例タイムズ919号）。

（注4） 宅地が，自家用自動車を乗り入れるに十分な経路によっては公道に接しておらず，宅地の所有者（居住者）が自家用自動車で通勤しており，そのための車庫を宅地内に保有している場合に，宅地の購入時の買主（所有者）の意識（自動車購入の必要性を感じていなかった），所在地の地域性（新宿副都心付近）等を総合的に判断して，当該宅地を袋地にあたらないと判示した事例である（判例タイムズ502号）。
（注5） 従前の土地利用状況，土地の形態，自動車通行の危険性（過去における事故の発生等）などを考慮し，自動車で通行することが囲繞地通行権の内容をなすものとは認められないとされた事例である（判例タイムズ520号）。

　以上，囲繞地通行権と自動車の通行に係る最近の判例を例示してきたが，本件事例の場合，幅員2mの簡易舗装された通路について囲繞地通行権が認められたものの，その舗装はもともと農業用で自動車による日常的な通行には耐久性等の問題があること等の理由から，自動車による通行が否定されている。ただし，自動二輪車，小型特殊自動車については，その形状，大きさ，重量等を考慮すれば農作業や交通の安全上，さほどの支障があるとは考えられないことから，これによる通行を認めている点に本件事例の特徴がある。

　以上のことから，囲繞地通行権の有無等の調査に当たっては，これが認められる範囲の調査にとどまらず，最近における自動車普及との関係で，調査対象とする具体的事例が自動車の通行を認められているか否か，認められているとすればどの程度の大きさのものまで出入りが可能であるのか等を念頭に置く必要がある（その程度は案件により個別的かつ具体的であるからである）。

　このような調査結果のいかんが，不動産取引における契約の成否やその内容および取引価格に影響を及ぼすことは明らかであり，囲繞地通行権に係る具体的な状況は重要事項説明書にも明確な記載が求められる。

4. 公道に通じる土地の通行承諾をめぐって

> 公道に通じる土地の通行承諾の有無につき，媒介の宅建業者に説明義務違反があるとして，買主に対する損害賠償責任（使用者責任）が認められた事例（奈良地裁葛城支部平成11年8月31日判決・判例時報1719号117頁）

　中古住宅（土地付）を売買する際，買主にとっては，そこから公道に至るまで隣接地（他人の所有地）を自動車で通行せざるを得ない事情があるにもかかわらず，媒介業者は買主に通行承諾の有無につき安易な説明しかせず，隣接地の所有者からも通行承諾が得られなかったという事例がある（従前，本物件の売主が隣接地の所有者から公道に至るまでの通路として自動車での往来を認められていた部分につき，隣接地の所有者は本物件の所有権移転があったことを契機に，公道との出入口付近（＝自己所有地の入口付近）に自家用車を駐車させたため，買主の自動車での通行が事実上できなくなってしまったケースである）。
　このような場合，媒介業者としては売主から通行権原につき十分な聞き取りを行い，その状態を買主に引き継ぐことが可能か否かを隣接地の所有者に事前に確認した上で買主に告知するなど慎重を期すことが求められる。なぜならば，通行権原を買主が引き継ぐことが可能か否かにより売買価格に多大な影響を及ぼすからである。
　本項で取り上げる事例は，売買契約成立前に媒介業者が上記義務を尽くすべきところ，通行承諾に条件が付くという説明を全く行わなかったために，当該

義務違反があったとして債務不履行または不法行為（使用者責任）に基づき買主の被った損害の賠償を求められたものである。

●事案の概要●

本件は，宅地建物取引業者の媒介により不動産を購入した者が，カーポートの利用に伴う私有地（第三者所有地）の通行権の有無に関する業者の説明義務違反により損害を被ったとして，債務不履行または不法行為に基づき損害賠償を求めた事案である。事実関係の具体的内容は以下のとおりである。

1. 当事者

原告（X。個人）はその母親と同居しているが，これまで不動産関係や建築関係の職業に就いたことはなく，不動産取引も今回が初めてである。

被告（Y_1）は，不動産の売買，仲介および賃貸借等を目的とする株式会社であり，宅地建物取引業法（以下，「宅建業法」という）第3条に基づく宅地建物取引業者としての免許を有している。また，Y_2 は，売買契約および媒介契約当時，Y_1 の従業員であった。

2. 事実関係

(1) X は，平成8年7月頃，Y_1 の広告を見て Y_1 に連絡をとり，その従業員である Y_2 と本件不動産（＝土地付居住用建物）購入の交渉を開始した。

X は，母の足が悪いので，家の中からすぐに駐車スペースに出られる家を希望する旨を Y_2 に告げると，Y_2 は本件不動産を X に紹介した。なお，本件不動産には軽自動車用のカーポート（以下，「本件カーポート」という）があるが，当該カーポートから本件不動産の西側にある公道（市道）に出るためには第三者である Z 所有の土地（以下，「Z 所有地」という）を通る必要がある（本件判決の出所には本件不動産と Z 所有地との位置関係を示す図面が添付されていないため，本項においても割愛する）。

Y_2 が紹介する際，メモを利用して，本件不動産の価格等について説明したが，本件カーポートに面する所有地の使用に関しては，本件カーポートへの出入りにつき通行承諾書を X 宛に発行してもらうことを説明した。

ちなみに，ここで Y_2 が X に提示した通行承諾書は，本件とは別の土地に関して作成されたものであるが，そこでは確認事項として次の趣旨が記載されていた。

① 貴殿所有地の一部につき，隣接地の所有者が公道に至るまでの道路として使用することを認めること。

② 道路として使用を認めた土地は，私有地といえども，その形態および目的を変更しないこと。

③ 将来，当該土地を売却等により第三者に譲渡する場合でも，同様に道路として使用を認めること。

④ 当該土地につき道路としての使用を認められている者が，これに隣接する自己所有地を第三者に譲渡する場合，新所有者にも通行権を無条件で引き継がせること。

X は，結局，上記時期には資金繰りが出来なかったため，一旦売買の依頼を撤回した。

(2) Z は，常時自動車 2 台を Z 所有地に駐車しているが，2 台とも本件カーポートより東側（奥）に駐車していれば，X は本件カーポートから自由に自動車の出入れが可能であるが，内 1 台を Z 所有地の公道との入口部分に駐車すれば，本件カーポートからの自動車の出入れは事実上不可能となる。Z は，本件不動産に前所有者が居住している間は，自動車 2 台とも本件カーポートより東側の Z 所有地の奥に駐車していた。

(3) X は，平成 8 年 12 月頃，再び Y_1 に本件不動産の媒介を依頼して（本件媒介契約），Y_2 が担当し，平成 9 年 1 月 12 日に本件売買契約を締結した。当該媒介契約の際には，売買代金とリフォーム以外は従前の媒介契約の際と同じという前提で話が進められ，Z 所有地の使用に関し，特段 Y_2 から新たな説明がされた形跡はない。

本件売買契約に関しては，売主側の媒介業者としてA社が関与し，Xに対し重要事項説明を行ったが，Z所有地の使用に関する事項についての説明は特段行われず，これに関してはY₂はXに対し，売買代金の決済時にY₂作成の通行承諾書を交付する旨説明していた。なお，Y₂は，通行承諾書の取得に関しては，当初A社に任せていた。

(4) Xは，平成9年2月24日に，本件売買代金と本件媒介手数料を支払ったが，その際には通行承諾書の交付を得られなかった。なお，Zは，前所有者が本件不動産を退去した頃から，所有自動車のうちの1台をZ所有地の入口付近に駐車するようになった。

Y₂は，A社に再三通行承諾書の取得を督促したものの，得られないため，Y₂自らZに意向を確認したところ，同人は，「前の所有者は先に住んでいたので既得権として何も言えなかったが，今回所有者が替わったので，これを機会に自分が専用に使いたい。」旨述べていた。

平成9年4，5月頃，ようやくY₁を通じてZから通行承諾書の案として「通行同意書並びに覚書」と題する書面が交付されたが，その内容の骨子は，
① 本件不動産とZ所有地にまたがる本件カーポートのゲートはZ所有地に越境しているので，撤去または本件不動産内に全部入れること
② Z所有地について人や自転車の通行は認めるが，自動車の通行（本件カーポートの利用）に関しては，Z所有の自動車（現在2台，将来増車両も含む）や自転車，単車の駐車使用に支障のない範囲で使用を認めること
③ Z所有地の通行の同意はX一代限りとすること

というものである。このように，XはZから条件を付けられたため，自動車を自由に公道に出すことができなくなった。

(5) Y₂は，平成9年6月20日，XにZの提案内容を記載した図面を郵送したが，その内容はXが本件カーポートのゲート等を撤去し，その所有地の一部をZに通路として提供するというものであった。

Xは上記内容に納得できなかったため，平成9年10月，Y₁に対しZ所有地の通行を確保するよう申し入れるとともに，当該履行ができない場合は本件売

買契約を解除し、損害賠償を請求する旨通知した。

●当事者の主張●

被告の責任に関する当事者の主張は以下のとおりである。

なお、原告の損害に関しても双方の主張が行われているが、本事例での主な争点は被告の責任に関する部分に置かれていることや紙数の都合上、本項では被告の責任に関する部分のみを取り上げる。

1. 原告の主張

(1) 債務不履行責任に関して

宅地建物取引業者は、媒介契約にかかる不動産の売買契約の成立するまでの間に、重要事項の一つとして「私道に関する負担」(宅建業法第35条第1項第3号) を説明しなければならず、これには本件のように媒介契約にかかる不動産の利用に関して必要な私道の使用が制限されている場合も含まれる。

また、媒介契約にかかる不動産の売買契約の成立するまでの間に、「当該宅地又は建物の用途その他の利用に係る制限に関する事項」(宅建業法第35条第1項第12号、同法施行規則第16条の4の2第3号) を説明しなければならず、これには本件カーポートから公道への出入りに必要な道路の使用が制限されているか否かも含まれると解される。

さらに、Xは、本件不動産の取引の媒介の依頼に当たり、Y_1の従業員のY_2に対し、Xが同居している実母は肢体不自由のため歩行が困難であるので、購入する物件には駐車スペースの存在が不可欠である旨申し入れている。このため、Y_1は、宅建業法の諸規定ないし本件媒介・契約締結の経緯等に照らし、本件媒介契約に基づく善管注意義務の内容として、Z所有地に関する所有者の通行承諾の有無およびその具体的内容について、本件売買契約の成立前に正確に告知する義務があったものというべきである。

しかるに、Y_1はZ所有地の通行に関する承諾書 (ほぼ無条件の通行が保証さ

れた内容）の見本をXに交付し，本件売買契約が成立すればZ所有地については通行承諾書をもらう旨の回答をしたのみで，当該通行承諾には何らかの条件が付くという説明を全くしなかった。そして，本件売買契約成立後Zから得られた承諾は次の内容のものであった。

① Z所有地は，Zが駐車場および専用通路として使用しているので，その使用に迷惑のかからない範囲でZ所有地の利用を認める。

② 本件不動産とZ所有地の境界にあるゲートや塀は，本件不動産内に入れるか収去する。

③ 承諾の同意書はX一代限りとする。

Zの譲歩は上記内容以上には望めず，しかも現時点におけるZの使用状況も，Z所有地に常時2台の自動車を駐車し，そのうち1台をZ所有地から公道への入口部分に駐車し，もう1台をZ所有地の奥に駐車している状態で，結局Xが本件カーポートからZ所有地を通って自動車を自由に公道に出すことは見込めないものであるから，Y_1が上記義務に違反したのは明らかであり，これによりXの被った損害を賠償する責任がある。

(2) 不法行為責任に関して

宅地建物取引業者は，「重要な事項について故意に事実を告げず，又は不実のことを告げる行為」や，「当該契約の目的物である宅地又は建物の将来の環境又は交通その他の利便について誤解をさせるべき断定的判断を提供すること」が禁止されている（宅建業法第47条第1号，第47条の2第3項，同法施行規則第16条の7第1号イ。なお，同法第65条第2項第2号，第80条参照）。

本件カーポートから公道への出入りに必要なZ所有地の使用の可否も，「重要事項」ないし「建物の利便に関する事項」に該当すると解され，当該禁止規定に違反して他人に損害を与えた場合は取締法規違反として不法行為責任を負う。

しかるに，Y_1の従業員であるY_2は，Y_1の事業の執行につきZ所有地についてXが自由に通行することについての承諾が得られる見込みが全くないか，少なくともそのような通行承諾を得られる確証がないにもかかわらず，本件売

買契約締結前にこれがあるようにXに告知し，誤解を与え，Xをして本件売買契約を締結に至らしめ，Xに損害を与えたものである。

したがって，Y_1は民法第715条により，Xに対し損害賠償責任を負う。

2. 被告の主張

(1) 債務不履行責任に関して

Xの購入した本件不動産の前面道路は公道（市道）であり，本件不動産そのものへの出入りについては何の支障もないから，X主張のZ所有地の利用は宅建業法第35条第1項所定の重要事項には該当しない。

Y_2はXに対し，Z所有地の無条件の通行が確保されると告げたことはないし，また無条件の通行が確保できるように告げたこともない。

そもそも，土地の形状や所有関係からして，XがZ所有地を無条件で自由に利用できることはあり得ず，そのことはXも容易に知り得る状況にあったのであるから，Y_1にはX主張の説明義務はない。

なお，Y_2が承諾書の見本をXに交付したことは確かであるが，これはあくまでも参考にすぎない。また，その内容は本件売買契約書等に明示されておらず，Y_1がZ所有地の自由使用を保証したわけでもない。Y_1の担当者としてはZ所有地の通行承諾を得る上で相応の努力をしたものであり，Xがあくまでも自由使用にこだわるためにZとの調整がつかないものであるから，Y_1が責任を問われるいわれはない。

(2) 不法行為責任に関して

本件売買契約の決済時において私道に関する確認文書の準備ができていないことが判明したが，その際当該文書は本来売主側の仲介業者が取得すべきことが説明され，当該業者も不手際を謝罪し，以後もその責任において取得する旨が説明されてXもこれを了解したものであるから，これによりY_1の責任は免除された。

●裁判所の判断●

　被告の責任に関する裁判所の判断は以下のとおりである。
　(1) 不動産売買の仲介業者は不動産の売買等の法律行為を媒介することを引き受けるものであり，仲介契約は事実行為たる媒介の性質に照らせば準委任契約に該当する。このため，仲介業者は一般に不動産取引について専門的知識と経験を有するものとして，依頼者その他取引関係者に対し信頼を旨とし誠実にその業務を行い，委任事務である仲介業務の処理に当たっては準委任の本旨に従い善良な管理者の注意をもってこれを処理することを要する（民法第644条，第656条）。
　したがって，宅地建物取引業者としては仲介契約の本旨に従い善良な管理者の注意をもって，売買契約が支障なく履行され，売買当事者双方がその契約の目的を達成し得るよう配慮する義務を有している。そして，本件カーポートの利用に関するZ所有地の通行権の有無は，本件の土地の位置・形状に照らせば本件カーポートの利用価値に直結するものである。しかも，本件においては依頼者であるXから本件カーポートの使用の必要性を強調されて媒介の依頼を受けているのであるから，通行権の有無はXが本件不動産を購入するか否か，ないしその購入代金はいか程にするか等の決定に重大な影響を及ぼすことが明らかであり，またY_1にとってその調査確認も容易である。してみれば，Y_1としては当該事項が直ちに宅建業法第35条第1項各号の重要事項に該当しないとしても，同法第35条第1項第3号に準じるものとして，Z所有地の通行権の有無およびその具体的内容等についてXに説明する義務があると解するのが相当である。
　そうであれば，Y_1の従業員であるY_2は本件売買契約の仲介をするに当たって，Z所有地の通行権の有無に関して何ら詳細な調査を行うことなく，従前のZ所有地の利用形態からして簡単に通行の承諾が得られるものと軽信し，Xにほぼ無条件の通行承諾書の見本を示し，あたかも同様の内容の通行の承諾が得

られるかのような説明をしたにすぎない。しかし，結果的に，ZはXに本件カーポートのゲートや塀の撤去の要求をした上，従前のZ所有地の利用形態を変更し，自らの自動車等の利用を優先させ，それに支障のない範囲でしか自動車の通行を認めないという態度を示している。このため，Y_2に上記の点につき民法第709条の過失があるのは明らかであり，Y_1はXに対して民法第715条の責任を負うといわざるを得ない。

(2) Y_1は，土地の形状や所有関係からして，XがZ所有地を無条件で自由に利用できることはあり得ず，そのことはXも容易に知り得る状況にあったのであるから，Y_1にはX主張の説明義務はない旨主張している。しかしながら，Zは従前所有する2台の自動車をいずれもZ所有地の奥に駐車し，本件カーポートの利用に特段支障のない利用を行っていたのであり，Y_2が見本としてXに交付した通行承諾書の対象の土地の地目が公衆用道路であり，Z所有地の地目が宅地という違いがあるとしても，不動産売買の専門家ではない一般人であるXがZ所有地の利用の制限を容易に知り得たとは到底いえないというべきであり，Y_1の主張は採用できない。

(3) また，Y_1は，Zが従前のZ所有地の利用形態を変更したのはXがZ所有地の自由な使用に固執するなどしたためであり，Xの責任によるものである旨主張している。しかしながら，XがZ所有地の使用に関して直接Zと交渉した形跡はないし，Zは，X個人とは無関係に本件不動産の所有者が変わったことを契機としてZ所有地の利用形態の変更をしたとの意向を表明している。したがって，Z所有地の利用ができないことにつき特段Xに責任があるとは解されず，この点に関するY_1の主張も採用できない。

なお，Xは，本件売買契約の代金決済後のY_2を通じたZとのZ所有地の通行権の交渉に際し，Z側の提案を拒絶していることが認められる。そして，Xとしては，Zが従前のZ所有地の利用形態を維持し，Zが本件カーポートを利用するにつき特段の制限がないと信じて本件不動産を購入したにもかかわらず，Zは当初からZの優先的な利用を前提に，さらに本件不動産内のZの通行確保などの実質的にZ所有地の通行の対価ともいうべき要求をしているの

であるから，Xがこれに応じないからといって責められる筋合いではない。

(4) さらに，Y_1は，通行承諾書は売主側の仲介業者であるA社がその責任において取得することにつきXも了承した旨主張している。しかしながら，XはY_1と本件媒介契約を締結し，本件売買契約締結や代金決済に至るまでの間，専らY_2とのみ交渉していたのであり，通行承諾書の見本自体もY_2から交付を受けていたのである。したがって，Z所有地の通行承諾書の取得というXにとっての重大な関心事を，契約関係もなく信頼関係の薄い売主側の仲介業者に委ねるとは到底考え難く，他にXによる責任免除を認めるに足りる的確な証拠はない。

以上のとおり，本件を審理した裁判所は詳細な事実認定を行った上で，媒介業者であるY_1の使用者責任を認め，原告（X）の請求を認容した。

なお，ここでは次の事項が指摘されている点に本件判決の特徴がみられる。

① 本件カーポートの利用に関するZ所有地の通行権の有無は，本件土地の位置・形状に照らせばその利用価値に直結するものであること。

② Y_1は，Xから本件カーポートの使用の必要性を強調されて媒介の依頼を受けているため，通行権の有無はXの本件不動産購入と購入代金の決定に重大な影響を及ぼすことは明らかであること。また，媒介業者であるY_1にとっては上記の通行権の有無の調査や確認が容易であることを鑑みれば，Z所有地の通行権の有無と具体的内容につきXに説明する義務があると判示している点にも裁判所の考え方が鮮明に表れている。

《判例から読み取る調査上の留意点》

1. 通行権原の調査

本ケースにおいては，売主が従来から自動車による通行を認められてきた隣接地（第三者所有地）につき，それがどのような権原に基づくものであったか

が最大の論点となる。その状況により，本件不動産を購入した買主も引き続き同条件で通行が可能か否かが決まってくるからである。このような意味で通行権原の有無の確認はきわめて重要であり，物件調査の際には目に見える通行形態だけでなく，目に見えない権利態様も含めて十分な確認が求められる。

本件判決において，媒介業者に通行権原の有無に関する説明義務違反が問われ，買主に対する損害賠償責任（使用者責任）が課されたのも，媒介業者がこの点に関する調査確認を怠ったことに端を発している。

ところで，一般論として考察した場合，本件のような袋地状の位置に土地建物の所有権を有し，公道に至るまで他人の土地を通行している者は何らかの通行権原に基づくか，（通行権原までには至らないものの）通路の所有者が通行を好意的に認め（あるいは黙認）しているものと考えられる。そこで，本件についても，従前から他人の土地を自動車で通行していた売主が上記のいずれの形態に基づき通行していたのかを確認する必要がある。

ちなみに，袋地の所有者が隣接地の通行を認められているケースとしては，次の形態が考えられる。

(a) 通行地役権または地上権に基づく場合
(b) 囲繞地（袋地）通行権に基づく場合
(c) 通路所有者との間に通行を目的とする債権契約（賃貸借契約または使用貸借契約）が締結されている場合
(d) 通行権原のような権利は何ら存せず，通路所有者が好意で通行を認めている場合
(e) 当該通路が私道であるものの，建築基準法上の道路として扱われている場合

本件の場合，判決内容に照らし，どの形態に該当すると考えればよいであろうか。

(1) 上記(a)との関連

自己の土地（要役地）の便益のために他人の土地（承役地）を通行できる権利を通行地役権と呼ぶが（民法第280条），これが認められるためには，本件不

動産の売主と通路所有者との間に，売主の土地（要役地）の便益のために通路所有者の土地（承役地）を通行目的に供する旨の地役権設定契約が締結されていることが必要である（原則）。このようにして設定された通行地役権は登記がなされていれば第三者対抗要件を備えるため，通路所有者が変更になった場合でも地役権者は新しい所有者に通行地役権を主張することができる。

　ただ，現実には当事者間で最初から地役権設定契約が締結されているケースはむしろ少ない。そして，裁判によって通行地役権が認められた場合でも，それが明確な約束に基づくもの（明示）ではなく，従来から通行の事実があり当該土地の所有者もこれを黙認してきた（黙示による通行地役権の設定）というケースが多い。さらにそれだけでは地役権成立の要件をなさず，この他に通路の外観を備えており，通行権が設定されていることが合理的であると認められる場合に限るなど厳格に解されている(注1)。

> （注1）　東京高裁昭和48年6月28日判決（判例時報714号），東京地裁平成16年4月26日判決（判例タイムズ1186号），東京地裁平成2年10月29日判決（判例タイムズ744号）など。

　以上の趣旨を本件判決に照らした場合，通行地役権の有無に関する原告および被告双方の主張はなされておらず，この点が争点とはなっていない。

　また，理論的には通路部分への地上権設定により通行権を取得する方法も考え得るが，通路部分の所有者が他人の通行の便に供するためこのような強力な権利を設定することは現実に考え難い。

　(2)　上記(b)との関連

　次に，囲繞地（袋地）通行権との関連であるが，ある人の土地が他の土地に囲まれて公道に通じない袋地である場合，その土地を囲んでいる他の土地（囲繞地）を通行することができる（民法第210条）。ただし，通行の場所および方法は，通行権者のために必要であり，かつ，他の土地のために損害が最も少ないものでなければならない（民法第211条）。

　本書の執筆に当たって参照した資料（判例時報1719号117〜122頁）には図面が添付されていないため，詳細な状況を把握することはできないが，本件判決

のなかでも当該通路部分につき囲繞地通行権の有無に関する原告および被告の主張はなされていないことから，当該権利に基づく自動車での通行形態は論点の対象となっていない。

(3) 上記(c)との関連

通路所有者との間に通行地役権の設定がなく，囲繞地通行権のような権利が発生していない場合でも，通路所有者との間に通行を目的とする賃貸借契約または使用貸借契約（これらを総称して債権契約と呼ぶ）が締結されている場合には，賃借人または使用貸借により土地を借り受けた者は当該通路を通行することができる。

改めて述べるまでもなく，貸借の際に対価（賃料）を伴うものであれば賃貸借契約（民法第601条）に該当し，無償の場合には使用貸借契約（同法第593条）に該当する。

当該土地の通行を目的とした債権契約が賃貸借契約であると使用貸借契約であるとを問わず，利用権者は契約期間内において独占的な利用（通行）をすることができる。しかし，これらの債権契約は契約当事者間においてのみ拘束力があるにすぎず，通路の所有者に変動があった場合には利用権者は通行権を対抗できないという結果が生ずる（建物所有を目的とする土地の賃借権のように借地借家法（旧借地法）の保護を受けないからである）。

これらの権利との関係を本件に照らして検討した場合，本件においては通路所有者との間の賃貸借契約または使用貸借契約の締結の有無につき何ら話題となっておらず，この点に関する原告および被告の主張もなされていない（また，本件不動産の売主が，隣接地所有者との間で賃貸借契約または使用貸借契約を締結していたという事実の記載もない）。このため，本件における通行をめぐる紛争もこれらの契約形態に基づくものではないと推察される。

(4) 上記(d)との関連

通行形態が通路所有者の好意に基づく場合，本件不動産の売主のように従来から他人の土地を自動車で通行していた者は何らかの権利に基づいて他人の土地を通行していたわけではない。それはあくまでも通路所有者の好意によるも

のであり，仮に長期間にわたり通行が認められてきたといっても，それが慣習法上の権利にまで高められてきたと考えるには無理が生ずる。

　囲繞地通行権や通行地役権は，その成立に厳格な要件を要求しており，それとのバランスからみても慣習法上の通行権の成立を安易に認めることはできない。実体法上の通行権が認められず，かつ慣習法上の通行権も認められない場合には，その通行は好意通行といわれる事実上の通行形態にすぎないので，閉鎖されても，それが権利の濫用となる場合を除いて，通行できなくなるのは止むを得ないというべきである(注2)。

(注2)　安藤一郎『私道のトラブルＱ＆Ａ（第2版）』108頁，三省堂，2006年4月。
　　　なお，通行形態が好意通行と判定された事例としては，札幌地裁昭和50年12月23日判決（判例タイムズ336号），京都地裁昭和58年7月7日判決（判例タイムズ517号）等がある。

　本件の場合，隣接地所有者との間で問題となったのは通行承諾書の取得の可否をめぐるものであり，また，通行承諾書の内容に関しても，それが決して賃貸借契約等の債権契約までも意味するものではなく，ここに取り上げている好意通行にきわめて近いものであると思料される。このため，本件における通路の所有者が，「（本件不動産の）前の所有者は先に住んでいたので既得権として何も言えなかったが，今回所有者が替わったので，これを機会に自分が専用に使いたい。」といって，通路と公道を往来する個所を遮る位置に自家用車を駐車させたとしても，それが（状況から判断して）権利の濫用に該当しない限り，本件不動産の買主は従来の通行形態を隣接者に主張しても認められないということになる。

　したがって，このような結果の到来を予期しつつ通行権原の調査を慎重になすべき義務が媒介業者に課せられていたにもかかわらず，通行承諾書の取得を安易に考え，あるいはこれが取得できる見込みもなしにその事実を買主に説明せず，本件不動産の売買を進めた媒介業者の責任が問われたものである。本件のようなケースに遭遇した場合，調査に当たっては特にこの点の配慮が求められる。

(5) 上記(e)との関連

　当該通路が私道であっても，位置指定道路のように建築基準法上の道路として扱われている場合には，本件不動産の買主を含めた一般人の通行の用に供することが求められているため，通路の所有者といえどもこれを拒むことはできない。しかし，本件の場合にはこれに該当する旨の事実関係の記載は一切なく，また，原告および被告の双方からこれに関する主張は行われておらず，論点の対象ともされていない。

　以上の考察により，本件においては上記(d)との係わりが重要性を帯び，その結果いかんが本件不動産の利用方法や売買価額に相当の影響を与えるため，実務上慎重に調査を行うべきである。

　なお，不動産（それも建物の敷地に供されている部分。いわゆる有効宅地）の価値という側面から検討した場合，上記(e)のように宅地に接面する道路が建築基準法上の道路として扱われている場合は別とし，他人の土地を通行して道路に至るケースでは，通行権原の強弱に応じて宅地の価値も影響を受けるのが通常である。本項で取り上げている事例の場合，通行権原のような権利は何ら存せず，通路所有者が好意で通行を認めているケースに該当することから，この通行形態を前提とする宅地の価値も相対的に低くなる。その反面，通路部分に通行地役権が設定されている場合には，宅地の価値は相対的に高くなる。

　その中間にあるのが債権契約（賃貸借契約または使用貸借契約）による通行の場合である（ただし，賃貸借契約による場合の方が使用貸借契約による場合と比べて，権利の安定性という点から宅地の価値は高くなる）。

　囲繞地（袋地）通行権のような法定通行権の場合は，通行権原の確保という点では安定しているといえるが，その形態は様々であり，宅地の価値に与える影響もケースによって異なると考えられる（ただし，賃貸借契約または使用貸借契約のように利用契約の締結が前提とされているわけではないため，宅地の価値もこれらを前提とした場合を超えることはないであろう）。

2. 重要事項説明との関連

　本件の特徴として指摘し得ることは，媒介業者が依頼者（原告）からカーポートの使用の必要性を強調されて媒介の依頼を受けている点にある。このため，通行権の有無は，原告が本件不動産を購入するか，そして購入代金をどの程度にすべきか等の決定に重大な影響を及ぼすことが明らかであることは本件判決も指摘するとおりである。また，媒介業者であればこの点に関する的確な調査能力を備えるべきであり，さらに本件についても通行権の有無に関する調査確認は十分になされたものと推察される。

　本件売買の背後に潜むこのような事情を斟酌した場合，本件判決も指摘するとおり，通行権の有無およびその内容に関する事項が下記に掲げるとおり直ちに宅建業法第35条第1項各号の重要事項に該当しないにしても，同法第35条第1項第3号等に準ずるものとして（＝不動産の利用に関して必要な私道の使用が制限されている場合も含めて），これらの内容を媒介業者から本件不動産の買主に説明すべき義務があったものと思われる。

○宅地建物取引業法

（重要事項の説明等）

第35条　宅地建物取引業者は，宅地若しくは建物の売買交換若しくは貸借の相手方若しくは代理を依頼した者又は宅地建物取引業者が行う媒介に係る売買，交換若しくは貸借の各当事者（以下「宅地建物取引業者の相手方等」という。）に対して，その者が取得し，又は借りようとしている宅地又は建物に関し，その売買，交換又は貸借の契約が成立するまでの間に，取引主任者をして，少なくとも次に掲げる事項について，これらの事項を記載した書面（第5号において図面を必要とするときは，図面）を交付して説明をさせなければならない。

　一　当該宅地又は建物の上に存する登記された権利の種類及び内容並びに登記名義人又は登記簿の表題部に記録された所有者の氏名（法人にあっては，その名称）

二　都市計画法，建築基準法その他の法令に基づく制限で契約内容の別（当該契約の目的物が宅地であるか又は建物であるかの別及び当該契約が売買若しくは交換の契約であるか又は貸借の契約であるかの別をいう。以下この条において同じ。）に応じて政令で定めるものに関する事項の概要

三　当該契約が建物の貸借の契約以外のものであるときは，私道に関する負担に関する事項

四　飲用水，電気及びガスの供給並びに排水のための施設の整備の状況（これらの施設が整備されていない場合においては，その整備の見通し及びその整備についての特別の負担に関する事項）

五　当該宅地又は建物が宅地の造成又は建築に関する工事の完了前のものであるときは，その完了時における形状，構造その他国土交通省令・内閣府令で定める事項

六～十四　（略）

2～5　（略）

　以上の点を踏まえた場合，通行権の有無およびその内容に関する調査を行った結果を重要事項説明書に明記しておくことが是非とも求められる。

5. 埋設管等の他人の土地利用

> 隣人と共有共用の排水管および浄化槽が地中に埋設されていた土地建物の売買において，瑕疵担保責任を限定する特約を排除して売主の瑕疵担保責任が認められた事例（東京地裁平成16年10月28日判決・判例時報1897号22頁）

　不動産取引を行う際，宅地建物取引業者が媒介（仲介）に関与する場合には，契約に先立ち宅地建物取引主任者に重要事項説明が義務付けられることはもちろんであるが，その中の項目の一つに当該土地の上水道，下水道等の整備の状況がある。そして，これらが整備されている場合には，前面道路に埋設されている上下水管の状況（経路や管径）を市町村役場等で調査の上，埋設管図面を入手して重要事項説明書に添付しているのが通常である。

　ところで，上水道に関してはともかく，下水道についてはこれが整備されていない地域（下水道処理区域外）も多く，このような地域では浄化槽を設置して排水処理を行っている場合が多い。

　通常の場合，排水管は個々の建築物の敷地から直接前面道路に至る形で埋設されているが，なかには他人の土地にまたがって埋設されていることもある。

　本項で取り上げる事例もこれに該当するものであり，隣人と共有共用の排水管および浄化槽が地中に埋設されていた土地（古家付き）に関し，買主がこれを知らず（売主および媒介業者からも告げられず）に売買契約を締結したことが発端となって紛争に発展したものである。

5. 埋設管等の他人の土地利用　　415

●事案の概要●

1. 事案の要旨

　本件は，土地建物の買主であるX（原告。宅建業者）が，売主Y（被告）に対し，売買物件に隠れた瑕疵があったとして，瑕疵担保責任または債務不履行責任（信義則上の告知義務違反）に基づき，被った損害の賠償（土地分譲代金下落分，分譲が遅れたことにより合意解約せざるを得なくなった本件土地の転売契約の解約違約金その他）の支払いを求めて争った事案である。

　その際，Yは瑕疵の存在を争った上で，本件売買契約には瑕疵担保責任を免除する旨の特約が存在したこと，瑕疵の存在についてXに悪意または過失があったこと等を主張していた。

2. 事実関係の概要

　(1) 買主X（原告）は，不動産の売買，仲介等を業とする株式会社である。
　(2) Xは，平成14年2月11日，売主Y（被告）との間で次の約定のとおり，宅建業者Aの媒介により本件不動産を買い受ける旨の売買契約（以下，「本件売買契約」という）を締結し，同日，Yに対し手付金として200万円を支払った。

　① 売買代金　7,200万円
　② 残金支払日　平成14年5月31日
　③ 引渡日　同日
　④ 違約金　売買代金の20％相当額

　契約の際，XとYは，本件不動産を現状有姿のまま売買することに加え，売主の瑕疵担保責任を一定の事項に限定する旨の特約につき合意した（一定の事項の中には，後掲のとおり本件排水管に関する内容は含まれていなかった）。
　(3) Xは，平成14年3月23日，B（顧客）との間で，本件土地の一区画を

代金4,320万円，手付金50万円，引渡日同年9月末日との約定の下，建築条件付で売買する旨の契約を締結した。

(4) XとYは，平成14年5月30日，残金支払日および引渡日を同年6月7日と変更することを合意した。

(5) Xは，平成14年6月7日，Yに対し，残金7,000万円および平成14年度分固定資産税および都市計画税分担金10万6,165円合計7,010万6,165円を支払った。Yは，Xに対し，本件不動産を引き渡した。

(6) 後日の調査により，本件土地には中央部を横切る形でYと隣接土地所有者でYの弟であるZの共有共用の排水管が埋設され，かつ，Zの所有地にまたがる形で共有共用の本件浄化槽が埋設されていたことが判明した（そのイメージ図は**資料**を参照）。

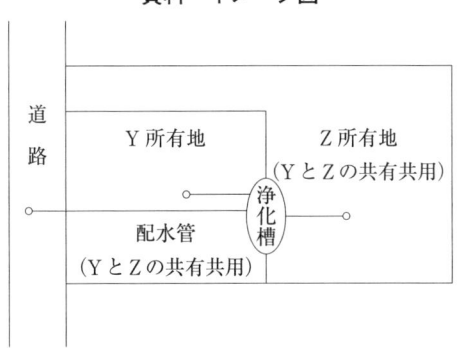

資料　イメージ図

```
道路 │  Y所有地      │ Z所有地
     │               │ （YとZの共有共用）
     │    ○──浄化槽──○
     │    配水管     │
     │（YとZの共有共用）│
```

(注) 参照した資料には図面が添付されていないため，あくまでもイメージ図である（Y所有地およびZ所有地はもともと一体の土地であったが，相続時に分割された経緯がある）。

なお，本件排水管等は地中に埋設されていたことから，地表面からそれらの存在を認識することはできず，本件不動産についての重要事項説明書等には本件排水管等が共有共用であることは記載されておらず，媒介業者Aからもその旨の説明がなかった。また，Zは本件排水管等の撤去に反対していた。

(7) Xは，本件土地内に隣地所有者と共有共用の排水管等が存在したこと

により，予定した工期によって建売住宅の分譲を行うことができなくなったと判断し，平成14年7月1日，Bとの間で手付金倍返しとして100万円を支払うことで売買契約を合意解除した。

(8) Xは，本件排水管等の存在により売買の目的を達成することができなくなったと判断し，平成14年7月15日，Yに対し本件売買契約を解除する旨通知した。

(9) その後，Yは，本件紛争解決のため，自己の費用負担で本件排水管等の撤去工事を実施した。また，XはZに対し，媒介業者としての責任を追及したところ，Zは調査不足であったことを認め，Xに対し受領済みの仲介手数料を返還した。

(10) Xは，Yの瑕疵担保責任または債務不履行責任（信義則上の告知義務違反）を拠り所として，Yに対して損害賠償請求を行った（その内訳は後掲のとおり）。

●当事者の主張●

1. X（原告）の主張

(1) 本件排水管および本件浄化槽は，地下に埋設されているものであって，地表面を見ただけではその存在を把握することは困難であり，本件排水管等の存在を知ることはできなかった。さらに，本件排水管および本件浄化槽は，隣地所有者であるZが現に使用しているものであって，Zの承諾なくしては撤去できないものである。したがって，本件排水管等の存在は民法第570条の隠れた瑕疵に当たるというべきである。

(2) 本件売買契約には，本件不動産を現状有姿のまま売り渡す旨の文言が存在するが，それによって瑕疵担保責任を免除する旨の特約があったと解することはできない。

仮に，上記特約があったと解することができたとしても，Yは，本件排水

管等の存在を知っていたにもかかわらず，それをXに告げなかったものであるから，瑕疵担保責任を免れることはできない。

(3) Xは，Yに対し，瑕疵担保責任に基づく損害賠償（民法第570条）または債務不履行責任に基づく損害賠償（同法第415条）として以下の金額の支払いを請求する。

① 本件土地の分譲代金の下落分　2,810万円

② B邸の解約違約金　50万円

　本件排水管等の存在が原因でBとの売買契約を合意解除せざるを得ない状況となり，その際支払った手付金倍返しの金員がXの被った損害となる。

③ 本件建物の火災保険料　1万9,000円

　本件排水管等の存在の問題がなければ，Xは当初の予定に従い本件不動産の引渡後速やかに本件建物を取り壊すことができた。しかし，Xが本件売買契約解除の意思表示をした後にYからこれを争う旨の主張がなされたため，短期間ではあるが火災保険を付保したものである（本来であれば当該保険料を支払う必要はなかった）。したがって，当該保険料は本件不動産に瑕疵があることを知っていたならば被ることがなかったであろう損害（信頼利益）に当たる。

④ 銀行金利負担分　220万7,629円

　工事が遅延したため負担せざるを得なかった平成14年6月分から平成15年5月分までの銀行金利がXの被った損害となる。

⑤ 本件土地の固定資産税および都市計画税　18万4,200円

　本件土地について支出した平成15年度の固定資産税および都市計画税がXの被った損害となる。

2．Y（被告）の主張

(1) 本件浄化槽の存在は容易に認識できるのであるから，隠れた瑕疵には該当しない。

(2) XとYは，本件売買契約において，本件不動産を現状有姿のまま売り渡すことを合意し，売主の瑕疵担保責任を免除する旨合意している。

(3) Xは，不動産の売買，仲介等を業とする株式会社であるから，本件売買契約締結に際し，現地を見分していないはずがなく，本件排水管等の存在を看過するはずがない。実際，仲介業者Aは，本件売買契約締結前後にわたって立入調査を行っており，当然Xに報告していたはずである。

(4) 本件売買契約の目的物は，特定物である本件不動産である。債務の本旨における履行は本件不動産の引渡しであるから，Yに債務不履行はない。

(5) 仮に，本件排水管等の存在の問題が隠れた瑕疵に当たるとしても，Xに損害は発生していない。すなわち，損害賠償の範囲は信頼利益の範囲に限定されることは確定した判例である。そして，信頼利益とは，相手方が瑕疵のないものについて売買契約が完全に成立したと信頼したために被った損害であり，具体的には，買主が負担した代金額から売買契約当時において瑕疵のある目的物の客観的取引価格を控除した残額である。本件でいえば，本件排水管等の撤去費用ということになるが，Yはすでに同費用を負担し，撤去工事を終了させている。したがって，Xに生じた損害はすでに回復されている。

●裁判所の判断●

本件判決の争点は，次の3点である。
(1) 本件売買契約には隠れた瑕疵があったか否か。すなわち，隣地所有者ZとYの共有共用の排水管と浄化槽の存在が隠れた瑕疵に該当するか。
(2) 売主の瑕疵担保責任を免除する特約がある場合，買主は売主の責任を一切追及することができないか。
(3) 売買契約に隠れた瑕疵があった場合，瑕疵担保責任に基づく損害賠償の範囲はどこまでか。

上記争点に関する裁判所の判断は，以下のとおりである。

1. 争点(1)に関して

Xは，次の理由により，本件排水管および本件浄化槽が隣地所有者Zと共有共用であることを知らなかった。

① 本件排水管等は地中に埋設されていたことから，地表面からそれらの存在を認識することはできなかったこと。

② 本件不動産についての重要事項説明書等には本件排水管等が共有共用であることは記載されておらず，媒介業者Aからもその旨の説明がなかったこと。

これらに加え，Zが本件排水管等の撤去に反対していること等を考慮すれば，本件排水管等の存在は民法第570条にいう隠れた瑕疵に当たると解するのが相当である。

2. 争点(2)に関して

① 本件売買契約の契約書には，売主が買主に本件不動産を現状有姿のまま引き渡すことを前提に，売主が負う瑕疵担保責任の範囲を雨漏り等一定の事由に限定する旨の本件特約が記載されていたことが認められる。このことからすれば，XとYは，本件特約において売主が瑕疵担保責任を負う場合を一定の場合に限定することを合意したものと解するのが相当である。そして，本件特約の内容に照らすと，Yは，Xに対し，本件排水管等の存在について瑕疵担保責任を負わないものと解される。

しかし，民法第572条は，売主が瑕疵担保責任を負わない旨を特約した場合であっても，瑕疵の存在を知りながらそれを告げなかった場合は責任を免れない旨規定している。

② 上記趣旨を本件に当てはめた場合，次の理由によりYに瑕疵担保責任を認めることができる。

　(イ) Yは本件排水管等の存在を知らなかったと主張しているが，自己の所有する家屋の浄化槽がどのような状態となっているか，その費用

がどの程度かかっているか等は，通常，重要な関心事であるはずである。

(ロ)　また，Yの浄化槽の維持管理費用の支払いに関する供述が非常に不自然かつ不合理であること。

(ハ)　隣地所有者のZは本件排水管等が共有共用であることを知っていたこと，そして少なくとも同人はYとの間で本件浄化槽等に関する費用の問題をかねてからの懸案事項と位置付けてきたこと。

(ニ)　Zは本件売買契約締結以前からYに対し，自分の承諾なくしては本件土地を売ることはできないと公言していたこと。

(ホ)　上記のことから，Yは，少なくとも本件浄化槽がZとの共有共用であった事実を知っていたものと推認することができ，それを本件売買契約締結時にXに告げなかったものと認められる。したがって，Yは本件特約によって瑕疵担保責任を免れることはできない。

3. 争点(3)に関して

特定物の売主の瑕疵担保責任に基づく損害賠償の範囲は，目的物に不完全な点がなかったならば買主が得たであろう利益（履行利益）を失ったことによる損害には及ばず，買主が目的物に不完全な点があることを知ったならば被ることがなかったであろう損害（信頼利益）に限ると解するのが相当である。

Xの主張する損害につき，上記趣旨を当てはめて検討した結果は以下のとおりである。

① 本件土地の分譲代金の下落分

　これは，本件不動産に瑕疵がなかったならば得られたであろう利益（履行利益）を失ったことによる損害である。したがって，YはXに対し，民法第570条に基づく瑕疵担保責任を負わない。

② B邸の解約違約金

　Xは，本件排水管等の存在により予定どおりの分譲ができなくなったと判断し，50万円の手付金を倍返ししてBとの契約を合意解除したこと

が認められる。これは，本件土地建物に瑕疵があることを知ったならば被ることがなかったであろう損害（信頼利益）であり，民法第416条第2項にいう特別事情による損害に当たると解される。

　　したがって，YはXに対し，この点に関し民法第570条に基づく瑕疵担保責任を負わなければならない。
③　本件建物の火災保険料

　　本件排水管等の存在の問題がなければ，Xは当初の予定に従い本件不動産の引渡し後速やかに本件建物を取り壊すことができた（本来であれば当該保険料を支払う必要はなかった）。したがって，当該保険料は本件不動産に瑕疵があることを知っていたならば被ることがなかったであろう損害（信頼利益）に当たると解するのが相当である。
④　銀行金利負担分

　　Xは，平成14年6月7日から1年以内に本件土地を転売する予定で本件売買契約を締結し，当初から本件借入れをすることを予定し，それに合わせて弁済期を1年後としたこと。これらのこと等から判断し，当該銀行金利の負担は，本件不動産に瑕疵があることを知ったならば被ることがなかったであろう損害に当たるということはできない。したがって，YはXに対し，この点に関し民法第570条に基づく瑕疵担保責任を負わない。
⑤　本件土地の固定資産税および都市計画税

　　Xとしては，当初から本件土地を1年程度は所有する考えであったことが認められる。そして，Xが本件排水管等の存在の問題がなくとも平成15年1月1日時点における本件土地の所有者として上記固定資産税等を支払ったこと等を考慮すれば，当該負担が本件不動産に瑕疵があることを知ったならば被ることがなかったであろう損害に当たるということはできないと解される。

　　したがって，YはXに対し，この点に関し民法第570条に基づく瑕疵担保責任を負わない。

《判例から読み取る調査上の留意点》

　不動産取引においては，冒頭にも述べたとおり，対象不動産の上水道および下水道等の整備の状況等を宅建業者が重要事項として買主に説明することが不可欠となっている。

　ちなみに，宅建業法第35条第1項第4号には，重要事項説明項目の対象として以下の内容が掲げられている。

　「飲用水・電気・ガスの供給並びに排水のための施設の整備状況（これらの施設が整備されていない場合においては，その整備の見通し，その整備についての特別の負担に関する事項）」

　そして，水道・電気・ガス等の供給施設，排水施設が未整備の場合でも，その整備の見通しや整備のための特別の負担につき説明しなければならないことは上記規定のとおりである。

　本件事例のように，隣地所有者との共有共用の排水管・浄化槽が存在しているという事実も維持管理費用の説明と合わせ重要事項として説明しなければならず，これを告知しない場合には宅建業法違反ということになる。

　ちなみに，（事実関係の概要の項では詳細を略したが）Yは隣地所有者のZから「自分の許可なく本件土地を売ることはできない」と言われたことがあったこと等から，媒介業者Aに対しその旨を伝え，Zとの間で問題がないかどうか確認することを依頼した。しかし，その後，YはAから本件不動産の浄化槽および排水管の状況について特に確認を受けず，その他特段の問題の指摘を受けなかった。そして，XはAから本件不動産について紹介を受け，購入を検討したところ，本件土地を三分割して建売または建築条件付きで転売すれば利益を上げることができるだろうと判断したことから，Aの仲介により購入することを決定したという経緯がある。

　このような経緯があることからして，媒介業者であるAに関しても，重要事項に該当する項目の内容を十分に調査しなかったことにつき問題があったも

のと認められる（事実，本件判決文に記載のとおりAは調査不足であったことを認め，Xに対し受領済みの仲介手数料を返還している）。

不動産の調査に当たっては，本件事例で取り上げた内容を念頭に置き，慎重な対応を心掛けたいものである。

次に，売主は瑕疵担保責任を負わないという特約がある場合でも，売主が瑕疵の存在を知りながらそれを買主に告げなかったときは（すなわち悪意の場合），その責任を免れることができないことに留意しなければならない。これは民法第572条に基づくものである。

○民法
（担保責任を負わない旨の特約）
第572条　売主は，第560条から前条までの規定による担保の責任を負わない旨の特約をしたときであっても，知りながら告げなかった事実及び自ら第三者のために設定し又は第三者に譲り渡した権利については，その責任を免れることができない。

さらに，瑕疵担保責任に基づく損害賠償責任の範囲は履行利益には及ばず，信頼利益の賠償に限定される。これに関しては調査上の留意点というよりも法的取扱いに係る問題であるため，本件判決文の記載の枠内に留めておくこととしたい。

6. 2項道路の指定処分の不存在

2項道路の指定処分が存在しないことの確認請求が棄却された事例（大阪地裁平成22年9月16日判決・判例自治346号80頁）

　建築基準法第42条第1項は道路について定義し，幅員が4m以上で，かつ同項第1号から第5号までのいずれかに該当する道を同法上の道路と呼んでいる。

　このように，建築基準法上道路としての扱いを受けるためには幅員が最低限4m確保されていなければならないが，例外的に，既存建築物に対する救済措置として同条第2項では，幅員4m未満のものでも一定の要件を満たす場合にはこれを道路とみなす旨定めている（これがいわゆる「2項道路」であり，「みなし道路」とも呼ばれている）。

○建築基準法
（道路の定義）
第42条　この章の規定が適用されるに至った際現に建築物が立ち並んでいる幅員4m未満の道で，特定行政庁の指定したものは，前項の規定にかかわらず，同項の道路とみなし，その中心線からの水平距離2m（前項の規定により指定された区域内においては，3m（特定行政庁が周囲の状況により避難及び通行の安全上支障がないと認める場合は，2m））。以下この項及び次項において同じ。）の線をその道路の境界線とみなす。ただし，当該道がその中心線からの水平距離2m未満でがけ地，川，線路敷地その他これらに類するものに沿う場合においては，当該がけ地等の道の側の境界線及びその境界線から道の側に水平距離4mの線をその道路の境界線とみなす。

上記のとおり，この章（＝建築基準法第3章）の規定が適用されるに至った際（いわゆる基準時であり，昭和25年11月23日時点を指す），現に建築物が立ち並んでいる道で，特定行政庁がこれを道路として指定することが要件となる。

調査対象となる道がこのような指定を受けていれば，道路の中心線から2m後退した位置が建物の敷地と道路との境界線とみなされる（敷地をこの位置まで後退させるという意味で，しばしば「セットバック」とも呼ばれる）。

そして，建替え時にはこの境界線を越えて道路側に建築物を建築することはできなくなるため，既存の建築物や工作物で道路側にはみ出している部分（セットバックの必要な部分）については，これを撤去しなければならない。

ところで，2項道路の取扱いが不動産の取引や鑑定実務に係わってくる多くのケースは，対象地の前面道路が2項道路に指定されていることにより，建替え時にどの位置まで後退が必要となり，その結果，有効宅地面積がどれほど減少するかということであろう。このため，建築基準法の条文（第42条第2項）上では，「この章の規定が適用されるに至った際現に建築物が立ち並んでいる幅員4m未満の道で，……」とは規定されていても，実務上はその意義を改めて振り返って考えることもないのが実情ではなかろうか（すなわち，2項道路に指定されている事実を所与として調査を進めているということである）。

そこで，本項では大阪地裁平成22年9月16日判決を基に，ある道が2項道路に該当するか否かを判断するための基準やその取扱い方を考察することにより実務の参考に資したい。

なお，本件判決は事実認定による判断部分が大きなウエイトを占めていることから，本項ではこれに係る記述は必要な範囲にとどめ，2項道路の性格やその特徴を把握するのに必要な部分を中心に取り上げることとしたい。

●事案の概要● （原告の主張を含む）

本件は，○○市に所在する本件土地（その概要は後掲）を所有する原告（X）が，被告○○市（Y）に対し，本件土地につき建築基準法第42条第2項に定

める道路（いわゆる2項道路）の指定処分が存在しないことの確認を求めた事案である。

1. 事実関係

参照した資料（判例自治346号80頁）には図面の添付がなく，本件土地の範囲や位置を図上で特定することができなかったため，文脈からとらえたイメージ図を**資料1**から**資料3**のとおり筆者の判断で作成した（詳細な状況は不詳であり，実際はこれと異なる可能性があるが，判決内容の理解を少しでも助けるために必要と考えたものである。このため，参考程度にとどめていただければ幸いである）。

(1) 基準時前後における本件土地の性状等

① 基準時において，本件土地付近には幅員2m程度の通路（以下，「本件通路」という）が存在していた。同通路の南側の土地の地面は周囲の土地よりも1mほど高くなっており，（本件通路の）(注1)北側には塀が設置されていた（イメージ図は**資料1**を参照）。

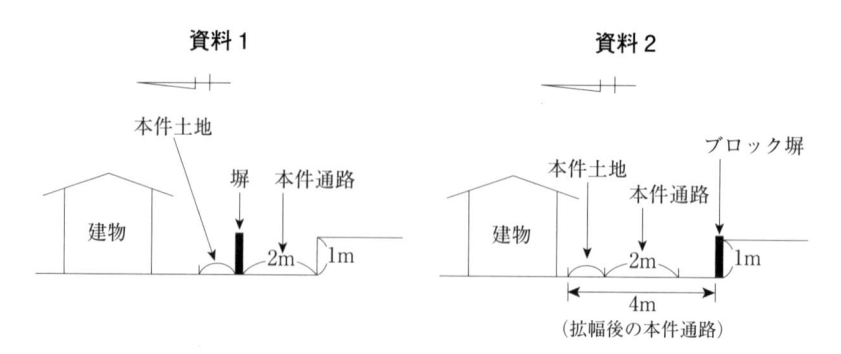

資料1　　　　　　　　　　　　　資料2

（資料1：建物／本件土地／塀／本件通路／2m／1m）
（資料2：建物／本件土地／本件通路／ブロック塀／2m／4m／1m／（拡幅後の本件通路））

（注1）（　）内は文脈から筆者の判断で挿入した。

本件通路の南側には建物が建っていなかったが，その北側ならびに東道および西道の両側には建物が立ち並んでいた。

② 本件通路は，遅くとも昭和20年頃には周辺住民の通勤，通学等のほか，郵便配達等にも利用されていた。同通路への侵入を妨げる障害物等は存在

せず，同通路の所有者も周辺住民らが同通路を通行することについて特段の異議を述べていなかった。
③ 昭和43年または44年頃，本件通路は拡幅され，その幅員は約4mとなった（イメージ図は**資料2**を参照）(注2)。

 (注2) これに続く文脈から判断し，その後（昭和51年度）に2項道路に指定された範囲は，幅員約4mに拡幅後の本件通路一体（この中に基準時の状態での「本件土地」が含まれる）であると推察される。

(2) 原告による31番2の土地取得後の経緯
① 原告は，昭和47年12月に31番2の土地の所有権を取得した。
② 昭和51年11月，31番2の土地から，その南側部分である31番10の土地が分筆され，同土地にはA_1が昭和50年1月29日付けの建築確認に基づき建物を建築した。
③ 原告は，昭和56年6月，上記②の分筆後の31番2の土地のうち，その南側部分を31番16の土地として分筆した。31番16の土地上には原告の子であるA_2名義の建物が建築された。
④ 原告は，平成3年頃，31番2の土地を造成し，その結果，同土地全体が周囲の土地とおおむね同じ高さとなった。
⑤ A_3は，平成18年3月，本件土地の北側に接する578番11の土地の所有権を取得し，同人の夫であるA_4は，同年12月，同年7月13日付けの建築確認に基づき，同土地上に建物を建築した。上記建築確認は，本件土地が2項道路に該当することを前提としてされたものであった。

 A_3は，平成19年4月，578番11の土地を有限会社Bに譲渡し，A_4は，同日，同土地上の建物を医療法人Cに譲渡した。
⑥ 原告は，31番2の土地の所有権を取得した後も，周辺住民が本件土地を通行することについて異議を述べることはなかったが，A_4が上記⑤の建物を建築したことを契機として，本件通路の中心線がどこに位置するかなどを巡って紛争が生じ，原告はA_4らを被告として損害賠償や上記⑤の建物の一部収去等を求める訴えを提起した（その後，取下げにより終了）。

6. 2項道路の指定処分の不存在　　429

資料3

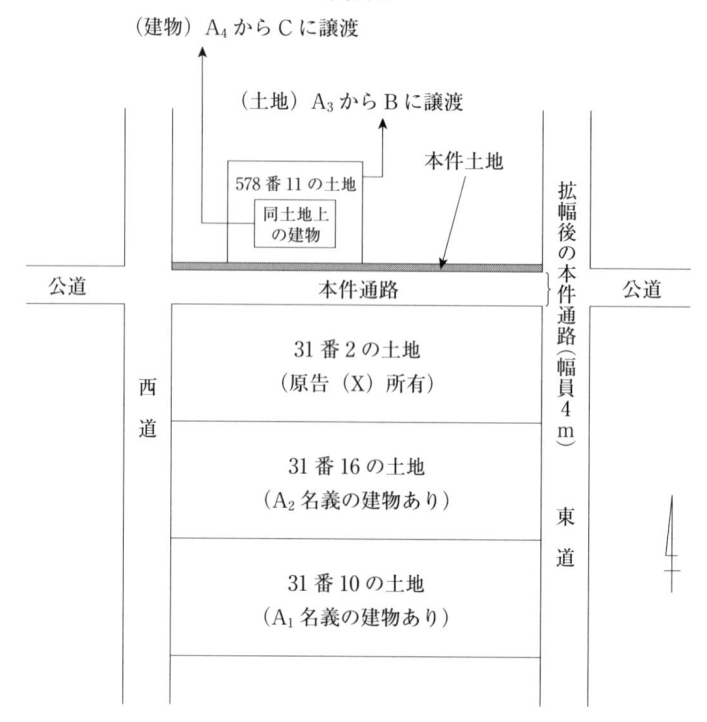

（建物）A₄からCに譲渡

（土地）A₃からBに譲渡

578番11の土地
同土地上の建物

本件土地

公道　　本件通路　　拡幅後の本件通路（幅員4m）　　公道

西道

31番2の土地
（原告（X）所有）

31番16の土地
（A₂名義の建物あり）

東道

31番10の土地
（A₁名義の建物あり）

　また，原告は，同年11月，東道および西道との接続部分にスライド式門扉を設置するなどして，周辺住民が本件土地を通行できないようにした。
⑦　被告補助参加人（Z₁）および参加人（Z₂）らほか1名は，原告に対し，本件土地の通行妨害の禁止や上記スライド式門扉等の撤去を求める訴えを提起し，大阪地方裁判所は，平成21年12月，参加人らの請求を一部認める判決を言い渡した。原告は同判決に対して控訴を提起した。

(3)　補　足

参加人Z₁の供述および航空写真等による事実関係を基に，基準時における本件通路の幅員が2m程度であったこと，基準時において本件U字型通路（**資料3**の西道，本件通路，東道をつなぐ通路）が周辺住民等によって利用されてきたことが認められている（これに対し，基準時における本件通路の幅員は1.5m程

度であったという原告の主張は却下されている)。

2. 争　点

本件の争点は，以下の2点である。
① 本件土地が本件告示によって2項道路とみなされるか。
② 原告が本件土地について2項道路の指定処分の不存在を主張することが信義則に反するか。

なお，2項道路の性格やその特徴を把握するに当たり直接的な係わりを有するのは上記①の争点であることから，以下，これに関して取り上げることとする（上記②に関しては，原告が本件土地を対象とする2項道路の指定処分の不存在を主張することは許されないと判示されている)。

●裁判所の判断●

当該裁判所は，本件土地が本件告示によって2項道路とみなされるかにつき，以下の観点からこれを認めている。
(1) 2項道路該当性を一体として判断すべき土地の範囲について

2項道路の制度は，建築基準法第3章の規定が適用されるに至った際，現に建築物が立ち並んでいる幅員4m未満の道で，特定行政庁の指定したものを同法第42条第1項所定の道路とみなすことにより，幅員4m未満の道に接する敷地上の既存建築物を救済することとしたものである。それとともに，原則として，その中心線からの水平距離2mの線をその道路の境界線とみなすことにより，その境界線内の土地について道路内の建築制限（同法第44条第1項）を及ぼし，将来的に幅員4mの道路を確保するという公益上の要請を満たそうとしたものである。そして，建築基準法上の道路については，これに接する敷地上の建築物の利用者の避難，防災，衛生，通行の安全等に支障がないよう保障する機能を果たすことが期待されているものである。そして，2項道路についてもこの点は同様であるから，2項道路該当性を一体として判断する対象とな

る道の範囲については，道の形状や利用状況等に照らし，上記機能を果たし得るか否かという観点から決定されるべきものである。

これを本件においてみるに，本件Ｕ字型通路は，救急車等の自動車がＵターンできるほどの広さはなく，その幅員や形状，他の道路との接続状況からみて，進入した車両等はこれを通り抜けるなどして通行していたものと考えられる。また，周辺住民は本件通路を通勤，通学等に利用しており，そのことについて本件通路の所有者が特段の異議を述べていなかったことからすると，本件Ｕ字型通路は周辺住民によって一体のものとして認識されていたと認められ，災害に備えた対策等もそうした認識を前提に採られてきたものと推認される（本件Ｕ字型通路内に設置された消火栓は東道南端部分付近のもののみであり，本件土地および西道には設置がないことも上記認識を反映したものと考えられる）。

そうであるとすれば，基準時においても，東道，西道および本件通路が一体となって初めて本件Ｕ字型土地の周辺住民の避難，防災，衛生，通行の安全等に支障がないよう保障する機能を果たすことができたというべきであり，2項道路該当性を判断するに当たっては，本件Ｕ字型通路を一体である一つの道として扱うのが相当である。

(2) 「現に建築物が立ち並んでいる」との要件について

（原告の主張するとおり）基準時においては本件通路の南側に建物は建っていなかったと認められるが，その北側ならびに東道および西道の両側には建物が立ち並んでいたと認められるから，本件Ｕ字型通路を一体としてみれば，建物が存在しなかったのは全体のごく一部にすぎないといえるから，「現に建築物が立ち並んでいる」との要件は満たすというべきである。

(3) 「現に一般交通の用に使用されている」との要件について (注3)

認定事実のとおり，基準時において本件通路は周辺住民によって通勤，通学等に利用され，郵便配達等にも利用されていたことが認められる。したがって，「現に一般交通の用に使用されている」との要件は満たすものといえる。

(注3) ○○市（特定行政庁）は，昭和47年，建築基準法第42条第2項に基づく指定につき，「現に一般交通の用に使用されている幅員4.0m未満の道で，その境界が

432   第3章　借地権以外の他人の土地利用と判例

明確なもの。ただし，幅員 1.8m 未満の私有地の道は除く。」と告示した（本文中に登場する「本件告示」とはこのことを指している）。

(4)　「幅員 1.8m 未満の私有地の道」に該当しないかについて (注4)

認定事実のとおり，基準時における本件通路の幅員は 2m 程度あったものと認められ，「幅員 1.8m 未満の私有地の道」には該当しない。

（注4）　前掲（注3）の告示に基づく。

(5)　「境界が明確」との要件について (注5)

認定事実のとおり，基準時において本件通路の北側には塀が設けられていたことが認められ，同通路の北側の境界は明確であったといえるし，同通路の南側の土地の地面は同通路の路面よりも高くなっていたのであるから，南側の境界についても明確であったといえる。

原告は，存在しないはずの土地が北側に存在することとされていたことから，北側の境界は不明確であったと主張するが，たとえ他の土地との境界が明確でなくとも，実際の道の部分とそれ以外の部分の境界が明確であれば足りるから，原告の主張は失当である。

（注5）　前掲（注3）の告示に基づく。

以上の観点から，原告の建築基準法第 42 条第 2 項に基づく指定処分の不存在確認請求が棄却されている。

《判例から読み取る調査上の留意点》

以上のとおり，本件判決は，
① 2項道路該当性の判断は本件 U 字型通路全体についてなすべきである
② 基準時において「現に建築物が立ち並んでいる」こと（建築基準法第 42 条第 2 項）および「現に一般交通の用に使用されている」こと（本件告示）の要件を満たしていた

として，原告の請求を棄却した。

6. 2項道路の指定処分の不存在　　433

　ある道を2項道路として取り扱うべきか否かに関しては、この他に様々なケースが考えられる。そこで、以下、このような問題に関連する過去の判例をいくつか取り上げた上で、2項道路の調査に係る実務上の留意点を述べてみたい。

1. 2項道路該当性を一体として判断すべき土地の範囲について

　本事例においては、特定行政庁である○○市が、（判決文中の）告示に基づき本件土地、東道および西道の全体（すなわち本件U字型通路）が2項道路に該当すると判断している。そこでは、いかなる範囲の土地を対象として建築基準法第42条第2項および告示が定める要件の充足性を判断すべきかが問題となった。本事例においては、基準時において本件通路の北側ならびに東道および西道の両側に建物が立ち並んでいたが、その南側には建物が建っていなかったことから、原告がこの点をとらえて2項道路の指定処分が存在しないことの確認請求を行ったものである。

　しかし、当該裁判所は、本件U字型通路を一体としてみれば建物が存在しなかったのは全体のごく一部にすぎないといえることから、「現に建築物が立ち並んでいる」という要件を満たすとし、本件U字型通路を一体として2項道路と認定している。

　このような2項道路の範囲に関して問題となったケースを取り扱った最近の判例として最高裁平成20年11月25日判決がある。そこで取り上げられた事例で、紛争の基となった通路部分（判決当時の幅員約2.2m）は市道の一部に含まれ、当該市道（幅員4m未満1.8m以上の道）は大正9年に路線の認定がされた上で、昭和58年に市道としての区域決定および供用開始がされたが、そのうち当該通路部分の含まれる付近には建築物が存在しなかった（道路の両側は農地であった。他方、これ以外の部分には現に建築物が立ち並んでいた）。

　このような状況にあるなかで、○○府知事は昭和25年12月8日付告示に基づき当該通路部分を含んだ広い範囲の道を2項道路として指定した。そして、平成15年頃、当該通路と接する土地上の建物の増築工事を行うに当たり、所

434　第3章　借地権以外の他人の土地利用と判例

有者がセットバックを行う条件で建築確認を受けたことに端を発し，指定処分不存在の確認請求がなされたものである。

これに対し，一審の京都地裁（平成16年（行ウ）第41号）では，2項道路指定処分のうち当該通路部分に対しては原告の不存在の確認請求を認め，二審の大阪高裁（平成18年12月19日判決）では，当該通路部分を含んだ広い範囲の道につき指定処分を有効として不存在確認請求を棄却したことから，最高裁で争われていたものである。

その結果，上記最高裁判決において，一審のとおり当該通路部分に対する2項道路の指定処分不存在確認請求が認められた。以下，最高裁判決における判示事項と判決要旨を掲げる (注6)。

　　(注6)　判例検索システム（裁判所情報）による。

○最高裁平成20年11月25日判決
（判示事項）　建築基準法第3章の規定が適用されるに至った際，幅員4m未満の道のうち一方の端から特定の地点までの部分には現に建築物が立ち並んでいたが，同地点から他方の端までの部分には建築物が存在しなかった場合において，後者の部分が同法第42条第2項にいう現に建築物が立ち並んでいる道に当たらないとされた事例

（判決要旨）　建築基準法第3章の規定が適用されるに至った際，A点からB点を経てC点に至る幅員4m未満の道のうち，A点からB点までの部分には現に建築物が立ち並んでいたが，B点からC点までの部分には建築物が存在しなかった場合において，次の(1)，(2)などの判示の事実関係の下では，B点からC点までの部分は，同法第42条第2項にいう現に建築物が立ち並んでいる道に当たらない。

(1)　A点からB点を経てC点に至る道は，A点およびC点を除き建築基準法第42条第1項所定の道路に接続する箇所はなかったが，B点から幅員4m未満の道が分岐し，これを経由して同項所定の道路に至ることも可能であった。

(2)　B点からC点までの部分は，相当の長さ（約60m）を有していた。

ここで留意すべきは，本件事例（大阪地裁平成22年9月16日判決）と上記最高裁判決にかかる事例とでは，その背景にある事実関係が異なるということである。すなわち，本件事例の場合，一体の通路のうちその付近で建物が存在しなかったのは全体のごく一部にすぎないのに対し，上記最高裁判決にかかる事例の場合は，付近に建物が存在しなかった通路の延長が60mもの長さに達していたという点である。

 このような事実関係を踏まえ，上記最高裁判決では道全体が基準時において現に建築物が立ち並んでいたと解するのは相当でなく，当該通路部分を含む範囲の道については基準時において建築物が立ち並んでいたとはいえない旨が判示されているといえよう。

 なお，上記最高裁判決のなかに，2項道路の要件を判断するに当たり注目すべき考え方が示されているため，参考までに以下に掲げる。

> 建築基準法上の道路については，これに接する敷地上の建築物の利用者の避難，防災，衛生，通行の安全等に支障が生じないよう保障する機能を果たすことが期待されているものであり，2項道路についてもこの点は同様であるが，ある道が上記のような機能を果たし得るためには，必ずしもその道の両端が同法上の道路に接続していることを要するものではなく，同法もそのことを2項道路の要件としているものではない。2項道路の指定は，上記のように，これにより新たに道路敷となる土地の所有者等の権利を制限する側面を有しているのであるから，その要件該当性を判断するに当たっては，現に建築物が立ち並んでいる道の範囲を必要以上に広くとらえて関係者の権利を害することのないようにしなければならない。

 なお，上記見解は，二審の大阪高裁（大阪高裁平成18年12月19日判決）が2項道路の指定要件を次のとおり判示したことに対し，これと異なる立場から判断を加えたものである。

① 建築物が存在する前面部分のみではなく，これと一体となって同一の効用のある部分にも2項道路の指定があったと見るべきである。

② 道路としての一体性，効用の同一性の判断に当たっては，特別な事情のない限り，その両端が他の建築基準法上の道路に接続している最小区域が重要な判断基準となる。

以上，2項道路の該当性を一体として判断すべき土地の範囲につき検討を加えてきたが，このような視点を念頭に置きながら調査を行うことにより，実際に2項道路に指定されている範囲とそうでない範囲との区別やその背景がある程度読めてくるのではなかろうか。

2.「現に建築物が立ち並んでいる」および「現に一般交通の用に使用されている」ことの判断に関して

建築基準法第42条第2項は，特定行政庁が同項に基づいてする道路指定の要件の一つとして，「現に建築物が立ち並んでいる」道に該当することをあげている。しかし，具体的に何軒程度の建物が存在していればこの要件を満たすのかについては何らの定めはなく，その解釈は必ずしも明確でない。

判例のなかには，(1)その道にのみ接する2戸以上の建物が基準時に存在すれば足りるとするもの（ただし，その道が一般の交通の用に使用されていることが必要である），(2)上記(1)の要件を満たすだけでは足りず，道を中心に建築物が寄り集まって市街の一画を形成し，かつ，その道が一般の交通の用に使用されていることが必要であるとするものとがあり，見解が分かれている。

前者に属する一例としては東京地裁昭和58年8月25日判決を，後者に属する一例としては東京高裁昭和57年8月26日判決をあげることができる（以下，判旨の一部を掲げる）。

○東京地裁昭和58年8月25日判決
① 建築基準法第42条第2項の規定する「現に建築物が立ち並んでいる」道の要件の判断に当たっては，当該道の周辺の状況等を総合的に判断すべきことはもちろんであるが，当該道のみによって接道義務を充足する建築物が複数存在する場合には，原則としてこの要件を満たすものと解するのが相当であ

る。けだし，かかる建築物の関係権利者を救済することにこそ同項の存在意義があり，また，かかる建築物が複数存在する場合には，当該道を道路として確保しておくことにつき防災，安全等の面において公益上の必要性が認められるからである。

② 「一般の交通の用に使用されている」との要件に関しては，法第42条第2項の趣旨に照らし，少なくとも二世帯以上の者およびその関係者が当該道を通行の用に供する場合には，この要件を満たすものと解するのが相当である。

○東京高裁昭和57年8月26日判決

　特定行政庁による建築基準法第42条第2項の規定に基づく道の指定は，その対象となる土地の所有者その他の利害関係人の意思にかかわりなく，特定行政庁がその職権により公権力をもって一方的に行うものである。

　その結果，一方で個人の財産権の内容に一定の制約を加えるという効果を生ずるのであるから，特定行政庁がこれを行うには，そのようにするに足りる公益上の必要性が存在することを要するものというべきである。このような見地に立って考えると，当該条項にいう「現に建築物が立ち並んでいる（中略）」道というのは，ただ単に建築物が道を中心に二個以上存在していることをいうのではなく，道を中心に建築物が寄り集まって市街の一画を形成し，道が一般の通行の用に供され，防災，消防，衛生，採光，安全等の面で公益上重要な機能を果たす状況にあることをいうものと解するのが相当である。

　以上のとおり，立ち並びを必要とする建物の戸数に関する判例の見解は分かれているが，後掲の**資料5**のごとく，実際に特定行政庁が作成する2項道路の指定基準は前掲の(1)の見解を拠り所とするものが多いようである。

3. 2項道路の包括指定と個別指定

　特定行政庁のする2項道路の指定方法には，包括指定による方法と個別指定による方法とがある。

　包括指定による方法とは，2項道路の対象となる土地を特定せず，告示等に

より一定の条件を満たす道を特定行政庁が一括して指定する方法であることから，一括指定とも呼ばれる。これに対し，個別指定による方法とは，2項道路の対象となる土地を特定し，個別的かつ具体的に指定する方法を意味する。

これら二つの方法のうち，一般的には包括指定の方が多く行われているようであるが，この方法によれば，本件事例にも見られるように個別的な状況に照らした場合，実際に2項道路として指定されている道のすべての範囲が指定要件を満たすか否かをめぐり紛争に発展するケースがある。

本件の場合，特定行政庁である○○市が告示により一定の条件を満たす道を一括して指定する方法で2項道路に指定したものであり，告示の時点で指定処分の効力が生じていたものである。

ところで，告示により一定の条件を満たす道を一括して指定する方法でされた2項道路の指定は抗告訴訟の対象となる行政処分に当たるか否かが争われたケースがあるが，これに関し，最高裁平成14年1月17日判決（民集56巻1号，判例タイムズ1085号）ではこれを抗告訴訟の対象となるとし，次のとおり判示している。

○**最高裁平成14年1月17日判決**

本件告示は，幅員4m未満1.8m以上の道を一括して2項道路として指定するものであるが，これによって，建築基準法第3章の規定が適用されるに至った時点において現に建築物が立ち並んでいる幅員4m未満の道のうち，本件告示の定める幅員1.8m以上の条件に合致するものすべてについて2項道路としての指定がされたこととなり，当該道につき指定の効果が生じるものと解される。原判決は，特定の土地について個別具体的に2項道路の指定をするものではない本件告示自体によって直ちに私権制限が生じるものではない旨をいう。しかしながら，それが，本件告示がされた時点では2項道路の指定の効果が生じていないとする趣旨であれば，結局，本件告示の定める条件に合致する道であっても，個別指定の方法による指定がない限り，特定行政庁による2項道路の指定がないことに帰することとなり，そのような見解は相当とはいえない。

そして，本件告示によって2項道路の指定の効果が生じるものと解する以上，

6. 2項道路の指定処分の不存在　439

> このような指定の効果が及ぶ個々の道は2項道路とされ，その敷地所有者は当該道路につき道路内の建築等が制限され（法第44条），私道の変更又は廃止が制限される（法第45条）等の具体的な私権の制限を受けることになるのである。そうすると，特定行政庁による2項道路の指定は，それが一括指定の方法でされた場合であっても，個別の土地についてその本来的な効果として具体的な私権制限を発生させるものであり，個人の権利義務に対して直接影響を与えるものということができる。
>
> したがって，本件告示のような一括指定の方法による2項道路の指定も，抗告訴訟の対象となる行政処分に当たると解すべきである。

本件においては上記判示を拠り所として具体的な土地に対する指定処分の不存在確認請求が行われているといえる。

なお，本件判決で対象となっている土地の所在する市町村のものとは別であるが，参考までに東京都の告示による包括指定の例を**資料4**に掲げておく。

また，**資料5**には，愛知県内のT市が作成した2項道路の取扱基準（告示による包括指定と個別指定に係る基準）を掲げておく。

資料4　東京都告示第699号による2項道路の包括指定

○建築基準法第42条第2項の規定に基く道路の指定

昭和30年7月30日
告示第699号

昭和25年11月東京都告示第957号（建築基準法（昭和25年法律第201号）第42条第2項の規定に基く道路の指定）の全部を次のように改正する。

1　建築基準法第3章の規定が適用されるに至った際（以下「基準時」という。）現に存在する幅員4m未満2.7m以上の道で，一般の交通の用に使用されており，道路の形態が整い，道路敷地が明確であるもの。

2　旧市街地建築物法（大正8年法律第37号）の規定により，昭和5年1月1日以降指定された建築線（非常用建築線を除く。）間の道の幅員が4m未満

1.8 m 以上のもの。

3　基準時において，現に存在する幅員 4m 未満 1.8m 以上の道で，一般の交通に使用されており，その中心線が明確であり，基準時に，その道のみに接する建築敷地があるもの。ただし，その道の延長が 35m 以上の袋地状の道で，避難または通行の安全上，その道の周囲の土地の状況等により，終端付近に通り抜け道路の位置指定・自動車回転広場・非常用通路等いずれかの設置を必要と認める状態にある場合で，別に指定した部分を除く。

4　前号ただし書にいう道の部分で，当該ただし書に規定する必要と認める処置を完了したものは，この告示により指定した道路とみなす。

(出所：東京都ホームページによる)

資料5

2項道路（建築基準法第42条第2項）として取扱う基準

T市建築相談課

　法第 42 条第 2 項の規定に基づく道路として告示（昭和 53 年 3 月 8 日告示第 20 号）による指定と，個別に指定する基準は下記によるものとする。

記

(適用)

第1条　当該道路の幅員が 4m 未満 1.8m 以上で，通行上及び安全上支障がないもの。ただし，将来的に 4m の幅員が確保できない地形にあるものは除く。

(2項・みなし道路)

第2条　建築基準法（昭和 25 年 5 月 24 日）公布以前より存在する公道。

2　都市計画区域に編入される以前より存在する公道。

3　建築基準法公布又は都市計画区域編入以前より存在する道で，地域・地区で必要な道であり従前より存在する道で市長が指定するもの。

(審査基準)

第3条　前条第1項及び第2項に規定する公道（告示指定）とは次の各号に該

当すること。
　(1)　当該の道を使用する2以上の建築物の存在する敷地と接していること。
　(2)　公図幅員が4m未満1.8m以上であること。
　(3)　現況幅員が4m未満1.8m以上であること。
2　前条第3項の道で次の各号に該当すること。
　(1)　「昭和45年の都市計画基本図」により，従前からの道として確認されること。又は基準時以前の道の存在を確認できる資料（公図，土地・建物謄本など）により証明されること。
　(2)　一般交通の用に供し，当該の道を使用する2以上の建築物の存在する敷地と接していること。
　(3)　道の所有者の承諾が得られること。
　(4)　道の隣接者の同意が得られること。（2m後退の発生と斜線制限など）
　(5)　道の現況幅員が4m未満1.8m以上であり，境界が明確であること。
　(6)　自治区長等の意見書でその道が地区，地域に必要である旨の意見があること。
　　　尚，特に市長が認めるものについては理由書等に替えることができる。
3　必要書類は3号道路に準じ，指定の申請前に道路調査依頼書を提出のこと。
（後退不要道路）
第4条　第2条第1項及び第2項に規定する道について，隣接者及び区長の同意を得られれば，建築基準法第42条第2項に該当しない道にすることができる。

付　　則　この基準は平成17年2月1日より適用する。

（出所：T市ホームページによる）

7. 建物敷地に含まれる通路の扱いをめぐって

> (1) 一筆の土地に通路部分が含まれているものの，その地目を他の部分と区別せず一体の宅地として評価したことが違法ではないとされた事例
> (2) 公図上では直接公道に接しないが，隣接地の通路を経て公道に出入りしている土地につき，無道路地としての補正をしなかったことが違法ではないとされた事例——固定資産税における適正な時価（大阪地裁平成23年4月15日判決・判例自治353号46頁）

　建物の敷地として利用されている一筆の土地の中に通路部分が含まれている場合，ともすれば当該部分の用途（通路目的）と他の部分の用途（建物の敷地）が異なることから，通路部分を別地目として大幅な評価減（状況によっては非課税扱い）をなすべきだとの主張が納税者からなされることがある。
　しかし，一概に通路とはいっても，それが道路位置の指定を受けていて（建築基準法第42条第1項第5号に基づく道路）事実上道路以外の用途に供することができず，不特定多数の者の通行の用に供されている場合と，単なる敷地内通路で建物の敷地と一体となって利用されており，これを通行する者も限られている場合とでは，公法上の制限の度合いが大きく異なり，その価値にも著しい影響が生ずる（前者の場合，私道といえどもその変更や廃止は建築基準法第45条により著しく制限され，所有者の自由な意思でその形態を変えることはできない。

これに対し，後者の場合は建築基準法上の道路としての扱いを受けないため公法上の制限は前者に比べ著しく弱い）。

> ○建築基準法
> **（私道の変更又は廃止の制限）**
> 第45条　私道の変更又は廃止によって，その道路に接する敷地が第43条第1項の規定又は同条第2項の規定に基く条例の規定に抵触することとなる場合においては，特定行政庁は，その私道の変更又は廃止を禁止し，又は制限することができる。
> 2　第9条第2項から第6項まで及び第15項の規定は，前項の措置を命ずる場合に準用する。

　また，土地の一部が公衆用道路と一体で利用されている（アスファルト舗装されているなど外見上では区別がつかない）ため，当該部分を宅地とは別の地目として認定した上で非課税扱いとする措置も多く行われているが，なかには境界が不明確で当該部分の面積を正確に把握できないというケースもある。

　さらに，ある土地が公図上で直接公道に接しないことから，これを無道路地として取り扱い，無道路地補正率等を用いた評価方法を適用して評点数を求めるべきだとの主張が納税者からなされることもある。このような場合，現況においても全く通路が開設されておらず，当該土地上に単独で建物を建築することが困難な状態であれば無道路地補正率等を用いた評価方法を適用すべきであるが，現実に何らかの形で通路が開設されており，これを経て公道に出入りができる場合は事情が異なる（公図上で無道路地であっても，実際は無道路地とはほど遠いからである）。

　本項では，前半部分で，固定資産税の評価対象地の一部に通路部分が含まれていたり，対象地の一部が公道として利用されているものの当該部分の面積を正確に把握できない土地につき，課税庁のなした評価に対し納税者から異議申立てのあったケースを取り扱う。

　また，後半部分では，公図上直接公道に接していない土地であるが，隣接地

に開設されている通路を利用して公道に出入りしている土地につき，課税庁が無道路地としての評価方法を適用しなかったところ納税者から異議申立てのあったケースを取り扱う（前半部分，後半部分とも大阪地裁平成23年4月15日判決）。

●事案の概要および原告の主張●

本件は，○○市固定資産税評価審査委員会が平成21年11月11日付で原告(X)に対して行った平成21年度固定資産課税台帳の登録価格についての審査申出を棄却する決定に対し，Xがその取消しを求めていたものである。

Xは，○○市内に所有するA土地およびB土地について，○○市（被告Y）の市長によって決定され，固定資産課税台帳に登録された登録価格が，地方税法第341条第5号の適正な時価を反映しないものであると主張していた。

1. A土地の概要および原告の主張

参照した資料には事実関係および当事者の主張の記載に係る部分が省略されているため，本項では，後掲の【裁判所の判断】に関する個所のなかから事実関係の流れを汲み取り，以下，筆者が作成したイメージ図を基に骨子のみ掲げることとする（B土地についても同様）。

(1) A土地の概要

A土地は登記簿上の面積が344.67㎡，そのうち通路部分が約72㎡を占め，通路部分の全体面積に占める割合は約20％となっている。ただ，本件通路は建築基準法第42条第1項第5号の指定を受けた道路（いわゆる位置指定道路）ではなく，また，本件通路には鉢植え等が置かれ，建物居住者の利用に供されるなどしている。

次に，A土地の北側部分は，外観上A土地が接する市道と連続しているが，当該市道との境界は不明確である（当該部分は不特定多数の者が通行している）。A土地は全体が南北に細長い形状をしており，そのイメージを**資料1**に示す。

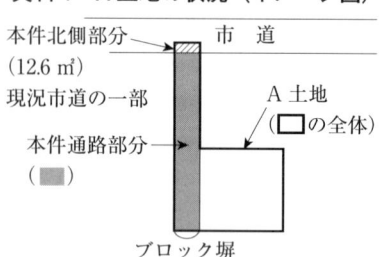

資料1 A土地の状況（イメージ図）

本件北側部分　　　　市　道
（12.6 ㎡）
現況市道の一部　　　　A土地
　　　　　　　　　　（□の全体）
本件通路部分
（■）

　　　　　ブロック塀
　　　　　　市　道

（注）あくまでもイメージ図であり，実際のものと異なる可能性がある。

(2) 原告Xの主張

Xは，A土地内の通路部分につき，北側が開放されており一般公衆が利用することもあること等を理由に，当該通路部分が公共の用に供する道路であると主張するとともに，**資料1**に示す本件北側部分の面積の全体面積に占める割合は約3.6％（＞課税庁が査定した減価率3％）であると主張していた（この割合を基にして計算すれば，課税庁の評価額よりも低額になるというのがその趣旨であった）。

2. B土地の概要および原告の主張

(1) B土地の概要

次に，B土地についてであるが，B土地の面積は参照した資料によっては定かでないが，そのイメージは**資料2**のごとく周囲の土地に囲まれている土地である。

B土地は，公図上は公道に直接接しない無道路地であるが，現況は**資料2**に示したごとく公営住宅の敷地の一部に開設されている通路に約18mにわたって面し，当該通路を経て北側および南側の公道と出入りすることができる。また，当該通路は建築基準法上の道路ではないが，B土地上に建物を建築するに当たっては同法第43条第1項ただし書 (注1) により，建築審査会の同意を得て，建物の建築が許可されている（建築後，複数回にわたり建物の再建築につい

資料2　B土地の状況（イメージ図）

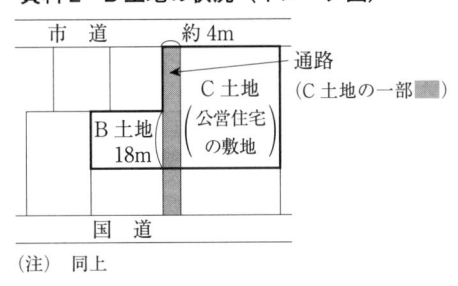

```
    市  道    約4m
                ┃     通路
              C土地   (C土地の一部■)
              公営住宅
       B土地  の敷地
       18m
    
       国  道
```

（注）同上

ても同意が得られている）。

　（注1）　条文の内容は【判例から読み取る調査上の留意点】の項に掲載した。
（2）　原告Xの主張

　Xは，B土地の評価につき，無道路地としての評価方法を適用すべきこと，B土地の面している（隣接の公営住宅の敷地の一部に開設されている）街路の幅が狭く，騒音も多いこと等の理由からこの点も考慮（減価）すべきことを主張していた。

●裁判所の判断●

1．A土地の価格決定の適法性について

（1）　地目の認定について

　固定資産評価基準（以下，「評価基準」という）は，原則として一筆の土地ごとに地目を認定した上で，各筆について評点数を付設し，当該評点数を評点1点当たりの価額に乗じて当該土地の価額を求めるものとし，かつ，土地の地目の認定に当たっては，当該土地の現況および利用目的に重点を置き，部分的に僅少の差異の存するときであっても，土地全体としての状況を観察して認定するものとしている。これらは，客観的な交換価値たる適正な時価に接近するためには，わずかな部分的僅少の差異を論じ，いたずらに地目を細分化すること

は適当ではなく，土地全体としての状況に着目し，社会通念に照らして客観的に妥当と認められる地目を付することが肝要であるとの趣旨によるものと解される。

　また，地方税法は，原則として一筆の土地を単位として，一筆の土地ごとにその客観的な交換価値としての価格を決定し，その所有者（登記名義人）に対して課税する仕組みを採用している。このような固定資産税の性格，評価基準の趣旨目的および土地に対する固定資産税の課税の仕組みに鑑みれば，評価基準が原則として一筆の土地ごとに地目を認定するものとした上で，地目の認定に際し，当該土地の現況および利用目的に重点を置き，部分的に僅少の差異の存するときであっても，土地全体としての状況を観察して認定するものとしていることは，地方税法の趣旨に適合し，適正な時価への接近方法として一般的な合理性を有するといえる。

　もっとも，土地に対する固定資産税の課税標準である当該土地の基準年度に係る賦課期日における価格は，当該土地の適正な時価，すなわち，正常な条件の下に成立する当該土地の取引価格（客観的な交換価値）をいうものとされる以上，土地課税台帳等に登録された価格が賦課期日における当該土地の客観的な交換価値を上回れば当該価格の決定は違法となる。

　そして，一筆の土地が，相当の規模で2以上の全く別個の用途に利用されているような場合には，一筆ごとに地目の認定を行うという上記評価方法が適正な時価への接近方法として一般的な合理性を欠く場合も生じ得ることになる。評価基準が，「部分的に僅少の差異の存するときであっても，土地全体としての状況を観察して認定するものとする。」（第1章第1節一）として，僅少でない場合に例外を認める余地を否定していないのも，以上のような趣旨のものと解される。

　したがって，評価基準上，一筆の土地を区分してそれぞれ異なる地目を認定することは原則としてすべきではなく，例外的に，当該土地が相当の規模で2以上の全く別個の用途に利用されているなど，その利用状況等に鑑み，一筆ごとに地目の認定を行ったのでは当該土地の適正な時価，すなわち客観的な交

価値への接近方法としての合理性を欠くと認められるときに限り，一筆の土地を区分してそれぞれ異なる地目を認定すべきものである。

なお，○○市固定資産評価事務取扱要領（以下，「取扱要領」という）において，地目の認定は原則として一筆ごとに行うこととされ，この場合，地目は，土地の現況および利用目的に重点を置いてこれを認定しなければならず，部分的に僅少の差異の存するときでも土地全体としての状況を観察して認定することとされている（第4編第2章第1節2，同節3）のも上記趣旨をいうものと解される。

以上の見地からA土地について検討する。

A土地の登記簿上の面積は344.67㎡であり，その中に含まれる本件通路部分の面積は約72㎡であることから，本件通路部分の面積がA土地に占める割合はおおむね20%にとどまる。また，本件通路部分は建築基準法第42条第1項第5号の指定を受けた道路ではなく，本件各建物と本件通路部分との間付近にはごく小規模の側溝が設けられているものの，本件通路部分は本件各建物全戸の出入口が面しており，ほかに通路がないため本件各建物の住民は本件通路部分を通過して外部に出なければならない。さらに，本件通路部分の幅は相当に狭く，また，本件通路部分の南端にはブロック塀が設置され，これより南方への通行は不可能で袋小路となっていること，本件通路部分上には鉢植え等が置かれ，本件各建物の居住者の利用に供されていることが認められる。

本件通路部分は，A土地全体に占める割合が大きいものとはいい難い上，本件各建物の住民が生活するために利用し，また，本件各建物を訪れる関係者が通行する空間となっており，それらの関係者を除く不特定多数人が通行，利用することはほとんどないと考えられる。したがって，本件通路部分は，本件各建物を利用する関係者のための通路や，本件各建物を利用するための空地部分として，本件各建物の敷地 (注2) と一体となり宅地として利用されていると評価するのが合理的である。このため，相当の規模でA土地のその他の部分とは全く別個の用途に利用されているなどということはできない。

(注2) 判決文には「底地」という表現が用いられているが，「底地」ということばは当

7. 建物敷地に含まれる通路の扱いをめぐって　449

該土地に借地権が設定されている場合の当該土地の所有権を意味するものとして使用するのが通常である（不動産鑑定評価基準においてもその趣旨で定義されている）。このため，ここでは「底地」という表現ではなく，文脈から推定して「敷地」という表現に置き換えた（以降も同様）。

　上記のような現実の利用状況等に加え，本件通路部分がいわゆる位置指定道路ではなく建築制限もかからないこと，A土地の建ぺい率が60％であるところ，本件各建物の敷地の面積の合計は約200㎡で，A土地全体の約58％であり，本件通路部分を本件各建物の敷地としなければ建ぺい率の基準を満たさない(注3)ことにも照らせば，本件通路部分は法的にも一体となって本件各建物の敷地として扱われていると評価すべきである。

　　(注3)　筆者注。本件通路部分（72㎡）を含んだ全体面積（344.67㎡）で建ぺい率を計算すれば，200㎡／344.67㎡×100％≒58％となる。しかし，本件通路部分を除いて計算すれば，200㎡／(344.67㎡－72㎡)≒70％となり，法定建ぺい率をはるかに超過する。

　そうである以上，A土地が相当の規模で二以上の全く別個の用途に利用されているなど，その利用状況等に鑑み，一筆ごとに地目の認定を行ったのでは当該土地の適正な時価，すなわち客観的な交換価値への接近方法としての合理性を欠くと認められる場合には当たらないというべきである。

　他方，本件北側部分については，外観上，A土地が接する市道（○○号線）と連続しており，当該市道との境界も不明確であることが認められる。そして，本件北側部分は不特定多数の公衆が通行する「公共の用に供する道路」に該当するということができ，A土地の用途とは異なる利用方法が取られていることが明らかである。しかしながら，本件北側部分の面積は正確には把握できないものの，約12.6㎡であり，これがA土地全体に占める割合は約3.6％にとどまることが認められる。このため，相当の規模でA土地のその他の部分と全く別個の用途に利用されているとまでいうことはできないから，本件北側部分に関しても，その利用状況等に鑑み，一筆ごとに地目の認定を行ったのでは当該土地の適正な時価への接近方法としての合理性を欠くと認められる場合には当たらないというべきである。

したがって，本件通路部分および本件北側部分の地目を A 土地のその他の部分と区別して算定することなく，A 土地を一筆の宅地として認定して算出した点は，評価基準に従ったものといえ，適法である(注4)。

　(注4)　筆者注。ただし，通路を含む形状であることに伴う減額補正および北側部分についての所要の補正が後掲のとおり行われていることに留意すべきである。

以上に対し，X は，数年前までは本件通路部分南端のブロック塀に扉が設置され開放されており，その先の公道まで通行できたこと，同部分のうち本件北側部分と接する北側は開放されており，一般公衆が利用することもあること，建売業者に照会しても本件通路部分の査定価格はゼロであったことなどからすれば，本件通路部分は上記「公共の用に供する道路」に該当する旨主張する。

しかしながら，土地の地目は，当該土地の現況および利用目的に重点を置いて認定するべきものとされているところ，数年前にブロック塀に扉が設置されていたからといって，本件通路部分が公衆の通行の用に供されていたと認定することはできない。また，本件通路部分は，本件各建物の利用のため，本件各建物の敷地部分と一体となって使用されているもので，本件各建物と関係のない第三者の通行のため設置されているものではなく，第三者が通行する機会はほとんどないというべきである。したがって，本件通路部分全体が不特定多数人の用に供されているとはいえず，同通路のうち本件北側部分と接する部分が開放されており，第三者の進入を制約するものを設けていない点を考慮しても，本件通路部分の地目を A 土地のその他の部分と区別して認定すべきとはいえない。さらに，建売業者による本件通路部分の査定価格がゼロであったという点については，仮に本件通路部分だけに係る査定価格がゼロであったとしても，A 土地の一筆全体を売却すれば本件通路部分を含めて相応の価格がつくというべきであるから，同通路部分単独の査定価格が低いことは，同部分を別個の地目として認定すべき理由にはならない。したがって，X の上記主張はいずれも採用することができない。

　(2)　道路負担による減額補正等について

地方税法における評価基準の位置付けに照らせば，評価基準に規定する宅地の評価方法は，当該宅地の適正な時価，すなわち客観的な交換価値を算定する方法として一般的な合理性を有するものということができる。したがって，標準宅地の適正な時価に基づいて評価基準所定の方式に従って算定される限り，当該宅地の価格はその客観的な交換価値を上回っていないと推認することができるというべきである（最高裁平成15年6月26日判決・民集57巻6号）。

　評価基準は，各筆の宅地の評点数は路線価を基礎とし，「画地計算法」を適用して付設するものとし，この場合において，市町村長は，宅地の状況に応じ，必要があるときは，「画地計算法」の附表等について所要の補正をしてこれを適用するものとする旨規定する。

　そして，この「所要の補正」は，価格の低下等の原因が画地の個別的要因によること，またその影響が局地的であること等の理由から，その価格事情を路線価の付設または状況類似地区の設定によって評価に反映させることができない場合があることに鑑み，そのような場合には，その価格事情が特に著しい影響があると認められるときに限り，個々の画地ごとに特別の価格事情に見合った補正を行うことができるとしたものである。

　本件北側部分は「公共の用に供する道路」（地方税法第348条第2項第5号）に該当する土地であるとはいえ，本件北側部分の面積は約12.6㎡程度であり，同部分の面積がA土地全体に占める割合は約3.6％程度であると考えられるものの，同部分と市道との境界が明確でないため，正確には把握できないことが認められる。また，本件北側部分については「公共の用に供する道路」に該当し，非課税となるべき部分であり，A土地の客観的な交換価値たる適正な時価を算出するに当たっては，同部分に相当する割合につきA土地の評点数を減額補正すべきものの，同部分の正確な面積を把握することはできない。このため，当該土地に対する著しい影響がある場合に限ってこれに見合った補正を行うという「所要の補正」の趣旨を踏まえると，A土地全体の価格への著しい影響は3％程度にとどまると判断して，道路負担による減額補正0.97を適用したとしても，そのことが不合理とはいえない。したがって，本件北側部分に

つき道路負担による減額補正 0.97 を適用して算出した A 土地の価格は評価基準に従ったものといえる。

次に，本件通路部分に係る X の主張は，A 土地のうち本件西側部分が占める割合につき上記「所要の補正」を行うべきとの主張と理解する余地もないわけではない。しかしながら，本件通路部分は，いわゆる位置指定道路ではなく，建築基準法上，建物の敷地として利用することが可能な部分であることに加え，現実の利用状況をみても本件各建物の敷地部分と一体となって宅地として使用されている。また，不特定多数人の用に供されているともいえず，しかも鉢植え等が存置されているなど，純粋な通路としてのみ使用されているわけでもない。

したがって，これを「公共の用に供する道路」または純然たる私道と評価することは困難である。また，A 土地については画地計算法に基づく奥行による減価補正として 0.94，奥行長大としての減価補正として 0.94 がそれぞれ適用されている。これらは，いずれも A 土地全体が南北に細長い形状で，宅地として利用するために本件通路部分のような通路状部分を設ける必要があるなど，その利用価値が通常より劣る点を考慮したものと考えられる。そして，A 土地に本件通路部分のような通路状部分が存在している点は，上記奥行減価補正および奥行長大減価補正により評価されているということができる。そうすると，上記各補正に加えて，さらに「所要の補正」として本件通路部分につき私道負担による補正を行っていないからといって，そのことが直ちに A 土地の適正な時価への接近方法として不合理であるということはできない。

したがって，本件通路部分につき「所要の補正」を適用しなかったことが評価基準に違反するものとはいえない。

以上のとおり，○○市長が A 土地について行った地目の認定および道路負担による減額補正の適用等は，いずれも評価基準に従ったもので正当というべきである。また，○○市長および被告委員会によるその余の算出過程も地方税法および評価基準に従ったものであると認められる以上，A 土地の価格は客観的な交換価値を上回っていないと認められるため，A 土地の価格決定は適

法である。

2. B土地の価格決定の適法性について

(1) 無道路地であることに基づく補正率の適用について

評価基準における画地計算法においては,「無道路地（路線に接しない画地をいう。）」につき無道路地評点算出法を適用するものとし，原則として，当該無道路地を利用する場合において，その利用上最も合理的であると認められる路線の路線価に奥行価格補正率表（附表1）によって定めた補正率，通路開設補正率表（附表9）によって求めた補正率およびその無道路地の近傍の宅地との均衡を考慮して定める無道路地補正率（下限0.60）を乗じて1点当たりの評点数を求め，これに当該無道路地の地積を乗じてその評点数を求める旨の規定を置いている（同基準別表第3の7 (2)）。

このように，評価基準が，無道路地評点算出法を適用するものとし，奥行価格補正率，通路開設補正率および無道路地補正率を乗じることにより当該無道路地の評点数を求めることとした趣旨は，以下の三つの補正率をそれぞれ適用することにより，当該土地の適正な価格，すなわち客観的な交換価値に接近することができると考えられた点にあるものと解される。

① 無道路地が公路に接続しない不便な状態の土地であることに鑑み，隣接土地との一体利用により無道路地の状態が解消された場合を想定した補正率（奥行価格補正率）
② 無道路地が公路に接続しない状態を解消するための通路を確保するのに必要な費用および期間に着目した補正率（通路開設補正率）
③ 無道路地において建物等使用収益が困難であること等による減価を反映した補正率（無道路地補正率）

このような無道路地評点算出法の趣旨目的に鑑みれば，公図上公道に接続しない土地であっても，当該土地およびその周辺の個別具体的な状況に照らし，実際の利用上何らかの通路が開設されている場合には，無道路地評点算出法を適用することはかえって不相当な減価をもたらすこととなる。このため，無道

路地評点算出法を適用せず，当該通路に別途路線価を付設して当該土地の評点数を算出する方法によることが，評価基準に適合することとなると解すべきである。

なお，取扱要領は，直接街路に接していない画地は他の住宅の一部を道路として街路に接続しているものであり，利用価値が著しく低いため「無道路地補正率表」（別表10）によって求めた補正率でその評点数を補正すると規定している（第1編第7章第2節2(7)⑪）。

これを上記無道路地評点算出法の趣旨に照らせば，現実に街路に接していない利用価値が著しく低いものと認められる無道路地に限って上記補正率を適用する旨の規定と解するのが相当であり，また，そのように理解できる以上，上記評価基準の枠組みに適合するものというべきである。

以上の見地からＢ土地について検討する。

Ｂ土地は，公図上，Ｃ土地およびその他の土地に囲まれ公道に接していない土地であるものの，実際には，Ｃ土地の一部である本件東側通路に約18mにわたって面しており，同通路を通じてＢ土地北側の市道または南側の国道に出ることができる。また，同通路は，幅約4mであり，アスファルトで舗装され，その通行には何らの制約も設けられていないこと，Ｃ土地は○○府の所有する土地であり，公営住宅の敷地の一部として使用されている。さらに，本件東側通路は建築基準法上の道路ではなく，Ｂ土地に建物を建築するに当たっては同法第43条第1項ただし書により，建築審査会の同意が必要となるものの，Ｂ土地およびその周辺の土地についてはＹ（被告）において予め定めた提案基準による一括同意の対象となっており，比較的容易に同意を取得でき，実際にも複数回にわたって建物の再建築につき同意がされていることが認められる。

これらの事実によれば，Ｂ土地は，公図上公道に接していない土地であるとはいえ，実際の利用上はアスファルトで舗装された幅約4mの本件東側通路に広く接しており，同通路を通って公道に出ることができるというのであるから，評価基準にいう通路開設負担補正を適用する必要があるとはいえない。また，同通路は，公道から公道へと通じており，その通行には何らの制約も設け

られておらず，建物等使用収益が困難である典型的な無道路地とは著しく異なる。このため，無道路地補正を適用する必要性はなく，むしろ，これを適用すればかえって不相当な減価をもたらすものといわざるを得ない。そうすると，Ｂ土地については通路開設負担補正および無道路地補正を適用することなく，本件東側通路に別途路線価を付設し，これを基礎としてＢ土地の評点数を算出する方法を採用する方が，無道路地評点算出法の趣旨に照らし，より合理的というべきである。もっとも，本件東側通路は建築基準法上の道路ではなく，Ｂ土地において建物を建築する場合には建築審査会の同意を得ることが必要であるが（同条第43条第1項ただし書），Ｂ土地については一括同意の対象となっており，過去にも数回にわたって建物の再建築に同意がされていることに鑑みれば，Ｂ土地においては公法上の弱い規制があるものと考え，「所要の補正」として補正率0.9を適用することにも相応の合理性が認められる。

したがって，Ｂ土地について通路開設負担補正および無道路地補正を適用することなく，本件東側通路に別途路線価を付設し，これに奥行価格補正および所要の補正を適用して評点を算出したことは，評価基準の定めに照らして正当というべきである。

(2) その他の補正率の適用について

○○市長は，標準宅地Ｄとの比較をした上で，Ｂ土地に面する本件東側通路の路線価を12万4,000点と評定し，被告委員会もこれを肯定した。しかし，Ｘは，Ｂ土地は標準宅地Ｄとは異なり，面している街路の幅員が狭く騒音も多いほか，100mほどの距離に工場が立地しており，Ｂ土地上の建物はその騒音，振動，臭気および煙突からの廃棄物による公害を被っているにもかかわらず，被告委員会はその点を全く考慮していないとして，Ｂ土地の価格は違法である旨主張する。

しかしながら，標準宅地Ｄと比較して，面している街路の幅が狭い点については本件東側通路の路線価を付設する際に考慮されていることが認められる。また，その他の騒音，振動，臭気および煙突からの廃棄物による公害については，そもそも標準宅地Ｄが面する主要な街路に付設する路線価を算定す

る際に考慮に入れられているものと考えられる。そして，それ以上にB土地が標準宅地Dと比較してこれらの公害をより多く被っていると認めるべき証拠はない。そうである以上，これらの要素を上記各路線価の付設に当たって当然に考慮しなかったとしても，評価基準に違反するものではない。

したがって，○○市長および被告委員会が，標準宅地Dとの比較をした上で本件東側通路の路線価を12万4,000点と評定し，かつ，Xの主張する騒音，振動，臭気等の公害の点につき特段の考慮をしなかったことも評価基準に反するものとはいえない。

以上のとおり，○○市長が本件東側通路についてした路線価の付設およびB土地についてしたその余の補正はいずれも評価基準に従ったもので正当というべきである。そして，○○市長はこれらを前提とし，加えて再建築に係る公法上の規制の点を考慮した補正率を適用した上でB土地の価格を決定したものである。そして，被告委員会によるその余の算出過程も地方税法および評価基準に従ったものであると認められる以上，B土地の価格は客観的な交換価値を上回っていないと認められるため，B土地の価格は適法である。

《判例から読み取る調査上の留意点》

本件判決の争点は，(イ)通路部分を含むA土地の価格の適法性（地目の認定について，道路負担による減額補正等の適否），(ロ)公道に直接接しないB土地の価格の適法性（無道路地の補正率適用の有無，街路幅員・騒音等の価格への反映の有無）の二つであった。

これに係る裁判所の判断の内容は本文で述べたとおりであるが，その内容について精査しておくことは，A土地およびB土地と状況が類似する土地（他市町村所在地を含めて）を評価するに当たり大いに参考になると思われる。そこで，以下，各々の争点に対し，筆者の鑑定評価の経験も交えながら評価実務上の留意点を述べていきたい。

1. 通路部分を含む A 土地の価格の適法性

(1) 地目の認定について

地目の認定の基本的な考え方は本書においても既に述べてきたことであるが，本件判決との関連では，特に，当該土地の現況および利用目的に重点を置き，部分的に僅少の差異の存する場合であっても，土地全体としての状況を観察して認定する点が大きなポイントとなっている。具体的には，A 土地のなかに存する通路部分を建物の敷地とは別の地目として認定すべきか否かという点である（当該通路部分が建築基準法上の道路の扱いを受けていれば公道並みの性格となり，そうでない場合でも不特定多数の者が通行する純然たる私道であれば建物の敷地とは用途が異なってくるからである）。

その際，本件判決に照らして重要な判断材料となるのは以下の諸点である。

① 本件通路部分は道路位置の指定を受けておらず建築基準法上の道路として扱われていないこと（このため，公法的にみた場合の道路としての建築制限はない）。

② 本件通路部分を他の建築物の敷地と一体とみてはじめて建ぺい率制限（60％以下）を満たすものであり，本件通路部分を敷地面積から除外した場合には明らかに建ぺい率違反の建物とみなされてしまうこと。

③ 本件通路部分の現況からして不特定多数の者が通行，利用することはほとんどないと考えられること。

上記状況を鑑みれば，本件判決も指摘するとおり，本件通路部分が建物の敷地と一体となって扱われていることを前提に地目の認定をすることに不合理はなく，A 土地が二以上の全く別個の用途に供されているとみるのは適切とはいえないと考えられる。また，地目の認定をこのようにとらえた場合でも，A 土地の価格を評価するに当たっては，A 土地全体が南北に細長い形状で宅地として利用する上での価値が通常より劣る点が考慮されていることから，評価上何ら不合理な点はないといえる（奥行価格補正および奥行長大補正も行われているからである）。

鑑定評価においても，**資料1**のイメージの土地（路地状敷地）は通路部分の利用価値の減少（建ぺい率の計算上は有効敷地面積に算入できるが，事実上通路のみの利用目的に限定される）を伴うことから，間口・奥行のバランスの良い土地に比べて価値が劣るという見方をするのが通常である。

(2) 道路負担による減額補正等の適否

本件土地の北側部分については，その現況等を踏まえ不特定多数の人の通行する「公共の用に供する道路」（いわゆる公衆用道路）とみなされているが，全体面積に占める割合はわずか3％程度にとどまっている。このため，相当の規模でA土地のその他の部分と全く別個の用途に利用されているということはできない。このことからすれば，A土地全体を一つの地目（宅地）として認定すること自体決して不合理なこととはいえず，また，公衆用道路に供されていることによる利用制限を減価率3％としてA土地の価格に織り込んでいるため，鑑定評価の見方とも一致している（全体を一つの宅地として地目認定したとしても，当該道路部分の減価は適正に行われているといえる）。

2. 公道に直接接しないB土地の価格の適法性——無道路地の補正率適用の有無

本件判決との関連で留意すべきは，図面上（公図上）で周囲を他人の土地によって囲まれており，直接公道に接しない無道路地であっても，現況において他人の土地（建築基準法上の道路ではない単なる通路）を通行して公道に出入りすることのできる場合で，しかも敷地が当該通路に接することにより建築基準法第43条ただし書の規定に基づき建築許可を受けている場合には，これを純然たる無道路地扱いをすることは他のケースとのバランス上不合理でないかということである。

固定資産評価基準において，画地計算法による無道路地評点算出法が適用されるのは，単独では建物の建築ができず使用収益が著しく困難な土地を想定しているものと考えられる。このため，本件事例のように建築基準法第43条ただし書が適用されて建築が許可され，しかもその後複数回にわたって建物の再建築について建築審査会の同意がなされている場合についてまで，上記のよう

な無道路地評点算出法を適用するのはバランスに欠けるといえよう。ただ，このような無道路地評点算出法の適用とは別に，同条ただし書による建築許可の可能性が永久的に保障されない（＝再建築の可否に関し，数年に一度，建築審査会の同意を得る必要がある）点を建物敷地に関する減価要因としてとらえ，所要の補正（補正率0.9）を行っている点は注目すべきである（建築基準法上の道路に接している限り上記のような問題は生じないが，敷地の接する道が単なる通路である場合，周囲における将来の土地利用状況によっては同条ただし書の許可条件を満たすことができない状況も生じ得るからである）。

上記の点を評価実務に当たり踏まえておくことは適正な時価との関連で必要と考えられるため，以下，同条ただし書許可の概要とその留意点を述べておきたい。

3. 建築基準法第43条ただし書許可の概要とその留意点

建築基準法では，建築物の敷地は道路に2m以上接しなければならないとし（ただし，都市計画区域および準都市計画区域内に限る），敷地等と道路との関係につき以下の規定を置いている（「ただし」以降の規定がいわゆる「ただし書許可」を意味している）。

> ○建築基準法
> （敷地等と道路との関係）
> 第43条　建築物の敷地は道路（次に掲げるもの（注5）を除く。第44条第1項を除き，以下同じ）に2m以上接しなければならない。ただし，その敷地の周囲に広い空地を有する建築物その他の国土交通省令で定める基準に適合する建築物で，特定行政庁が交通上，安全上及び衛生上支障がないと認めて建築審査会の同意を得て許可したものについては，この限りでない。(以下，略)

（注5）　自動車専用道路等を指す。

そして，ここにいう道路とは幅員が4m以上（原則）で，次のいずれかに該当するものをいうとされている（同法第42条第1項）。

① 道路法による道路（いわゆる「一号道路」）

国道，都道府県道，市町村道等がこれに該当する（道路法第3条）。

② 都市計画法，土地区画整理法，都市再開発法等による道路（いわゆる「二号道路」）

公道だけでなく，私道のなかにもこれに該当するものがある。

③ 建築基準法第3章の規定が適用されるに至った際，既に存在していた道（いわゆる「三号道路」）

公道だけでなく，私道のなかにもこれに該当するものがある。

④ 道路法，都市計画法，土地区画整理法，都市再開発法等による新設または変更の事業計画のある道路で，2年以内にその事業が執行される予定のものとして特定行政庁が指定したもの（いわゆる「四号道路」）

⑤ 土地を建築物の敷地として利用するため，道路法，都市計画法，土地区画整理法，都市再開発法，新都市基盤整備法，大都市地域における住宅及び住宅地の供給の促進に関する特別措置法または密集市街地整備法によらないで築造する政令で定める基準に適合する道で，これを築造しようとする者が特定行政庁からその位置の指定を受けたもの（いわゆる「五号道路」）

比較的小規模な宅地開発の場合，私人（といっても，開発業者が中心）が宅地内に道路を築造し，その位置の指定を受けることにより建築基準法上の道路として扱われていることが多い（上記⑤に該当する）。そして，敷地の接する道がこのような道路に該当すれば，これに2m以上接することにより建築物の建築が可能となる。敷地の前面道路が上記①から④までのいずれかに該当しない場合，上記⑤の規定に基づき道路位置の指定を受けた上で建築物を建築しているケースが多いといえよう。

ただ，建築物の敷地が上記①から⑤までのような建築基準法の接道義務を満たさない場合であっても，建築基準法第43条ただし書の規定に基づき，例外的に建築物の建築が許可されているケースがある点に留意しなければならない。

7. 建物敷地に含まれる通路の扱いをめぐって　　　461

　ちなみに，この例外規定が適用されるためには，敷地が必ずしも道あるいは通路のようなものに接する必要はなく，敷地の周囲に広い空地がある場合や，敷地が避難および通行の安全等の目的から十分な幅員を有する通路（しかもこれが建築基準法上の道路に通ずるもの）に有効に接している場合もその対象となり得るということである。本件判決の対象となっているB土地はこれに該当するものである。

　次に，当該規定との関連で留意すべきは，「国土交通省令で定める基準」に適合する建築物にはどのようなものがあるかということである。これに関しては，建築基準法施行規則第10条の2の2に次の規定が置かれている。

○建築基準法施行規則
（敷地と道路との関係の特例の基準）
第10条の2の2　法第43条第1項ただし書の国土交通省令で定める基準は，次の各号のいずれかに掲げるものとする。
一　その敷地の周囲に公園，緑地，広場等広い空地を有すること。
二　その敷地が農道その他これに類する公共の用に供する道（幅員4m以上のものに限る。）に2m以上接すること。
三　その敷地が，その建築物の用途，規模，位置及び構造に応じ，避難及び通行の安全等の目的を達するために十分な幅員を有する通路であって，道路に通ずるものに有効に接すること。

　さらに，特定行政庁が「43条ただし書許可」の審査を行うに当たっては，特定行政庁ごとに審査基準を作成の上運用を行っていることにも留意すべきである。その際，一括審査基準と呼ばれる包括的な基準が作成されていることが多く，これに適合するケースについては個別案件を建築審査会で審議することなく許可し得るような運用が行われている。これに該当しない場合，個別に建築審査会の場で審議の上，許可または不許可が決定されている。

　不動産の評価や調査のなかでも道路の調査は重要かつ不可欠のものである。そして，原則として，建築物の敷地は（建築基準法上の）道路に2m以上接し

なければならないものの，上記のような例外的規定に基づき建築物が建築されているケースも見受けられることから，このような事情を十分調査し，土地価格への影響の度合いを考慮していかなければならないといえる。

本件事例に関し，納税者であり原告のXは，標準宅地Dと比較してB土地はこれが面する街路の幅員が狭く，騒音も多いことをはじめ環境の劣る点をB土地の評価に反映すべき旨を主張していた。これにつき裁判所は，関連する証拠を踏まえた上で，原告の主張する上記趣旨は標準宅地Dの接する路線価を算定する際に考慮済みであり，B土地の状況も標準宅地Dと比較して格別差異はない旨の認定を行っている。このような事実を前提とする限り，標準宅地Dとの格差をB土地の評価の過程で考慮に入れていないというXの主張は合理性がなく，受け容れ難いということになる。

なお，路線価の付設に当たっては，用途地区（住宅地区，商業地区，工業地区等）のうち価格形成要因がほぼ類似していると認められる地域を状況類似地域として把握し，それぞれの状況類似地域ごとに主要な街路を1か所選定する仕組みとなっている。そして，主要な街路に沿接する宅地のうちから標準宅地を選定した上で，その適正な時価（公示価格や鑑定評価価格の7割程度）を基に当該街路に路線価を付設し，当該街路に接する一連の宅地とその他の街路に接す

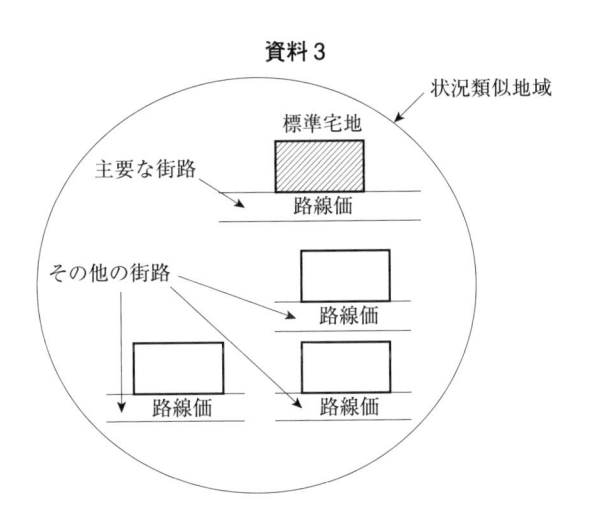

資料3

る一連の宅地との間の価格形成要因（例：環境面での優劣）の比較を行って，その格差をその他の街路の路線価に反映することが基本となっている（イメージ図は**資料3**を参照）。

　本件判決において，裁判所が上記判断を下している背景には，固定資産税の評価における路線価付設の基本的な仕組みがその支えとなっていると考えられる。

索　引

【ア　行】

アスベスト　294, 296, 300
　——の存在　300, 303
アスベストスラッジ　294, 295
移行地　103
移行地地域　103
一画地　166, 167, 168, 170, 171, 174, 175, 177, 192, 205, 206, 207, 208, 213, 216, 243, 246, 247
　——のとらえ方　183
　——の認定　200
　——の認定方法　182
位置指定道路　52, 53, 411, 444, 452
著しく低い価額　348, 349
　——の対価での財産の譲渡を受けた場合　354
一団の土地　112, 114
一括審査基準　461
一体地としての利用状況の変化　196
一体として利用されている土地　204
一体の宅地　442
一体をなしている部分の宅地　208
一体性の判断　216, 217
一体的に利用されている土地　205
一体的利用　206
一体利用　188
一筆の宅地　166, 207, 450
一筆の土地　184, 188, 192, 243, 448
一筆一画地　189, 195, 216
　——の原則　171, 172
囲繞地（袋地）通行権　407, 408
囲繞地通行権　33, 363, 384, 388, 392, 393, 396
囲繞地通行権と自動車の通行　396
売主の瑕疵担保責任を免除する特約　419
奥行価格補正率　24, 25, 31
奥行価格補正率表　259, 261
奥行長大補正率表　258, 259, 261
奥行補正率　27

【カ　行】

がけに隣接した宅地　38
がけ地としての補正割合　39
がけ地条例　46
介在田　98
介在農地　99

索引 465

介在畑　94, 95, 96, 97, 98
開発に伴う潰れ地　286
開発許可　119, 124
　——の対象　143
　——の要件　124
開発許可取得の可能性　141
開発行為　276, 286
開発行為に該当する行為　160
開発法　344
価格形成要因　125
画地のとらえ方　166
画地の認定　170, 173, 177, 204, 210, 216, 241, 243
画地の範囲　195
画地計算法　27, 30, 74, 128, 170, 188, 191, 256, 260
　——の適用　137
　——の附表　41, 72, 75, 81
画地認定　175, 176, 181, 183, 199, 200
　——の意義　217
　——の重要性　219
　——の相違　218
隠れた瑕疵　419, 420
貸宅地としての評価　376
瑕疵担保責任　414, 415, 417, 419
瑕疵担保責任に基づく損害賠償の範囲　421
瑕疵担保責任を負わない旨の特約　420
瑕疵担保責任を免除する　419
瑕疵担保責任を免除する旨の特約　417

貸家建付地の評価　378, 379
課税地　204, 206, 212
課税地と非課税地が混在する宅地　204, 212
慣習上の通行権　388, 391
慣習法上の権利　410
鑑定評価　87
鑑定評価における宅地　252
鑑定評価額　343
鑑定評価上の土地の種別　253
鑑定評価上の袋地　23
基準年度の登録価格　131
基準容積率　312
既存宅地　107, 136, 137, 138
　——の確認　119
北側斜線制限　312
規模による減価　283
規模格差の要因　284
規模格差を生ずる工業地特有の要因　284
基本通達　376
客観的時価　100
客観的な交換価値　99, 169, 170, 171, 172, 174, 212, 246, 266, 267, 276, 279, 333, 340, 347, 353, 356, 447, 449, 456
均衡補正　129, 130, 134, 140
均衡補正成立適用　137
均衡補正率　141
近傍地比準方式　220, 221, 223, 230, 235, 236
近隣地域　123
　——の設定　343

近隣地域における標準的使用　124
経済地代　380
契約解除　157
現況主義　231, 252
現況宅地　246, 248
現況地目　221, 225, 228, 231, 239, 240, 241, 253, 254
　　——の評価　247
現状有姿　418, 420
建築確認　6, 8, 9, 10, 16, 150, 152, 155, 391, 428
建築基準条例　38
建築基準法施行規則第10条の2の2　461
建築基準法上の道路　34, 52, 407
建築基準法第43条第1項ただし書　388, 391
建築基準法第43条ただし書が適用　458
建築基準法第43条ただし書許可　459
建築基準法による斜線制限（建築制限）と価格との関連　325
建築基準法の接道要件　384
建築行為自体　160
建築困難な土地　90
建築物の建築可能性　345
建築物の敷地面積の最低限度　145, 146, 147
　　——の規制　158
　　——の制限　162
現に一般交通の用に使用されていること　432, 436

——の要件　431
現に建物が立ち並んでいることの要件　431
原野　221, 225, 228, 232
原野および雑種地の評価方法　235
権利の濫用　371, 373, 410
権利金　380
好意で通行　407, 410, 411
公共公益施設用地　286
工業地域の主な地域要因　292
工業地と規模の関係　275
工業地の主な個別的要因　292, 293
公共用地の取得に伴う損失補償基準　382
公示価格　357
公示価格を基準とした価格　350, 361
公図　266, 268
公図上直接公道に接していない土地　443, 453
広大地　283
　　——の概念　286
広大地補正率　278, 280
公道に直接接しない土地の価格　456
合筆　196
公法上の境界　256, 257, 269, 270, 273, 274, 275
固定資産税の課税標準　130
固定資産課税台帳　39
固定資産課税台帳登録価格　39
固定資産評価基準　41
固定資産評価基準における土地の評価方法　73

索引　467

個別的要因　218

【サ　行】

災害危険防止地域　40
財産評価　376
財産評価基本通達　332
財産評価基本通達に基づいた評価　359
財産評価基本通達によらない土地の評価　332, 348
財産評価基本通達による評価額　350
最低敷地面積の規制　161
債務不履行　398
債務不履行責任　401, 403, 415, 417, 418
最有効使用　87, 101, 123, 124
最有効使用の判定　124
雑種地　95, 113, 128, 132, 221, 224, 226, 227, 228
　――の価額　116
　――の定義　232
　――の認定に関する基本的な考え方　234
　――の評価　11, 114, 115, 223
　――の評価方法　236
山林比準方式　110, 116
時価　333, 343
市街化宅地評価法　244
市街化調整区域　118, 119, 225, 226, 228
市街化調整区域と地域分析　121

市街化調整区域内　113, 114, 117
　――の宅地　134, 136
　――の土地　127
　――の土地の評価　127
市街化調整区域内にある土地　221
市街化調整区域内における雑種地　107
市街化調整区域における雑種地の価額　108
市街地区域における雑種地　90
市街地宅地評価法　72, 74, 81, 127, 128, 170, 258
時価の算定　349
時価の定義　332
敷地の一体的利用　217
敷地の規模と価格　283
敷地延長　370
敷地後退　150
敷地内通行　442
敷地利用権　377
事情補正　360
実効延床面積　330, 331
実効容積率　311, 316, 318, 321, 322, 323
実効容積率の大小と土地価格との関連　328
実際に利用可能な容積率　312
実地調査　304, 309
自動車による通行を肯定した判例　395
自動車による通行を前提とする囲繞地通行権の成否　394

自動車の通行と囲繞地通行権 384
自動車の通行を拒否するケース 394
自動車の通行を目的とする囲繞地通行権 394
私道に関する負担 401
指導要綱 145, 148, 155, 157, 160
　──の適用対象 161
指導要綱等の調査 148
私法上の自由権(人格権) 63
借地権 379
借地権価格 379, 380
借地権割合 380
借地借家法 379
　──の保護 381
借地人に帰属する経済的利益 379, 380
斜線規制 311
斜線規制による建築制限 316
車両(自動車)による通行 392
収益還元法 288
重要事項 403
重要事項説明 163, 400, 412, 414
重要事項説明義務 11
重要事項説明項目 162
　──の対象 423
重要事項説明書 161, 396, 412, 413, 416, 420
熟成度の高い見込地 105
熟成度の低い宅地見込地 102
熟成度の低い見込地 105
主たる地目 112, 114
主要な街路 258

──の選定 135
主要な街路以外の街路の路線価 256
準委任契約 404
使用可能な容積率 178
状況類似地域 43, 135, 462
使用借権 370, 374
　──の価額 374, 382
使用者責任 406
使用収益の対価 374
使用貸借 366, 367, 374, 376, 377, 378, 381
　──の目的 371
使用貸借による敷地利用権 379, 381
使用貸借契約 373, 407, 409
使用賃借契約に基づく通行権 366
条例区域 143
条例区域への指定 143
条例区域内で行う開発行為 143
除去費用 296
所有者の同一性 177
所有者を同じくする一団の土地 215
所要の補正 27, 30, 48, 72, 75, 81, 86, 190, 191, 197, 256, 302, 303, 306, 307, 451, 452, 455, 459
　──の意義 302
人格的権利 53
セットバック 361, 426
正常価格 337, 357
設定契約に基づく通行地役権 366
接道関係 12
接道義務 2, 4, 12, 23, 33, 34, 265, 266, 268, 270

索　引

接道義務を満たさない場合　16
接道状況　8, 9, 20
接道条件　344
説明義務　5, 11, 403
説明義務違反　4, 5, 11, 17, 145, 151, 152, 153, 157, 397, 398
その他の宅地評価法　72, 81
相続開始時における時価　336
相続税法第7条における時価　348
相続税法第7条に規定する著しく低い価額　352
相続税法第7条に規定する財産の時価　348, 356
相当の地代　380
贈与認定の際の時価の算定　350
側道等が建築基準法第42条第2項に該当する場合　330
側道等の道路斜線による建築制限　331
損害賠償　398, 418, 419
損害賠償責任　403
損害賠償責任(使用者責任)　407

【タ　行】

大工場地域の個別的要因比準表　285
対象不動産の特定　177, 219
宅地　129, 132, 133, 253, 254
　──の価値　411
　──の客観的交換価値　337
　──の登録価格　41
　──の比準表　41, 72, 81

　──の評点数の付設　74
宅地に比準すべき土地　220
宅地開発　160
宅地開発指導要綱　148, 160
宅地造成等規制法による規制区域　38
宅地建物取引業法　11
宅地建物取引業法第35条第1項　412
宅地地域　120, 253, 254
宅地等介在農地　98
宅地認定　249
　──の考え方　250
宅地比準方式　107, 108, 111, 113, 116, 117
宅地見込地の評価　102
宅地見込地地域　120, 125
建替え　6, 7, 8, 10, 12, 16, 17, 151, 250, 426
　──の可否　8, 9
　──の現実性　17
建物の敷地　133, 257, 452
建物の敷地面積　147
建物の建替え　154
建物所有を目的とする地上権　379
単価と総額の関係　276
単独での再建築　163
担保責任を負わない旨の特約　424
地域の種別　103, 119, 253
地役権設定契約　408
地積測量図　262, 265, 267
地中埋設物の存在　307, 308
地目の認定　129, 234, 252, 446, 447, 457

地目の判定　112, 128, 139, 221, 237,
　　242, 243
地目の変換　299, 300
地目認定上の留意点　248
地目認定に関する留意点　231
仲介契約　404
賃貸権　374
賃貸借　378, 381
賃貸借契約　407
通行の自由　52, 53, 55, 60
　　——の侵害　59
　　——の侵害を理由とする撤去請求
　　　61
　　——の妨害に対する排除請求権
　　　60, 63
通行の自由権（人格権）　54, 62
通行を肯定するケース　394
通行を目的とする賃貸借契約　409
通行権原の調査　406
通行権の有無　404, 406, 412
　　——の調査　371
通行承諾　397, 399
通行承諾書　400, 404, 410
通行上の反射的利益　63
通行地役権　33, 367, 370, 388, 391,
　　407, 411
通行権原　397
通常の取引価額　359
通達評価額　343
通路開設に要する費用　19
通路開設補正　22, 29, 30, 32
通路開設補正率　24, 25, 27, 31, 35, 36

通路部分　442, 443, 457
通路部分を含む土地　456
適正な時価　41, 48, 73, 79, 90, 91, 99,
　　100, 102, 136, 166, 169, 177, 181, 182,
　　211, 219, 230, 243, 257, 266, 267, 269,
　　270, 277, 278, 295, 301, 302, 314, 316,
　　318, 347
転換後の種別の個別的要因　105
転換前の種別の個別的要因　105
当該財産の時価　353
登記簿上の地目　227
東京都建築安全条例　21, 24
東京都の告示による包括指定　439
道路位置指定　52, 57, 79, 370, 442,
　　457
　　——の指定基準　64
　　——の申請　56
　　——の申請手続き　66
道路位置指定承諾書　68
道路位置指定処分　62
道路位置指定申請書　67
道路位置指定図面の閲覧・写しの交付申
　　請書　68
道路斜線制限　312
　　——の一般的なイメージ　325
　　——の内容　326
道路斜線制限を考慮に入れた場合の実効
　　延床面積　330
道路所有者の好意　409
道路負担　450, 458
道路部分　442
道路斜線制限　313

索　引　*471*

特定粉塵　296
特別の事情　297, 298, 299, 301, 302, 305, 336, 337
都市計画で指定された容積率　178
都市計画街路の予定地　77, 84
　　──の定められていることによる減価補正　80
都市計画街路の予定地になっていることによる減価補正　82
都市計画施設　85
　　──の予定地に定められた宅地の評価　75, 77
都市計画道路の都市計画決定　79
都市計画道路の予定地　72
都市施設　85
土壌汚染対策法　296
土地の一体性　216
土地の価格形成要因　307
土地の画地の評価　247
土地の期待利回り　380
土地の現況　139, 238, 448
土地の現況及び利用目的　243
土地の時価　352, 353, 354, 356, 357
土地の種別　103, 253
土地の地目認定　97, 230
土地の利用状況の変化を伴わない合筆　192
土地登記簿上の地目　231
都道府県等のがけ条例　38
取付道路　19
取付道路開設方式　35
取引事例比較法　290, 344

　　──の適用　126

【ナ　行】

内容　412
二筆以上の宅地を一画地として評価　195
農地地域　120
農地転用届出　90, 92, 97, 98
農地に比準して　225

【ハ　行】

賠償責任　12
排水管　414
売買価格　397
売買実例に比準　223
売買実例価額から評定する適正な時価　258
売買実例価額から評定する方式　236
売買実例基準方式　180
反射的利益　63
判断　426
非課税地　212
非課税地に存する宅地　204, 206, 212
比準方式　115, 116
筆界特定制度　274
評価に先立つ現地調査の重要性　89
評価替え　131
評価基準が定める評価の方法によっては適切に評価することができないという特別の事情　100

評価基準における原野の評価方法　235
評価基本通達　376
標準宅地　43, 44, 74, 246, 247, 267, 462
　　――の選定　135, 244
　　――の適正な時価　45
標準宅地から比準して価格を決定する方法　96
標準宅地評価法　258
標準的使用　343
　　――のとらえ方　343
標準的な画地の価格　123
標準的な規模の土地　279
標準的な宅地　246, 354
複数の画地　216
袋地　19, 22
　　――の評価額　19
不整形地補正率表　259, 261
物権的な通行地役権　369
不動産鑑定評価基準　103, 253, 307
不動産登記事務取扱手続準則第68条第3号　242, 249
不動産登記事務取扱手続準則第68条に規定されている雑種地　232
不動産登記法　249
不法行為　7, 12, 17, 398
不法行為に基づく損害賠償　4
不法行為責任　2, 402, 403
分割利用　188
別荘地　254
　　――の価格形成要因　254

別荘地域　254
別荘用地における画地や地目の認定方法　238
別荘用地の地目認定　248, 250

【マ 行】

埋設管等の他人の土地の利用　414
間口狭小　20
間口狭小補正　20
間口狭小補正率表　258, 259, 261, 268
見込地　103
見込地地域　103
民法上の袋地　22
無道路地　22, 27, 28, 32, 443, 453
　　――の評価額　21
　　――の評価方法　25
　　――の補正率　458
無道路地としての評価方法　444
無道路地としての補正　442
無道路地評価　19
無道路地評点算出法　453, 458
無道路地補正を適用する必要性　455
無道路地補正率　24, 25, 27, 31, 443
棟割り式の連棟の建物　151
面積補正率表　261
面大地　283
黙示の使用貸借契約　368
黙示通行地役権設定契約　368

索引　*473*

【ヤ　行】

有効宅地部分　20
有効宅地面積　275
容積率　311
用途地区の区分　135
用途別地域　104

【ラ　行】

利用状況に変化のない合筆　184
利用状況に変化を生じさせた合筆　184
利用状況等の一体性　213
利用上の同一性　181
利用目的　140, 238, 448
　　──同一性　176, 216
隣人と共有共用の排水管　414
隣地斜線制限　312
林地地域　120
隣地通行に関する使用貸借　370

隣地通行権　370
連続性　176
連棟の建物　150
連棟式の一棟の建物　156
連棟式の建物　162, 163
路地状敷地　3, 19, 20, 55, 272, 370, 458
路地状部分の長さ　21
路地状部分の幅員　21
路線価　258
路線価を付設　325
路線価方式　244

2項道路　52, 68, 150, 425, 426, 428, 430
　　──の指定処分　425, 430
　　──の指定要件　435
　　──の取扱基準　439
　　──の包括指定　439
　　──の要件　435

■著者紹介

黒沢　泰（くろさわ　ひろし）
　昭和25年　埼玉県生まれ
　昭和49年　早稲田大学政治経済学部経済学科卒業
　昭和49年　NKK（日本鋼管株式会社）入社
　平成元年　日本鋼管不動産株式会社出向（後に株式会社エヌケーエフへ商号変更）
　平成16年　川崎製鉄株式会社との合併に伴い，4月1日付で系列のJFEライフ株式会社へ移籍
　現　　在　JFEライフ株式会社不動産本部・部長
　　　　　　不動産鑑定士

《鑑定評価に関する主要著書（単著）》
『土地の時価評価の実務』（清文社，平成12年）
『不動産の時価評価と減損会計』（中央経済社，平成14年）
『固定資産税と時価評価』（ぎょうせい，平成15年）
『減損会計と不動産評価の実務』（プログレス，平成16年）
『固定資産税評価のための登記簿・図面・道路の調査』（ぎょうせい，平成17年）
『事例でわかる不動産鑑定の物件調査Q&A』（中央経済社，平成17年）
『固定資産税の評価に役立つ土地の調査実務』（時事通信社，平成18年）
『設例による不動産鑑定の実践演習』（学文社，平成18年）
『私道の法律・税務と鑑定評価』（プログレス，平成18年）
『不動産取引に活かす調査・契約・評価の実務Q&A』（ぎょうせい，平成18年）
『実例でわかる特殊な画地・権利と物件調査のすすめ方』（プログレス，平成19年）
『不動産鑑定における増減価評価』（中央経済社，平成21年）
『逐条詳解・不動産鑑定評価基準』（プログレス，平成21年）
『不動産の時価評価』（プログレス，平成22年）
『工場財団の鑑定評価』（プログレス，平成23年）

《鑑定評価に関する活動》
地価公示，地価調査評価員（東京都多摩地区）（現在）
不動産鑑定士第2次試験試験委員（平成13，14年）（鑑定評価理論）
不動産鑑定士実務補習担当講師（平成13～17年）（工業地の鑑定評価）
不動産鑑定士資格取得後研修担当講師（現在）（財団の鑑定評価）
不動産鑑定士実務修習修了考査委員（現在）

| 土地利用と判例──判例から読み取る調査上の留意点 | ISBN978-4-905366-14-0　C2034 |

2012 年 10 月 20 日　印刷
2012 年 10 月 31 日　発行

著　者　黒沢　泰 ©
発行者　野々内邦夫

発行所　株式会社プログレス　　〒 160-0022　東京都新宿区新宿 1-12-12-5F
　　　　　　　　　　　　　　　電話 03(3341)6573　FAX03(3341)6937
　　　　　　　　　　　　　　　http://www.progres-net.co.jp
　　　　　　　　　　　　　　　e-mail: info@progres-net.co.jp

■落丁本・乱丁本はお取り替えいたします。　　　　　　　　株式会社シナノパブリッシングプレス

本書のコピー，スキャン，デジタル化等の無断複製は著作権法上での例外を除き禁じられています。本書を代行業者等の第三者に依頼してスキャンやデジタル化することは，たとえ個人や会社内での利用でも著作権法違反です。

PROGRES プログレス

*各図書の詳細な目次は，http://www.progres-net.co.jp よりご覧いただけます。

工場財団の鑑定評価
黒沢 泰(不動産鑑定士)著　A5判・360頁/定価3,780円(税込)

私道の法律・税務と鑑定評価
黒沢 泰(不動産鑑定士)著　A5判・296頁/定価3,990円(税込)

【逐条詳解】不動産鑑定評価基準
黒沢 泰(不動産鑑定士)著　A5判・520頁/定価4,200円(税込)

不動産の時価評価
●新会計基準における鑑定評価の具体例
黒沢 泰(不動産鑑定士)著　A5判・328頁/定価3,360円(税込)

《実例でわかる》
特殊な画地・権利と物件調査のすすめ方
黒沢 泰(不動産鑑定士)著　A5判・416頁/定価3,990円(税込)

不動産私法の現代的課題
松田佳久(創価大学法学部教授)著
A5判・336頁/定価4,200円(税込)

不動産担保価値論
●担保権の効力の及ぶ範囲と経済的一体性理論
松田佳久著　A5判・336頁/定価4,200円(税込)

判例と不動産鑑定
●借地借家法理と鑑定実務
松田佳久著　A5判・432頁/定価4,410円(税込)

《これだけは知っておきたい》
新版 不動産調査実務マニュアル
松田佳久著　A5判・480頁/定価3,990円(税込)

すぐに役立つ 不動産の契約書式実例集
●契約書作成の基礎知識と101の書式例
吉野 伸(不動産鑑定士)
福重利夫(税理士)　著　A5判・384頁/定価3,990円(税込)

不動産鑑定評価基本実例集
●価格・賃料評価の実例29
吉野 伸／吉野荘平 著　A5判・480頁/定価4,200円(税込)

▶起業者と地権者のための◀
用地買収と損失補償の実務
●土地・建物等および営業その他の補償実務のポイント118
廣瀬千晃(不動産鑑定士)著　A5判・488頁/定価4,200円(税込)

用地買収と生活補償
●基本的生活権の構成と具体的補償事例
田辺愛壹(元明海大学不動産学部教授)
海老原彰(不動産鑑定士)著　A5判・324頁/定価3,990円(税込)

土地収用の代執行
●行政代執行の法律と実務手続
収用代執行研究会 著　A5判・296頁/定価3,990円(税込)

公共用地の取得にともなう土地評価
●起業者の補償実務に役立つ24の評価事例
難波里美(不動産鑑定士)著　A5判・328頁/定価3,990円(税込)

公共事業の中止
●八ツ場ダム・住民の生活再建
田辺愛壹(元明海大学不動産学部教授)著
A5判・200頁/定価2,940円(税込)

土壌汚染リスクと土地取引
●リスクコミュニケーションの考え方と実務対応
丸茂克美／本間 勝／澤地塔一郎 著
A5判・272頁/定価3,360円(税込)

賃料[地代・家賃]評価の実際
田原拓治(不動産鑑定士)著　A5判・392頁/定価4,410円(税込)

《実務の視点でよくわかる》
詳解 不動産鑑定評価の教科書
津村 孝(不動産鑑定士)著　A5判・408頁/定価3,360円(税込)

不動産の鑑定評価と税務評価
日税不動産鑑定士会 編著
A5判・324頁/定価3,570円(税込)

事例詳解 広大地の税務評価
●広大地判定のポイントと53の評価実例
日税不動産鑑定士会 編著
A5判・296頁/定価3,150円(税込)